教育学教程

苏州大学出版社

图书在版编目(CIP)数据

教育学教程/唐斌主编. —苏州:苏州大学出版社，2007.2（2012.12 重印）
ISBN 978-7-81090-798-9

Ⅰ.教… Ⅱ.唐… Ⅲ.教育学—教材 Ⅳ.G40

中国版本图书馆 CIP 数据核字(2007)第 017112 号

教育学教程
唐 斌 主编
责任编辑 周 敏

苏州大学出版社出版发行
(地址:苏州市十梓街 1 号 邮编: 215006)
常熟高专印刷有限公司印装
(地址: 常熟市元和路 98 号 邮编:215500)

开本 850mm×1 168mm 1/32 印张 12.875 字数 323 千
2007 年 2 月 第 1 版 2012 年 12 月第 3 次印刷
ISBN 978-7-81090-798-9 定价: 29.50 元

苏州大学出版社营销部 电话:0512-65225020
苏州大学出版社网址 http://www.sudapress.com

目　录

第一章　教育与教育学

[内容提要]

本章内容具有绪论的性质与导学作用。综合学界的观点，本书把教育界定为：教育是根据一定社会的要求与人的身心发展规律，通过教育者与受教育者的交互作用，有计划、有目的、有组织地促进个体社会化的实践过程。对教育这一社会现象，可以从多方面展开研究，由此形成了关于教育的不同学科。本章首先论述了教育的历史演变，分析了不同时期教育的特点，以便使学习者对教育的产生与发展有个总体性的印象；接下来讨论了教育学的研究对象，并根据其演进的特点把教育学的发展过程划分为三个阶段，列举不同时期一些教育思想家的主要观点；最后概述了教育学的学习价值与方法。

[学习目标]

1. 识记“教育”、“学校教育”等概念。

2. 了解教育产生和发展的过程，以及各个阶段教育的主要特点。

3. 说出教育学的定义及其研究对象。

4. 记住教育学诞生的年代、奠基人和各个时期的代表性著作。

5. 阅读一部有代表性的教育学著作，把握其主要思想，并结合现实谈谈阅读体会。

第一节　什么是教育

一部教育史，实际上就是人们对教育的理解与探究不断深化的历史。实践表明，不论是从事教育理论研究，还是从事教育实践工作，要想事遂人愿，首要的条件就是要对自身所从事的工作——教育——先有全面的认识。本章的前两节内容主要从以下三个方面帮助学习者认识教育：什么是教育；教育有哪些形态；它经历怎样的演进才有了今天这样的面貌。

一、对教育的理解

（一）“教育”的词源

在西方，教育的英文是“education”；法文是“éducation”；德文是“erziehang”，都起源于拉丁文“educare”。“educare”是个名词，它是从动词“educĕre”演进而来的。“educĕre”是由“e”和词根“ducĕre”合成的。前者“e”有“出”的意思，而词根“ducĕre”则为“引导”，两者合起来就是“引出”，其内涵就是采取一定的方式，把某些本来就潜藏于人身上的东西引导出来，让它由潜质变为现实。

在我国，普遍认为“教育”一词最早见于《孟子·尽心上》中的“得天下英才而教育之，三乐也”。但“教育”这一概念在当时的意义与如今并非完全一样。据考证，在20世纪之前，人们很少把这两个字合成一个词来使用。思想家们在论及教育问题时，使用的大多是“教”与“学”这两个字，并且又以“学”为多。正因为如此，中国古代教育家关于教育的论述大多以“学”表现出来，如《学记》《大学》《进学解》《劝学篇》等。因此，我国学界常把“教”与“学”的词源看做是“教育”的词源，并由此把握古代人对教育意义的理解。

在我国早期的文字当中，“教”的甲骨文的写法是“𢼂”，金文的写法是“敎”。对这个字的解释是：左上方的“爻”代表一种类似八卦的经典，意指教的内容；左下方的“子”表示一个孩子，意指教的对象；右边的“攴”表示成人的手中拿着一根鞭子，意指教的方法与手段。整个“敎”字形象地表示孩子在成人的棍棒监督之下学习某些内容。“学”的甲骨文的写法是“𦥯”，金文的写法是“學”。“学”的左上方和右上方表示两只手，位于它们中间的“爻”表示占卜的活动。中部的“冖”表示房间，意即学习的地方。下部的“子”表示孩子，即学习的主体。合起来的意思就是孩子在一所房子中学习有关的经验与知识。因此，从词源上看，“学”与“教”基本上是统一的，分别从不同的角度描述了同一种现象、同一种活动。

由教育的词源考证可以看出，教育是人类社会中最早出现的社会职能活动之一。此后，中外许多思想家继续从不同的角度解释“教育”的意义。古希腊与古罗马的许多思想家、教育家如苏格拉底、柏拉图、亚里士多德、昆体良等对教育都有过解说。在他们看来，“教育”就是引导年轻一代获得知识、才能和美德，或者说引导年轻一代发展天赋的智慧、美德和才能的过程。文艺复兴后期，法国思想家卢梭说：“教育的最大秘诀是身体锻炼和思想锻炼互相协调。”①瑞士教育家裴斯泰洛齐认为，教育就在于“依靠自然法则，发展儿童的道德、智慧和身体各方面的能力”②。德国哲学家康德指出：“人只有靠教育才能成为人。人完全是教育的结果。”③美国现代哲学家、教育家杜威立足于实用主义立场，认为

① ［法］卢梭著：《爱弥儿》，商务印书馆 1978 年版，第 274 页。

② 引自张焕庭主编：《西方资产阶级教育论著选》，人民教育出版社 1979 年版，第 206 页。

③ 《康德论教育》，商务印书馆 1926 年版，第 5 页。

“教育即生活”，“教育即生长”，“教育乃是社会生活延续的工具”。①

在我国，对教育的意义也有过多种诠释。战国时期思想家子思认为，“修道之谓教”；另一位思想家荀子认为，“以善先人者谓之教”②。被誉为中国第一部教育学著作的《学记》则将教育理解为“教也者，长其善救其失也”。东汉时期的文学家许慎在其所著的《说文解字》中对教育的理解已相当完整：“教，上所施，下所效也”，“育，养子使作善也”。

尽管中外思想家与教育家对“教育”的理解与表述各不相同，但他们都认可教育是人类社会中重要的职能活动之一，它同社会发展与人的完善有着密切的关系。

（二）“教育”的定义

“教育”的定义即“教育”的内涵，给“教育”下定义的过程实际上是透过现象揭示本质的过程。它不仅是对教育现象理性认识的开始，也是教育学得以科学化的一个重要标志。

在中外学界，人们从不同的学科视阈出发对“教育”有过不同的解说，可谓仁者见仁、智者见智。随着认识的深入，人们对它的解说还会继续增加。在教育学语境中，人们通常是从两个不同的角度给“教育”下定义的：其一是从“教”的角度给“教育”下定义；其二是从“学”的角度给“教育”下定义。从“教”的角度来定义“教育”，可以把“教育”定义为三个不同的层次：(1) 广义的，泛指增进人们的知识和技能，影响人们思想品德的活动。(2) 狭义的，主要指学校教育，即教育者根据一定的社会或阶级的要求，有计划、有组织、有目的地对受教育者的身心施加影响，把他们培养成为一定社会或阶级所需要的人的活动。(3) 更狭义的，特指思

① [美]杜威著：《民主主义与教育》，人民教育出版社 2001 年版，第 58、62 页。

② 《荀子·修身》。

想道德教育。这三种定义方式均强调了教育者的影响与作用,在我国大多数教材中通常也都是这样来解说“教育”的。从“学”的角度来定义“教育”,往往把“教育”等同于个体的学习或发展过程。如德·朗特里(D. Rowntree)在其编著的《西方教育词典》中把“教育”定义为:“成功地学习(不一定是,但通常是在教师的辅导下)知识、技能和态度的过程。其中学习的内容,对于学习者来说,是值得(按照使用这个词的一切人的看法)花费时间和精力的。通常这种教育进行的方式,须使学习者能用已学到的东西表现他自己的个性;随后能运用它,并灵活地使它适应那些在他学习中没有考虑到的情境和问题。”①这种定义的出发点是“学”(即“学习”与“学习者”),侧重于从个体需要的满足以及人的个性发展来解说教育。

从多方面揭示教育活动的本质属性,对于理解教育活动是有价值的。美国分析教育哲学家谢佛勒(I. Scheffler)在《教育学的语言》一书中,探讨了教育定义的三种方式②,即规定性定义、描述性定义和纲领性定义。所谓规定性定义,是作者所创制的定义,其内涵在作者的某种话语情境中始终是同一的。所谓描述性定义,是指被定义对象的描述或如何使用定义对象的适当说明。所谓纲领性定义,是一种有关定义对象应该是什么的界说,它告诉我们事情该怎样做。谢佛勒有关定义方式的区分为我们考察纷繁多样的教育定义提供了一个重要视角。“教育”定义的复杂性、多样性和歧义性很大程度源于人们的认识水平与角度的差异。对于教育活动来说,其理想的定义应该同时具备“规定性”、“描述性”和“纲领

---

① [英]德·朗特里著,陈建平等译:《西方教育词典》,上海译文出版社 1988 年版,第 79 页。

② 瞿葆奎主编:《教育学文集·教育与教育学》,人民教育出版社 1991 年版,第 31~37 页。

性"等特征,以凸显"教育"活动内在的事实性与价值性的统一。从教育实践活动来看,"教育"似乎应从"教"的角度来定义更为合理。综合"教育"的各种定义,结合人们对教育的新认识,它可以被重新定义为:教育是根据一定社会的要求与人的身心发展规律,在特定的机构中,通过教育者与受教育者的交互作用,有计划、有目的、有组织地促进个体社会化的实践过程。这一定义包含了以下内涵:

1. 教育是人类所特有的一种社会实践活动

动物界,尤其是高等动物界的代际之间虽然存在着类似"教"与"学"的现象,但它与人类的教育有着本质的不同。动物之间的"教"与"学"活动,主要是基于生存本能的自发行为,它满足的是动物式的生理和生存需要。而人与动物的最大区别就在于人的活动的目的性和活动内容的社会性,人类教育不是产生于生存本能的需要,而是产生于个体在社会中生存和社会延续、发展的需要。教育是人类特有的社会活动,这一活动为动物所没有。既然教育是人类所特有的社会实践活动,就意味着它的发生与发展同社会政治、经济、文化等有着密切的关系,从而使得教育活动具有鲜明的社会性、历史性和文化性等特征。

2. 教育是以促进人的社会化为目的的活动

教育活动归属于人类的社会实践活动。人类的社会实践有很多,它们在目的上有不同的指向。教育活动与其他人类活动的区别就在于它对人的发展能够产生促进作用。有目的地促进人的发展,首先意味着发展的内容明确。个体的社会化是指根据一定社会的要求,把个体培养成为符合社会发展多样化需要的具有一定态度、知识和技能的人。强调根据社会的要求培养人才,并非意指个体发展需要与社会需要的无条件的一致,忽视个性的培养。其次这个定义强调了教育活动的"动力性",即教育活动要在个体社会化的过程中起到一种"促进"的作用,为此,"教育"往往要与某些特殊的条件相联系，如明确的目的、精选的内容、安排专门的人员、良好的环境等。再次人的发展目标有积极与消极之分，旨在促进人之社会化的“教育”，显然是为了促进人的身心向积极方面发展。所以，对“教育”的认识，并非单纯是一个技术问题，而且还是一个价值问题。

3. 教育是教育者和受教育者以教育手段为中介的交往活动

按照现代系统论的观点，任何一项完整的活动必须至少具备三个要素，它才能构成一个封闭的回路。因此，教育活动可简要地划分为教育者、受教育者、教育手段等三个基本要素。有别于日常活动中的“养育”与自然状态下的“养成”，作为一种有目的的活动，教育是以特定的内容与方法为中介来促进人的社会化的，并在这一过程中形成特殊的交往关系。教育促进人的发展，不能靠教育者对受教育者采取简单的方式来完成，而需要通过教育者与受教育者之间多方面的交往关系来实现。

第二节　教育的产生与发展

明确了“教育”的内涵，有助于考察教育活动产生与发展的相关问题。这两者之间的关系是：“教育”概念的研究为认识教育的产生与发展确定了范围；反过来，教育的产生与发展的研究将会通过大量的史实丰富与深化人们对教育的理解，形成对教育认识的立体感。需要指出的是，在讨论教育产生的时候，所提及的教育是指非制度化的“教育”，即是指那些没有能够形成相对独立的教育形式的教育。这种教育是与生产和生活高度一体化的，没有从日常的生产或生活中分离出来而成为一种相对独立的社会机构及其制度化行为。人类学校产生以前的教育就属于这种非制度化的教育。① 谈到教育的发展时,则主要考察制度化的教育,也就是本书所界定的"教育"。

一、教育的起源

教育的起源问题是教育学研究中的一个重要理论问题,对于这个问题的研究不仅具有重要的史学价值,而且对我们今天重新反思教育的职能、性质也有着重要的意义。在教育学史上,关于教育的起源问题主要有以下三种观点。

(一)教育的生物起源说

该学说的代表人物是法国社会学家、哲学家勒图尔诺(C. Letourneau,1831—1902)与英国教育史学家沛西·能(T. P. Nunn,1870—1944)。勒图尔诺在《各人种的教育演化》一书中提出,教育活动不仅存在于人类社会之中,而且存在于人类社会之外,存在于动物界。不仅在脊椎动物中存在教育,甚至在非脊椎动物中也存在教育。人类社会的教育是对动物界教育的继承、改善和发展。② 沛西·能在其所著的《教育原理》一书中也表达了同样的观点。在他看来,"教育从它的起源来说,是一个生物学的过程","生物的冲动是教育的主要动力"。这就是说,教育的产生来自于动物的本能,是种族发展的本能需要。③

教育的生物起源说是教育学史上第一个正式提出的关于教育起源的论说。它是以达尔文的进化论为理论依据,并以一定的生物现象为依据而提出来的学术观点,较之以往的神话起源说,不能

① 全国十二所重点师范大学联合编写:《教育学基础》,教育科学出版社2003年版,第7页。

② 勒图尔诺著:《教育的源起》;转引自瞿葆奎主编:《教育学文集·教育与教育学》,人民教育出版社1993年版,第156～177页。

③ 沛西·能著,王承绪等译:《教育原理》,人民教育出版社1992年版,第8页。

不说是一大进步,它标志着在教育起源问题上开始了科学的探索。但由于这一学说未能把握人类教育的目的性与社会性,未能区分出人类教育行为与动物类行为之间质的差别,仅从外在行为而没有从内在目的的角度来论述教育的起源问题,从而把教育的起源生物学化了。

(二) 教育的心理起源说

教育的心理起源说是对教育生物起源说进行批判的产物。其代表人物是美国教育学家孟禄(P. Monroe,1869—1947)。在他看来,人类最初的教育形态是在日常生活中儿童对成人的无意识模仿。表面上看,这种观点不同于生物起源说,但细究,其理论旨趣与生物起源论差不多。如果教育起源于原始社会中儿童对成人行为的"无意识模仿",那么这种"无意识模仿"就肯定是遗传性的而不是社会性的,是先天的而不是后天的,是本能的而不是文化的。只不过这种本能是人的类本能,而不是动物的类本能,这是孟禄比勒图尔诺和沛西·能高明的地方。可是这种人的类本能与动物的类本能的界限又在哪儿?是什么导致人与动物的类本能的差异呢?孟禄没有给出完满的回答。

(三) 教育的劳动起源说

这一学说是以历史唯物主义为指导,针对"生物起源说"与"心理起源说"的局限性而提出来的。在我国与苏联教育学界,大多数学者都认可这一观点。教育的"劳动起源说"是以恩格斯的"劳动创造了人本身"这一著名论断为依据推演出来的,曾被视为马克思主义教育学说的重要基石,在相当一段时间内未曾受到任何质疑。直到20世纪80年代,受"反思哲学"的影响,在我国也曾一度对教育的"劳动起源说"这一命题进行了广泛的学术讨论,提出了众多新的观点。尽管最终未达成共识,但这一探讨过程极大地深化了人们对教育起源问题的认识。

当然,尽管因人们对马克思主义经典作家的"文本"理解视野的局限，未必把握到了“劳动起源说”的本真意义，同时又把教育的起源简单地归结为劳动，可能有不恰当、不贴切之处，但毋庸置疑的是，人类的生产劳动为教育的产生提供了必要的社会条件。相对其他理论，“教育的劳动起源说”应该说是最合理的一种解释。

二、教育的历史演进

考察教育的历史演进，目的在于帮助人们认识与把握教育发展过程中的“内在逻辑”，扩展视野，从而为把握今天和未来的教育发展与改革脉络提供启迪。根据历史唯物主义的观点，以社会的生产方式及其教育的转型为依据，人类社会发展的历程可简要地划分为原始社会、古代社会和现代社会三大阶段，相应地可把教育的发展历程概括为三大阶段：原始教育、古代教育和现代教育。

（一）原始社会与教育

原始社会是人类的第一个社会形态。在这个社会形态中，人们对自然、社会以及对自身的认识都处于原始的水平，尚未形成多少系统可靠的知识。生产工具主要来自自然的或经过简单打磨的石器。知识的贫乏与生产工具的落后，既反映了早期人类实践能力的低下，又制约了早期人类实践的范围。为了维持自身的生存，他们不得不过着一种原始共产主义的生活：集体劳动，集体消费，生产多少，消费多少，没有剩余产品，没有剥削与阶级。在这种生产力和生产关系背景下发展起来的原始教育，在形态上，没有相对独立性，教育是在整个社会生产和生活中进行的，没有成为专门的社会职能，没有专门的教育机构和专门的教职人员。教育内容也十分简单，主要传授制造和使用简单生产工具的技能，从事打猎、采集等劳动的经验以及原始社会的生活经验和风俗习惯。教育的方法手段也极端原始，主要是在生产劳动中的言传身教与直接的模仿。在对象上，教育具有原始的平等性。教育资源没有为一些特殊的阶层所垄断，而是面向氏族与部落的每一个儿童，只是根据儿童的性别不同所传授的内容有一些区别而已。

（二）古代教育

比起原始社会来，古代社会的生产力有了相当程度的发展。石器已经被金属工具所代替，但这时的金属工具基本上还是手工工具。经济生活也由以不稳定的狩猎和捕鱼为主转变为以稳定的农业为主。物质生产和生活资料除了满足人们的日常需要之外，还有了一定的剩余，社会由此产生了私有制。人与人之间的关系也由原始的平等转变为人身依附甚至是直接占有关系，社会日益演化为两个对立的阶级，阶级压迫与阶级反抗成为社会发展的重要动力。人们对自然和社会的认识水平有了一定程度的提高，经验的积累已经孕育产生了古代的各种知识体系。根据生产方式的不同，古代社会又可划分为奴隶社会和封建社会。

1. 奴隶社会与教育

奴隶社会是人类历史上的第一个阶级社会，也是史学上所讲的人类文明开端。据考证，世界上最早进入奴隶社会的是埃及，在公元前3 500年左右。其次是印度、巴比伦、中国等。比起原始社会，奴隶社会所经历的时间要短得多，但它却创造了原始社会无法比拟的物质财富与精神财富，形成了灿烂的古代文明。其中一些文明成果直到今天还让人惊羡不已。当然，这是用昂贵的代价换来的，成果中无不渗透着奴隶们的汗水与鲜血。

一般而言，奴隶社会是教育作为独立社会职能活动的形成时期，这首先表现为学校的产生。有了学校，就意味着人类制度化教育的诞生：有了专门的教育者与受教育者，有了稳定的教育场所和设施，教育内容也开始走向规范了。据史料记载，最早的学校出现在公元前2 500年左右的埃及。我国的学校产生于公元前1 000多年的商代,也有很悠久的历史。欧洲最早出现学校的地方是古希腊的雅典,时间在公元前8世纪至公元前7世纪之间。

制度化教育是从过去的非制度化教育演化来的,它的出现是人类文明的一大进步,也极大地推动了人类总体文明的进步。学校在奴隶社会出现并不是偶然的,它的产生有着一系列社会历史条件。

首先,生产力的发展已经达到了可使一部分人脱离直接的生产劳动,专门从事教育活动。在西语中,"学校"的英文单词"school"源于拉丁语的"schola",后者又源于表征"闲暇、有闲"之意的希腊语"skhole"。由"学校"的词源意义可知,奴隶社会生产力的发展,已经能使一部分人从直接生产劳动中游离出来,成为"有闲者",这就为形成新的社会职能活动与从业者,即专门从事教与学活动的人提供了可能。有了教师与学生,才谈得上制度化的教育。其次,文字的产生为大量、准确地传递和学习历史上所积累的社会生产与生活经验提供了独特的载体。随着生产力以及人们交往层次的提升,人类所创造的知识和经验也日趋增多,在这种情况下,仅靠言语这种交往手段是难以满足人们的需要了,于是一种新的交往手段即文字便应运而生。与此同时,文字的出现,使得人要掌握它就要经过专门的学习。因为文字最初的形态比较复杂,要掌握它不是一件容易的事。最早的文字主要掌握在祭司手中,"象形文字"的希腊语就是"祭司的文字",我国最早的知识分子也是巫师,他们为了从事宗教祭祀活动和管理寺庙,需要掌握文字、计算、历法、天文等知识。这部分人也就成为最初的教师。再次,体力劳动与脑力劳动分工的出现伴随着阶级与国家的出现。奴隶主为了维护自己的统治,需要有官员从事管理国家的活动,需要武士为保卫政权而战,还需要有一批掌握知识的人从事各种宗教与文化的活动。这些人都要经过一定的训练才能培养出来。因此,从最早的学校的目的、内容、方式与方法可以得知,当时的学校大多以培养国家机器的管理者以及统治阶级的接班人为目的。

学校的出现是奴隶社会政治、经济与文化发展综合作用的结果,它使教育活动开始从非制度化走向制度化,从低级水平进入到高级水平,从对人的影响的随机性、自然性转向有计划、有目的的培养与造就。至此,人类社会不只存在言传身教这一简单的教育方式,而且出现了以文字为中介的专门教育形态。文字与学校的出现,既为人类知识的传承提供了有效的形式,也大大推进了社会阶层的分化。

奴隶社会是学校教育的开创时期。尽管世界各国奴隶社会的教育都有自己的民族性和地方性,但在某些方面也存在着共同的特征。

第一,教育的阶级性。由于奴隶主阶级对生产资料绝对占有,他们同样也占有学校。实际上,学校从一开始就是奴隶主国家机器的一个组成部分,是被“发明”出来为奴隶主服务的,而不是为奴隶服务的。奴隶社会教育的阶级性非常明显,它不仅表现在教育权和受教育权上,而且还体现在教育目的、教育内容、教育方法等方面。具体体现在:教育目的是为奴隶主阶级培养治理国家所需要的人才;教育对象主要是一些奴隶主贵族子弟;教育内容是以军事教育为主,以满足统治阶级对内对外武力镇压的需要。与统治阶级的教育相对应,也同时存在着被统治阶级的教育,奴隶们在自己繁重的劳动和非人的生活过程中,用大量的事实教育自己的子女明确在本阶级内部团结互助的重要性以及对统治阶级的仇恨。①

第二，学校教育与生产劳动相脱离。在原始社会中，教育与生产和生活过程是相互交织在一起的。但进入到奴隶社会之后，由于不劳而获的统治阶级对学校教育权控制，他们不允许在学校中向自己的下一代传授那些只有被统治阶级才需要的生产知识和技能。他们只要求自己的子弟学习一些统治术、战争术、外交术等，从思想观念上教唆他们鄙视生产劳动以及与之有关的知识与技能，使得生产劳动知识一开始就被排斥在学校大门之外。有关这方面经验的传递主要依靠生产过程中"师徒制"的方式进行。

2. 封建社会与教育

封建社会是继奴隶社会之后人类的又一个社会形态。在奴隶社会后期，由于生产力一定程度的发展，特别是由于奴隶们不堪忍受极其残酷的阶级剥削与阶级压迫，纷纷采取各种措施反抗奴隶制度。同时，在统治阶级内部也发生着重要的分化，一些在镇压奴隶起义和对外战争中建立功勋的军事首领日益要求扩大自己的权力，出现了"弑君"事件。在内外交困的情况下，奴隶社会衰败了。取而代之则是适应新的生产力与生产关系的封建制度。封建制度是以封建地主占有土地、剥削农民或农奴剩余劳动为基础的社会制度。在封建制度下，地主拥有大部分的土地，而农民或农奴则完全没有或只有很少的土地。他们靠租种地主的土地而生活，对地主有不同程度的人身依附，但与奴隶相比，则有一定程度的人身自由和少量的个人财产。封建社会基本的阶级是地主阶级和农民阶级，其上层建筑是以君主制和等级制为特点，在此基础上形成了封建道德。自给自足的自然经

① 全国十二所重点师范大学联合编写：《教育学基础》，教育科学出版社 2003 年版，第 12 页。

济是封建社会主要的经济形式，手工业、商业等占次要地位，并在很多时候是受到限制和压制的。与奴隶相比，农民或农奴由于有了一定的人身自由和自己的生产工具，收成的好坏又同自己的利益紧密相关，因而比奴隶有了较大程度的生产积极性，促进了生产力发展。在生产力发展的基础上，艺术、文学、历史、宗教、建筑、哲学以及科学技术等也有了相当程度的发展，促进了人类文化繁荣。

与封建社会的政治、经济与文化的变革发展相一致，封建社会的学校教育在保留奴隶教育若干特征的基础上，又发生了一些重要的变化，出现了一些的新特点，构成了封建社会教育的基本特征。

第一，学校教育不仅具有鲜明的阶级性，而且还有严格的等级性或宗教性。封建社会的国家官僚机构与奴隶社会相比，更加复杂化、更加完善。为了维护这样的国家机器，就必须加强等级制度和等级观念。封建社会的等级性又以世袭的方式、血缘的纽带维系，再涂上宗教的色彩，所以特别明显和牢固，富有束缚力，成了封建社会统治的特征之一。与此相对应，封建社会教育在强调学校教育为统治阶级服务的同时，更加突出了教育的等级性或宗教性。所谓等级性是指在封建统治阶级内部，不同官职出身人的子弟接受不同等级的教育。例如，在我国唐朝的官学中，设有“二馆六学”，即弘文馆、崇文馆、国子学、太学、四门学、书学、算学、律学。弘文馆与崇文馆只招收皇亲国戚的子弟，国子学只招收文武三品以上官员的子弟，太学招收的只是五品以上官员的子弟，四门学只招收七品以上官员的子弟，八品及八品以下的子弟只能进入书学、律学、算学等。教育的宗教性是就欧洲封建教育而言的，在中世纪的欧洲，宗教统治了人们的生活，宗教权力往往高于世俗权力，封建政权各级领导人的更替都需要经过教会的认可。在这种情况下，僧侣教育主要是传播宗教教义,培养人们对上帝的虔诚和热爱,对世俗生活的鄙视和疏远。骑士教育尽管以世俗教育为主,但也浸透着宗教精神,需要学习宗教教义。在一定意义上,欧洲封建教育引导人们对宗教的皈依实质上是训练人们对欧洲封建统治者的服从,教育的宗教性体现了教育的阶级性。

第二,形成了比较系统的教育体系,学校教育的对象、规模与种类相对扩大,内容也日趋完整。比起奴隶社会来,人们对教育在维护封建统治,进行伦理教化,传播宗教思想中所发挥作用的认识得到了进一步的提升,推动了教育完善与发展。中国在封建社会初期,思想家们就提出了"建国君民,教学为先"方针,把发展教育作为实施国家统治的一个重要策略。正因为历代统治阶级的重视,在我国封建社会时期,创建了比较完整的教育体系。在汉代就建立了从中央到地方的官学体系,并为后来的统治者所模仿。值得指出的是,在封建时代,我国不仅建立了较为完整的官学教育体系,而且还建立了比较完整的私学体系。私学不仅有蒙学教育,而且还有"高等教育"。在官学和私学之外,还设有书院和社学。中国封建社会之所以在某些方面能走在世界的前列,很大程度上应归功于当时教育系统相对完善:无论是哪一种类型的教育,都有专门的教育管理措施,厘定目标、精选内容、制定规章。在欧洲,教会为了传道和培养人才,也创办了大量的、各种层次和类型的学校,如教区学校、主教学校、修道院学校以及教会大学等。当然,随着教育的复杂性程度的提高,教育实践迫切需要教育理论的指导,这从客观上促进了当时教育思想的进步与提升。中外此时都产生了不少有名的教育思想家。

(三)现代社会与教育

现代社会包括资本主义社会与社会主义社会。由于在生产关系方面有着本质的差别,使得根植于两种不同社会形态的教育在诸多方面也有所不同;但由于两者都是奠基于现代大生产的现代教育,因此在不少方面存在着共性。

第一,现代教育的公共性。这一特征是指,学校教育越来越成为社会的公共事业,是面向全体人民,而不是只面向某些特权阶层的。与之相关的就是现代教育日益追求教育的平等性,即为每一个人创造平等的受教育机会,包括起点平等、过程平等、结果平等。现代教育的公共性促进了现代教育的普及性。当然,追求教育的普及性,并不是要否定对少数精英人才的培养,只不过如今对这类人才的选择不是看他们的财产与出身,而是注重他们的能力和贡献。在现代社会,随着社会科学化程度日益提高,无论是大众素质还是精英人才,都是衡量一个国家科技实力的重要指标。为此,各国都根据自身发展的实际需要,努力在提高大众素质的基础上选择精英,培养精英。

第二,现代教育的生产性。这一特征是指,现代教育越来越与人类的物质生产结合起来,越来越与生产领域发生密切、多样化的联系;生产发展也越来越对教育系统提出新的要求。一个重要的标志就是职业教育得到了很大的发展。人们日益认识到,今天的教育就是明天的经济。教育的经济功能得到各国政府的充分重视,教育改革因此被作为经济发展与社会进步的战略决策。随着知识经济时代的到来,教育的生产性将会进一步凸显,教育不仅是改变人们精神生活的一种力量,而且也是改变人们物质生活的一种重要力量。而且,随着生产形式、技术、规模的不断变化,教育的生产性也将日益呈现新的品质。

第三,现代教育的科学性。这一特征是指,一方面,教育的发展日益受惠于科学;另一方面,科学的发展日益受惠于教育。在现代社会,科学发展与教育进步在总体上是同步的。科技一旦有了某种进步,教育也或早或迟地会发生相应的变革。阿什比认为,人类教育史上曾发生过"四次教育革命":第一次是将教育的责任从家庭转移到专职教师和学校手中,它发生于原始生产方式解体、物质财富丰富到某些人足以离开物质生活资料的生产过程之时。第二次革命以文字和书写工具的出现为前提,将文字和书写作为与言语口授同样重要的教育手段。第三次革命是普遍采用教科书作为教学的基本形式,发生于17、18世纪印刷技术和造纸技术兴起的时期。第四次革命是光、电、磁等现代科技广泛应用于教育,大约始于20世纪初,至今方兴未艾。① 可见,这几次教育革命,都与科学进步直接相关。科学发展推动着教育发展;反过来,教育也对科学发展起到重要的作用。科学知识的生产与再生产是科学发展过程中两个重要的方面,都不可忽视。教育在这两个方面都起到重要的作用:一方面,教育作为科学知识再生产的手段,它把前人创造的科技成果加以总结和系统化,通过有效的形式,在较短的时间内传授给下一代;另一方面,现代教育还可以利用其所掌握的智力与知识优势从事科学研究,生产新的科学技术成果。

第四,现代教育的终身性。这一特征是指,教育已不再局限于人的职前时期,而是贯穿于人的一生。现代教育注重创造适合人终身学习的机会,以满足不同年龄段的受教育者的教育需求。相比于传统教育,终身教育首先是时间的拓展,它贯穿于人的一生;其次,终身教育是空间的放大,它整合了学校教育、家庭教育、社会教育等各种教育资源与形式,加速推进教育的社会化进程;再次,终身教育是教育观念的转变,注重人的个性发展与素质的全面提升,几乎消除了一次性教育带给人们失败的苦恼;最后,终身教育是教育形式的创新,它使教育与社会生产、生活更贴近。因此,如今各种教育形式纷纷问世,除了先前的学校之

① 阿什比著:《科技发达时代的大学教育》,人民教育出版社1983年版,第37页。

外,电大、夜大、自学考试、远程教育、企业教育等各种教育形式与教育机构纷纷亮相并迅速发展,成为现代教育的一个“亮点”。

第五,现代教育的国际性。这一特征是指,现代教育注重从态度、知识、能力等方面培养学生,为应对全球化时代的到来作好准备。20世纪中叶以来,人类逐渐进入到全球经济一体化的时代,发达的通信、共同市场的形成、全球性问题的出现,都日益把不同地区、不同民族和不同意识形态人民的命运紧密地联系在一起,全球化意识不断增强;但是,由于国家利益、意识形态、文化传统等多方面的差异,人们越来越清楚地认识到全球化并不意味着同质化。基于这种认识,现代教育在注重培养学生国际意识以及相应知识、能力与情感的同时,更加注重培养学生的民族文化认同感以及爱国主义精神。日本确立的21世纪的教育目标是“培养面向世界的日本人”,韩国表述为培养“面向世界的韩国人”,与此类似的表述还有不少。这些都表明,为应对全球化挑战,不少国家在教育上纷纷采取有效的措施,尽力处理好“全球化”与“本土化”的关系。

第三节 教育学及其发展的轨迹

一、“教育学”的概念

“教育学”概念有一个演化的过程。从词源上看,无论是英文的“pedagogy”,还是法语国家的“pédagogie”,德语国家的“pädagogik”,都是源于希腊语的“教仆(pedagogue)”一词。“教仆”在古希腊是指奴隶主家中某种有专门职务和身份的成年奴隶,专门为奴隶主到教育机构负责接送小孩、帮助携带学习用具,并监督他们在学校中的行为举止等。19世纪末,人们对源于“教仆”的“教育学”一词逐渐不满,认为这个词的意义过于狭隘，且对教育与教育学价值存有偏见，不利于确立教育学在大学课程体系以及整个科学体系中的学术地位。于是，英语国家的人们就先后用“education”与“educology”取代“pedagogy”。在法语国家，人们用“science de leducation”（教育科学）来代替“pedagogie”。在德国，也出现了一个新词“erzihungswissenschaft”（教育科学）。在我国，“教育学”是一个译名，是20世纪初从日本转译过来的。

“教育学”在我国有四种基本的含义：一是指称某种学科门类，与经济学、法学、理学、工学、农学、医学等相并列，内含教育学、心理学、体育学等学科；二是指称某个特定的一级学科，与心理学、体育学等学科并列；三是指称本科的一个专业，与学前教育、特殊教育、教育技术学等并列；四是指称一门课程或一门学科，在这个意义上，“教育学”是各个师范专业所开设的一门带有教育专业特点的基础课程。本书中“教育学”主要是指作为一门课程的教育学；而在某些地方，是从第二种含义上使用“教育学”的，旨在向学习者简要地介绍教育学这个学科的研究对象、历史和走向，使学习者对教育学科的发展有一个整体的印象。

二、教育学的研究对象

每个学科领域都应有自己独特而又明确的研究对象，研究对象的清晰规定是某一学科得以创立与发展的重要条件。教育学也不例外。教育学的研究对象是什么？至今仍是国内外学术界争论不休的问题。有的人认为“教育学的研究对象就是教育现象”，有的人认为“教育学的研究对象是教育事实”，有的人则认为“教育学的研究对象是教育”，近年来又有人提出“教育学的研究对象是‘教育问题’”。假如不局限于文本的字面意义，人们会发现这些表述在实质上并没有多大的差异。何以如此呢？

教育学作为人类知识体系的一个门类，其研究对象的规定应该符合科学认识的一般特点。毛泽东同志说过，“科学研究的区分，就是根据科学对象所具有的特殊的矛盾性。因此，对某一现象的领域所特有的某一矛盾的研究，就构成某一门科学的对象”①。而问题就是事物的矛盾。当代著名科学哲学家波普尔(K. R. Popper)在研究科学知识增长时，也明确地指出，“我们不是从观察开始，而是从问题开始。……知识的成长是借助于猜想与反驳，从老问题到新问题的发展”。从两位哲学家的论述中可以看出，问题才是科学的起点与对象。②

从教育学的发展历程来看，对问题探究的深入意味着教育学发展水平的提高，问题的扩展意味着教育学视阈的扩展，问题的转换意味着教育学研究方向的转换。如此看来，教育学的研究对象确实是“教育问题”，但如果不把这些“教育问题”归结为主观的臆想，而把它视为教育实践的产物，这一界定与其他的界定不就统一了吗？把教育学的研究对象界定为“教育问题”或“教育现象”、“教育过程”，它们的差别主要表现在研究对象是直接的还是间接的，几种表述并没有实质上的不同。

把教育学的研究对象规定为“教育问题”，只是明确了教育学的起点与归宿。接下来的问题是，何谓教育问题？它与教育现象、教育过程是什么关系？纵观教育学的历史演进，人们不难看出，各种各样的“教育问题”大致上可归结为三个方面或者说以三种方式呈现，即“什么是教育”、“怎样教育”以及“人为何要接受学校教育”。

在社会和学校生活中，当我们用以上视角看待某些现象时，

① 《毛泽东选集》第1卷，人民出版社1991版，第309页。

② 卡尔·波普尔著，舒炜岂译：《客观知识》，上海译文出版社1987年版，第270页。《比较教育：一种基本理论在发展》，《教育展望》中文版，第18期。

社会与学校中的某些现象就被看做为教育的现象。教育现象是各种各样教育活动的外在表现,因而是稍纵即逝、变幻莫测的。由于教育现象自身的这些特点,因而对教育现象的认识也总是零碎的、肤浅的、不系统的甚至是相互矛盾的,谈不上理性认识。教育现象中包含着教育问题,教育问题不会游离于教育现象之外,但是并不是所有的教育现象都可以构成教育问题。只有当教育现象中的某些矛盾引起了人们的注意,并具有研究价值的时候,才能构成教育问题,成为教育学的研究对象。教育规律是教育活动中存在的本质的、必然的和内在的联系。这种本质的、必然的和内在的联系是潜藏于教育现象与问题背后的,不是通过感官可以把握的,必须通过科学研究才能揭示出来。因此,揭示教育规律是教育学研究的目的,而不是教育学的对象。将教育规律当成教育学的对象,就等于混淆了研究目的与研究对象之间的关系。教育规律是通过一个又一个教育问题的研究来揭示的。教育问题是通向教育规律之门。

总之,教育学是研究教育问题,揭示教育规律的一门基础学科。教育问题,人们可以从不同学科视阈对它进行提问与解答,由此就构成了教育学的各个分支学科,如从社会学的角度审视教育,就构成教育社会学;从经济学的角度思考教育问题,就构成教育经济学;从文化学的角度分析教育问题,就构成教育文化学;等等。而对教育不同问题的提问与回答,就构成了教育学的不同取向:关注“教育是什么”这类事实问题,教育学就会侧重于科学分析;关注“怎样教育”这类规范问题,教育学就会侧重于实践理性的研究。但不管是哪一种提问与解答,都必然渗透着人们的价值偏好,因而教育学的研究与学习都不可能是“价值无涉”的。

三、教育学的产生与发展

作为人类社会独有的职能活动,教育是随着人类社会的产生与发展而不断演进的。而人们对教育活动的认识,也随着教育的发展而不断深化,由此推动着教育学的产生与发展。

(一) 教育学的萌芽

一门新学科的产生必须具备的重要条件之一,就在于它能满足社会现实需要。作为一种古老的社会活动,教育与人类社会共始终,是社会得以延续和发展的必要条件。随着人类交往实践内容与范围的扩展,生产经验和生活经验积累得越来越多,如何有效把这些知识传授给年轻一代,自然也引发了人们的思考,促使人们开始对教育活动的经验进行总结和研究,努力探究这种活动的规律。

中国古代伟大的思想家和教育家孔子,首创私学,执教 50 年,培养了 3 000 多名弟子,积累了丰富的教育教学经验。他提出了"有教无类"、"因材施教"、"学思结合"、"不愤不启"、"不悱不发"等一系列的教育教学主张。

战国后期,我国出现了论述教育的专门著作。荀子的《劝学》和《礼记》中的《学记》是教育史上最早论述教育问题的著作。《学记》虽然只有 1 229 个字,但其思想内容丰富,对教育目的、制度、内容、方法以及教育者与受教育者等都进行了精辟的论述。它提出的诸如"教学相长"、"长善救失"、"禁于未发"、"藏息相辅"、"温故知新"、"循序渐进"等教育教学原则都在一定程度上反映了教育规律,至今仍然闪烁着真理的光辉。

在西方,古希腊、古罗马思想家在教育学的产生过程中也作出过突出的贡献。如苏格拉底(Soktates,前 469—前 399)、柏拉图(Plato,前 427—前 347)、亚里士多德(Aristotle,前 384—前 322)等人都提出过比较系统的教育思想,为后世提供了丰富的理论资源，对西方教育理论与实践产生了重要的影响。苏格拉底用“反诘法”培养学生，旨在使学生获得所谓真正的学问。他还明确地提出了“美德是否可教”的问题，并对这个问题进行了深入的分析。在他看来，因为知识是可以教的，如果美德是一种知识，那就是可教的。亚里士多德与我国的孔子非常相似，他一生从事教育活动，创办了“吕克昂”这种教育机构。他承袭其老师柏拉图的思想，主张教育应成为国家的事业，由国家负责并受国家控制。他还明确提出德、智、体、美和谐发展的教育思想。在罗马教育史上，最有影响的教育家当属西塞罗（Cicero，前106—前43）、昆体良（Quincilianus，35—95）。西塞罗在其著作《雄辩家》和其他对话录中，提出了教育的最高目的在于培养好的雄辩家——政治活动家，而雄辩家首先是懂得为人之道、具有文化修养的人。为此，他开列了旨在培养雄辩家的各种科目，包括文法、修辞、几何、天文、逻辑、音乐、历史、法学等。昆体良从事过多年的教学工作，结合自己成功的教育经验，他撰写了《雄辩术原理》一书，这是继《学记》之后又一部较为完整的教育著作。该书论述的范围很广，包括了高等教育、中等教育、初等教育，甚至幼儿教育。昆体良认为教育者应该看到儿童具有无限的潜在能力和发展的可能性，教师应以父母般的情感对待儿童，了解儿童之间的差异和倾向；教师的鼓舞和榜样是使儿童学习成功的有效方法；惩戒、鞭打和嘲讽，只会使得儿童的心灵受到伤害。

可见，自从人类有了教育活动，特别是有了学校教育之后，人们就开始了对教育的思考与探索，并为后世留下了宝贵的教育遗产。但那时，由于认识的局限性，学科未能得到分化，对教育问题的论述是与对其他社会问题的论述交织在一起，包容于一个庞大的哲学体系之中的。此外，思想家们在论述教育问题时也多是从自己的经验与感受出发，对“教育应如何”的问题作了较多阐述，至于“教育是什么”等问题因历史的局限未能细究。按照库恩的科学知识模式，可以把这一阶段的教育认识活动称为“前科学”时期。

（二）教育学的独立形成

教育学的独立形成是教育学走向成熟的重要标志。从作为一种独立形态的学科领域来说，教育学的创立意味着：首先，就研究对象而论，对教育问题的探究已经成为了一个专门的知识领域，开始形成反映教育本质和规律的专有概念与范畴，或借用相关学科的概念或范畴但赋予特定的意义，推出了一些专门的教育学著作；其次，就研究方法而论，开始按照科学研究的规范从事教育研究，不再满足于个体经验性的体会，所提出的某些结论具有“普适性”；第三，从研究组织而言，出现了专门的教育研究机构。一般而言，在近代，某一学科领域的形成与创立大多需要很长时间，同样，教育学的创立也不是在一朝一夕之中完成的，经历了一个较长的历史时期。

在教育学的创立过程中，捷克教育学家夸美纽斯（J. A. Comenius，1592—1670）取得了突出的成就。他所撰写的《大教学论》（1632 年出版）是西方第一部教育学专著，学术界大多把它作为教育学这一学科诞生的标志。在该书中，他系统地论述了教育在培养人和改良社会中的作用，提出了普及教育思想，拟定了统一的学校系统。他根据幼儿、少年、青年的年龄特点，规划了学校教育制度和教育内容，主张教给学生广博的知识，并提出了一系列的教育原则和方法。该书的出版之所以被誉为学科诞生的标志，在于它不仅指出了教育应该怎么办，而且尝试着为教育方略寻找科学根据。夸美纽斯受当时广为流传的自然主义思想的影响，大胆借用自然规律来探讨儿童教育的原则与方法，其理论概括在某些方面反映了教育活动的本质特点，具有普遍的指导意义。但由于他是在宗教神学世界观的指导下来考察教育问题的，因而他的教育学著述不免带有浓厚的唯心主义与神秘主义色彩，《大教学论》也就并非是一本真正的科学著作。尽管如此，它却开启了教育学独立探索与科学研究的先河，其功劳不容否定。

在教育学的创立与走向科学化的过程中，德国哲学家康德（I. Kant，1724—1804）与赫尔巴特（J. F. Herbart，1776—1841）的贡献也是不可磨灭的。教育学作为一门课程在大学中讲授，最早始于德国，而康德就是该课程主讲人之一。其讲稿由学生们整理，于1803年出版，书名定为《康德论教育》。这本著作组织严密，说理透彻，西方学者给予它很高的评价。关于康德的教育思想，德国学者鲍尔生曾作过如下概述："他认为人的真正价值不建筑在学识风度、智慧或任何特殊造诣的基础上，而是完全建筑在合乎正义的意志上的，即建筑在诚心诚意而不是随波逐流和虚情假意地服从道德规范的意志的基础上的。他认为教育的伟大目标和主要任务是培养每个人或每个有理性的人的合乎正义的意志，使他达到清楚的自我意识的境界；或者说，培养能坚持自己确认为合乎正义的事物的自由人。"①可见，康德的教育学旨趣重在培养学生的"实践理性"，并把它置于与知识有关的"纯粹理性"之上，抬高了道德教育的地位，贬低了知识学习的价值。有学者认为，康德的教育观"应用到教育上同卢梭的主张异趣，而同夸美纽斯的'泛智论'的教育理论更相径庭"②。

康德之后，对教育学的创立作出重要贡献的是赫尔巴特，被誉为"科学教育学之父"。他1806年出版的《普通教育学》"是

① ［德］鲍尔生著，滕大春等译：《德国教育史》，人民教育出版社1986年版，第108页。

② 陈桂生著：《历史的"教育学现象"透视》，人民教育出版社1988年版，第89页。

以实践哲学和心理学为基础的。前者说明教育的目的;后者说明教育的途径、手段与障碍"①。这一规定对后来教育学的发展产生了很大的影响。赫尔巴特认为教育目的有两种形态,即"可能的目的"(或"选择的目的")与"必要的目的"。前者与学生将来的职业选择有关。由于社会分工的多样化,他主张教育要培养学生"多方面的兴趣",发展人的多种多样的感受性,扩大活动的范围。后者是指不管儿童将来从事什么工作,他都必须具备的人格,其核心是道德人格力量。在教学方面,他强调教学的教育性,认为教学如果没有进行道德教育,就是一种没有目的的手段;道德教育如果没有教学,就是一种失去了手段的目的。他将教学分为四个阶段:明了、联想、系统、方法,每个阶段的教学内容、教学手段、教学任务和学生的反应均不相同,这便是至今仍有影响的教学四段论。在管理方面,他主张用命令、禁止和惩罚的方式对待学生。赫尔巴特在教育学上的探索,完成了两个转变:一是从"教"之学、"教育"之学到教育学的转变,他冲破过去"教授"之学(以夸美纽斯为代表)与"教育"之学(以康德为代表)的樊篱,建立了融合二者的教育学;二是进行了构建科学教育学的大胆尝试。赫尔巴特的"普通教育学"并非"普通教育"之学,而是试图参照自然科学的先例,揭示教育的普遍规律,具有普遍适用的意义。②

这一时期,还有许多著名的思想家、教育家也写出了专门的教育或教育学著作,为教育学的繁荣作出了贡献。例如,英国哲学家洛克(J. Locke,1632—1704 年)于 1693 年出版了《教育漫

① [德]赫尔巴特著,李其龙译:《普通教育学·教育学讲授纲要》,人民教育出版社 1989 年版,第 190 页。

② 参见陈桂生著:《历史的"教育学现象"透视》,人民教育出版社 1998 年版,第88~105页。

话》,对绅士教育的有关问题进行了较完整的论述。法国思想家卢梭(J. Jrousseau,1712—1778)于1762年出版了曾令大哲学家康德都爱不释手的《爱弥尔》,深刻地表达了自然主义教育思想,是卢梭反封建的革命主张在教育领域的表达,对后世的教育理论与实践产生过深远的影响。瑞士教育家裴斯泰洛齐(J. H. Pestalozzi,1746—1827)在其著名的教育著作《林哈德与葛笃德》中,明确提出教育应该致力于全面、和谐地发展人的一切天赋力量和能力,而要达到这个目的,教育就必须与生产劳动相结合,必须符合学生的本性,必须从最简单的要素开始直到最复杂的事物。他还明确地提出"使人类教育心理学化"的口号,对于推动教育活动的科学化及教育学的诞生起到了重要的作用。

总之,教育学是种种主客观条件综合作用下产生的。首先,教育学的创立源于教育实践改革与发展的拉动。在近代,生产方式的变革以及新知识的大量涌现,极大地推动了教育的发展,培养具有新的教育思想,掌握新的教育方法的教师,就成为了适应社会需求的客观要求。为满足社会这一需求,从17世纪末开始,欧洲出现了旨在培养新型教师的教育学类课程,这一举措有力地推动了教育学的创立。其次,教育学的创立与近代科学的发展及其所提供的方法论有着密切的关系。按照近代人们对"科学"的理解,通常所谓的"科学"指的是自然科学,它把通过观察或实验所得到的大量事实加以归纳,从而探寻事物的规律。在这个意义上,教育学要成为科学,就要效仿自然科学,在已知的教育现象与事实的基础上通过归纳的方式来探究教育的普遍规律。由于教育以人为对象,须依循人的心理活动规律来设计教育活动,因而近代的教育学大多把心理学作为其理论建构的科学基础。但是,当时心理学还未成为成熟的学科,在此基础上所建立的教育学必然也是不成熟的,再加上某些思想家们的立场与方法的局限性以及教育问题的复杂性,这一时期的教育学虽然在知识谱系中已有了名分,但远未达到成熟的状态。

（三）教育学的发展与多元化

从19世纪中叶以来,随着社会的转型与其他知识领域的发展,由夸美纽斯与赫尔巴特所创立的教育学在整个20世纪又得到了迅速的发展,出现了许多新的教育学流派,呈现出“百花齐放”的可喜态势。

1. 马克思主义教育学

19世纪中叶后,知识领域有两个重大的进展对教育学产生了直接的影响。一个是马克思主义的诞生,为教育研究提供了辩证唯物论和历史唯物论这一科学的世界观与方法论,这是教育学发展的一个重要转折点;另一个是心理学在19世纪末开始进入实验阶段,为教育学的进一步科学化创造了必要的条件。前者推动了马克思主义教育学的创立,而后者则导致了实验教育学的兴盛。

马克思主义教育学包括两部分:其一是马克思主义经典作家关于教育的论述;其二是教育学家运用马克思主义基本原理对教育基本问题所作出的理论分析。相对来说,后者的比重更大。

苏联与中国的部分教育学家,运用马克思主义的社会存在决定社会意识、经济基础决定上层建筑等基本原理,探讨了教育的本质属性,揭示了教育与其他社会要素之间的关系;根据人的本质探讨教育的目的,并对遗传、环境、教育这三者之间的关系作了科学说明;根据人的认识规律,探讨了教学的本质、特点与规律;等等。在此基础上编写了多本体系较为完整的教育学著作与教材。它不仅丰富与发展了世界教育学理论,而且对形成苏联与我国建国前后的教育特色作出了重要贡献。

2. 实验教育学

如上所述,科学心理学是教育学进一步科学化的重要条件。

赫尔巴特试图把教育学建立在心理学基础上而使其科学化，但他的心理学是从形而上学演绎出来的心理学，算不上是“科学”的心理学，因而赫尔巴特的教育学不免又落入思辨的窠臼。科学心理学的出现是以1879年冯特心理实验室的建立为标志，那已是赫尔巴特去世近40年以后的事。真正以实验心理学为基础建立教育学的是德国的一部分学者，他们尝试用实验法研究儿童发展与教育的关系问题，并提出了一系列的理论。实验教育学的代表人物有德国的梅伊曼（E. Meuman，1862—1915）和拉伊（W. A. Lay，1862—1926）。

实验教育学的要旨在于：第一，反对以赫尔巴特为代表的思辨教育学，认为这种教育学在检验教育方法的优劣上毫无用途。第二，提倡把心理学的实验成果应用于教育研究，从而使教育研究真正“科学化”。第三，把自然科学普遍采用的实验方法运用于教育实验之中，以规范教育研究的过程与方法，并把实验的结果作为教育决策的重要依据。① 实验教育学所推崇的研究方法成为20世纪教育研究的一个重要范式，近百年来得到了广泛的应用和发展，在很大程度上对于教育学的发展起到了促进作用。

3. 人文教育学

把人视为物，把教育现象简化为自然现象，并用实验的方法来研究人的心理与教育现象，这一研究范式是有局限性的，因为人的教育活动不可能是一个“价值无涉”领域。在涉及价值判断与选择时，科学实验的方法就无能为力了。当实验教育学及其后继者把科学的某些方法夸大为教育研究的唯一有效方法时，它就走向了迷途，受到了来自人文教育学的批判。

人文教育学，又称精神科学的教育学，是19世纪以来出现在德国的一种教育学说。其代表人物主要有狄尔泰（W. Dilthey,

① 参见劳凯声主编：《教育学》，南开大学出版社2001年版，第15页。

1833—1911)、利特(T. Litt,1880—1962)、斯普朗格(E. Spranger,1882—1963)等人。人文教育学反对用科学的方法来研究教育学。在他们看来,教育学属于精神科学,精神科学不同于自然科学,自然科学研究僵死的、没有内在生命活力的自然现象,适用的方法是"说明";而人类的生命活动是一种社会—历史存在,只能用"理解"的方式加以把握。德国教育学研究的这一转向很大程度上应归功于狄尔泰,是他构建了人文科学新的方法论,对教育研究产生了重要的影响,形成了20世纪教育学一个重要的学派。

4. 实用主义教育学

实用主义教育学是19世纪末20世纪初在美国兴起的一种教育学派,是典型的"美国版"教育学,对20世纪教育理论研究和教育实践发展产生了重大的影响。其代表人物是美国的杜威(J. Dewey,1859—1952)、克伯屈(W. H. Kilpatrick,1871—1965)等人。实用主义教育学是在批判以赫尔巴特为代表的传统教育学的基础上提出来的,其基本观点是:第一,教育即生活,教育的过程与生活的过程是合一的,而不是为将来的某种生活做准备的;第二,教育即学生个体经验的持续不断的增长,除此之外教育不应该有其他的目的;第三,学校即社会,学生在其中要学习现实社会中所要求的基本态度、技能和知识。"民主"是一种活生生的生活方式,它的实现在于普通人每天的生活实践;第四,课程应以学生的经验为中心,而不是把学生视为知识的旁观者与接受者;等等。实用主义教育学以美国文化为基础,在批判传统教育学中"二元论"思维方式的基础上,构建了以"经验"为基础的教育理论体系。对于这一理论,因受意识形态的影响,我们过去对其理论贡献及其不足存在着误解的地方,需要在新的理论视阈中对它进行重新理解。

以上选取20世纪几个有代表性的教育学派作了简要考察与

分析。由此我们可以发现：第一，教育学的演进总会受到时代的影响。当社会处于重大转型时，往往也是教育学研究最为活跃的时期，是一个不断产生新的教育学思想、不断推出教育学家的时期。第二，在教育学的演进过程中，处于特定文化或政治意识形态中的人们，在考察教育问题时必然会表现出立场、观点与方法等方面的差异，这种视阈的差异也必然在教育学研究中显现出来，从而形成不同的教育学传统与风格，如美国的实用主义教育学、德国的人文教育学、苏联和我国的马克思主义教育学等。第三，由于教育问题的复杂性，任何单一的视角都只能对教育问题作出部分合理的诠释，不可能穷尽真理，对教育的全面认识往往需要多个视角、多种观点之间的比较，教育学的发展在很大程度上得益于不同学派之间的相互批评与借鉴。

第四节 教育学与师范生

教育学是师范生的一门专业必修课，学习教育学不仅是师范生获得教师职业资格的需要，也是今后能否成为一个好教师的必备条件之一。师范生为什么要学习教育学呢？

一、学习教育学是教师专业化的需要

教师从普通的职业转变为专业，这是世界教育发展的一个主要趋势。何谓教师专业化？通俗地说，就是指教师专业水平与社会地位不断提高的过程。什么是专业呢？一般而论，所谓“专业”，是指对社会的进步具有较大贡献，所受教育与培训的时间较长，社会地位较高，具有不可替代性的职业。在社会学的相关研究中，人们常常根据律师、医师等职业特征来列出专业所需的某些条件。在国际教育界广泛使用的是利伯曼（M. Lieberman）对“专业”的标准，在他看来，能称为专业的职业应满足如下的基本条件：

(1) 范围明确,垄断地从事社会不可缺少的工作;(2) 运用高度的理智性技术;(3) 需要接受长期的专业教育;(4) 从业人员无论是个体还是集体都具有广泛的自主性;(5) 在专业自主范围内,直接负有作出判断、采取行动的责任;(6) 非营利,以服务为目的;(7) 形成了综合性的自治组织;(8) 拥有广泛而又具体的伦理纲领。①利伯曼关于"专业"的标准为提升教师专业化提供了基本理论框架。

考察教师职业发展和教师角色的变化,大体上经历了三个阶段。第一阶段是教师职业未分化阶段,教师职业未成为一种专门职业。"以吏为师"、"师(牧师)师互通"、"学者即良师"是这一阶段的普遍特征。第二阶段是教师职业分化阶段,教师成为一种专门的社会职业。为保障教育发展对师资的需要,19 世纪后期,早期工业化国家逐渐建立师范学校,实行教师定向培养并逐步在全世界普遍实行。第三阶段是教师专业化阶段,从 20 世纪下半叶开始,教师成为一种有专业制度保障、专业能力标准和专业精神的职业。

教师的专业化有其内在动因。第二次世界大战以来,随着教育发展多样化以及社会对教师素质要求的逐步提升,人们对教师的认识也有了质的飞跃,教师作为一种专业性职业得到更多人的认可。1966 年,国际劳工组织和联合国教科文组织在《关于教师地位的建议》中,首次以官方的文件对教师职业的专门性作了肯定。该报告指出:"教师的工作应视为专业性职业。这种职业是一种要求教员具备经过严格而持续不断的研究才能获得并维持专业知识及专门技能的公共业务;它要求对所辖学生的教育和福利

① 转引自[日]筑波大学教育学研究会编,钟启泉译:《现代教育学基础》,上海教育出版社 1986 年版,第 442 页。

具有个人的及共同的责任感。”[①]20 世纪 80 年代中后期,美国相继发表了《国家为培养 21 世纪的教师做准备》《明天的教师》等报告,其主旨都在于提升教师的专业性。1996 年第 45 届国际教育大会把教师专业化作为一项建议而通过。

今天,教师是一种专门性职业已得到越来越多人的认可,但这只是对当今教师社会角色的一个初步认识。一般来说,律师、医生只要具备所学学科的专业知识就可以成为一个合格律师或合格医生;而教师则不同,只具备所教学科的知识,并不一定能成为一个好教师。要成为好的教师,必须既要掌握学科知识,又要具备教育学知识。因此,培养教师必须在“学科性”与“教育性”、“学术性”与“师范性”等方面达到有机的统一。优秀教师的成长经历表明,教师不仅要懂得“教什么”,更要知道“为何教”、“如何教”,三者缺一不可。根据西方学者对教师专业性的研究,从事教育教学工作至少需要学科本身、学科教育学、教育学及心理学知识。除了第一项外,后面的几项全都是教育学科所研究的范围。实践表明,当学科知识达到某一关键水平后,它就不再是影响教学效果的决定因素。总之,在教师从兼职到专职、从普通职业到专业的发展历程中,要求其所掌握的教育学知识是越来越丰富、越来越高了。

二、学习教育学是实现教师专业化的条件

教育学,对于教师来说,在求职之初,它是获得教师资格的基础课程;在教师的工作中,它就是实施自主劳动的必备工具。大量事例表明,某一教师工作得好坏,在很大程度上取决于其教育理论素养的高低。我国基础教育新课程的实施,日益要求教师从一个教书匠成长为一个教育家。传统的“教书匠型”的教师正在向“科

---

① 转引自冯建军主编:《现代教育学基础》,南京师范大学出版社 2004 年版,第 3 页。

研型"、"教育家型"的教师过渡,提高中小学教师的教育理论素养日益成为提高学校教育质量的关键。

教育学是分析教育问题,揭示教育规律的一门科学。师范院校公共教育学就是帮助教师或未来教师形成必要的教育理论素养、必需的专业情意和专业能力的一门课程。其价值是多方面的,这里择其要者加以阐述。

第一,养成正确的教育态度,形成坚定的教育信念。教育态度是教师对于工作的情感体验。积极健康的教育态度是教师战胜困难、克服惰性的精神动力,消极的和不健康的教育态度是导致教育各种缺失的根源。在各种各样的教育态度中,教育信念因其坚定性和强烈性而成为一种最可贵的精神力量。拥有坚定的教育信念是一切伟大教育家共同的情感特征。作为一名教师,要养成正确的教育态度,形成坚定的教育信念,就必须了解教育的功能与价值,就必须明确教师的职责与义务,就必须熟悉教育目的,等等。只有知之深才能爱之切。无论是教育态度还是教育信念,都不可能凭空产生。因此,教育学的学习和研究,将为人们形成正确的教育态度、培植坚定的教育信念提供快速的通道。

第二,获得一定的教育理性认识,扩展教育理论视野。一方面,教师在学校中必然要担任一定的学科教学任务和其他的教育工作,这些事务都是在一定的教育目的、制度和课程的规定中展开的,是学校整体工作的一部分。如果教师对与自身工作密切相关的这些问题缺乏理性认识与把握,就很难成为清醒的、自觉的、有责任感的教育工作者。关于教育的目的、课程开发以及教学策略等知识,本身就是教育视野中的重要内容。另一方面,作为当今的教师,还有必要了解国内外的教育理论、流派和学说,这些理论陈述或者是相互冲突的,或者是相互补充的,从不同的方面对教育问题作出了解释。这些不同的解释为我们认识复杂的教育现象提供了多重视角,有利于帮助人们找到解决问题的适宜途径或方法。

以上两个方面原因,都要求师范生努力学习教育学。特别是在知识经济迅速发展的今天,教师要想跟上时代的步伐,积极地参与教育教学改革,就更要从传统的思维范式中走出来,认真地、努力地学习教育学知识,提高自己的理论素养,开阔理论视野,提高教育工作的理性自觉。

第三,为成为研究型教师打下基础。当前,新一轮基础教育课程改革正在我国全面展开,它对教师的素质提出了更高的要求,其中最突出的一点就是要求教师从传递型的教师转变为研究型的教师。面对社会对优质教育需求的不断提升,传统的教育经验日益捉襟见肘,教师只有成为研究者,才能更好地适应教育改革与发展的需要。教师要成为研究者,最基本的条件就是要了解、掌握并运用教育学的有关知识。它不仅可以使教育实际工作者了解教育的一些基本问题,获得研究教育问题的方法,拓展研究教育问题的视野,而且也可以让教师与中外著名的教育家对话,提升理论修养。这些都是教师成为一个研究者所必需的。当然,这不是说学习了教育学就一定可以成为优秀的教育研究者,而是说学习教育学可以为成为合格的教育研究者打下良好的基础。

第四,提高教师的自我反思和发展能力。大量事例表明,一个好的教师,一定是善于不断反思并不断超越自我的教师。所谓善于进行自我反思,就是能够不断地对自己所作所为的合法性与合理性进行追问。① 没有这一不间断的环节,人们是不可能超越自己已经达到的教育境界,去追求更高更好教育境界的。要学会反思,就必须掌握一定的教育理论,只有教育理论才能帮助教师克服个人经验的局限,摆脱习惯的束缚。否则,就容易失去自我反思的勇气和能力,形成"当一天和尚撞一天钟"的心态。这是因为经验易于形成习惯,而习惯常常是保守的,而不是前进的,是封闭的,而

① 劳凯声主编:《教育学》,南开大学出版社 2001 年版,第 26 页。

不是开放的。

[思考与练习]

一、名词解释

教育　学校教育　教育学　《大教学论》《普通教育学》《学记》　专业　专业化

二、问答题

1. 谈谈你对教育起源的认识。

2. 教育的发展经历了哪几个主要的阶段？各阶段的基本特点是什么？

3. 学校的产生需要具备哪些条件？

4. 教育学的研究对象是什么？

5. 为什么说教育学既是一门历史悠久的学科，又是一门年轻的学科？

6. 现代教育有哪些特点？

7. 从教师专业化的角度，谈谈学习教育学的意义。

8. 结合教育学的演进过程，谈谈一门学科产生的条件与标志是什么。

第二章 教育的功能

[内容提要]

教育功能是教育学中的一个基本理论问题,它主要回答"教育做什么"的问题。

教育功能是教育活动及系统对个体发展和社会发展所产生的各种影响与作用。这种影响和作用可以从不同的角度进行分析,可以是正向的、积极的,也可能是负向的、起阻隔作用的,甚至是无效的。本章侧重于分析教育对社会和个体发展所起的正向功能。

教育的社会功能包括:教育的政治功能、经济功能和文化功能,在这一部分中,主要是从教育与社会的相互作用上进行分析。在教育的个体功能这一部分中,主要内容包括:影响人的发展因素分析、遗传对人的发展的影响、环境对人的发展的影响,以及学校教育对个体发展的独特功能分析。

[学习目标]

1. 记住教育功能的含义,能够识别不同的教育功能类型。
2. 理解教育的社会功能和个体发展功能。
3. 能够运用相关的理论知识分析一些现实问题。

第一节 教育功能概述

一、教育功能的含义

功能是一个多学科研究的概念。在哲学上,功能是"有特定结构的事物或系统在内部和外部的联系和关系中表现出来的特性和能力”①;在社会学理论中,功能泛指构成某一社会因素对系统的维持与发展所产生的一切作用和影响。由此我们可以看到,功能是指有特定结构的事物或系统在内部和外部的联系中所表现出来的作用。其作用有两个方面:其一,它在该活动或系统内部所具有的特定作用,这完全由该事物的结构所决定;其二,它在更大的系统中或整个社会结构中所具有的特定作用,即该事物对其他事物的作用,这是由该事物的结构和外部事物的结构共同决定的。

为了更好地辨别功能之义,我们不妨将功能与职能作一番比较。职能主要用于描述社会现实,是职责和效能,往往是人为地赋予事物的,意味着必须实现的,因此更倾向于期待效应,带有一定的价值判断色彩。而功能既可描述自然现象,又可描述社会现象。在用于描述自然现象时,所涵盖的并非主观企求的、而是客观上具有的“特性和能力”,具有自然而然的意味,似乎没有价值判断倾向;但在用于描述社会现象时,尽管功能同样表达的是“特性和能力”,但它有人为设计的意味,不能完全脱离价值判断。

教育是培养人的社会实践活动,这一本质决定了教育既是一个相对独立的系统,又是一个复杂开放的系统。教育功能在系统内部表现为教育对个体发展的影响和作用,在整个社会系统中表现为教育对社会发展的影响和作用。所以,教育功能是教育活动和系统对个体发展、社会发展所产生的各种影响与作用。

作为一个独立的系统,教育表现为一种活动。教育活动是由教育者、受教育者、教育内容和教育手段等要素构成的,这些要素之间的相互作用则构成了教育活动的内部结构。教育内部结构的运行,是教育者借助教育手段,以教育内容作用于受教育者,影响受教育者的发展。所以,教育的内部功能就表现为对受教育者发展所起的作用。

① 冯契主编:《哲学大辞典》,上海辞书出版社 1992 年版,第 317 页。

教育在微观上表现为一种活动,在宏观上表现为社会的一个子系统,与政治、经济、文化、人口等其他系统共同构成完整的社会结构。社会是由生产力和生产关系的矛盾运动而推进的,教育通过对生产力、生产关系的作用而表现出影响社会发展的功能。

教育对受教育者和社会的影响与作用,不只是正向地促进,也有负向的阻碍。所以,教育功能不是主观的期望,而是客观的结果。教育功能不同于教育价值。教育价值是人们对"好"教育的一种期待,它反映了人们认为的"教育应该是做什么";而教育功能是一种实效,它反映了"应该做什么"的教育在教育实践中"实际做了什么"。所以,教育价值是教育功能的"应然"表现,教育功能是教育的"实然"表现,它是教育价值在教育实际中所释放出来的实际效果。

由此可见,教育功能不仅具有客观性和必然性,而且还具有方向性和多方面性。

二、教育功能的类型

对教育功能类型的划分,根据分类角度不同,大致可分为以下几类。

(一)从作用的对象来分,可分为育人功能(本体功能)与社会功能(工具功能)

教育作为一个独立的系统,是一种培养人的社会实践活动。促进人的全面发展是教育目的和教育价值的终极追求,这种追求在实际活动中的表现,就构成了教育的育人功能。教育的育人功能是由教育活动的内部结构决定的,如师资力量、课程内容、教育手段等,都是影响人的发展方向及其水平的重要因素。教育的育人功能是在教育活动内部发生的,所以也称为教育的本体功能。教育作为社会结构的子系统,它通过培养人而影响社会的存在和发展,这就构成了教育的社会功能。应该说,教育的社会功能不是教育自身的功能,而是教育培养的人参与社会生活而产生的功能。因此,教育的社会功能是本体功能的衍生,是教育的派生功能,也称为教育的工具功能。

(二) 从作用的方向来分,可分为正向功能和负向功能

教育的正向功能是指对社会进步和学生发展产生积极影响的功能;教育的负向功能是指对社会进步和学生发展产生消极影响的功能。

不管是从历史的角度看,还是从现实的角度看,教育正向功能的发挥都受到一定条件的限制。在一般情况下,教育的正、负功能并存,只不过在不同的历史条件下,正、负功能的比重不同罢了。可以分为三种不同的情况:(1) 以正功能为主。如我国当代的教育,比较注重学生各个方面的协调发展和社会进步的需要,教育的正向功能是时代发展的重要因素。但是也应该看到,由于某些教育思想的滞后,教学内容、方法、评价等方面也存在着很多问题,造成一些学生厌学或片面发展。(2) 正、负功能比重接近。如封建社会的教育,一方面为封建社会的维持和发展作出了贡献,另一方面也极大地遏制了学生的发展。(3) 以负功能为主。如我国封建社会后期和欧洲中世纪后期的教育等,不仅扼杀了学生的个性,还极大地阻碍了社会的进步和发展。

(三) 从作用的呈现形式来分,可分为显性功能和隐性功能

显性和隐性是美国社会学家默顿(R. K. Merton)20 世纪 50 年代末提出的功能分析的一个维度。默顿指出,显性功能是主观目标与客观结果相符的情况;而隐性功能是与显性功能相对比而言的,是指这种结果既非事先筹划,亦未被觉察到。由此可见,显性功能是有目的地实现的功能,而隐性功能则是主观愿望之外的结果。

按照默顿的理论,教育功能也可分为显性功能和隐性功能。教育的显性功能是教育活动在实际运行中与教育目的相符合的结

果。如教育促进人的全面发展的职能,教育的政治职能、经济职能、文化职能等都属于显性功能。而教育的隐性功能则是一种非预测功能。显性与隐性的区分是相对的,一旦隐性的功能被有意识地开发、利用,就可能转变为教育的显性功能。

(四)从作用的性质来分,可分为教育的期望功能和实效功能

教育的功能可能有很多种,有的在教育的实践过程中实现了,有的却只是一种愿望。所谓“教育的实效功能”,是指在教育实践过程中实现了的教育价值,通常表现在人对社会的现实作用上;所谓“教育的期望功能”,是指人们对教育活动所期待的价值追求与价值目标。两者之间存在着逻辑的、内在的联系,但是作为两种功能状态,两者的性质却是不同的。从逻辑上讲,教育的期望功能产生在先,实效功能实现在后。教育的期望功能对实效功能具有一定的规范性和指导性,而实效功能则是期望功能在实践中的转化和实现。

第二节　教育的社会功能

对教育功能虽然可以从多重维度进行分类,但从理论的角度仍然可以把教育功能概括为两大方面:教育对社会发展的影响和教育对个体发展的影响,即我们通常所说的教育的社会功能与教育的个体功能。

教育是社会系统中的一个子系统,作为一种特有的社会现象和社会活动,它的发展本身是社会发展的一个重要方面或重要标志,同时又促进着社会的变革与发展。

社会发展虽然制约着教育发展,但是教育发展对社会发展具有强大的反作用。在促进社会发展的诸多要素之中,教育对社会历史发展的推进作用日益彰显。教育作为一种特有的社会现象和社会活动,具有相对的独立性。教育同经济、政治、文化等社会因

素之间有着本质的联系,因此,我们应该从教育与社会诸要素之间的关系中来把握教育的社会功能。

一、教育与政治

(一) 政治的界定

什么是政治? 这是在探讨教育的政治功能时必须首先回答的一个问题。对此,教育界存在略有区别的两种见解。一种认为,在阶级社会中,阶级斗争、处理阶级关系是政治的主要内容,国家是阶级斗争的产物,因而,政治所要处理的关系,主要是国家生活中的各种关系,包括阶级之间的关系、各阶级内部的关系、民族关系以及国际关系等。另一种认为,政治有着多种不同的涵义,与阶级斗争相关的只是其内容之一,它有四种解释:(1) 政治与国家和法等专政工具直接相关;(2) 政治与阶级斗争相关联,阶级斗争必然是政治斗争;(3) 政治的中心问题是国家以及国家的体现——法;(4) 政治的基础是经济,但它本身不是经济,政治的主要表现形式是国家、法以及与它们直接相关的活动。①

"政治"一词,既不是意识形态的同义反复,也不是阶级斗争的代名词,它有着更为广泛的涵义。美国教育学家布鲁巴克(J. S. Brubacher)在其所著的《教育问题史》中解释政治与教育的关系时,曾谈到"政治这个词,既有好的意义,也有不好的意义,从词源上来看,政治这个词起源于希腊文,意思是'城市'。随着时间的推移,这个词开始用来指各种城市生活的处理,特别是公共事物的管理"②。可见,"政治"一词在不同的人那里往往有不同的含

① 文新华、唐思群:《社会主义社会教育的政治职能》,《教育研究》1989 年第 11 期。

② 布鲁巴克著,张家祥译:《政治与教育》;转引自瞿葆奎主编、陈桂生等选编:《教育学文集·教育与社会发展》,人民教育出版社 1989 年版,第 335 页。

义,但常常有一个共同特点,即政治所涉及的是权力、统治或权威的一套关系。因此,我们在理解教育与政治的关系时,也可以从这个意义上去理解。

（二）政治对教育的制约

1. 政治决定了教育的目的和领导权

政治是一种社会现象,任何社会成员或社会组织都以一定的方式与政治发生关系,教育也不例外。教育的根本任务是为一定社会培养人,至于培养什么样的人,即培养人才所要到达到的质量规格,也就是教育目的,是由政治决定的。换言之,在阶级社会里,政治决定着教育为哪个阶级服务,控制在谁手里,培养什么样的人以及与此相关的一切方面。不管人的主观愿望如何,阶级社会的教育总是有阶级性的,并且大多是在政府的管理下进行的。所以,任何想使阶级社会中的教育不受政治制约,处于超然状态的观点都是不科学的,也是不可能的。

2. 政治制约着教育制度

在阶级社会里,统治阶级的利益与要求总是集中地反映在政治制度中,然后通过政治制度对其他制度产生决定性的制约作用。纵观世界教育史,就可以发现,有什么样的政治制度就必然有与之相适应的各种教育制度。政治制度对教育的决定作用主要通过三种方式体现出来:一是通过强制性的法律手段;二是通过限制性的规定制约教育;三是通过鼓励性的政策发展教育。

政治制度的具体组织形式对教育制度的组织形式也会产生直接的制约作用。例如,在政治上实行高度中央集权的法国,在教育上也是一套完整的中央集权制;在政治上实行地方分权的美国,在教育上各州、各校都有较大的自主权。我国改革开放以前政治组织形式中的许多弊端,如决策权高度集中、管理权限划分过死、民意表达机制不健全、基层单位缺乏活力等,都明显地反映在教育制度的具体组织形式中。

3. 政治决定了受教育者的权利和机会

社会成员中哪些人能够享受教育，受什么程度的教育，受教育机会的分配，都是由一定社会的政治制度所直接决定的。

在阶级社会中，统治阶级和被统治阶级在政治、经济上的不平等，决定了其受教育权利的不平等。在奴隶社会中，学校是专为奴隶主子弟所设的。古代印度曾在法律中明文规定：谁若让低贱的首陀罗种姓的人接受文化教育，立即处以死刑。在封建社会中，即使是在统治阶级内部，其受教育的权利也有明显的等级性。如我国唐朝的"二馆六学"，就有严格的等级区分。到了资本主义社会，出于适应生产力发展的需要，各资本主义国家纷纷宣扬教育平等。但由于资产阶级和劳动人民之间仍然存在着政治、经济等方面的不平等，也就决定了受教育权利的实质上的不平等。虽然表面上高等学校向所有适龄青年开放，但能进入什么样的学校以及能不能入学，不仅取决于学业成绩，还取决于是否能缴得起高昂的学费。只有到了社会主义社会，不仅在法律上规定了受教育权利的平等，而且为实现这一目标创造了有利的社会条件，并自觉地采取各种措施。

此外，政治意识形态也制约着教育思想。政治意识形态是指用来维护一定政治制度的一套比较完整而系统的思想信条。政治意识形态是政治制度的灵魂和核心。同政治体制相比，它对教育的制约作用更复杂、更深刻。教育领域的一切活动都受到一定的教育思想支配，政治意识形态正是通过对教育思想的控制来达到对教育的控制的。政治意识形态对教育思想的控制有两种方式：一是在阶级社会里，统治阶级通过确定教育宗旨，制定教育政策，颁布教育法令，委派教育部门领导等方式直接钳制；二是通过间接方式，主要表现为统治阶级通过各种途径，使政治意识形态对教育者的哲学、宗教、伦理等思想观念产生影响，进而影响到他们的教育思想。

（三）教育的政治功能

教育的政治功能主要来源于两个方面：一是来源于教育外部的社会政治，二是来源于教育内部的主观意愿。与教育的两种不同来源的政治职责的履行相适应，教育对政治的影响也可以作出相应的划分：（1）按照影响源来划分，可分为教育对政治的接受性影响和教育对政治的离散性影响，前者是伴随教育的客观性政治职责的履行而产生的，教育活动对政治活动的影响是一种有指导性的政治影响；后者是伴随教育的主体性政治职责的履行而产生的，教育活动对政治的影响是离散的、自发的。（2）按照影响的性质来划分，可分为教育对政治的积极性影响和消极性影响，前者有利于国家的运行、稳定和发展，后者则相反。①

教育的政治功能主要有以下几个方面：

1. 促使受教育者的政治社会化

有了阶级以后，教育总是生存于一定的政治氛围之中并为一定的政治集团服务。由于教育有自身的特点，因此众多政治集团紧紧地掌控着教育，使其传播一定的政治观点、意识形态，努力使受教育者在思想意识和行为方式上符合一定的政治规范。政治社会化是学校工作的重要方面。

现代学校都开设有政治方面的课程，其重要内容都是向学生介绍社会的政治信念、社会的政治结构，现行的政治、法律制度，公民的权利和义务及应尽的职责等。例如，我国古代统治者就提出："大学之道，在明明德，在亲民，在止于至善"；古希腊斯巴达和雅典的教育虽各有不同的特征，但两种教育都致力于使年轻一代节制、勇敢、服从、守纪等。到了近现代，教育的政治社会化功能则更为突出。美国著名的实用主义代表、教育家杜威曾指出："如果一

① 文新华、唐思群：《社会主义社会教育的政治职能》，《教育研究》1989 年第 11 期。

个民主国家得以生存，那么教育系统就必须传授一定的传统，形成受教育者一定的品性，从而保证公民既有愿望又有能力参与国家治理。”①

2. 通过教育培养一定政治所需要的人才

根据一定的政治需要，培养一批符合一定价值标准的、本阶级政治需要的政治人才，这是维护既定的政治制度的关键。在历史的各个时期，统治者无不利用教育特别是学校教育来灌输政治意识、培养政治人才，并把其放在了极为重要的位置，有些著名学校甚至承担着特殊的任务。如英国的“公学”和牛津大学、剑桥大学在培养政治人才上发挥着很大的作用。据英国的学者分析：1964年的内阁成员中，43%的成员曾就读于公学，61%的成员毕业于牛津大学或剑桥大学。下院议员中，1970年时，74.9%的保守党的议员曾就学于公学；工党的下院议员中，21.6%曾就读于公学。文官是通过考试录用的，在1944～1952年间录用的文官中，56%的人在公学上过学，有17%的人在直接拨款的中学上过学，1960～1964年的情况基本上没有变化。②

这些学校承担起培养政治人才的任务并不是偶然的。他们都把培养政治人才作为己任，从小就鼓励学生要担当各个层次的领导者，既培养领导者所需要的品质，又十分重视智慧的发展。

3. 教育系统作为一种社会力量，对政治的变化会产生直接的影响

学校作为一种社会力量，一种文化源，对于政治的影响有着十分重要的意义。实现这一功能的途径有二：一是通过学校制造政

① 马斯格雷夫著：《教育的政治职能》；转引自瞿葆奎主编：《教育学文集·教育与社会发展》，人民教育出版社1989年版，第421页。

② 马斯格雷夫著：《教育的政治职能》；转引自瞿葆奎主编：《教育学文集·教育与社会发展》，人民教育出版社1989年版，第398～400页。

治舆论,宣传一定的政治观点、政治理论,为某种政治活动作思想准备。在历史的发展过程中,无论是当权者,还是企图推翻政府的阶级,都不会忽视学校这个阵地。主要原因在于学校是知识分子与青年聚集的地方,政治灵敏性强,在高等学校更是如此。例如,中国在"五四"运动前后各种新思想,包括马克思主义的传播,都是从学校开始的。另一条途径是组织学生直接参加社会政治活动。例如,新中国成立后开展的土地改革、抗美援朝、"三反""五反"等政治运动都组织过师生参加。这样不仅推动了当时政治运动的开展,而且使师生在政治运动中形成了一定的政治观点,积累了参加政治活动的经验。上述两种情况,教育对政治斗争都起到了直接的推动作用。当然,需要用直接的方式发挥学校教育的政治功能的情况并不是经常出现的。如果经常使用这样的方法,那么对于学校自身的教育秩序会产生很大的冲击。在正常情况下,学校教育的政治功能是通过间接的方式体现的。

(四) 教育与社会分层①

社会分层是指根据个人或集团的职业、学历、收入、财富、家庭状况和生活样式的不同,对其社会地位所进行的划分和排列。其中,职业是测定社会地位的代表性指标和划分社会分层最重要的依据。在西方一些社会学家看来,学历,即受教育程度,与所获得的职业、等级是大体对应的。在现代社会,教育制度是社会分层的重要基础,学校是迈向职业的途径和促进社会流动的阶梯。

所谓教育的社会分层功能,是指现代社会中学校教育在受教育者个人的社会集团归属、社会职业地位以及调整社会结构中所起的作用。它是教育的政治功能中的一个独特方面。

在这里,首先要了解一下阶级和阶层的区别。阶级是人们在

① 参见叶澜等著:《教育理论与学校实践》,高等教育出版社 2000 年版,第114~117 页。

一定的社会体系中，由于所处的地位不同与生产资料关系的不同而分成的集团，是一个政治学的概念；而阶层则主要是从社会经济的角度来分析不同群体的人之间的区别，更多地是一个社会学的概念。同一阶级之间可能有着不同的社会分层；阶级往往是造成社会阶层区分的主要标志。

阶层与家庭的经济地位、个人从事的职业、受教育程度和收入有关，这些因素直接影响着个人的生活，是个人生活中最显著的部分。戈尔尼克和钦曾把决定人的阶层或者说社会经济地位的因素归纳为六个：收入（income）、财产（wealth）、职业（occupation）、声望（prestige）、权力（power）、教育成就（educational attainment）。①

西方一些研究者认为，每一社会阶层都有相对独特的生活方式和文化形态。由于学生来自于不同的社会阶层，受家庭所属社会阶层的影响，在他们来到学校时，实际上就把这些不同社会阶层的文化带了进来。这种特殊的“身份文化”在教育中起着不可低估的作用。美国学者里斯特曾对学生的社会阶层与教师期望之间的关系进行了实地研究，考察了学校如何对学生的社会阶层与教师期望之间的关系进行分层，又如何以不同的方式对不同社会阶层的学生施教的情况。研究发现，教师对于来自不同社会阶层的学生在入学之初，就将其划分为与社会阶层相对应的不同群体，并赋予了不同的期望。对于来自上层社会的学生，教师对他们的期望较高；而对于来自下层社会的学生，教师对他们的期望很低。里斯特写道：“当教师以学生社会地位的行为基础来确立他们的期望时，常常会出现社会地位越高，学生的潜能就越大的设想，而如此以来，那些处于较低社会地位的学生就被剔除在较高期望之外，

① D. M. Gollnick and P. C. Chinn：*Multicultural Education in a Pluralistic Society*, 1983. p. 139.

且饱受指责。”①这种社会阶层与期望的自我实现效应，学校实际上起到了传递不同身份文化的作用，在为学生进入不同的身份群体作准备。

还有一些研究者从来自不同社会阶层的儿童所受的不同类型的教育的角度进行了阐释。他们认为，贫穷儿童从他们所在的学校中实际上吸收的是贫困文化，正如穷人在其他领域得到最差劲的服务一样，他们也只能受到最差劲的教育——校舍是旧的，教师没有经验，用于书本和设备的开支低于较好地区的学校。这样贫穷儿童在学校中几乎学不到什么东西，他们深深地陷入绝望的文化之中，这也意味着他们只能得到最差的工作，从而导致了贫困的循环。

在我国，随着市场经济的不断发展，以学历为主要参考标准来确定职业方向的社会现象已非常普遍。

二、教育与经济

经济具有两种不同但又密切关联的含义：一是指社会生产关系的总和，是政治和思想意识等上层建筑赖以建立的基础，即经济基础；二是指国家国民经济的总称或国民经济的各部门。在对经济与教育之间关系的论述中，两种含义大多互用、混用。

（一）教育与经济发展的理论

自20世纪60年代以来，随着教育在社会经济生活中地位的日趋提高，人们对教育与经济之间关系的兴趣日增，相继形成了一系列理论流派，对整个世界的教育发展产生了深远的影响。

1. 人力资本理论

人力资本理论的创立来自于经济学家对于经济增长因素的研

---

① R. c. Rist: Student Social Class and Teacher Expectation – the Self – fulfilling Prophecy in Ghetto Education, in Harvard Education Review, Vol. 40, No. 4, 1970.

究。传统西方经济学把土地、劳动、资本看做是生产的三个要素，在一定时期内，生产的产量是由这三个要素的投入量决定的。第二次世界大战后，经济学家们发现，影响经济增长的因素除了资本的投入和劳动的投入外还有其他因素。在这种情况之下，就出现了人力资本理论。人力资本理论的核心是人力资本，指的是人所拥有的诸如知识、技能及其类似可以影响从事生产性工作的能力；它是资本的形态，因为它是未来的薪金或未来的偿付的源泉；它是人的资本形态，因为它体现在人身上，属于人的一部分。

人力资本是相对于物质资本而言的，它也是一种生产要素资本，对生产起促进作用，是经济增长的源泉，并且和物质资本相比，在经济活动中的作用更大，对经济增长的贡献更大。

西奥多·W. 舒尔茨(Theodore W. Schultz)是人力资本理论的奠基者，他认为人们拥有的知识和技能是资本的一种形式，是人力资本，它是投资的结果。人力资本理论的倡导者尤其重视教育投资的作用，他们认为教育不仅是一种消费，更是一种投资活动，能够提高劳动生产率，促进生产的经济效益。在各种人力投资形式中，教育投资是最有价值的。教育作为一种投资活动，对个人而言，接受教育可以增加知识和学习技能，提高个人收益；就社会而言，教育为社会培养人才，提高生产率，促进了社会经济的发展。同时，由于个人的受教育水平与个人的收入是联系在一起的，一般而言，一个人的受教育水平愈高，其工资收入愈高。

2. 筛选理论

20 世纪六七十年代，随着人力资本理论日益深入人心，全球范围的教育迅猛扩张，但教育的扩张并没有带来经济的高速增长，反而在 70 年代出现了经济不景气，导致了“文凭膨胀”、“过度教育”、“高失业率”等问题。在这种情况之下，人力资本理论开始受到人们的怀疑。伯格(I. Berg)、阿罗(K. Arrow)、斯蒂格利茨(J. E. Stiglitz)等学者向人力资本理论发起了挑战，最终形成了“筛选理论”。

筛选理论否认教育经济效益是通过人力投资提高劳动力素质,从而提高了资本生产率的观点,认为教育是鉴别求职者能力的“筛选装置”,即教育的主要经济价值便是它的筛选作用,也就是帮助雇主从众多的求职者中选拔有相应文凭、有适当能力的人去填补空缺,故也称为“文凭理论”。

3. 劳动力市场划分理论

劳动力市场划分理论是在20世纪70年代初期出现的,主要代表人物有皮奥雷(M. Pioer)、多林格(P. Doering)、戈登(D. Gordon)等。他们认为人力资本理论关于教育与收益关系分析的基本前提不正确,关于教育水平与个人收益成正比的诊断不全面,它没有考虑到劳动力市场的内部结构。

劳动力市场划分理论采用西方制度主义经济学的分析方法,分析劳动力市场结构,把劳动力市场分为“主要劳动力市场”和“次要劳动力市场”两部分。“主要劳动力市场”提供较高的工资和福利,教育与工资有显著的正相关;“次要劳动力市场”所提供的待遇较低,教育与工资的相关程度微弱。两个市场之间具有相对的封闭性,它们之间的人员很少相互流动。按照市场划分理论的观点,教育的经济效益,不在于提高个人的知识技能,而在于它是决定个人是在“主要劳动力市场”工作还是在“次要劳动力市场”工作。

4. 社会化理论

第二次世界大战后,特别是六七十年代,西方的教育发展出现了很多问题和矛盾,为此广大的教育研究者费尽了心思。1976年,鲍尔斯(S. Bowies)和金蒂斯(H. Gintis)在美国出版了《资本主义美国的学校教育:教育改革与经济生活的矛盾》一书,即是缘于“教育改革的大量矛盾”而“对教育在经济生活中的作用进行全面思考”的产物。其理论被称为社会化理论。

社会化理论认为,教育与经济的关系是阶级矛盾关系的反映,教育的经济效益源于它的社会功能,而教育的社会功能远比教育提高知识技能对经济的影响来得重要。由于资本主义经济结构的等级化、分工化,因而不同的工作需要不同的个性特征。例如,高级行政管理人员需要很强的独立性;低级职业如秘书、打字员等则需要准时上班等。教育的经济价值便是通过各种途径及手段使学生社会化,使不同的学生经教育培养形成经济结构中所需要的各种个性特征,这样不仅为资本主义生产提供了劳动力,而且也再生产了资本主义的生产关系。

(二) 经济对教育的制约

经济是人类社会自下而上的发展的基础,是引起一切人类社会生活发展变化的决定因素,因此也是影响教育发展变革的决定因素。

1. 经济发展是教育发展的物质基础

首先,经济发展为教育发展提供了物质保障。办教育需要一定的投入,包括一定的人力、物力和财力,这需要一定的经济发展水平作保证。一般而言,经济发展到什么水平,教育才能发展到什么水平。如果离开了一定的经济发展而盲目地发展教育,必然会陷入教育发展的误区。其次,经济发展也对教育发展提出了要求。经济发展不仅要求教育为社会经济的进一步发展提供人力的保障,而且也激发了人们进一步接受教育的动机,人们接受教育的积极性会随着物质生活水平的提高而日益高涨。

2. 经济发展水平制约着教育的目的

在奴隶社会和封建社会中,生产力水平很低,劳动规模小,只是小农和小手工业生产,对劳动力素质的要求并不高。劳动者的劳动经验和生产技能的传授与掌握,往往是通过师傅带徒弟、父教子的方式,在劳动生产过程中就完成了,没有受过学校教育的人也可以从事生产。因此,那时的学校教育主要反映统治阶级的政治要求,培养统治阶级的官吏和知识分子。教育对经济发展的促进作用还不明显。

到了资本主义社会,由于机器大工业的出现,劳动的性质发生了根本的变化,如果劳动者不掌握一定的科学知识和劳动技能,就无法从事生产。生产力的这种发展趋势反映到学校教育中,就要求劳动者必须达到一定的受教育水平。马克思关于人的全面发展的理论的提出,也是以现代大工业的发展为依据的。大工业的发展表明,劳动的变换和工人的尽可能多方面的发展,是社会化大生产的要求。这种生产的变革,要求未来教育必须适应大工业生产的客观要求,造就全面发展的一代新人,这是现代化大生产的必然趋势。

3. 经济发展水平决定着教育发展的规模和速度

教育发展的规模和速度与经济发展水平密切相关,社会经济和生产力发展的规模和速度决定着教育培养的各种规格、类型和劳动力的数量,制约着教育普及的程度。一般来说,一个国家经济发展水平与该国的文盲率、入学率、义务教育普及的年限和高等教育普及的程度直接相关。从世界范围教育变化的历史看,在不同的经济发展水平上,教育发展走过了从扫除文盲、普及初等教育到普及中等教育,最后实施大众化的高等教育的道路。

在生产力发展水平很低的古代社会,教学形式是个别面授,只是师生之间的"口耳之学"。造纸和印刷术的发明,给教育带来了极大的便利,但至多也只是达到"教师和书本,粉笔加黑板"的境地。到了资本主义社会,机器大工业的出现,促进了教育的发展,班级授课制应运而生。而且,由于在教学内容上更多地引进自然科学知识,教学方法有了相应的变革。在生产力高度发达的今天,有了投影仪、录像等现代化视听设备,这些先进的教学设备及计算机、人造卫星的应用,使教育可能以更大的规模、更快的速度向前发展。

4. 经济发展水平及结构制约着教育的内容和结构的变化

生产实践是科学知识积累和发展的基础。生产的发展,一方面要求劳动者的生产知识和劳动技能与之相适应,另一方面也提供了劳动者所需要掌握的生产知识和技术成果。教学内容总是直接或间接地来源于生产实践。生产发展必然引起科学技术的发展,而科学技术的发展,又必然引起课程设置及内容的发展变化。经济发展引起产业结构、行业结构、技术结构、消费和分配结构的变革,与此相适应,教育结构也将随之发生变化。

在古代,课程设置门类不多,一般只有哲学、政治、道德、宗教等人文学科,以及文字、语言等工具课程,与生产直接联系的自然科学和技术方面的课程很少。这是因为当时的生产力发展水平很低,所谓的生产技术也只是一种与劳动者联系在一起的直接经验,还没有形成独立的知识形态。随着生产的发展,人们对世界的认识也逐步系统化、理论化,形成了各种独立的科学知识体系,学校课程的设置和内容也必然会发生相应的变化。

(三) 教育的经济功能

1. 教育是劳动力再生产的重要手段

人的生命是通过遗传获得的,人的劳动能力则不是与生俱来的。"要改变一般人的本性,使它获得一定劳动部门的技能和技巧,成为发达的和专门的劳动力,就要有一定的教育或训练"①。在现代社会中,由于劳动的专门化、职业化水平提高,社会对脑力劳动人员需求的增加和生产劳动部门技术水平的提高,以及学校教育的普及,各种劳动力再生产的重要任务就由学校承担了。

学校教育对人的劳动能力提高的作用不局限于提高个体从事某种生产所需掌握的技能熟练程度,它表现为劳动者总体素质的提高和个体能力的整体性提高。人的劳动能力的提高是靠一定程

① 《马克思恩格斯论教育》(上),人民教育出版社 1985 年版,第 333 页。

度的文化教育和特定的专门教育共同实现的。整个社会生产的科学技术水平越高,对劳动力的素质要求也越高,通过教育给社会带来的经济效益也越多。苏联学者斯特鲁米林通过统计分析得出结论:在20世纪20年代的苏联,劳动者每增加一年教育,比增加一年工龄对生产的贡献要大2.6倍,而每个劳动者所创造的国民收入超过国家为培养这种能力所投入的教育经费。① 美国经济学家丹尼尔森(E. F. Dension)通过对西方九国战后经济增长速度快慢的比较得出结论:在1950~1962年间,英国因重视教育,提高了劳动质量,由此所得的经济增长率高于其他一些国家。② 这些分析都反映了教育是通过培养劳动力而产生经济功能的。教育在劳动力再生产过程中的作用具体体现在:(1)教育可以改变劳动能力的性质和形态,从而提高和发展科学知识的物化程度;(2)教育对人的劳动能力的发展具有全面、有效的影响;(3)教育费用的多少直接影响着劳动能力发展的程度。③

2. 教育通过生产科学技术,促进经济发展

教育与科学技术的关系源远流长。就科学技术的发展来讲,主要依靠教育。教育的科技功能产生于18世纪60年代的产业革命。随着人类历史的发展,教育和科学技术已成为相互联系、相互促进和推动社会发展的两大要素。科学技术成为教育的重要内容,而教育对科学技术的作用,主要体现在两个方面:一是再生产新的科学技术,二是生产新的科学技术。在人类的发展过程中,科学技术要得以传播,尽管有许多途径,但教育是最有效的途径。教育能够对科学技术加工改造,成为简约化的"精华"内容。教育对

---

① 邱渊著:《教育经济学导论》,人民教育出版社1989年版,第383~386页。

② 厉以宁著:《教育经济学》,北京出版社1984年版,第222页。

③ 参见靳希斌:《教育在人的劳动能力发展中的作用》,《北京师范大学学报(社科版)》1981年第3期。

科学技术的传播是一种高效的和扩大的再生产，它通过有效的组织形式和方法来缩短再生产科学技术所必需的劳动时间，它通过教师的传播使原来为少数人所掌握的科学技术为更多的人所掌握，扩大了传播的范围。更为重要的是，通过教育培养了一大批科技人才，他们是生产新的科学技术的不竭动力。

科学技术虽然是第一生产力，但通常是以知识形态存在的、潜在的、可能的生产力。这种潜在的、可能的生产力要转化为直接的、现实的生产力，就必须要有人的掌握，把科学技术渗透到物质生产过程中，才能发挥它的力量。而教育恰恰是科学技术转化为生产力的中间环节，是科学技术第一生产力由潜在性变为现实性的前提和条件。

3. 教育是提高劳动生产率的重要杠杆

马克思曾对影响劳动生产率的因素作过如下分析："劳动生产率是由多种情况决定的，其中包括：工人的平均熟练程度，科学的发展水平和它在工艺上应用的程度，生产过程的社会结合，生产资料的规模和效能，以及自然条件。"①而这五个因素，在现代无不与具有一定文化科学知识和劳动技能的劳动力有关。随着不断发展的自然科学知识、管理科学知识以及新技术进入学校所传授的知识内容之中，再生产的劳动力的生产技能和熟练程度越来越高。他们在生产过程中，通过所掌握的知识和技能，不断发现新的资源性质，创造出新的生产工具，使劳动生产率大大提高。

4. 教育通过影响人口的数量和质量，对经济发展起到推动作用

马克思将人类生产分为两类：物质生产和人口的生产。前者是指处于一定生产关系中的人，借助于生产工具从自然界中获取所必需的生活资料；后者是指以一定的物质生活资料为基础，人类

---

① 《马克思恩格斯全集》第23卷，人民出版社1972年版，第53页。

进行的自身繁衍。

教育同时以两种生产为基础,同时又是联结两种生产的纽带。它在人口生产中的作用主要表现在两个方面。

(1) 可以控制人口的增长。人口学的研究表明,国民教育程度的高低,与人口出生率成反比。教育之所以具有控制人口数量的功能,首先因为教育能够帮助人们正确认识生育的责任和义务。在社会发展比较落后的情况下,社会对劳动者素质的没有什么要求,年长一代主要承担生育的义务,很少负有教育的责任。随着社会的发展,生产对劳动者素质的要求越来越高,年轻一代要适应以后的社会生活,就必须接受一定程度的教育。这使人们认识到教育子女的责任和重要性,懂得要教育好子女就应该减少生育率,从而保证把有限的时间、精力花在少数子女身上。其次,教育提高了妇女的就业能力,使大批妇女从家庭走向社会,促使她们萌发少生优育的观念。第三,教育帮助人们形成正确的生育观和家庭观。我国两千多年的封建社会形成了重男轻女的传统观念,"不孝有三,无后为大",也成了处理家庭关系的重要准则。许多家庭深受影响,以至于儿女成群。教育是这种传统观念最有效的解毒剂,人们的文化程度越高,受这种思想的束缚就越少。

(2) 可以提高人口的质量。通过广泛进行遗传学、优生学的教育,可以使父母防止遗传疾病的发生;通过进行生理卫生教育和体育运动,可以使新生一代健康成长;通过进行思想政治教育,可以使新生一代形成一定社会或一定阶级要求的世界观和道德品质;通过教育可以提高劳动者的知识和技术水平;等等。

三、教育与文化

(一) 文化的含义

文化一词来源于拉丁文"cultus",其原意为"耕作"。引申开来说,就有了教养和摆脱自然状态而久经锤炼得以存在的意思。

古希腊人认为“有教养”是他们与“无文化”的野蛮人的主要区别。从罗马时代后期直到中世纪，“文化”一词开始与城市生活发生联系。由于享受城市生活的人普遍有较高的教养水平，因而，文化被理解为较高的个人修养。直到18世纪，文化概念才开始被人们科学地加以界定，并注意到文化现象与自然现象有所不同。如康德认为，文化是在公民社会形成过程中产生和形成的，文化标志着人类从自然状态向社会状态的转变。19世纪90年代以后，文化概念正式成为人类学家的研究范畴。一般认为，英国人类学家爱德华·B.泰勒(Edward B. Tylor)在《原始文化》一书中对文化的定义，对规范文化概念具有重要意义。他认为“文化是一个复合的整体，其中包括知识、信仰、艺术、道德、法律、风俗以及人作为社会成员而获得的任何其他能力和习惯”①。进入20世纪以来，特别是第二次世界大战以后，人们对于文化的研究形成了一个高潮。许多学者从自己所属的学科和研究对象出发，对文化作出了各种各样的界定。就目前来看，这些界说还远未达成共识，反而分歧日益彰显。据不完全统计，有关文化的定义至今已达到300余种。

虽然对文化的界说不一，但一般来说，研究者所认同的文化具有以下特征：②

(1) 文化为人类所特有；

(2) 文化是人后天习得和创造的；

(3) 文化为一定社会群体所共有；

(4) 文化是复杂的整合体。

由以上文化的特征，我们可以导出广义文化的基本含义。广义文化是指人类后天获得的并为一定社会群体所共有的一切事

① 克莱德·克鲁克洪等著，高佳等译：《文化与个人》，浙江人民出版社1986年版，第3页。

② 叶澜等著：《教育理论与学校实践》，高等教育出版社2000年版，第119页。

物。它使人区别于动物,是人类对生活环境进行加工改造的结果。一般来说,它包括三个层面:物质层面、制度层面和精神层面。

由于广义的文化概念几乎无所不包,生产力、经济、社会政治、社会心理等无不在其范围之内,因此它与"社会"一词几乎同义,并与"人类"一词近义。为了研究的需要,我们提出了狭义文化的定义:文化是一定社会群体习得且共有的一切行为和观念。它与广义文化的最大区别是剔除了"物"的成分,把文化更多地看成是一个受价值观和价值体系支配的符号系统,包括思想、信仰、制度、民族文化心理、语言、价值观等。

(二) 文化对教育的制约

从上述狭义文化的界说中可以看出,文化涉及广义文化中的制度与精神层面,并且更为直接地与精神相联系。而就文化的精神层面来说,虽然关于其包含的要素人们认识不一,但主要的可归为三个方面的内容:知识(包括经验)、价值规范和艺术。① 其中各项的具体内容可作如下区分:知识包括宗教、哲学、语言、文学、科学;价值规范包括民族精神、集体心理,世界观、人生观、价值观,规范、规则、礼仪、行为准则、风俗习惯;艺术指艺术形式、美感等。

可以说,文化的精神层面是以上述的三种形式或者说三个方面得以实现的。而知识、价值规范和艺术作为文化形式,其理论基础又为哲学意义上的认识论、伦理学和美学。从人类心理的内在表现来看,认识与理智相连,伦理与意志相连,而审美则与情感相连。但是,与人的内心世界相对应,认识的获得离不开智育,伦理观与美恶观的获得离不开德育,美丑鉴赏力的获得离不开美育。② 反之亦然。文化与教育的这种相互依存关系可图示如下:

① 卓新平著:《宗教与文化》,人民出版社 1988 年版,第 33 页。

② 陈卫平主编:《反思:传统与价值》,上海文艺出版社 1991 年版,第 3 页。

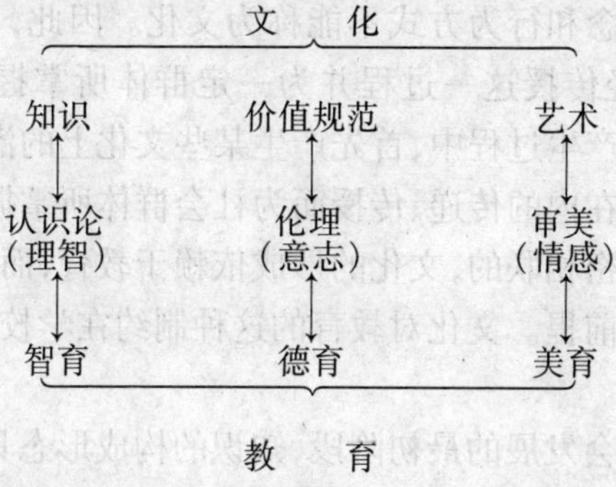

教育对文化的依赖关系可以从以下几个方面反映出来。

1. 教育是文化的表现形式，是文化的一个重要组成部分

在文化人类学界，人们大多是把文化作为一个统一的整体来予以把握的。例如，马林诺夫斯基曾明确地指出，文化“是一个由工具、消费物、在制度上对各种社会集团的认定、观念、技术、信仰、习惯等构成的统一的整体”①。文化作为一个“统一的整体”，其涵盖范围极广，从广义上涉及了人类后天活动的各个方面，教育也包括在其中。

随着人类学特别是文化人类学研究视野的扩大，以及教育科学本身研究的深入，人类学与教育、文化学与教育“联姻”的倾向越来越明显。教育也逐渐跻身于文化的“显贵”之列。正如一些人类学家所指出的，所有主要的人类文化系统都必然包括教育的内容在内。反过来说，文化是根本性的东西，教育作为其中的一分子，必然受到文化整体的制约。

2. 文化的流变制约着教育发展的历程

从文化与教育的发展历程来说，两者几乎是同时产生的。从对文化的界定中我们知道，文化为一定社会群体所掌握，只为个人

① 转引自郑金洲著：《教育文化学》，人民教育出版社2000年版，第8页。

拥有的思想观念和行为方式不能称为文化。因此,在出现了文化的萌芽后,需经传授这一过程并为一定群体所掌握,才能构成文化。在文化的产生过程中,首先产生某些文化上的潜在要素,然后经由包括教育在内的传递、传授而为社会群体所掌握,才能构成文化。两者是紧密相联的,文化的形成依赖于教育,而教育的进化也必须以文化为前提。文化对教育的这种制约在学校教育过程中表现得尤为明显。

在人类社会发展的最初阶段,知识的构成形态具有原始性,是以直接经验为主,并以感性的、现实的形态存在于社会实践之中。这种在劳动中积累起来的直接经验,完全可以用口耳相传的教育方式传至下一代。在这里,原始的、自然形态的教育方式与文化积累之间并不存在不相适应的矛盾。

历史发展到奴隶社会,知识已逐渐趋于理性,并形成一定的系统性和综合性,人类认识上出现了新的飞跃,文化积累的这种状况更强烈地要求改变原始、自然形态的教育方式,改变脑力劳动依附于体力劳动的状况。传授这些知识,要求施教者和受教者付出更多的脑力劳动,而不能仅仅通过生产和生活实践,运用简单的示范和模仿,必须创造专门的传授工具,拥有专门的传授场所,通过专门的传授途径,当然也需要专门的施教人员。在这种情况之下,学校成了专门施教的场所,学校教育就成了教育活动的主要形式之一。学校教育的诞生,加速了人类文化积累的进程。

从以上文化与教育互相作用、互相影响的发展过程中,我们可以看出,文化的流变制约着教育的发展进程。

(三) 教育对文化的影响

1. 教育具有保存、传递与活化文化的功能

文化的表现形式有多种,包括物质文化、制度文化和精神文化。对于前两种文化可以借助于物质实体,如各种名胜古迹、语言符号等,把人类的精神以物化的方式保存,但是只有这种方式是不

够的。因为这些文化的存在物不仅需要人的理解，而且人类文化的核心——精神文化，尤其是民族文化传统、思维方式等，是不能通过物化的形式体现出来的，所以不管哪一类文化的保存，都离不开教育对人的培养。教育是文化保存的主要手段。

教育的文化保存和传递功能有两种方式：一种是纵向的文化传递，表现为文化在时间上的延续；另一种是横向的文化传递，表现为文化在空间上的流动。正因为教育的文化传递，才使得人类积累的文化可以延续下去，由一个地域传向另一个地域。

此外，如果按照文化存在的方式，又可以分为两种类型：一种是存储形态的文化，一种是现实活跃形态的文化。存储形态的文化依附于实物、符号（包括语言文字）、科学技术等载体，处于一种“死”的状态，只具有保存的意义。现实活跃形态的文化，不仅依附于物体、文字等载体，而且依附于人的载体。文化体现在人身上，就不再是“死”的物，而是变成了“活”的文化。从存储形态的文化转变为现实活跃形态的文化，这一过程就是文化的活化过程。教育可以把文化从物质载体转移到人身上，与人的思想、情感等建立联系，从而使文化成为影响人行为的现实力量。

2. 教育具有选择文化的功能

有选择地进行文化传递是教育的一大特点，没有文化选择，教育就不成其为教育。教育对文化进行选择通常根据两大标准：社会的需要和教育自身的需要。近代英国资产阶级教育家斯宾塞（H. Spenser）早就提出了“什么知识最有价值”的问题，认为教育的文化选择应与人类的各项活动相适应，并按各种活动的重要程度来对相应的文化知识作出价值比较。也就是说，教育的文化选择应以社会的需要为依据。当然，为教育所选择的文化，一般是被社会视为较规范的、稳态的文化，是具有一定社会价值的文化，带有深刻的社会烙印。

教育选择文化的功能主要是通过下列几种途径实现的：

(1) 精心选择教师；(2) 精心选择教育内容；(3) 精心选择教育的方式和方法。对教育内容和教育方式、方法的选择，是对文化的直接选择；而对教师的选择，是对文化的一种间接选择，因为在选择教师的同时，也就选择了他(她)所承载的那部分文化。因此，不论是古代社会还是现代社会，都非常重视对教师的选择和培养。

当然，教育的文化选择不同于其他文化机构的选择，它所选择的内容应遵循如下三条基本原则：

第一，选择社会主流文化的基本要素和基本精神，如语言、评价观念、生活方式、思维习惯等。

第二，现代国家注意选择能促使学生在德、智、体、美等几方面都获得发展的基本文化要素作为教育内容，从而使人的身心和谐发展与社会主流文化的传承一致起来。

第三，现代国家注意选择有利于科技进步、生产发展和生活质量提高的实际应用率较高的文化要素。

3. 教育具有整理文化的功能

教育特别是学校教育具有整理文化的功能，首先是因为它本身具有整理文化的迫切需要。文化本身的浩大繁杂和年轻一代学习文化的身心特点，决定了只有精心选择和整理的文化，才易于被年轻一代所理解和接受。其次是因为教育工作者具有整理文化的能力。他们不仅有渊博的知识，而且懂得人类掌握文化的基本特点，经过他们整理过的文化，更易于被人们所认识和掌握。

历史表明，教育工作者为人类文化的整理工作作出了杰出的贡献。例如，我国古代著名教育家孔子，以“诲人不倦”的精神提出并实践了一系列永留史册的教育学说，并“删诗书，定礼乐，修春秋”，整理并发展了殷周以来的中华文化。当代也不例外，一系列经过教育专家整理过教材，包括从幼儿教育到研究生教育的，正代表了当代人类文化最基本的、最稳定的同时也是最精彩的要素。

4. 教育具有融合文化的功能

各民族文化之间的相互交流、吸收和融合，在古代社会就广泛存在。到了近现代，世界各文化之间的相互交流和融合，已经变成一个不可逆转的世界性潮流，教育在这中间的作用也日益受到人们的重视。美国教育史学家喀布莱(E. Cubberfly)说，在民族交流中起作用的是工会和学校，工会对成年移民起作用，学校对青少年起作用。显然后一种作用更加明显。美国历史证明，学校是使众多民族融为 体的最伟大的机构。①

教育吸收和融合文化的途径主要有以下几种：(1) 直接吸收其他民族文化中的精华作为本民族教育的重要内容和方法；(2) 互派教师进行考察、讲学和研究；(3) 互派留学生。

5. 教育具有更新和创造文化的功能

文化如果不更新和创造，就不会有真正的发展。教育活化文化的功能，最根本的即体现在对文化的创新上。一方面教育对文化的选择、批判和融合，总是着眼于古为今用，洋为中用，取其精华，去其糟粕。另一方面，教育要创造一种新的文化。教育创造文化有直接和间接两种途径。直接途径是教育直接产生新的文化，包括新的作品、新的思想、新的科学技术等。教师在教育活动中，不仅仅是知识的传播者，而且是知识的创造者。教师与知识的关系不只是将知识转化为学生可接受的形式，而且表现为通过科学研究创造知识。教育创造文化的间接途径，也是最根本的途径，就是教育不断培养出大量的具有创造活力的人才。教育通过培养创造性的人才，使他们在各自的岗位上直接从事文化创造活动，从而使教育系统成为一个能量丰富的文化创造源，实现文化创造的"辐射"效应。

---

① 滕大春著：《今日美国教育》，人民教育出版社 1980 年版，第 7 页。

（四）多元文化与教育

文化与教育的关系密切，这一点早已为人们所知，但多元文化与教育的关系却少有人论及。随着社会文化的发展，特别是在当今的全球化时代，世界的发展愈来愈呈现出一种深刻而有趣的现象：一方面是不同民族、不同文化日益融合，那种相互隔离、孤立的时代已经一去不复返了；另一方面社会形态和文化却越来越多元化、复杂化、异质化，构成了世界文化的“百花园”。“多元文化论”就是这种事实与发展趋势的一种反映，正如美国哈佛大学教授塞缪尔·亨廷顿指出的：“未来不会出现一种普世皆准的文化，人类仍然生活在一个不同文化并存的世界中。”①因此，把多元文化与教育纳入教育理论与实践研究的范围，无疑为文化与教育的研究开辟了一个新的视野。

1. 多元文化是现时代的特征

“多元文化”是在 20 世纪五六十年代指称的两种文化现象：一是殖民地和后殖民地社会的文化。在这种社会中，既有殖民国家的统治文化，也有原居民的各族或民族文化，两种文化并存。二是指不同的民族文化。它指不同民族群体之间其文化特性有较大的差异。研究者发现，不仅殖民地国家存在着统治文化和被统治文化之分，世界上发达国家或地区也存在着这种状况。这样，不同的民族之间、阶层之间、地域之间、年龄之间、性别之间、群体之间和宗教之间都存在着多元文化。当今世界已经进入多元文化并存的时代。

2. 教育中的多元文化

教育与文化紧密相联，使教育中的各个方面无不打上文化的“烙印”。一方面，多元文化无孔不入地渗透到教育过程中；另一

① 转引自张应强著：《文化视野中的高等教育》，南京师范大学出版社 1999 年版，第 153 页。

方面，教育无时不在程度不同地反映、作用着这些多元文化。不难发现，文化上的多元是具体体现在教育活动当中的，教育活动中的各个组成部分都是多元文化的载体。教育中的多元文化主要有以下几个方面：①

(1) 民族文化。民族文化一直是多元文化关注的焦点之一。一般来说，同一民族长期共同参与、分享着一种文化制度，久而久之，就会形成一个民族精神形态上的特点。在教育中，并不仅仅因为教育对象中有着不同的民族成员才存在如何处理不同民族文化间的关系的问题，教育内容以及学校的日常生活和师生的交往中，实际上都存在着这一问题。

(2) 阶层文化。由于学生来自不同的社会阶层，受着家庭所属社会阶层的影响，所以，在他们来到学校时实际上就把这些不同社会阶层的文化带了进来。这种特殊的“身份文化”在教育中起着不可低估的作用。

(3) 地域文化。地域文化直接表现为不同区域或地区间人们的语言、思想、意识、感情、心理等的不同。我国是一个幅员辽阔的国家，不同的地域有着不同的文化特征。从有较大差异的地域文化来讲，既可以看到敦厚朴实的中原文化，也可以看到儒雅精巧的吴文化；既有保守稳重的内陆文化，也有开放求活的沿海文化；等等。不同的地域文化，造就的往往是不同的教育传统和形式。

(4) 社区文化。与地域文化相比，社区文化与学校的关系更为紧密，虽然它不似地域文化那样覆盖广。就学校来讲，它自身就是社区文化的一部分，是其中的一个机构。在地域文化与学校文化之间，社区文化起着不可或缺的中介作用。它一方面具有地域文化的共性，另一方面也体现出区别于同一地域其他社区文化的

① 参见叶澜等著：《教育理论与学校实践》，高等教育出版社 2000 年版，第128～131 页。

特性。

(5) 性别文化。在一般的社会中,不同的性别实际上拥有不同的文化形式。例如在学校中,男生在很多行为上往往具有很大的攻击性,而对于女生来说,则更可能不去扰乱课堂秩序,整洁地完成作业。性别之间的这种文化差别,在儿童出生以后就被有意无意地灌输进去了,家长和教师都会依据其所处的文化的要求,用不同的方式对不同性别的儿童作出不同的反应,从而使他们具有不同的文化特征。

(6) 年龄文化。总的来说,在现代的多元社会中,每一阶段的学生由于受到的影响不同,往往表现出不同的文化特征。

(7) 同伴群体文化。学生作为社会中的一个相对特殊的群体,他们因年龄、性别、兴趣、价值倾向等差异结成的多种多样的群体文化或者说是亚文化,这种文化虽然有时会表现为与教师所代表的主流文化相对立,但总的来说,学生群体文化与教师文化大体是相同的,包含语言与方言、非语言交流、思想观念、思考推理方法等。识别不同的学生群体文化,分析它们与其他文化特别是主流文化的关系,是教师进行教学所必需的。

3. 多元文化教育

"多元文化教育"作为一种实践运动,是20世纪六七十年代以来的事情,但作为一种思想却是源远流长。从最初来源看,该思想来源于英国和欧洲的古典多元理论。该理论认为一国的多种利益集团应分享国家权力,但同时又要为国家利益而共同努力。后来演绎为:多元一体文化通过多元而达到一体,也就是指在一个区域、地域、社会、群体和阶层等特定的系统中,同时存在的相互联系且各自具有独立文化特征的一种文化。

"多元文化教育"作为一个概念自提出之日起就引起了多民族国家的关注,但其确切的含义应如何阐述,许多国家从不同角度、用不同方式给予了定义,虽然说法不一,但大体含义相同。在综合各种不同说法的基础上，我国民族学学者把多元文化教育看成社会中各种集团和个体在文化上、情感上和认知上的需求。它追求的是为少数民族、移民、妇女与残疾人等处境较差的社会集团的子女们提供平等的教育机会，以及促进不同民族的文化集团间的相互尊重与理解。多元文化教育必须使年轻人对他们所生活的世界形成这样一种认识：在保存他们对本民族和文化认同的同时，也要发展他们对周围世界的深刻认识和了解，使他们获得充分参与社会生活的自信和机会。简而言之，多元文化教育就是以尊重不同文化为出发点，在各集团平等的基础上，为促进不同文化集团间的相互理解，有目的、有计划地实施的一种共同平等的"异文化间的教育"，目的在于形成学生对待自身文化及其他文化的得当方式，培养学生参与多元文化的能力。

客观地说，每一个民族的文化都是该民族独特历史的产物，都有其精华和糟粕，都有其存在的价值与合理性，彼此之间就有相对的独立性。从另一个方面来说，不同民族文化在反映民族特殊性的同时，也反映了人类的共同性——对于真善美的追求。因此，彼此之间又是可以相互交流、融合和借鉴的。从这个意义上，世界的文化是一个统一的有机体。因此，多元文化教育的目的并不一味地追求文化日趋多样化，而是使"多"与"一"协调起来，是在遵循文化差异的前提下，将"个体文化"与"共同文化"有机地统一起来。它可以从三个方面来确定：首先，就各民族的学生而言，通过多元文化教育可以使其正确认识民族、社会群体间的文化差异，正确判断其他文化与自身文化间的关系及相互影响，养成处理不同文化的得当方式，促进其个体发展；就社会而言，通过学生的社会化，使学生掌握一定的社会规范，正确处理人际关系，促进人与人之间的相互了解，促进社会各群族间的和谐发展；就教师而言，要求具有多元民族的态度和价值，用多元文化的观点来看待学生的不同文化特征和社会问题，客观地看待自身的文化，实现多元文化教学。

第三节　教育的个体功能

一、个体身心发展的一般规律

（一）人的发展的含义

发展，是指一种连续不断的向上变化过程，包括量的变化和质的飞跃。

人的发展，是指人身体和心理上连续不断的变化过程。如果从发展的内容上讲，包括身体和心理两个方面。身体发展指机体正常发育和体质的增强；心理发展指心理过程的逐步成熟和个性的逐步形成。身体和心理发展是彼此联系、互相促进的，简称身心发展。如果从发展的过程上讲，它是一个逐渐的数量不断积累和在此基础上出现质变的过程。身心发展都呈现出由量变到质变的过程。如学生到少年期（从十一二岁到十四五岁），身心发展在儿童期量变的基础上出现了质变。在身体发展方面，骨骼急速生长，手、脚长得最快，心、肺急速增大，脑重量已达到成人脑重的水平，性腺机能开始发生作用，即进入了青春发育期。在心理发展方面，抽象逻辑思维开始占主要地位，情绪表现较强烈，自我意识迅速发展等。如果从发展的水平上看，随着新质的出现，身心发展就会达到一个新的水平。

（二）个体身心发展的一般规律

所谓个体身心发展的一般规律，是指不同个体在身心发展过程中所表现出来的共同方面。一般来说，个体身心发展的规律有以下几个方面：

1. 个体身心发展的顺序性

人的身心发展不是随机展开的，而是按照某种固定的顺序开展的。这主要是起因于人的生理成熟程序是由基因控制的。比如,身体的发展方面遵循着从上到下、从中间到四肢、从骨骼到肌肉等的顺序发展。生理发展的顺序必然影响到以生理发展,特别是以神经系统发展为基础的心理发展。虽然个人在发展程度上和成熟性上有较大的差异,但基本顺序是确定的。个体的情感、意志品质的发展也遵循着一定的顺序。比如,儿童总是由具体思维发展到抽象思维,从机械记忆发展到意义记忆,先有喜、惧等一般感情,而后有理智感、道德感等。瑞士心理学家皮亚杰曾经指出;人的智力发展按照感知运动水平、前运算水平、具体运算水平和形式运算水平这样一个顺序发展。

2. 个体身心发展的不平衡性

这种不平衡性的第一个方面是,同一个方面的发展,在不同年龄阶段中,发展是不均衡的。例如,青少年儿童的身高和体重有两个增长的高峰,第一个高峰出现在出生后的第一年,第二个高峰则在青春发育期。又如,青少年儿童大脑发展的最迅速时期是出生后的第五个月到第十个月之内,其后,脑的发展又经历两个显著的加速期,一个在五六岁,另一个在十三四岁。发展的不平衡性的第二个方面,就是不同方面发展的不平衡性。有的方面在较早的年龄阶段即达到较高的发展水平,有的则要到较晚的年龄阶段才达到较为成熟的水平。

3. 个体身体发展的阶段性

个体身心发展的不平衡性和顺序性,必然导致发展阶段性的呈现。这一点已被广大心理学家、教育家和哲学家所公认。一般都认为,处在不同年龄阶段的个体表现出不同的年龄特征,即在不同的时间段面临着独特的属于这一阶段的发展任务。一般情况下,人们把人的一生分成这样几个阶段:婴儿期(0 至 1 岁或 1.5 岁);幼儿期(1 岁或 1.5 岁至六七岁);童年期(六七岁至十一二岁);少年期(十二三岁至十五六岁);青年期(十六七岁至 25 岁或

30岁);成年期(26岁或31岁至55岁或60岁);老年期(55岁或60岁至死亡)。当然,这样的划分并不具有绝对的意义。在这些发展阶段中,每一个阶段对于人的发展来说不仅具有本阶段的意义,而且对后一阶段的发展有直接的影响,具有人生全程性的意义。各阶段的区别性表现在众多方面,除了身心各方面在不同阶段上有大小、强弱、多少等数量和程度方面的差异外,更主要的是每一阶段总有一部分新的特征产生出来,又有一部分旧的特征被淡化,或者改变了方式被整合到新的方式中去。因此,人的整个身心发展在发展过程中不断建构、更新,呈现出不同的阶段性。

4. 个体身心发展的稳定性和可变性

个体身心发展的稳定性,是指在一定的社会和教育条件下,个体发展阶段的顺序性,以及每一阶段的变化过程和速度大体上是相同的,有着相同的发展规律。但是,在不同的社会条件和不同的教育条件之下,同一年龄阶段的青少年儿童发展的速度和水平是有差异的,而不是固定不变的。

5. 个体身心发展的个别差异性

在个体的身心发展中,由于遗传、环境、教育等方面的不同,他们在身心发展上存在着个别差异。有的儿童身心的某些方面在较早的年龄阶段就已发展到较高的水平,有的则在较晚的年龄阶段才出现某些特征,如人们常说,有的人少年早慧,有的人大器晚成;有的儿童在8岁时,抽象思维已经有了很好的发展,能够接受中学教育,有的儿童的抽象思维到十四五岁时才有显著的发展。年轻一代在兴趣、爱好、意志、性格等方面,也都存在着个别差异。教育工作者应该注意学生的个别差异,做到"因材施教",使每个学生都能切实地迅速提高。

二、制约人的发展的因素

(一) 影响人的发展的因素

分析影响人的身心发展因素，在不同观点的指导下往往有不同的侧重面。对影响人的身心发展的因素的论争，大体经历了三个时期：第一个时期是在20世纪初，讨论的重点是哪种因素在人的身心发展中起决定作用，是遗传还是环境。第二个时期是在20世纪中叶，研究者注意到遗传和环境都是人身心发展必不可少的条件，开始研究遗传和环境各自起多大作用。第三个时期是当代，由于人们对遗传与环境的研究渐趋深入，研究者开始探究遗传和环境如何发挥作用，分析两者相互制约的关系。

总的来说，关于影响人的发展的因素有以下几种不同的观点：

(1) 二因素论。持这种观点的人把影响人发展的因素分为生物因素和社会因素。认为生物因素包括遗传素质、不属于遗传素质的某些生理特点、健康状况等；社会因素包括学生所处的家庭、学校、社会等。

(2) 三因素论。持这种观点的研究者认为，影响人的身心发展的因素有遗传、环境和教育三个方面。

(3) 四因素论。这种观点认为，三因素论只分析了儿童身心发展的外因，而任何事物的发展，起决定作用的是内因，所以人的主观心理因素应该予以考虑，这就构成了四因素论。

(4) 综合因素论。这种观点认为，可以从不同的角度对影响人发展的因素进行不同的分析：物质的、精神的；内部的、外部的；生理的、心理的；等等。各因素之间相互依存、相互制约，构成完整的整体对人的发展产生影响。从整体上说，影响人的发展因素乃是多系统的、多层次的、错综复杂的。

(5) 二层次三因素论。持这种观点的研究者认为，要想进一步认识影响人发展的因素问题，就不能只在因素分类标准及数量的增减上做文章,而必须突破静态的、形而上学的思维模式,抓住人的发展的特殊性,用动态的、系统的、辩证的思维方式重新认识影响人发展的因素。从这一方法论出发,以对人的发展的影响性质为依据,可以把影响人发展的因素分为两个层次三大类因素:第一层次是对个体发展的潜在可能产生影响的因素,简称"可能性因素",包括个体自身条件(先天与后天,后天指每一阶段发展主体已达到的身心发展水平)与环境条件两大类因素;第二层次是对个体发展从潜在可能转化为现实这一过程产生影响的因素,简称"现实性因素",是指发展主体所进行的各种类型的活动。这就是"二层次三因素论"。

(二) 遗传在人的发展中的作用

遗传是指人从先代那里继承下来的解剖生理特点,如机体的结构、形态、感官和神经系统(主要是脑神经)的特点等。这些遗传的生理特点,通常叫做遗传素质。遗传素质是与生俱来的,它对人的发展有着显著的影响。

1. 遗传素质为人的发展提供了可能性

遗传素质是人的身心发展的生理前提,为人的身心发展提供了可能性。任何生命的成长和发展,都是从遗传获得生命组织开始的,人当然也不能例外。人正是以遗传这一先天因素为前提,在后天的社会生活中获得各种知识和技能,成为适应社会生活的人的。如果没有人的遗传素质,或是以猴子等其他动物的遗传为发展前提,那么无论后天条件多么优越,也不可能发展成为人。例如,初生的儿童虽然十分软弱,甚至不如动物,但人的遗传素质却比动物高千万倍,它蕴藏着极大的发展可能性。儿童靠自身特有的遗传素质,在后天的环境和教育的影响之下,可以逐步学习高深的文化科学知识,培养丰富的思想感情,这是任何其他动物做不到的。

然而,遗传素质只为儿童的发展提供了可能性,并不能决定儿童发展的方向或前途。只有在后天的社会环境和教育的影响下,儿童的遗传素质才获得发展的现实性。我国宋代文学家王安石写过一篇《伤仲永》,仲永小时候是个“神童”,他在几岁时就能吟诗作赋,可是他的父亲经常把他带到人们面前讨赏赐,不予教育,仲永后来变成一个普普通通的孩子。再如,美国斯坦福大学心理学教授特尔门对智力在130以上的1 528名超常儿童进行了历时50年之久(从1921至1972年)的追踪观察与系统研究,他的结论是:早年智力测验并不能正确地预测晚年的工作成就,一个人的成就同智力的高低并没有很高的相关性,有成就的人并非都是家长和教师认为非常聪明的人,而是有恒心、做事精益求精的人。

因此,“生而知之”的天才论,“遗传决定后天一切”的遗传决定论都是非常荒谬和错误的。

2. 遗传素质的差异是造成人的个性差异的重要原因之一

人的遗传素质是有差异的,这些差异对人的身心发展有着重要的影响。人的遗传素质的差异不仅表现在体态、感觉器官方面,也表现在神经活动的类型等方面。例如,在医院婴儿室里,你可以看到,出生几天后的婴儿就有不同的表现,有的比较安静,容易入睡;有的则手脚乱动,大哭大喊。从一两岁的婴幼儿身上,就可以看到,他们对外界事物刺激的反应存在差异,这与神经类型的差异不无关系。随着遗传学的发展,有关遗传基因的研究证明了遗传基因有核糖核酸(简称RNA)和脱氧核糖核酸(简称DNA)两种,这些物质的排列结构及其活动与人的发展有着密切的关系。人的遗传差异性在后天的生活和各种活动中表现出来,并强化了这种差异,从而造成各不相同的个性特征。

3. 遗传素质的成熟机制规定了人的发展的阶段和过程

人的遗传素质,随着后天的学习和生活会逐步走向成熟。在这个过程中,人的身体器官和神经系统功能逐渐强大起来,而人的遗传素质的成熟度又制约着人的发展阶段的特点。例如,人的抽象思维能力是教育和学习的结果,但是这种教育和学习只有在人的神经系统达到一定程度的成熟之后才能实现。教幼儿学习微积分、离散数学等方面的知识,不仅不利于孩子思维能力的发展,反而会对其思维起到抑制作用。其原因固然与儿童没有相关的知识背景有关,但更主要的是因为幼儿大脑发育还不成熟,还不适合学习如此高深的知识。

由以上考察可以看出,遗传素质对人的发展具有重大意义。但是,遗传素质在人的一生当中并不是固定不变的,而是随着生活实践和环境的变化,具有一定的可塑性。就神经活动来说,巴甫洛夫曾经指出:“神经活动类型在生活进程中发展、变化着,并且它不仅是遗传的结果,也是环境和有机体之间复杂的相互作用的结果,教育能养成儿童生活所必需的神经活动类型。”①许多事实证明,一个在遗传素质上神经活动属于强而平衡、灵活的人,在不良的环境和教育下,也可以变成类似神经活动弱而不平衡、不灵活的人;在良好的教育下,也会变成很有涵养、很守纪律的人。再就遗传基因来说,“在基因组中的DNA决定了个体在生理上、结构上和行为上的潜在性能,但并非所有的潜在性能都必定可以在那个正在发育着的个体中获得实现”②。人的遗传素质的发展过程,也因人的生活条件的不同可以提前或推迟,如当今的青少年与旧中国的青少年相比,在身高、体重上都有所增加,智力的发展也有所提前。所有这些都说明遗传素质具有一定的可塑性。

(三)环境在人的发展中的作用

环境有广义、狭义之分。就广义而言,包括人们周围所接触到的一切事物,可以概括为社会环境和自然环境,教育也在其内。就狭义而言,只限于自发地影响人的周围事物。我们所讲的狭义环

---

① 转引自蔡澄:《当代教育学》,江苏人民出版社2003年版,第67页。

② E.J. 加纳德著,杨纪柯等译:《遗传学原理》,科学出版社1987年版,第382页。

境，主要是指对儿童发展影响较大的社会环境，如家庭、亲友、邻居、社会团体以及社会的风俗习惯等。

环境的作用虽然是自发的，但对儿童的发展有重大的影响。儿童从降生之日起，就与一定的社会环境发生关系，在接受环境的影响中逐渐成长起来。客观环境的影响在人的身心发展中起着决定性的作用，学校教育作为一种特殊的教育，在青少年儿童的发展中更是起着主导作用。

对于人的身心发展起决定作用的是人类特有的社会环境。这种环境应当包括三个部分。

(1) 人化自然。人化自然即由人的劳动实践所变革、所创造的自然界。简而言之，就是经过人改造过的，打上人类活动烙印的那个自然。人是大自然的产物，人的生活实践的原料和动力都来源于自然界，因此，自然界对人的身心发展必然会产生相应的影响。

(2) 人以及人与人之间的社会关系。首先，人一生下来，就要与其他人发生各种交往，其他人的言论、行动和思想会在他们身上产生各种影响，作用于他的发展。此外，我们还应该看到，在人类社会中每个成员也总是和其他成员结成一定的社会关系。

(3) 社会意识。人类在生产劳动中产生了语言文字之后，便借助于语言文字，把实践中所积累与形成的知识、技能和思想观点，以科学、哲学、道德、艺术、宗教、风俗习惯等形式保存起来和留传下去。一个人从掌握语言文字开始，就在与成人交往中接受这种社会意识的影响。由于语言文字有间接和概括的特点，所以社会意识可以大大扩大和加深对人的影响，使人不仅可以接受当时当地事物的直接影响，而且可以接受那些古代和外域事物的间接影响。它对于个体的心理发展具有重要意义。

以上这些环境对人的发展有很大的作用，但它们并非孤立地对人的发展发生作用，而是融合在一起，对人的发展产生综合性影响。环境对人的发展的作用表现在以下几个方面：

1. 环境为人的发展提供了多种可能性，包括机遇、条件与对象

环境是围绕在个体周围并对个体自发地产生影响的外部世界，为人的发展提供了必要的条件。人的身体的成长需要从外界获取营养，能力的提高需要通过参加各种活动来培养，道德的进步需要有践履道德准则的机会。以上种种情况，如果没有环境因素是无法实现的。

此外，环境所提供的质量不同，对于个体发展的意义也是不同的。正因如此，不同环境中的人的发展有很大的区别；即使在同一环境中，不同个体的发展状态也因环境对他的合适程度不同而不同。个体发展水平较高，对环境持积极的态度，就会挖掘环境中有利于自身发展的条件，克服消极的阻力，从而扩大自己的发展可能。

2. 环境为人的发展提供了评价标准

人的发展程度怎样和发展方向如何，发展过程本身不可能对这一问题作出回答，而必须从具体的历史环境中寻求答案。历史上对人的发展曾有过多种不同的标准。在原始社会，由于没有分工，人的体力和脑力混合在一起，几乎谈不上发展。到了奴隶社会和封建社会，评价人的标准集中在政治、伦理和道德水平上。工业革命后，专业能力成为人的发展的主要内容。以上历史上人的发展的情形表明，人的发展总是与环境的要求保持一致，评价人的发展的标准同样也是环境的要求。

但是，我们必须认识到，人并不是消极、被动地接受外部环境的影响的，人对外部环境的反映是一种能动的实践过程。人是在社会实践的过程中接受着环境的影响，同时也改造着环境，并在改造环境的过程中改造着自己。人在社会实践中接受客观世界的影响，反映客观现实，环境对人的影响离不开人的社会实践。人对外部环境的能动反映表现在两个方面。

（1）人是通过他所参加的实践活动来对环境影响作出反映并

获得发展的。也即是人这一主体在与客观环境这一客体的交互作用中,反映客体并获得主体自身的发展。

(2) 人又是按照他已有的知识、经验以及在这种知识、经验基础上产生的需要和兴趣等来对客观环境作出反映的。每个人所拥有的知识、经验,当然是在外部环境影响下产生的,但它一经产生就具有相对的独立性。以后,当其他环境因素作用于人时,人就通过原来已经获得和形成的知识、经验、需要和兴趣来对外部影响进行改造。

因此,离开人的实践,单纯的客观环境不能决定一个人的发展和成就。那种忽视人的主观能动性,把人看做环境的消极的适应者,认为成长在某种环境中的儿童,就只能消极地成为特定规格的人的环境决定论,是完全错误的。

三、学校教育在人的发展中的独特作用

教育是有目的、有计划地影响人的一种活动。它在人的发展中的作用,曾被历史上许多思想家、教育家充分肯定过。如法国启蒙思想家卢梭说:“植物的形成由于栽培,人的形成由于教育。”①康德也曾说过,人只有通过教育才能成为一个人,“人完全是教育的结果。”②由此足见教育在人的发展中的作用。事实上,与环境等自发影响因素相比,教育,特别是学校教育,在年轻一代的发展中起着主导作用。

此外,由于学校教育对于个体的发展而言,既不属于纯粹的个体因素,也不属于纯粹的环境因素,而是包含两者的特殊因素。学校教育在人的发展中呈现出特殊性,主要表现在这样几个方面:(1) 学校教育是由承担教育责任的教师与接受学校教育的学生共

① 张焕庭:《西方资产阶级教育论著选》,人民教育出版社1979年版,第95页。
② [德]康德著,瞿菊农编译:《康德传》,商务印书馆1921年版,第5页。

同参与和进行的，这是学校教育活动主体的特殊性。(2) 学校教育的环境在很大程度上具有人为性，它是有意识地提供的活动，其最大的特点是弥漫着科学、文化和道德规范的气息，而且是经过精心设计和安排的，这构成了学校教育环境的特殊性。(3) 从个体活动的角度看，学校中的个体活动与其他社会活动的区别，在于它是他人为影响其成长而精心设计的，是在教师指导下进行的，活动结果还要进行合目的的检查和评价。这是一种以影响个体的身心发展为直接目的的特殊活动。以上三个方面，使学校教育在影响人的发展上具有独特功能，主要有以下几个方面。

1. 学校教育是一种有目的的培养人的活动，它规定着个体的发展方向

教育不管是有组织的或是无组织的，系统的或是零碎的，家庭的或是学校的、社会的，都是有目的的培养人的活动，它是以教育人为主要目的的活动。在人的其他活动中，人与人之间也会产生各种影响作用，也会具有一定的教育意义，但那些活动不是以教育人为主要目的的。同时，环境中的自发影响是比较复杂的，方向不一，有好的影响，也有坏的影响，它不能一致地按照一定的方向去影响人，因而不能决定人的发展方向。而学校教育能排除和控制一些不良因素的影响，给人以更多的正面教育，使人按照一定的方向发展，使年轻一代健康地成长。

2. 学校教育具有加速个体发展的功能

在日常生活和工作实践中，个体的身心同样会有发展。学校的作用在于尽可能地加快这一变化的速度，这是因为学校教育目标明确、时间集中，有专人指导。此外，由于学校使个体处于一定的学习群体当中，个体之间发展的差异有助于个体的发展。苏联心理学家维果茨基提出了"最近发展区"的概念，他认为，教学对儿童的发展能起主导和促进作用，但为此应该确定儿童两种发展水平：一种是已经达到的水平，表现为儿童能独立解决的智力任

务;另一种是儿童可能达到的发展水平,表现为儿童还不能独立地解决任务,但在成人的帮助下,可以解决这些任务。这两种水平的差距就是“最近发展区”。学校教育具有专人指导和集体活动这两方面的条件,因此,只要目标和方法恰当,学校教育就可以加速个体的发展。

3. 学校教育对于个体发展不仅具有即时价值,而且具有延时价值

学校教育的内容都是经过精心选择和编排的,大部分内容具有普遍性和基础性,因而对个体今后的进一步学习和发展具有长远的价值。此外,学校教育帮助个体建立起自我需求、自我意识和自我教育的能力,这对于个体以后的发展具有更加深远的意义。

4. 学校教育具有开发个体特殊才能和发展个性的功能

在开发特殊才能方面,普通学校教育内容的多面性和学生集体表现才能的差异性,有助于个体特殊才能的发现,而专门的学校教育对这些才能的发展、成熟则具有重要作用。在学生的个性发展方面,学校领导和教师具有丰富的教育理论素养和教育经验,善于发现学生的独特性,尊重学生的个性,并能有意识地为学生个性的发展创造各种机会和条件,帮助、指导学生走上个性健康发展的道路。学校中的学生集体也可以为学生个性的发展提供良好的土壤和氛围。

当然,学校教育的作用是相对的、有条件的,包括社会条件和学校教育内部条件,以及学生主体的积极参与。只有学校按照人的发展规律处理学校教育与个体发展的关系时,只有学校教育有能力协调各种影响个体发展的力量,使其产生正向的合力时,学校教育的个体发展功能才会比较充分地得以实现。

以上着重分析了学校教育在人的发展中的独特功能。从广泛意义上看,教育的个体功能可以概括为两个方面:

第一,教育的个体社会化功能。社会化是指个体适应社会的

要求,在与社会的交互作用过程中,通过学习和内化社会文化而胜任社会所期待的角色,由一个自然人而转化为社会人的过程。具体来说,主要有以下几个方面:① 传递社会价值观,指导生活目标;② 传授系统的科学文化知识,使青年一代获得社会生活的基本技能;③ 教导社会规范,训练社会行为;④ 培养社会角色。总之,教育所培养的人,最终是社会的人,即要承担一定的社会职能,履行一定的社会角色,并掌握一定的社会知识、技能和规范的人。从根本上说,是使受教育者学会适应社会。

第二,教育的个体个性化功能。教育的个体社会化功能,是使受教育者学会适应社会,这从总体上说,是一种求同的过程。如果教育的个体功能仅限于此,可能抑制个体的自主性与创造性,造成个体对社会的消极适应。因此,教育还应促进人的个性发展,引导个体在对社会适应与继承的同时,积极对社会进行改造和创新,不但超越自我和社会的现状,而且追求社会及个人向更高层次发展。具体来说,是要培养个体的自主性、独立性;培养个体的差异性、独特性;培养个体的创造性;等等。

个体的社会化与个体的个性化过程,虽然各自的侧重点不同,但它们是相互为用的统一发展过程,彼此相互影响,相互促进。

[思考与练习]

一、名词解释

教育功能　社会分层　多元文化教育　人的发展

二、问答题

1. 教育对政治的促进作用主要表现在哪些方面?

2. 教育与文化的关系如何?

3. 简述人的发展的基本涵义。

4. 结合自己的成长过程,分析影响人的发展的诸因素之间的关系。

5. 如何理解教育的个体功能?

第三章　教育目的

[内容提要]

教育目的是指把受教育者培养成为一定社会所需要的人的质量规格。它一般由互相联系的两部分构成：一是对教育所要培养的人的素质作出规定；二是对教育所要培养的人的社会角色作出规定。

教育目的是教育工作的出发点和归宿，对于教育任务的确定、教育制度的建立、教育内容的选择及教育工作全过程的组织有着十分重要的意义。

教育目的是人的理想与社会现实的整合体，体现的是人的发展与社会发展之间的矛盾，最终反映的是社会对人的要求，是理论性与实践性的结合。

教育目的的制定有三种价值取向：个人本位、社会本位以及个人本位与社会本位兼顾的价值取向，体现了人类历史发展过程中教育目的制定的依据。

我国教育目的的历史发展经历了原始社会时期的教育目的、古代社会的教育目的、近代的教育目的以及建国后的教育目的四个阶段。

当前我国的教育目的主要是培养“社会主义事业的建设者和接班人”，强调德、智、体等方面的全面发展，着力于提高全民素质。

在各级各类教育系统中，基础教育（小学教育、初中教育和高中教育）具有基础性、全民性、全面性等特点，发挥着重要的作用。我国中小学的培养目标是培养德、智、体、美、劳诸方面全面发展的具有良好素质的社会主义合格公民。

[学习目标]

1. 掌握教育目的的概念，了解教育目的的层次结构与功能。

2. 了解教育目的的特点，正确掌握教育目的的基本原理。

3. 了解我国教育目的的历史发展、特点，掌握我国教育目的的基本精神，了解我国教育目的的贯彻与实施过程。

4. 学习马克思主义关于人的全面发展的学说，了解人的全面发展的教育的组成部分及各部分之间的关系；了解我国各级各类学校系统，熟悉我国中小学教育的特点，掌握我国中小学的培养目标。

第一节 教育目的概述

任何一种社会实践活动都会有预期的目的，而教育作为人类所特有的一种培养人的实践活动，必定有人们对这种活动的预期目的。人们对教育活动的这种预期目的，指明了在一定的社会系统中，人们通过教育这种活动把受教育者培养成什么样的人的问题，这是教育学的根本问题，是教育工作的核心，是一切教育活动的出发点和归宿。

一、教育目的的概念

研究者们在对“教育目的”进行界定时，由于研究的角度、所处的立场不同，对教育目的这一概念的表述也存在诸多分歧。例如，有人认为，教育目的就是指“把受教育者培养成为一定的社会需要的人的总的要求”①；“所谓教育目的，就是人们在进行教育活

① 《中国教育大百科全书·教育》，中国大百科全书出版社 1985 年版，第172 页。

动之前,在头脑中预先观念地存在着的教育活动结束时所要取得的结果,它指明教育要达到的标准或要求,说明办教育为的是什么,培养人要达到什么样的规格”①;“所谓教育目的,是指社会对教育所要造就的社会个体的质量规格的总的设想或规定”②;“简单地说,它是人们在观念上、思想上对教育活动结果的设计以及借助一定教育手段通过一定的教育途径去达到某种结果的设计”③;教育目的是“培养人的总目标,关系到把受教育者培养成为什么样的社会角色和具有什么样素质的根本性质问题”④;“教育目的规定了:通过教育过程要把受教育者培养成什么样的质量和规格的人”⑤;等等。

以上关于教育目的的概述,主要是从社会或个人的视角出发,指出教育目的是一种预期的目标,是对教育活动所能实现的结果的一种预测。对这种教育活动结果进行预测的主体可以是社会(以国家为代表),也可以是学校,还可以是个人。因此在现实中,我们不难发现教育目的自身是有层次的,不同层次的教育目的对教育结果的期望或者规定是不同的。在此意义上,我们认为对教育目的这一概念进行界定时,作广义与狭义之分是必要的。

国家和社会教育机构、学生的家长和教师等,都对新一代寄予这样或那样的希望,这些希望可以理解为广义的教育目的。这种广义的教育目的主要是对受教育者的发展方向进行宏观的描述,并不能对受教育者在具体的教育过程中的每一环节进行具体规定。广义的教育目的存在于一切教育之中,从原始社会的教育到

---

① 黄济、王策三主编:《现代教育论》,人民教育出版社 1996 年版,第 211 页。
② 王道俊、王汉澜主编:《教育学》,人民教育出版社 1989 年版,第 95 页。
③ 孙喜亭:《教育原理》,北京师范大学出版社 1993 年版,第 154 页。
④ 顾明远主编:《教育大词典》(增订合编本)(上册),上海教育出版社 1997 年版,第 765 页。
⑤ 南京师范大学教育系编:《教育学》,人民教育出版社 2002 年版,第 151 页。

现代教育均不例外。它在每个个体的成长过程中得以表现,又在每个个体的成长过程中不断完善,它是教育活动的基础和前提。它为教育活动取得预期结果提供了可能,因此没有这种广义的教育目的,教育活动的存在就没有必要。

狭义的教育目的是专指学校的教育目的,是指国家对培养什么样的人才的总的要求,即国家对有目的、有组织的教育活动结果的总的规定,是国家为培养专门人才而制定的标准和质量规格。它一般是由互相联系的两个部分组成的。一部分是就教育所要培养的人的素质作出了规定,即对受教育者在思想、道德、知识、能力、体力、心理等方面的素质提出教育要求和规定。另一部分是对教育所要培养的人的社会价值作出了规定,即规定受教育者未来将成为何种社会成员(角色)。这是教育目的的核心部分。教育要培养何种功能的社会成员是随社会经济制度和政治制度的变化而变化、因民族文化传统不同而不同的。教育目的的两个部分是相互联系、相辅相成的。受教育者形成了怎样的素质结构,制约着其社会功能的性质和水平;对于所培养的人的社会功能作出了规定,则必然要求并有利于其相应素质结构的形成。

二、教育目的的层次结构

(一)教育目的与教育方针、培养目标、教学目标的联系与区别

教育目的、教育方针、培养目标、教学目标是几个既相互联系又相互区别的概念。在教育学领域经常存在相互挪用的现象,或者根本不加以区分,一律以教育目的代之;或者对内涵不加区分,以桃代李……因此,有必要对这几组概念进行界定。同时,把握它们之间的联系与区别,也有助于进一步明确教育目的的含义。

1. 教育目的与教育方针

教育方针是教育工作的宏观指导思想,是国家或政党根据一

定社会的政治、经济要求，为实现一定时期的教育目的而规定的教育工作的总方向。关于教育方针与教育目的之间的关系，一直以来存在两大分歧：一种认为教育方针包含教育目的；另一种认为教育方针与教育目的是手段与目的的关系。第一种观点认为教育方针包括：教育的性质和指导思想；教育工作方向，主要指特定时期的教育工作方针；广义的教育目的，即培养人的质量和规格要求；实现教育目的的根本途径和基本原则。其中，广义的教育目的是教育方针中的核心内容和最基本的内容。科学的教育目的观有助于制定有效的指导教育实践的教育方针。而第二种观点则认为教育目的解决的是培养什么人的问题；教育方针是实现教育目的的手段。从教育工作的作用来说，教育目的支配着教育手段；就教育工作的过程来说，教育目的又是教育手段的产物。① 我们认为，教育目的必须与教育方针保持高度一致，教育方针是阶级或政党确定的在一定时期内教育发展的基本指导思想，它不直接作用于受教育者，而是针对社会结构中的教育事业整体而言的，主要控制教育的宏观领域，旨在引导人们对教育事业的地位和作用有一个正确的估价，从而有助于教育事业发展。相比之下，教育目的反映的是一定社会对人才培养的总要求，规定教育培养人才的质量和规格，它主要是从个人自身发展需要和社会发展水平之间作出价值选择，起作用的对象主要是个体受教育者，对教育的微观领域，如课程设置、教材编写、教学方法的选择与课外活动的安排等进行具体的指导。

2. 教育目的与培养目标

教育目的是各级各类学校遵循的工作方向，但它不能代替各级各类学校对所培养人的特殊要求。各级各类学校确定的对所要

① 华东师范大学教育学教研室等编：《教育学讲义》(上册)，华东师范大学出版社1959年版，第68～69页。

培养的人的特殊要求,我们习惯上称为培养目标。① 可以说,培养目标是教育目的在各级各类学校的具体化,是各级各类学校培养人的具体的质量和规格。它由特定的社会领域(如教育工作领域、化学工业生产领域、医疗卫生工作领域等)和特定的社会层次(如普通工人、熟练技术工人、管理人员、高级行政人员、专家等)的需要所决定,也因受教育对象所处的学校级别(初等学校、中等学校、高等院校)而变化。教育目的是对所有的受教育者而言的,而培养目标是针对特定的对象提出的。例如,1986 年 4 月 12 日我国颁布《中华人民共和国义务教育法》,明确规定了九年义务教育的培养目标为:"使儿童、少年在品德、智力、体质等方面全面发展,为提高全民族的素质,培养有理想、有道德、有文化、有纪律的社会主义的建设人才奠定基础。"国家要求全日制普通中学"既要为高一级学校输送合格的新生,当前还要注重培养大批优良的劳动后备力量"②,"要使学生具有爱国主义精神,培养共产主义道德品质,逐步树立无产阶级世界观和人生观,立志为人民服务。要使学生学好文化科学基础知识和基本技能,培养能力,发展智力。要使学生身心得到正常的发展,具有健康的体质。同时,要使学生具有一定的审美能力和初步掌握一些劳动技能"③。这些规定体现了全日制普通中等学校在为国家培养需要的各种人才和为个体发展方面所处的基础性地位,它有别于承担专门教育任务的专业学校的培养目标。总之,教育目标与培养目标的关系可以理解为一般与个别的关系,后者是前者在学校教育中的具体化。

---

① 尹艳秋主编:《公共教育学教程》,苏州大学出版社 1998 年版,第 80 页。

② 国家教育委员会办公厅编:《基础教育法规文件选编》,北京师范大学出版社 1988 年版,第 93 页。

③ 国家教育委员会办公厅编:《基础教育法规文件选编》,北京师范大学出版社 1988 年版,第 145 页。

3. 教育目的、培养目标与教学目标

实现教育目的和培养目标不是一蹴而就的,学校培养人的工作是长期的、复杂的而又细致的。这就要求教师在工作中明确:在一段时间内,教一门学科或组织一项活动应使学生在认识、情感、行为和身体诸方面发生一些什么变化(成长或发展);在教学和教育的过程中,教育者在完成某一阶段(如一节课、一个单元或一个学期)的工作时希望受教育者达到的要求或产生的变化结果。这,我们称之为课程的或教学的目标,即教学目标。① 教学目标与教育目的和培养目标之间的关系是具体与抽象的关系。教学目标是教育目的具体化为培养目标之后的进一步具体化,教育目的和培养目标指导着教学目标的制定,是教学目标制定的指导思想和基本依据;而教育目的和培养目标又必须落实到实现教学目标的行动上,教学目标保证了培养目标和教育目的的实现。无数教学目标都维系在通向教育目的和培养目标的"干线"上,这样就保证了每一项教育行动都是指向目的这一过程的一部分,从而保证了教育活动的统一性和系统性。

总之,教育目的与教育方针、培养目标、教学目标之间既有区别,又有联系,在具体语境中要具体问题具体对待。它们之间这种紧密联系的关系就构成了教育目的的层次结构。

(二)教育目的的层次结构

从以上概念分析可知教育目的是有层次的。我国学者曾对教育目的的层次进行了深入的研究。例如,有的研究者认为,教育目的可以分为三个层次:第一层次是国家规定的教育总目的或教育的普遍目的;第二层次是各级各类教育的培养目标;第三层次是教

① 尹艳秋主编:《公共教育学教程》,苏州大学出版社 1998 年版,第 81~82 页。

育过程中的一系列发展目标体系。① 还有的研究者将“教育目的”等同于“教育目标”,认为按照不同的深度和广度,教育目标有一定的层次结构:第一层次是社会(国家)的教育总目标;第二层次是各级各类学校的具体教育目标;第三层次是各级各类学校内部的不同专业的教育目标;第四层次是各门课程的教育目标;第五层次是各门课程的具体章、节的教育目标,即教学目标。② 还有的研究者从理论与实践两个维度探讨了教育目的的层次结构,如此等等。

我们认为,教育目的的层次结构既应该体现国家的意志,又应该指导具体的教育活动;既应该反映教育目的与教育方针、培养目标、教学目标之间的不同,又应该体现教育目的与教育方针、培养目标、教学目标之间的联系。柳海民曾用直观的方式将教育目的的层次结构作了形象的表达。具体如图 3-1 所示。

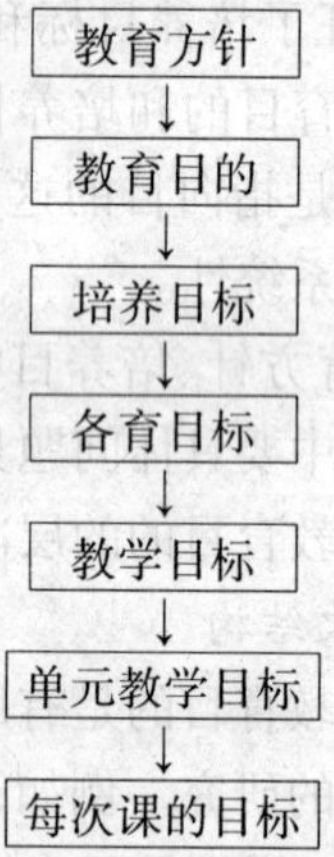

图 3-1 教育目的的层次结构图③

---

① 王坤庆:《关于教育目的的几个基本问题的探讨——兼论素质教育的价值取向》,《华中师范大学学报》(哲社版)1993 年第 6 期。

② 洪宝书:《关于教育目标的探讨》,《教育研究》1988 年第 6 期。

③ 柳海民著:《教育原理》,东北师范大学出版社 2000 年版,第 270 页。

从上图中可以看出,教育目的的层次结构是由教育方针、教育目的、培养目标、各育目标、教学目标、单元教学目标、每次课的目标组成的。该层次结构形象地告诉我们,在教育目的的层次结构中,教育方针处于最高层次,体现的是国家的意志,其他层次的教育目的都要以此为依据;同时在教育目的的层次结构图中,从上至下,教育目的在一步步地细化、具体化,直到保证教育活动的顺利完成。因此,教育目的的层次结构实际上是教育活动各个环节具体目的的有机整合。

三、教育目的的功能

教育目的是国家对教育应培养怎样的人的总的要求,它对所有的学校具有普遍的指导意义。各级各类学校无论具体培养什么领域和什么层次的人才,无论其所面对的学生有怎样的个体差异,如体质强弱的不同、成绩高低的不齐、兴趣爱好的不一等,都必须努力使所有学生符合国家提出的培养人的总的要求。

例如,我国 1985 年 5 月 21 日颁布的《中共中央关于教育体制改革的决定》中指出:“要改造数以亿计的工业、农业、商业等各行业有文化、懂技术、业务熟练的劳动者。要造就数以千计的具有现代科学技术和经营管理知识、具有开拓能力的厂长、经理、工程师、农艺师、经济师、会计师、统计师和其他经济、技术工作人员,还要造就数以千计的能够适应现代科学文化发展和新技术革命要求的教育工作者、科学工作者、医务工作者、理论工作者、文化工作者、新闻和编辑出版工作者、法律工作者、外事工作者、军事工作者和各方面党政工作者。所有这些人才,都应该有理想、有道德、有文化、有纪律,热爱社会主义祖国和社会主义事业,具有为国家富强和人民富强而艰苦奋斗的献身精神,都应该不断追求新知,具有实事求是、独立思考、勇于创造的科学精神。”①我国现阶段对教育所要培养的人的这一要求,反映了我国当今社会诸方面发展对人才类型和素质的全面要求,也体现了它对各级各类学校的普遍指导意义,以及它对新一代的一般要求。教育目的的这种对新一代要求的普遍性与一般性关系教育的全局。

具体来说,教育目的具有以下几种功能。

(一) 教育目的对教育工作有指向功能

教育目的是教育与社会发生联系的连接点,社会政治经济制度、生产力和科学技术发展对人才素质的要求,是通过教育目的表现出来的。教育目的为教育工作指明方向,是教育活动的出发点和归宿,从而使教育工作具有明确的指向性,避免盲目性。教育目的的这种对教育工作的指向功能是时时刻刻潜在地发挥作用的。如果教育目的没有指向功能,教育工作就会失去方向,就可能走进误区。

(二) 教育目的对教育过程有控制功能

教育目的指导着整个教育过程的正常运行。教育制度的建立、教育内容的确定、教育方法的选择、课程的设置、教育组织形式的采用、课外活动的安排以及教育全过程的各种活动、各个环节的组织和安排等,都必须接受教育目的的指导和控制。同时,教育目的对受教育者成长和发展也具有协调功能,为受教育者按照教育目的的期望发展提供保障。

(三) 教育目的对教育要素有整合功能

教育活动作为一个系统整体,是由教育者、受教育者、教育内容、教育方法和手段等因素构成的。教育目的可以使教育各要素在教育活动中方向一致,形成合力,发挥整体活动的系统效应。

---

① 国家教育委员会办公厅编:《教育基础法规文件选编》,北京师范大学出版社1988年版,第3~4页。

（四）教育目的对教育力量有协调功能

从学校内部来说，所有教师的教学、各个管理系统和各种组织团体都要体现育人性，而要使这些育人的要求保持一致，需要教育目的来协调；从学校外部来说，要使社会、家庭、学校等教育影响保持一致，也必须以教育目的来调控。

（五）教育目的对教育效果有评价功能

评价一所学校、一位教师、一个学生，应当以教育目的所规定的培养人的质量规格为标准。一定的教育效果体现了教育目的的实现程度，而教育目的是教育效果、教育行为、教育思想评价的根本标准。

（六）教育目的对学校管理者有激励功能

教育目的决定和支配着学校的管理目标及其所进行的活动。管理效能＝方向目标×工作效率。因此，明确的教育目的可以提高学校的管理效率。学校管理者可以按照教育目的这一外在的标准为自己的工作提供参照，体会成功的喜悦。或者进一步说，教育目的对学校管理者有激励功能，使学校管理者按照既定的标准管理学校事务。

第二节　教育目的的基本原理

一、教育目的的特点

教育目的具有自身的特点，它的制定与实施是人的理想与社会现实的统一，反映了一定社会对人的要求，是理论性与实践性的结合。

（一）教育目的是人的理想与社会现实的整合体

教育目的表达的是社会或个人对受教育者未来发展所能达到的程度的一种期盼，它所展现的是一种预期的状态。其中渗透的是人们关于美好生活前景的设想,反映的是人生发展的理想。但同时不难发现,教育目的又是以客观存在的社会政治、经济、文化为前提和根据,在遵循受教育者身心发展规律的基础上制定的。正确的教育目的必定是符合社会现实情况的。所以,教育目的既是理想的,又是现实的,是人的理想与社会现实的整合体。

(二)教育目的体现的是人的发展与社会发展之间的矛盾,最终反映的是社会对人的要求

矛盾是促进事物发展的内在动力。人类文明的积累实际上就是建立在人的发展与社会发展的矛盾的基础上的。在任何社会、任何国家,教育目的的制定都是以此为基点的。人的发展与社会发展不可能是完全同步的,可以是人的发展超前于社会发展,也可以是人的发展落后于社会发展,这时当权者(往往以政府、领袖或理论家为代表)就会通过教育这种杠杆,通过制定教育目的来努力调和人的发展与社会发展之间的矛盾,从而促进社会的进步。但是,教育目的的制定最终反映的是社会对人的要求。这是因为教育目的虽然是由人来制定的,体现的是人们的主观意志,但它不纯粹是自由意志的产物,而是特定历史时期政治经济状况和文化传统的反映。也就是说,教育目的的制定必须以现实为依据,体现现实社会对人的基本要求,而不能凭空想象。

(三)教育目的是理论性与实践性的结合

教育目的的制定,既要依据现实需要(社会和人的需要),又要考虑现实的可能(社会为人的发展提供条件的可能、人的发展的可能),这样它才有实现的希望。可以说,教育目的是在实践中产生,又在实践中发生作用的。但是教育目的并不是仅凭实践中的各种感性材料就能产生的,它的形成是还要在哲学、人类学、社会学、教育学等多种学科理论基础上,是具有操作性的理论规定。

二、教育目的的基本原理

(一) 教育目的的社会制约性

教育目的是一种关于教育过程预期的结果,它与教育价值有密切的联系。人们对教育功效的评价不同、教育价值观不同,往往所追求的教育目的也不同,而人们的教育价值观又受其所在的特定社会历史时期的政治制度、经济制度及经济利益等影响,由此出现了各种教育目的。例如,中国封建社会提出培养"格物"、"致知"、"正心"、"诚意"、"修身"、"齐家"、"治国"、"平天下"的士;古希腊的雅典,代表贵族民主政治的人鼓励青年借助于"自然的禀赋和事件"成长为为个人奋斗的人、"有教养的人";古希腊的斯巴达为维护奴隶主在武力征服基础上的统治,要求全民皆兵,把教育目的定为培养坚毅、勇敢的武士;欧洲中世纪教会垄断学校教育,清一色地培养僧侣;文艺复兴时期,人文主义者冲破封建神学和封建势力对人们的束缚与控制,提出了培养身心健康、多才多艺、知识广博、完善全面的人的理想;中国清末兴西学,提倡"新教育",目的是"忠君、尊孔、尚公、尚武、尚实";1924 年,孙中山提出"全力发展儿童本位之教育"的方针,遵照这个方针所要求达到的目的自然是儿童个性的发展;1929 年,国民党政府为了维护统治,改变教育目的,强调"忠孝仁爱信义和平"。

综上可知,第一,教育目的具有历史性、时代性和社会性,在阶级社会具有鲜明的阶级性。不同社会,由于有不同的政治经济制度等,也就有不同的教育目的。人类经历过五种社会形态,就有五种不同的教育目的。即使在同一社会形态中,由于社会发展的历史阶段不同,人们的社会地位、阶级关系和认识水平各异,对教育目的的提法也不尽相同,不仅是多样的,有的甚至是相互抵触的。这是教育目的受社会制约的复杂性的一种表现。因此,看待教育目的的社会制约性,既要考虑它的一般性,又要考虑它的特殊性;

既要把握它的阶级实质,又要认清它的历史发展的脉络,以便从教育目的的纷繁复杂的提法或表现形式中揭示它的实质。

第二,教育目的具有客观性。教育目的的客观性不仅体现在教育目的制定的依据上,即教育目的的制定一定要以特定时期的社会现实为依据;还体现在具体的内容上。

教育目的不是某个教育家、思想家或政治活动家主观意志的表现,而有它的客观性,试图提出超越时空的放之四海而皆准的教育目的是徒劳的。例如,孔子、孟子提出将教育当做培养"君子"和感化"小民"的目的;封建王朝提出教育的"明人伦"的教育目的;17 世纪英国教育家洛克提出培养"德行、智慧、礼仪、学问"兼备的"绅士"的教育目的;等等,都具有鲜明的时代烙印。

教育目的在表现形式上是主观的,作为观念存在于人的表象之中,但其内容具有客观性,它是客观存在的反映。如果没有社会存在,人的头脑中就不可能产生任何教育目的。它既是主观的思想意识,又反映客观的现实,是主观与客观的矛盾统一体。同时,教育目的是时代精神的体现,它必须随时代的变迁和发展而变革和发展,以反映社会及时代发展的趋势。评价一种教育目的进步与否,不是看它标榜得如何,而是看它是否符合社会发展的要求。只有那些正确反映了社会客观实际,并反映了社会发展趋势的教育目的,才是进步的,才能在实践中产生巨大的效果;否则,它是落后的,也必然被社会的发展所抛弃。

(二) 教育目的的人的发展制约性

我们在肯定教育目的的社会制约性和客观性的同时,还必须看到作为教育对象的人的发展的需要,并把客观存在的社会需要同人的自身发展的要求统一起来。教育目的的制定要依据社会条件,反映社会的需要,但教育目的并不是一份社会规划,而是对一定社会所培养的人的设计。因此,制定教育目的应从社会条件出发,透过对社会的认识来看待人的发展问题,从而提出培养人的蓝图。教育既为社会需要所决定,又要按社会需要培养人;它把社会需要转化为人的品质,使人真正成为“社会人”,并由此推动社会的发展。

可见,教育在人的发展和社会发展中起着一种中介转化的作用。通过教育这种中介,能够有目的、有选择、有规范地把社会发展对人的发展要求转化为人的素质,把人的素质提高到社会发展所要求的水平上,使人成为社会发展的主体,从而实现人的发展和社会发展的相互促进与相互转化。基于此,教育目的的制定、教育目的内容的确定、教育目的的实施都必须与受教育者的实际情况紧密相连。教育的这种中介转化作用更使得教育目的必须符合社会发展的主体——人的发展的需要。

而教育目的要符合人的发展的需要,其首要前提就是要对受教育者的特点进行全面深入的认识。只有与受教育者的特点相一致,教育目的才能在实践中发挥它的功能,才能为教育活动、社会发展及人的发展指明方向。

按照马克思主义对人的看法,人的本质在其现实性上是一切社会关系的总和,人在投身实践的过程中既改造了客观世界,又改造了人自身,因此人是历史的产物,是变化发展的。现在的人是从过去的人发展而来的,未来的人的发展又是建立在现在的人发展的基础上的。因此,制定和考察教育目的,既要考察、认清新旧社会联系,过去的人与现在的人和未来的人之间的联系,又要认识它们之间的不同,只有这样才能提出合理的新的教育目的。例如,我国当前进行社会主义现代化建设,反映在教育上就是提出了“教育为社会主义现代化建设服务”、“社会主义现代化建设依靠教育”的方针。这就需要通过教育培养现代化的人来体现。人的现代化是联系现代教育与社会现代化的纽带。为此,我们就应考虑和分析“现代化的人”应具备的品质与特征,以实现教育目的与社会现代化目标的一致性。

第三节 我国的教育目的

制定符合我国国情的教育目的，有利于为我国的教育事业指明方向。

一、我国教育目的的历史沿革

我国的教育目的一方面与特定时期的政治经济制度紧密相连，反映当时的社会及教育的现实；另一方面又是在不断借鉴与吸收国外教育理念的基础上形成的。从人类历史发展的进程来看，我国教育目的的历史沿革主要经历了以下四个阶段。

（一）原始社会的教育目的

原始社会的教育虽然形式简单、内容贫乏，不是专门的社会实践活动，而且也只是以口耳相传和模仿为主要教育手段，但这一时期的教育还是有目的的，只是教育目的相应地也比较简单：为了生存、繁衍，与自然作斗争。这一点可以从我国解放前还处于原始社会农村公社阶段的基诺族的教育状况得到印证。当时的基诺族没有文字，也没有学校，教育途径主要是在劳动中老一辈将积累的经验与技能通过示范传授给年轻一代，或者儿童达到一定年龄后在一定的场合有意识地从父母、长者那里接受口头教育，教育的主要内容为生产劳动知识、宗教和道德知识、爱情和婚姻知识、美育、体育、简单的数学知识和自然常识。教育的目的主要体现在为了人们的生存和繁衍，为了社会的维持和延续，普遍地培养能适应自然和社会生活的全体氏族成员。①

① 瞿葆奎主编：《教育学文集·教育与教育学》，人民教育出版社 1993 年版，第 244～245 页。

(二) 古代社会的教育目的

古代社会的教育目的主要包括奴隶社会、封建社会的教育目的。这一时期我国虽然存在正规的学校教育,而且学校教育制度系统比较发达,但这一时期还没有由国家提出的统一的教育目的。这一时期的教育目的主要是由我国古代的教育家们所提出的,体现在他们有关教育的言论及著作中。我国古代社会的教育目的始终体现出教育与政治之间的密切关系。最早的如西周时期的"学在官府",通过教育培养知"礼"之人。至孔子时代则基本奠定了我国古代教育目的的基调。孔子(前551—前479),字仲尼,春秋末鲁国人,中国古代伟大的教育家、思想家,他的教育思想的核心是"仁",即"爱人",他强调有教无类,使教育向平民开放;同时实施因材施教,使学生都得到发展。孔子相信"性相近,习相远",重视以孝悌为本的道德教育,主张恢复周公时代的政治;同时通过教学阐述其政治理想,致力于培养"士"、"君子"和"圣人"。他的弟子子夏说"仕而优则学,学而优则仕"①,比较准确地概括了孔子关于教育目的的主张。在孔子之后,虽然有许多伟大的教育家提出了诸多的教育目的,但其中心思想还是植根于孔子"学而优则仕"的教育目的观。可以说,中国古代的教育目的与政治目的有密切的联系,是以培养封建统治人才为目的的,其中虽有一些教育民主的因素,但学校还是为封建政治服务的重要社会机构。

(三) 近代社会的教育目的

近代中国教育目的系统比较完备,既出现了国家制定的教育方针、确定的教育宗旨,也出现了各级各类学校的培养目标,同时还有大批的教育理论研究者对教育目的进行了系统的研究,构建了比较完备的教育目的理论体系。在1902年以前,我国还没有提出过统一的教育目的。1902年,梁启超在其《论教育当订宗旨》一

① 《论语·子张》。

文中，首先提出了制定和贯彻全国一体的教育宗旨的必要性。中国历史上首先由国家制定的教育目的，始于1904年的《奏定学堂章程》，其中规定："至于立学宗旨，无论何等学堂，均以忠孝为本，以中国经史之学为基，俾学生心术归于纯正，而后以西学瀹其知识，练其艺能，务期他日成才，各适实用，以为国家造就通才，慎防流弊之意。"这个教育目的体现了当时半殖民地半封建中国教育"中学为体，西学为用"的方针政策。1906年，当时的学部正式规定教育宗旨为"忠君、尊孔、尚公、尚武、尚实"。民国时期，政府对教育目的进行了较大的修改，1912年教育总长蔡元培提出了"五育并举"的教育方针，同年9月国民政府教育部公布了国民教育宗旨为："注重道德教育，以实利教育、军国民教育辅之，更以美感教育完成其道德。"这是中国教育目的发展过程中的重大转变，也是中国近代教育理论研究者借鉴国外先进教育成果的体现。这一教育目的明确不再以带有功利性的仕途教育为其目的，而是以个人的不断完善、全面发展为目的，是我国教育史上的一次巨大进步。1923年3月，国民党召开第三次代表大会，这次大会将制定教育宗旨和政策作为会议的重大议题，经过讨论，确定的教育宗旨为："中华民国之教育，根据三民主义，以充实人民生活，扶植社会生存，发展国民生计，延续国民生命为目的；务期民族独立，民权普遍，民生发展，以促进世界大同。"该教育目的虽然建立在个人发展与社会发展兼顾的理论基础上，但是它更加强调教育目的的社会功能，特别是政治功能，它是为当时的社会政治服务的。1936年，国民党政府再次对国民教育的目的进行了修改，《中华民国宪法草案》对国民教育目的作了明确规定："中华民国之教育宗旨，在发扬民族精神，培养国民道德，训练自治能力，增进生活智能，以造就健全国民。"

总的来说，这一时期的教育目的已经不以封建社会的"忠君"、"尊孔"为其主要精神，具有一定的现代教育特点。

(四) 建国以来我国教育的目的

新中国成立以来,随着社会的发展和对教育的探索不断深入,在不同历史时期,由于政治、经济及文化的发展变化,曾提出过不同的教育目的。

新中国成立之初,社会进入了一个和平建设的时期,旧社会遗留下来的学校需要加以改造才能适应新中国建设的需要。故而,1949 年 12 月教育部在北京召开第一次全国教育工作会议,确定了全国教育工作的总方针,即新民主主义文化教育方针:“中华人民共和国的教育是新民主主义教育,它的主要任务是提高人民文化水平,培养国家建设人才,肃清封建的、买办的、法西斯的思想,发展为人民服务的思想。这种新教育是民族的、科学的、大众的教育,其方法是理论联系实际,其目的是为人民服务,首先为工农兵服务,为当前的革命斗争与建设服务。”这反映了教育要为工农服务,为生产建设服务,要培养社会主义的建设者和保卫者的要求。

1953 年,毛泽东同志提出著名的“身体好、学习好、工作好”的“三好”指标。1954 年,在我国制定的《宪法》中规定:“国家特别关怀青年的体力和智力的发展。”同年,在政务院《关于改进和发展中等教育的指示》中指出:“中等教育的目的,是以社会主义思想教育学生,培养他们成为社会主义社会全面发展的成员。”1957 年在我国生产资料所有制的社会主义改造基本完成以后,2 月 27 日,毛泽东同志在最高国务会议第十一次扩大会议上发表的《关于正确处理人民内部矛盾的问题》中提出:“我们的教育方针,应该使受教育者在德育、智育、体育几方面都得到发展,成为有社会主义觉悟的有文化的劳动者。”①这个方针比较全面地阐明了社会主义教育的目的,基本上反映了社会主义政治、经济和生产建设的发展对人才规格的要求。1958 年中共中央、国务院《关于教育工

---

① 《毛泽东同志论教育工作》,人民教育出版社 1958 年版,第 44 页。

作的指示》指出："党的教育方针，是教育为无产阶级的政治服务，教育与生产劳动相结合；为了实现这个方针，教育工作必须由党来领导。"直到"文化大革命"结束，我国的教育工作一直以1957年和1958年提出的方针为指导，教育目的也一直使用培养"德、智、体全面发展"的"劳动者"的提法。各级学校在实际操作中，把教育目的体现出来的"三好"标准（思想好、身体好、学习好）作为各级各类学校要求和评价学生的基本尺码。

1981年6月，党的十一届六中全会通过的《关于建国以来若干历史问题的决议》指出，要"坚持德智体全面发展、又红又专、知识分子与工人农民相结合、体力劳动与脑力劳动相结合"的教育方针。同年11月在《政府工作报告》中明确指出我国的教育目的为："使受教育者在德智体几方面都得到发展，成为有社会主义觉悟的、有文化的劳动者和又红又专的人才。"

1982年通过的《中华人民共和国宪法》第46条明确规定："国家培养青年、少年、儿童在品德、智力、体力等方面全面发展。"这是新中国第一次以法的形式出现的关于教育目的的表述。1985年，《中共中央关于教育体制改革的决定》进一步提出了我国新时期人才培养在质量规格以及数量方面的具体要求，指出教育必须"面向现代化、面向世界、面向未来，为90年代至下世纪初叶我国经济和社会的发展，大规模地准备新的能够坚持社会主义方向的各级各类合格人才"。并指出这些人才"都应该有理想、有道德、有文化、有纪律，热爱社会主义祖国和社会主义事业，具有为国家富强和人民富裕而艰苦奋斗的献身精神，都应该具有实事求是、独立思考、勇于创造的科学精神"，体现了我国社会主义初级阶段的教育目的。

1986年，《中华人民共和国义务教育法》诞生，把我国义务教育的目的规定为："义务教育必须贯彻国家的教育方针，努力提高教育质量，使儿童、少年在品德、智力、体质等方面全面发展，为提高民族素质，培养有理想、有道德、有文化、有纪律的社会主义人才奠定基础。”

1995年3月颁布的《中华人民共和国教育法》是教育方面的根本大法，它总结了我国十几年来改革的经验，并规定“教育必须为社会主义现代化服务，必须同生产劳动相结合，培养德、智、体全面发展的社会主义事业的建设者和接班人”。这已经成为全国教育活动必须遵循的法律要求。

2006年，为了“提高全民素质”，我国对《中华人民共和国义务教育法》作了修改，指出义务教育阶段的教育目的为：“义务教育必须贯彻国家的教育方针，实施素质教育，提高教育质量，使适龄儿童、少年在品德、智力、体质等方面全面发展，为培养有理想、有道德、有文化、有纪律的社会主义事业的建设者和接班人奠定基础。”

综上所述，建国以来我国教育目的表述上的演变，反映了我们对于怎样根据中国的实际情况确定教育目的这一问题在认识上的逐步提高的过程。例如，1957年提出的培养“劳动者”的教育目的，虽然体现了社会主义教育的基本特征，但还没有反映出我国社会主义初级阶段教育目的的特殊性。1985年《中共中央关于教育体制改革的决定》中对新时期人才培养的要求，体现了我国社会主义初级阶段的客观要求，但它实际上只是对建国以来教育发展历史经验的总结。这些教育目的集中反映了我国政治经济变化的状况，体现了社会发展的变化对人才培养规格要求的变化。它们对于规范我国教育事业的健康发展和各级各类人才的培养，都发挥了重要的作用。

二、我国教育目的的特点

我国社会主义初级阶段的教育目的主要有五个方面的特点。

(一) 方向性

我国的学校教育是社会主义性质的,我国教育目的应当体现我国社会主义政治、经济制度的要求,具有鲜明的社会主义方向性。这种方向性是我国教育目的区别于以往各个历史时期教育目的的标志,也是区别于资本主义学校教育的标志。

(二) 时代性

社会生产力的发展和科学技术的发展水平制约着教育目的,并对教育目的不断提出新的要求。我国社会主义现代化建设需要大批人才,新时期的教育目的全面地反映了这种客观需要。所以,培养多层次、多类别、多规格的合格的社会劳动者、建设者和接班人的教育目的,合乎我国的实际情况,同时又合乎现代教育发展的趋势。

(三) 民族性

在我国,民族性与社会主义方向性、时代性是一致的。教育目的的方向性、时代性表现在适应我国社会主义改革开放的要求;在这个基础上,继承我国的优良文化传统,吸取世界各国教育思想文化中有用的东西,从而制定出富有时代感、具有中华民族特色的教育目的,使之体现中华民族的精神。

(四) 科学性

人的身心发展是规律的,马克思主义关于人的全面发展的学说,从考察现代生产的普遍规律出发,科学地揭示了人的全面发展的历史必然性。我国教育目的的制定依据马克思主义关于人的全面发展的学说,明确地规定受教育者在德、智、体诸方面全面发展,遵循了现代生产条件下人的发展的规律,具有科学性。

三、当前我国教育目的的基本精神

当前我国的教育目的是"培养德智体等方面全面发展的社会主义事业的建设者和接班人",该教育目的包含以下基本精神。

（一）培养“社会主义事业的建设者和接班人”是当前我国教育目的的总要求

培养社会主义事业的建设者和接班人是我国社会主义教育事业的总要求，它规定着我国当前教育发展的基本方向，指引着我国当前各级各类学校的培养目标，是我国社会主义教育事业对个体发展的总的规格与要求。古今中外教育理论研究者所表述的教育目的观的核心就是回答培养什么人的问题。古代社会的教育目的在于培养统治者和为统治者服务的人才；资本主义社会的教育目的是培养资产阶级的接班人，同时培养资本主义工业大生产所需要的被资本家剥削的工人；社会主义社会是消灭了剥削、消灭了阶级的社会，社会主义社会人人都是国家的主人，人人都应该成为劳动者，社会主义的教育就是把人人都培养成社会主义的劳动者。我国正处于现代化建设的快速发展阶段，正面临着前所未有的发展机遇，因此培养新型的、符合社会主义事业发展要求的劳动者和接班人是迫在眉睫、刻不容缓的事情。这种新型的劳动者是脑力劳动与体力劳动相结合的劳动者，也是全面发展的新一代的建设者。我国新时期的培养社会主义事业的建设者和接班人的教育目的，是对社会主义劳动者两种职能的综合要求，即在社会主义物质文明与精神文明建设上，是合格的“建设者”；在社会主义事业发展上，是具有坚定信念的“接班人”。两者不能分割，不能对立，否则就违背了社会主义教育目的的基本精神。

（二）德、智、体等方面的全面发展，是当前我国教育目的对人才培养质量与规格的总要求

教育所培养的人的发展质量与规格问题，即人才的素质结构与质量标准是教育目的的一个重要组成部分。这是对表现于教育结果之中的人的各种内部素质以及它们之间的联系的规定。我国的教育目的对人才发展的质量与规格的总要求就是要求受教育者在德、智、体等方面全面发展。马克思主义关于人的全面发展的学

说认为,人的全面发展首要的是智力和体力的广泛、充分、统一自由的发展。全面发展的人即在体力和智力上获得尽可能充分的、自由的和统一发展的人。因此,社会主义教育必须广泛、充分地发展受教育者的智力和体力,使他们不仅具备社会主义现代化建设必需的科学文化知识和技能,同时还具备健康的体魄和良好的身体素质。智力和体力是社会主义事业的建设者和接班人的基础,只有智力和体力的充分发展,才能成为一个全面发展的新型的建设者和接班人。社会主义事业的建设者和接班人必须具备良好的思想品德、坚定的社会主义信念,坚持共产主义的政治立场、政治态度,树立科学的世界观、人生观,才能适应社会主义的社会关系。德、智、体是人的素质构成的主体。同时,社会主义的劳动者不仅只是生产者,而且还是享受者,因此美的欣赏能力、美的意识能力、美的创造能力同样是必须具备的能力。此外,劳动技术教育也是培养社会主义事业的建设者和接班人的客观需求。现代大工业生产表明,劳动生产率的提高不再仅仅依靠劳动者的数量和劳动时间的增加,而是依靠现代科学技术。科学知识只有通过技术的应用才能转化为生产力。因此,劳动能力的发展和劳动技术的提高,也是现代人不可缺少的素质。总之,德、智、体等方面全面、和谐发展,是我国教育目的在人才培养质量与规格上的总的要求。

(三)提高全民素质是当前我国教育目的所蕴涵的努力方向①

1985 年《中共中央关于教育体制改革的决定》明确提出:中国教育改革的目的是提高中华民族的素质。此后,关于提高全民素质、实施素质教育的探索逐渐兴起。1993 年《中国教育改革和发展纲要》要求“中小学要由应试教育转向全面提高国民素质的轨道”,素质教育开始流行。经过 20 多年的探索,人们发现,关于

① 丁锦宏主编:《教育学》,南京大学出版社 2002 年版,第 241 ~ 242 页。

人的全面发展的教育目的本身就是强调人的素质发展的全面性，因此素质教育的提出本身是对人的全面发展的教育目的的重申。但是，素质教育中“提高全民素质”的表述为我国的教育目的观增添了新的理解。因为长期以来，我们对教育目的的理解，常常没有涉及成人教育目的、终身教育目的的探讨，对受教育者的定位往往局限于正在成长中的儿童、青少年。而在教育形式多样化，全民教育、终身教育兴起的今天，我们必须为教育目的正本清源。在我国，人人都是国家的主人，人人都应该成为社会主义事业的建设者和接班人，那么全民的素质都应该提高。可以说，我国的全面发展的教育目的中早已蕴涵着教育努力的方向，在新的时代，我们必须对教育进行全面而深刻的理解。

总之，当前我国的教育目的所表达的基本精神是培养社会主义事业的建设者和接班人，促进个体全面、和谐的发展以及提高全民素质。

四、正确理解我国的教育目的

我国的教育目的常常是以“教育方针”的表达形式出现的，教育目的是教育方针的核心内容，它体现了党在一定时期确定的教育工作的总方向。教育工作者要正确地理解和贯彻教育方针，就必须掌握正确的教育理论，树立正确的教育观念，否则容易对教育目的、教育方针作出片面的和表面的理解，导致教育实践的缺失甚至失败。

第一，教育目的体现了党和国家的方针、政策，而方针、政策主要是为了解决一定时期内我国社会主义建设中的主要矛盾而制定的，所以，教育目的在不同时期的侧重点也是不同的。例如，抗日战争时期，我们强调“教育为抗日战争服务”；经济建设时期，我们强调“教育为经济建设服务”；等等。但强调教育的某一功能并不意味着它是“唯一”的功能，更不意味着这种功能就可以孤立地去完成。建国以来,我们在对教育目的、教育方针的理解贯彻中,受“左”的思想影响,一度存在着严重的片面性。例如,在强调“教育为无产阶级政治服务”时,片面地把教育仅仅看成是阶级斗争的工具,并把教育为政治服务和学校教育工作的特点人为地对立起来,以政治冲击学校正常的教育秩序,这在“文革”时期表现得尤为突出。粉碎“四人帮”后,在强调教育为经济建设服务时,也存在着过分夸大教育的经济功能的偏向,并以此作为教育发展的战略依据。历史的教训告诉我们,把握我国社会主义的教育目的,应当树立全面的、历史的观点,注意保持教育在社会主义建设进程中的协调性。

第二,我国社会主义初级阶段的教育目的,是现阶段我们教育工作的总目标,是各级各类学校制定具体培养目标的依据和基本要求。各级各类学校具体目标的制定必须以总目标为指导,否则就要失去方向,但教育总目标也必须体现在各级各类学校的具体培养目标中才能得以贯彻和落实。所以,教育总目标的制定,不能代替各级各类学校培养目标的制定。用一般来代替个别,或用个别来代替一般,都是错误的。

第四节　我国教育目的的贯彻与实施

各级各类学校要培养全面发展的人就必须有全面发展的教育,受教育者要想获得全面发展就必须接受全面发展的教育。人的全面发展与全面发展的教育之间的关系是目的与手段的关系。人的全面发展是指个体身心素质的全面、和谐的发展,是解决人的素质构成问题;全面发展的教育是学校对学生进行教育的内容,是解决培养人的教育内容的结构问题。

一、全面发展的教育

教育目的作为各级各类学校培养目标的总要求,作为人才培养质量与规格的总规定,要依靠全面发展的教育去实现。

(一) 全面发展的教育的构成

关于全面发展的教育由哪些内容组成,国内学术界存在分歧,主要有"三育说"、"四育说"、"五育说"乃至"六育说"。"三育说"是指全面发展的教育是由德育、智育和体育组成;"四育说"是指全面发展的教育是由德育、智育、体育和美育组成;"五育说"是指全面发展的教育是由德育、智育、体育、美育和劳动技术教育组成;"六育说"是指在"五育"的基础上再加上"心育",即心理教育。这些提法都是将构成全面发展的人的素质划分为"身"、"心"两个方面,在"身"的方面进行体育和劳动技术教育,在"心"的方面进行德育、智育、美育和心育。在20世纪90年代以后,"五育说"开始在政府文件中出现而成为正式的说法。因此,本书探讨全面发展的教育主要探讨德育、智育、体育、美育和劳动技术教育。

1. 德育

德育即思想品德教育,包括政治教育、思想教育、道德教育以及个性心理素质教育,是教育者依据一定社会要求和受教育者品德形成与发展的规律,有目的、有计划、有组织地对受教育者施加影响以形成他们一定的品德的教育。

德育的过程就是教育者按照思想品德形成的规律,有意识地把一定的社会意识、道德准则转化为个体的思想品德的过程。把社会意识和道德准则转化为个体的思想品德的过程,也就是培养、造就出符合一定社会要求的道德行为主体的过程。

德育在全面发展的教育中具有重要的作用。首先,德育是相对独立的教育实体,它制约着人的发展方向,影响其他诸育的效果,为人的发展提供动力。其次,在学校教育中,德育与其他各育并重。承认德育的独特地位,承认德育在人的发展中的独特作用,并不意味着在构成全面发展的“五育”之中“德育第一”。德育与其他各育应处于同等重要的地位。它们是构成全面发展的人的素质的不同组成部分。

作为全面发展的教育的组成部分,德育具有自己的目标,即德育目标。它是一定社会对教育所要造就的社会个体在品德方面的质量与规格的总的设计和规定。德育目标的确定要根据一定社会对其公民在政治、思想、道德等方面的基本要求与受教育者品德健全发展的需要;要根据受教育者自身的发展水平和心理发展的需要;另外,德育目标的制定还要受一定的教育思想特别是教育哲学思想的影响。

目前,加强德育是我国学校教育的首要任务,是社会主义现代化建设的必然要求,是年轻一代身心发展的客观需要。德育肩负着重要的任务,如引导学生形成社会主义公民的政治态度,坚定学生的政治方向,培养学生科学的世界观、人生观、价值观,培养学生良好的个性心理素质,使学生具有良好的道德品质和自我教育的能力。

2. 智育

智育是指通过教学使学生掌握系统的科学文化知识和技能,发展学生的智力和能力的教育。它包括基础知识、基本技能、智力、能力等方面的教育与培养。智育是社会文明进步不可或缺的条件,它对促进社会文明进步发挥着越来越重要的作用。它对社会发展发挥作用是通过培养人来实现的,是培养全面发展的人的重要条件。智育为人的发展提供认知能力的训练,它对个体掌握从事社会生产与生活的实际本领和个性的全面发展起着重要的作用。所以,智育是全面发展的教育的基础。

在我国的教育过程中,智育承担着培养下一代的艰巨任务。具体来说,智育要使学生掌握一定的科学文化基础知识,并形成相应的基本技能技巧，为学生今后从事社会劳动和继续学习，形成科学的世界观奠定坚实的知识基础；智育要促进学生认识能力的发展，为学生的终身学习和从事创造性活动做好准备；智育要培养学生对科学文化的热爱、追求和探索的精神，养成实事求是的学风和良好的学习习惯；等等。

科目不同，智育的目标也有不同的表述。根据智育自身的特殊任务可以将智育目标分为两类：一是知识、技能目标，如掌握语文、外语、数学等学科的基础知识，掌握听、说、读、写、算的方法与技能；通过物理、化学、生物、思想政治、历史、地理等学科的学习，初步认识自然规律和社会规律，系统地掌握这些学科的基础知识及现代科学理论；掌握文学、音乐、美术等方面的基础知识，具有一定的文化艺术修养和初步的艺术创造技能；等等。二是智力和能力目标，包括观察力、记忆力、想象力、思维力、创造力、操作能力、运算能力、空间想象能力、逻辑思维能力等。

我国现行的小学、中学、高中课程计划都规定了各阶段智育总体的目标。小学阶段：使学生具有阅读、书写、表达、计算的基本知识和基本技能，了解一些生活、自然和社会常识，初步具有基本的观察、思维、动手操作和自学的能力，养成良好的学习习惯。初级中学阶段：掌握必要的文化科学技术知识和基本技能，具有一定的自学能力、动手操作能力以及运用所学知识分析和解决问题的能力，初步具有实事求是的科学态度，掌握一些简单的科学方法。高级中学阶段：培养学生掌握现代社会需要的普通文化科学基础知识和基本技能，具有自觉的学习态度和自学的能力，掌握基本的学习方法，具有创新的精神和分析问题、解决问题的基本能力。①

① 扈中平主编：《现代教育学》，高等教育出版社2000年版，第202页。

3. 体育

体育,从广义看,它是文化教育的重要组成部分,是提高人民健康水平,增强人民体质,丰富社会文化生活,提高社会生产力的重要手段;狭义的体育是指学校体育,它是促进学生身体全面发展,增强学生体质,学习体育知识、技能和培养道德品质的一种有目的、有计划、有组织的影响活动,它是全面发展的教育的重要组成部分。①

体育是人类最古老的教育。人类社会的生产力越是低下,依靠体力生存的可能性就越大,因此体育自人类产生之日起就已存在。它不仅历史悠久,而且在人的全面发展的教育中起着独特的作用,为人的全面发展提供物质基础,为其他各育的实施提供重要的保障。

在人的全面发展过程中,体育同样承担着艰巨的任务。体育要指导学生锻炼身体,促进学生身体及其机能正常发展,不断提高学生的体质,提高健康水平;使学生逐步掌握体育的基本知识和技能技巧,掌握科学锻炼身体的方法,逐步养成自觉锻炼的习惯,不断提高体育活动的技术水平;对学生进行品德教育,锻炼学生的毅力,培养学生良好的道德品质和个性心理品质;等等。

体育目标的确定是实现体育任务的关键。我国现阶段小学、初中和高中都制定了总的体育目标。小学阶段:使学生掌握体育、卫生、保健的基础知识,简单的体育运动技术。使学生养成锻炼身体、讲究卫生的习惯,增强体质,加强纪律观念,培养学生团结友爱、朝气蓬勃和勇敢顽强的精神。初中阶段:使学生掌握体育基础知识和体育卫生保健知识,初步掌握基本运动技能。使学生养成自觉锻炼身体的习惯,促进身体正常发育,增强体质,进一步加强纪律观念,培养学生团结合作的精神、竞争的意识和勇敢顽强

① 南京师范大学教育系编:《教育学》,人民教育出版社2002年版,第309页。

的意志品质。高中阶段：培养学生自觉锻炼身体的习惯，使他们具有健康的体魄和身心保健的能力；具有良好的意志品质和一定的应变能力。①

4. 美育

美育，即美学教育，又称审美教育，是运用艺术美、自然美和社会生活美培养学生正确的审美观点，发展他们感受美、鉴赏美、表现美和创造美的能力，培养他们的高尚情操和文明素质的教育活动。

美育作为人的全面发展的教育的重要组成部分，在净化学生心灵、激励学生热爱生活和追求美好事物、促进他们全面发展等方面起着重要的作用；同时，美育对社会的进步、文明的昌盛、社会道德水准的提高也发挥着独特的作用。

美育渗透到全面发展的教育的各个部分，肩负着重要的责任。美育要提高学生感受美的能力，这是美育的基础性任务；美育要培养学生鉴赏美的能力，这是美育的核心任务；美育要形成学生创造美的能力，这是美育中最高层次的任务。

通过美育，受教育者能够净化心灵，陶冶情操，提高精神境界，同时也有利于促进智力的发展。现阶段我国中小学美育的总体目标是：通过音乐、美术、文学教育和其他各种审美活动，充实学生的生活，丰富学生的情感，培养学生评价美、欣赏美的能力，引导学生初步掌握一种艺术活动的能力，如绘画、唱歌等，使他们具有健康的审美情趣和高尚的情操，形成朝气蓬勃、乐观向上的精神面貌。②

5. 劳动技术教育

劳动技术教育是向学生传授现代生产劳动知识和技能，培养

① 扈中平主编：《现代教育学》，高等教育出版社2000年版，第202页。
② 扈中平主编：《现代教育学》，高等教育出版社2000年版，第203页。

学生正确的劳动观点,养成良好的劳动习惯的教育。它包括劳动教育和生产技术教育两个方面。

劳动技术教育是促进学生全面发展不可或缺的重要因素,它在道德、心理、知识技能等方面为学生参加社会劳动作必要的准备,为学生接受专业教育和职业教育打下基础。劳动技术教育不仅在于提高人从事劳动生产的能力,而且要求个体把德、智、体、美诸方面内在的动力综合到创造社会财富的物质生产中去,实现个体价值的社会化和对象化,推动人类物质文明和精神文明的进步。

我国当前中小学劳动技术教育的总体目标是:通过科学技术知识的教学和劳动实践,学生能够掌握一些服务性劳动和工农业生产的基础知识和基本技能,掌握某些职业的基础知识和基本技术,具备基本的技术意识和初步的择业能力,具有一定的劳动技能和现代生活技能。培养学生具有正确的劳动观念、良好的劳动习惯,以及热爱劳动和劳动人民的感情。

(二) 全面发展的教育各组成部分之间的关系

德育、智育、体育、美育、劳动技术教育构成了全面发展的教育,这五个方面有自己的相对独立性,同时它们之间更是彼此联系、相互渗透的。

首先,“五育”中任何一育都有自己的任务、目标与内容,在整个教育体系中都是一个相对独立的部分,在全面发展的教育中起着重要的作用。如德育对受教育者的发展方向和性质施加影响,在一定程度上为人的发展提供了动力,从而决定了其他几育能产生怎样的作用。可以说,德育是“五育”中的灵魂。智育对受教育者的发展速度和程度施加影响,为其他几育的实施提供智力方面的基础。同样,体育为其他各育的实施提供物质保证;美育为其他各育的完善和升华提供了可能性;劳动技术教育则是其他各育在实践中的具体运用与检验。在此基础上,我们还需澄清,构成全面发展的教育的“五育”并不是完全一样的。可以说,德育与智育更具有基础性。智育是前提基础,德育是方向保障。

其次,“五育”之间是相互联系、相互渗透的,是作为一个统一的整体而存在的。在这个整体中,体育为各育的实施提供物质保证,是为增强人的全面发展的自身物质基础服务的;德育、美育在同一范畴上为人的全面发展提供精神上的动力,是个体追求真、善、美;劳动技术教育与人改造物质世界、创造物质财富的能力具有更直接的关系,为人的发展所必需。可以说,“五育”相互关联,任何一育的实施都为其他各育创造了条件,同时又有赖于其他各育提供的条件。

“五育”的内在关联性决定了在教育活动中任何鼓励只强调某一育的地位和任务,或者把各育之间的关系割裂开来甚至对立起来的做法都是不合乎人的全面发展的要求的,都难以使学生具备完整的、全面的素质结构。因此,在教育实践中必须防止和克服厚此薄彼、顾此失彼的片面性,坚持正确的教育质量观,从各方面保证人的全面发展的教育目的的实现。

二、我国基础教育的培养目标

如前所述,培养目标是教育目的在各级各类学校的具体化,是各级各类学校培养人的具体的质量与规格,也是对教育目的的贯彻与实施。由于高等师范院校主要是培养中小学教师,所以,这里重点介绍我国中小学校的特点及我国中小学的培养目标,以明确中小学教育在各级各类学校系统中的地位和作用。

(一)我国中小学教育的特点

我国中小学教育是指小学教育、初中教育和高中教育,是我国的基础教育。它是培养具有良好素质的社会主义合格公民的教育,不是单纯的升学教育,也不是单纯的就业教育,它的任务是通过对青少年的教育来提高全民族的素质,是为了满足人们最低限度的生活、学习需要而进行的。我国的中小学教育具有以下特点:

1. 基础性

基础教育所进行的不是专业教育和高等职业教育，而是为了满足人们最低限度的生活、学习需要而进行的最低限度的社会化成套教育。它包括一般的文化知识、读写算基本能力、科技与职业的一般概念和技能、起码的道德思想准则和体育卫生知识教育，为接受高一级教育、继续教育和就业打下良好的基础。所以，基础教育在教育水平上具有基础性，它是为青少年学生的终身发展打基础的，体现了现代社会对人的基本要求。由此可知，普通教育是国家整个教育事业的基础，是青少年健康成长的基础，是培养和开发人力资源的基础，是提高民族素质的基础。简而言之，普通教育在社会主义现代化建设中处于基础地位，是一切系统的奠基工程。

2. 全民性

从教育对象上来说，基础教育具有全民性的特点。普通中小学教育是基础教育的主体部分。1985 年 9 月中共中央、国务院作出了实施九年义务教育的决定，并于 1986 年 4 月正式颁布了新中国的第一部《义务教育法》。义务教育是一种普遍的全民的教育，它是以法律形式规定对所有适龄儿童和青少年所施行的一定程度的国民教育。义务教育是国民的基础教育，接受这种教育是国家对每一个公民的起码要求，是每一个学龄儿童的基本权利和义务。今后，随着经济和社会发展的需要，我国面向 21 世纪的基础教育的普及水平也会不断提高。无论什么年龄，只要他们不具备作为现代公民、劳动者所必需的基本教育水准，未打下成才和继续学习的基础，就要对他们实施这种教育。所以，基础教育是面向社会的。全民性使基础教育能普遍提高公民的文化素质，从而在更宽广、更坚实的基础上重构宏伟的中华民族文化大厦。

3. 全面性

基础教育与专业教育不同，一方面，基础教育不进行专业理论和专业技能的教育，不以培养某类专门人才为目的，而是为一切人才打下思想的、道德的、智力的、身体的、审美的等诸方面的基础。所以,从教育内容来说,基础教育具有全面性,它包括德育、智育、体育、美育、劳动技术教育等全面发展的教育内容,为学生素质和谐、全面地发展打好基础。

除了上面的特点之外,由于基础教育要面向全体社会成员,因此它在学制和课程上有灵活性,在管理上有地方性,在特质上有民族性,在地域上有广泛性,在发展上有不平衡性等特点。

(二) 我国中小学的培养目标

随着教育改革的全面推进,我国中小学的培养目标发生了一系列的变化。

1. 九年义务教育的总体培养目标

2001 年国家教育部颁发的《基础教育课程改革纲要》中明文规定:我国九年义务教育的目标是培养"具有爱国主义、集体主义精神,热爱社会主义,继承和发扬中华民族的优秀传统和革命传统;具有社会主义民主法制意识,遵守国家法律和社会公德;逐步形成正确的世界观、人生观、价值观;具有社会责任感,努力为人民服务;具有初步的创新精神、实践能力、科学素养和人文素养以及环境意识;具有适应终身学习的知识基础、基本技能和方法;具有健壮的体魄和良好的心理素质,养成健康的审美情趣和生活方式,成为有理想、有道德、有文化、有纪律的一代新人"。2006 年颁布的《中华人民共和国义务教育法》中规定:"教育教学工作应当符合教育规律和学生身心发展特点,面向全体学生,教书育人,将德育、智育、体育、美育等有机统一在教育教学活动中,注重培养学生独立思考能力、创新能力和实践能力,促进学生全面发展。"

2. 我国小学教育的培养目标

1992 年 8 月 6 日国家教委教基[1992]24 号文件《义务教育全日制小学、初级中学课程计划》中规定我国小学的培养目标为:

(1) 初步具有爱祖国、爱人民、爱劳动、爱科学、爱社会主义的思想感情,初步养成关心他人、关心集体、认真负责、诚实、勤俭、勇敢正直、合群、活泼向上等良好品德和个性品质,养成讲文明、讲礼貌、守纪律的行为习惯,初步具有自我管理以及分辨是非的能力。

(2) 具有阅读、书写、表达、计算的基本知识和基本技能,了解一些生活、自然和社会常识,初步具有基本的观察、思维、动手操作和自学能力,养成良好的学习习惯。

(3) 初步养成锻炼身体和讲究卫生的习惯,具有健康的身体,具有较广泛的兴趣和健康的审美情趣。

(4) 初步学会生活自理,会使用简单的劳动工具,养成爱劳动的习惯。

3. 我国初级中学的培养目标①

(1) 热爱集体,热爱家长,热爱中国共产党,热爱社会主义祖国;讲究文明,遵纪守法,了解公民的权利、义务和基本的国情、国策。

(2) 具有语文、数学、外语和其他文化科学的基础知识,有阅读、表达、计算的能力和初步的试验、自学能力;努力学习,善于提出问题,有良好的学习习惯和学习方法。

(3) 具有健康的体质和良好的生活习惯,有一定兴趣爱好和审美能力,初步具有自制、自理能力,有积极进取的精神。

(4) 具有正确的劳动态度,养成良好的劳动习惯,掌握简单的劳动技能,初步了解社会职业分工和择业知识。

4. 我国高级中学的培养目标②

(1) 具有社会主义和共产主义理想,热爱社会主义祖国和社

---

① 柳海民著:《教育原理》,东北师范大学出版社 2000 年版,第 326 页。
② 柳海民著:《教育原理》,东北师范大学出版社 2000 年版,第 326 页。

会主义事业,热爱中国共产党,具有为国家富强和人民富裕而艰苦奋斗的献身精神,树立辩证唯物主义和历史唯物主义的观点,具有社会主义和共产主义道德品质,使学生具有道德思维和道德评价能力,具有自我教育的能力和习惯,养成遵纪守法、文明礼貌的行为习惯。

(2) 在初中教育的基础上进一步掌握必需的文化科学基础知识和基本技能,特别要打好语文、数学、外语的基础,要发展学生的志趣、特长,培养学生具有不断追求新知识的热忱以及自学能力和分析问题、解决问题的能力,具有实事求是、独立思考、勇于创新的科学精神。

(3) 掌握锻炼身体的基础知识和技能、技巧,学会科学锻炼身体的方法,逐步养成自觉锻炼的习惯,使学生的身体素质全面发展,具有健康的体魄和从事生活、生产所必需的身体活动能力,养成良好的卫生习惯。

(4) 培养学生正确的审美观,使他们具有感受美、鉴赏美和创造美的能力。

(5) 使学生具有劳动观点、劳动习惯和学习生产技术的兴趣,掌握现代生产技术的一些基础知识和基本技能,学会使用一般的生产工具,掌握组织生产和管理生产的初步知识和技能。

[思考与练习]

一、名词解释

教育目的　培养目标　基础教育　德育　智育　体育　美育　义务教育

二、问答题

1. 教育目的与教育方针、培养目标和教学目标之间的关系是怎样的?

2. 教育目的具有哪些功能?

3. 如何正确理解教育目的的基本原理?

4. 全面发展的教育由哪些部分组成？各部分之间的关系是怎样的？

5. 你认为应如何正确理解人的全面发展的内涵？

第四章　教师与学生

[内容提要]

教师的社会地位在不同的历史时期高低不同。教师的社会地位主要可从经济收入、教师权利、教师职业声望、教师专业地位等几个方面衡量。教师的社会地位主要受到国家和政府教育政策、教师队伍规模、女性所占教师人数的比例、教师从业资格、教师工作对象的特殊性等因素的影响。

教师是民族素质的奠基人，是先进生产力的开拓者，是促进人类自身完善的雕塑者。教师职业是关系到人才培养、民族素质提高和社会进步的一项具有十分重要意义的职业。

教师的劳动具有复杂性、长期性、示范性、创造性等特点；教师的职业道德包括：热爱教育事业、热爱学生，勤奋钻研、勇于创新，以身作则、为人师表，尊重同事、团结协作。

教师必须具备合理的智能结构，广博精深的专业知识，懂得教育规律，具备良好的心理品质和进行教育教学工作的各种能力。

在教育过程中，学生既是教育的客体，又是教育的主体，有自身的情感和认知特点。教师在发挥自己的主导作用时，又要调动学生的主观能动性。

教师与学生的关系是学校里最为重要的关系，包括工作关系和心理关系。良好的师生关系的建立，是教育教学工作顺利进行并取得良好效果的保证。

[学习目标]

1. 了解教师的社会地位、社会作用。
2. 明确教师的角色意识，懂得教师的职业特征。

3. 明确教师职业道德和素质,形成正确的教师观。

4. 了解学生的社会地位和特征,形成正确的学生观。

5. 了解师生关系的特点,建立良好的师生关系。

第一节　教　　师

教师是这样一种特殊的专业人员:他们主要在学校中传递人类科学文化知识和技能,进行思想品德教育,从而把受教育者培养成社会需要的人才。青少年一代,只有经过教师的教育和培养,具有了一定社会的思想观点、行为规范和文化科学知识,才能成为当代社会所需要的合格的人才。因此,可以说教师是人类思想、道德文化传播和发展的中介人,通过对人的培养,推动社会的发展和文明的进步。

一、教师的社会地位

一个人的地位就是指在其他社会成员或社会中某一阶层的人眼里他所占有的位置。由于对教师角色认识的不同,在不同的历史条件下,教师的地位也不尽相同。

(一) 历史上教师的地位

在我国历史上,儒家把教师的地位抬得很高,常常把"师"与"君"相提并论。荀子说:"天地者,生之本也";"先祖者,类之本也;君师者,治之本也。无天地,恶生!无先祖,恶出!无君师,恶治!"①他将师与天、地、君、亲并列。荀子特别强调尊师的作用。他说:"国将兴,必贵师而重傅;贵师而重傅,则法度存。国将衰,必贱师而轻傅;贱师而轻傅,则人有坏,人有坏则法度坏。"②

---

① 《荀子·礼论》。

② 《荀子·大略》。

尽管儒家非常重视教师的地位和作用,但在整个封建社会时期,并非把“尊师重道”一直置于突出的地位,其间也有“非师无子”的情形。韩愈在《师说》中曾慨叹:“嗟呼,师道之不传也久矣。”柳宗元也有同感地说:“由魏晋氏以下,人益不事师。今之世,不闻有师;有辄哗笑之,以为狂人。”其原因与当时的取士制度有关。“举贤不出世族,用法不及权贵。”士族上层的子弟不必具有真才实学,就保证有官可做,自然教师也就不被重视。在元代,教师的地位更低,仅排在乞丐之前,有所谓一官、二吏、三僧、四道、五医、六工、七猎、八农、九儒、十丐的说法。

在西方,教师的地位也屡有变迁。古希腊雅典伺候奴隶主子弟学习的成年奴隶,名叫教仆。教仆尽管向儿童传递知识,但其身份依然是奴隶,主人随时可以将其标价出售。文艺复兴后,教师的地位与作用日益受到重视。但与东方一样的是,西方在19世纪以前,初等学校特别是为劳动人民所设立的初等学校的教师一直不受重视。

历史发展到今天,教师的地位有了很大的变化,但各国的情形差异较大。其差别可以从其衡量标准中得以体现。

（二）教师社会地位的衡量

社会地位既是一个复合概念,也是一个整体概念,它是由一个人的收入状况、行使权威、施加影响及受人尊敬的程度来决定的。教师的社会地位,我们可以从其收入、权利、声望、专业四个指标加以分析。

1. 教师的经济收入

经济收入是影响教师社会地位的主要因素,也是衡量教师社会地位的一个评价标准和依据。有关教师经济收入问题的研究通常是在职业之间的比较中进行的。国内外大量研究表明:（1）教师的经济收入通常高于体力劳动职业,而低于一些专业性职业,处于中等收入水平。（2）教师经济收入不高但比较稳定。教师收入通常受到政府财政保障，但又难以大幅度提高。(3) 对教师经济收入的分析必须注意地区差别。由于不同地区职业类别及其收入差异较大，因而很难得出教师经济收入偏低的普遍性结论。(4) 要研究教师的实际收入问题。教师兼职几乎是一个国际现象，由于兼职是与其职业本身的条件相关的，因而需要把兼职所得置于教师经济收入的分析中。①

我国《教师法》第 25 条规定："教师的平均工资水平应当不低于或者高于国家公务员的平均工资水平，并逐步提高"，并规定建立正常的晋级增薪制度。"这从法律上保障了教师工资收入。

2. 教师的权利

教师的权利是从教师职业群体的特征加以分析的，它源于教育制度，是由法律规范所设定并保护的教师所享有的行为选择自由。它主要包括三个方面：一是教师在社会中的权利，即作为一个特殊社会阶层的权利；二是教师在学校中的权利，即教师与学校其他工作人员的权利比较；三是教师在课堂中的权利，即教师作为"社会代表者"的专业性权利。实际上，教师所拥有的最大权利是相对于学生而言的专业性权利，通常包括教科书选用权、课程实施计划制订权、教学形式和教学方法运用权、评价手段使用权。

3. 教师的职业声望

教师的职业声望是社会成员对教师职业的意义、价值、声誉的综合评价。它既与该职业自身的特征有关，也与社会价值取向有关。通过对教师职业声望的研究，便可大致了解教师的社会地位状况。当然，这种研究也是相对的。

国内外的研究表明，教师的职业声望较高。在常规职业排名中一般处在"中等偏上"的位置。美国霍奇等人就职业的排列次

① 转引自郑金洲著：《教育通论》，华东师范大学出版社 2000 年版，第 311 页。

序曾作过调查，其结果是在90个职业中，公立学校教师名列第36位①，排列次于医疗和法律的职业而高于其他职业性的和私人服务及公务性职业之上。1997年中国人民大学的研究者就我国常见的100种职业排名进行了调查，其结果是中小学教师名列第29位。②

4. 教师的专业地位

1966年，联合国教科文组织在《关于教师地位之建议书》中明确提出，教师应被视为专业性的职业。1986年，我国国家统计局和国家标准局发布的《中华人民共和国国家标准职业化分类与代码》中，将教师列在"专业、技术人员"一类。

（三）影响教师社会地位的因素

大多数关于教师社会地位的资料都表达了这样一个观点：教师的社会地位比它该有的地位要低。究其原因，影响教师社会地位的因素可概括为以下几个方面：

1. 国家与政府的教育、教师政策

现代社会里教育属于国家事业。如果一个国家和政府真正重视教育、重视教师，那么教师的社会地位就会提高；反之，则会下降。

2. 教师队伍的规模

到目前为止，在能称得上有专业地位的职业中，教师是规模最大的一种职业。无论是发达国家还是发展中国家，教师队伍的规模明显高于其他所有职业，这是影响教师社会地位提高的因素之一。

3. 女性在教师职业中所占的比例

女性在教育职业中所占的比例明显高于其他高地位职业中的

① 转引自培格曼：《最新国际教师百科全书》，学苑出版社1989年版，第533页。
② 马和民著：《教育社会学》，华东师范大学出版社2002年版，第98页。

比例，特别是小学教师，以至于人们把教师看做是“妇女所从事的职业”。在社会现实中，人们一般认为女性所从事的职业的地位比男子要低，因而教师的社会地位也受到影响。

4. 教师从业资格

教师从业所需的专业学术修养比其他大多数职业要高。但教师的从业要求却不高。尽管许多国家对教师职业进行专业培训的年限在增加，但与成为医生、律师相比，还是要低。更明显的是，其他专业的毕业生经过短期师范教育培训，即可从事教学工作，这在某种程度上反映了对教师职业的专业性要求尚未引起足够的重视。

二、当今教师的社会作用

在建立和健全社会主义市场经济、加快推进国家现代化的今天，“科教兴国”成为我国重大的战略决策，教育优先发展的战略地位早已确立，教师的地位和作用变得越来越重要，教师已成为社会主义建设不可或缺的重要生力军，是一支能力很大、影响广泛的积极而活跃的社会力量。在当今社会中，教师的社会作用主要体现在以下几个方面：

1. 教师是民族素质的奠基人

民族素质是社会文明程度的标志，是决定民族兴衰和现代化建设成败的基本因素。世纪之交，世界范围的经济竞争、综合国力竞争，实际上是科学技术的竞争和民族素质的竞争。振兴民族素质的希望在教育，振兴教育的希望在教师，要提高民族素质，离不开教师这个奠基人。教师对在一定遗传、环境条件下的人的素质形成与发展起着主导作用。教师是人类灵魂的工程师，教师用自己的知识、才智和思想品德，因地制宜，因材施教，对年轻一代进行系统而合理的教育，促进年轻一代健康发展。教师的良好素质和创造性劳动，对年轻一代的影响是长期的、全面的、深刻的。因此，教师对民族素质的发展和提高具有奠基性的作用。

2. 教师是先进生产力的开拓者

知识分子是工人阶级中掌握科学文化知识较多的一部分人，是先进生产力的开拓者，在改革开放和现代化建设中起着特殊的重要作用。科学技术是第一生产力，这已经成为社会的共识。但科学技术要转化为生产力，离不开教育。教育是劳动力再生产的手段，是科技进步的基础。只有通过教师的教育和训练，才能使可能的劳动力转化为现实的劳动力，使科学技术转化为现实的先进生产力。人类生产力发展的每一次质的飞跃，都离不开教师对先进的科学文化知识的传播。社会生产力越发展，教师开发智力资源的作用就越大。我国经济建设向依靠科学技术进步和提高劳动者素质的转轨，改革开放和现代化建设步伐的加快，社会主义市场经济的形成和发展，必然带来产业结构、技术结构、劳动力结构的发展和变化，对人才和劳动者的结构、层次、数量和素质提出新的要求。这就必须依靠教师进行科技知识的再生产，培养各种人才，提高劳动者素质，把沉重的人口负担转化为人力资源优势，为开拓先进生产力提供智力保证。

3. 教师是精神文明的建设者

坚持物质文明、政治文明和精神文明的全面协调发展，是社会主义现代化建设的重要指导方针。市场经济的发展和对外开放的扩大，对精神文明建设提出了新的要求。精神文明建设包括思想道德建设和科学文化建设两个方面，渗透在社会生活的各个领域。教育是社会主义精神文明建设的重要基地，是加强思想道德建设和科学文化建设的重要手段，因而，教师在精神文明建设中具有特殊的重要地位和作用。一方面，中华民族几千年来遗留下的大量的优秀思想文化遗产，人类创造和积累的无比丰富的精神财富，当今世界各国的一切文明成果，都要经过教师的整理、选择和创造，才能具有现实价值；另一方面，只有通过教师的言传身教，才能使下一代掌握人类思想文化的优秀遗产和最新成果，成为有理想、有道德、有文化、有纪律的新人，使社会主义精神文明代代相传。

4. 教师是促进人类自身完善的雕塑家

在人类历史的漫长过程中，教师是探索人类文明发展方向的先驱者。人类文明的创造和发展离不开人，而教师作为人才的培育者，他们不仅自己拥有丰富的知识，同时还以各种有效的手段将知识传授给下一代。他们在培养一代又一代人的同时，还在不断探索和规划未来人才的内涵和规格。因此，就客观意义来说，教师不仅对人类文明的发展和社会的进步起着推动作用，而且还对探索人类文明的发展方向起着重要的作用。

在促进人类自身发展的过程中，教师可以通过自己的劳动，改变人们的精神面貌，提高人们的思想境界，洁净人们的心灵空间。因而，人们通常把教师誉为"人类灵魂的工程师"。

综上所述，从作为探索人类文明发展方向的先驱者、塑造人的灵魂的工程师和培养德才兼备全面发展的新人这几方面来看，教师无疑是促进人类自身完善的雕塑家。

三、教师的角色意识

从社会学的意义上来说，角色是一种对每个处在一定地位的人所期望的那种符合社会规范的行为模式，它决定着一类人的共同轮廓。从通常的意义上来讲，角色是一个人的身份、地位、职务及其相应的行为模式。在教育系统工程中，教师扮演着特殊而重要的角色。教师要成为称职的教师，必须有相应的角色意识，要充分理解教师的角色，积极地进入教师角色，成功地扮演教师角色。

教师的角色是复杂多样的统一体，决非单一的角色。因而，教师角色意识的确立，需要多方位、多角度地展开。

1. 传授者的角色

教师是知识与技能的传授者，必须有明确的传授者的角色意识。既然要传授知识和技能,教师就应该努力使自己成为一座知识的宝库,一本活的教科书,一位学者或专家。只有确立这样高目标、高水准的角色意识,教师在教学中才能不断提高自己的修养与素质,从而不断提高教学质量。

2. 管理者的角色

对于学生来讲,教师担当着管理者的角色,教师应该确立相应的管理者意识。教师在实施教育中,要有明确的管理观念、管理方式、管理标准。通过实施管理,学生能自觉地遵守学校的规章制度、社会法规与公德,逐步形成"律己"的习惯和控制能力,从而成为有理想、有道德、有文化、有纪律的一代新人。在管理过程中,教师要注重培养和完善学生的个性,有意识地引进现代民主观念和自由意识,给予学生更多的自主和责任,创造一种和谐、民主、进取、尊重个性的良好环境,从而使学生自觉地接受管理,加强自我管理,同时也积极参与管理。

3. 代理人的角色

在实际教育中,教师在传授知识的同时,不可避免地担负着家长代理人的角色。学生从家庭来到学校,家长把自己的权威和教育责任部分地托付给了教师。从某种意义上来说,教师是学生继父母之后遇到的最直接的社会权威。因此,教师应自觉地树立起家长代理人的角色意识。这种角色意识的确立,并不仅仅意味着教师要时常代替父母的角色,对学生施以家长般的培养和引导,更重要的是要求教师具有"长者"般的责任心和义务感,以真诚温暖的情感、耐心细致的激发和鼓励学生的上进心和进取精神。教师应该有"长者"的心胸和气魄,有"长者"的理智和情感,对学生要关心、体贴、爱护,而绝不应该动辄体罚、羞辱、恐吓和嘲讽学生。

4. 朋友的角色

教师要想得到学生的尊敬和爱戴,和学生打成一片,就要想方设法成为学生的知心朋友,教师应该要有扮演学生知心朋友的角色意识。教师如果把学生看做是啥也不懂的小娃娃,或者只是一味地把学生看做是被管教的对象,就会无形中在自己和学生之间画上一道不可逾越的鸿沟,造成师生之间的隔膜、误解甚至对立。教师只有以知心朋友的身份走到学生中间,随时随地洞察他们内心世界的波澜,学生才愿意把自己内心的喜怒哀乐倾诉出来,从而使教师适时找到对症下药的最佳教育方法。

5. 心理医生的角色

学生的心理健康离不开教师正确的引导和培养,教师应该具有心理医生的角色意识。教师要具备较高的心理学方面的修养和才能,及时消解学生的心理障碍和不良情绪,从而使学生从惧怕权威、缺乏自信和自认卑微的感觉中解放出来。教师要适时地关心学生的情绪变化,把握学生的心理状态,使学生始终保持正常、健康向上的情绪和心态。

上述教师角色的多样性反映了从事教师职业的特有难度,同时也意味着教师应当对学生全面负责,履行自己在不同场合下所担当的角色。

四、教师的职业特征

教师的职业特征是在长期的教书育人的劳动实践中形成的,是由教育目的和教育对象的特殊性所决定的。教育对象是正在成长中的学生,教育的目的是培养德才兼备全面发展的一代新人,这些是决定教师职业特征的关键所在。

教师的职业特征主要体现在以下四个方面:

1. 复杂性

教师职业的复杂性首先体现在教育对象的复杂性上。教育的对象是具有一定自觉意识的,有感情、有理性、有个性的活生生的人。他们来自不同的家庭,原有的基础不同,所受的教育也各异。他们既有共同的生理、心理特点和发展规律,又有不同的兴趣、性格、能力。每个学生都是一个特殊的世界。面对复杂的教育对象，教师如果没有高度的聪明才智，不做大量艰苦细致的工作，不付出艰辛的劳动，是无法做好教育工作的。

教师职业的复杂性还体现在教师的职业内容的复杂性上。教师是综合性的脑力劳动者，为了教书育人，促进学生德、智、体、美、劳全面和谐发展，在德育上，要培养学生的道德意识、道德情感、道德意志、道德行为；在智育上，要选择、传递、创造知识，发展学生的智力，提高学生的各种技能、技巧，发展学生的特长。在教育工作中，教师既要面向全体学生，又要照顾个别学生；既要培养优秀学生，又要帮助后进学生。在与家庭、社会协调一致，对学生的校内外、课内外全面负责等方面，教师进行着最复杂、最辨证、最高尚、最全面的劳动。教师职业内容的复杂性，要求教师本身要全面发展，只有这样才能更好地完成全面育人的任务。

教师职业的复杂性还体现在教师职业过程的复杂性上。教师积累、传递、转换知识的过程是一个非常复杂的脑力劳动过程。一般职业的过程，其程序、进度、成效比较容易受意志努力的调控，而教师这一职业则较难以意志努力为转移。这是因为在教师工作的过程中，学生不仅是教育的客体和对象，而且可以通过教育和自我教育转化为教育的主体。教师职业对象的这种既是主体又是客体的双重性，使教师职业具有特殊的复杂性和艰难性。

2. 长期性

教师职业的长期性首先表现在培养人才的周期性上。教师所从事的是一种特殊的职业，生产特殊的"精神产品"，即学生——符合未来社会需要的人才，这是个循序渐进、日积月累的长期过程。《管子·权修》里曾这样论述："一年之计，莫如树谷；十年之计，莫如树木；终身之计，莫如树人。"可见，培养人才是长久之计，需要长期的艰苦劳动。

教师职业的长期性还表现在教育效果的滞后性上。教师生产的精神产品是多种因素的综合产物，教育的效果具有明显的滞后性、间接性。一个专门人才的培养，少则十五六年，多则二十多年，才能显示出成效。教师对受教育者所实行的种种教育和训练只能以潜在形态留存在他们身上，不能立竿见影，而只有当学生介入社会最终发挥出自己的才能时，才能真正地显示出其效果来。因此，从社会效益的角度来评价教师职业的效果，需要时间作出回答。

3. 示范性

学生的"向师性"和模仿性决定了教师职业的示范性。据有关专家调查研究表明，学生一般都具有"向师性"倾向。学生普遍都有尊重、亲近教师和乐意接受教师教导的自然倾向，都希望得到教师的注意、重视、关怀和鼓励，都希望教师热情地、认真负责地教导培育他们。即使有些学生有意疏远教师或故意跟教师闹矛盾，其实他们的内心深处也是渴望得到教师的关心呵护的，总希望教师能够注意到他们，及时地肯定他们的点滴进步。

教师的品德言行具有示范性。教师职业的重要特征在于其职业手段在很多方面是教师个人的人格和言行本身。学生模仿力强，可塑性大，不论教师是否意识到，实际上，教师的一言一行，为人处世的态度和方式，都被学生视为学习和模仿的榜样，教师的求知精神、思想观念、思维方式、情感方式、价值取向，都对学生有着不可低估的示范作用。

4. 创造性

教师职业的创造性首先是由现代化生产的飞速发展和新的科技革命的挑战决定的。世界进入20世纪50年代以来，人类的知识、信息、发明创造成百成千倍地增加。现代社会已经跨入生产的科学化、劳动的知识化、管理的信息化时代，这给教育目的、教育内容、教育形式和教育方法必然带来深刻的变革，这就要求教师必须具有未来思想，面向未来培养创造型人才。现代教育的本质特征决定了教师职业创造性的必然性和现实性。

教师职业的创造性也是由职业对象的特殊性所决定的。教师的职业对象是有生命的个体存在,每个存在都是一个特殊的"小宇宙"、"小世界"。教师职业的创造性就在于针对这些不断变化发展、千差万别的"小宇宙"进行不断的研究和探索,分析概括出他们的兴趣、爱好、心理特征、价值取向,并找出教育他们的成熟技能。教师职业的创造性就是要创造出适合学生个性特征的教育方式,促使其个性得到最大限度的发展。现代社会的教师,决不能墨守成规、生搬硬套,否则,教师的职业成果只能生产出成批的机器人,绝不可能培养出有创造能力的人才。

教师职业的创造性还表现在教师的教育机智上。在实际的教学工作中,教师经常会遇到一些突发事件,并要求迅速处理,这就要求教师具备创造性地分析问题和解决问题的能力与技巧。

五、教师的素质

(一) 教师的职业道德

职业道德是从事一定职业的人们在自己的职业活动中所应该遵循的行为规范和准则。它是一般社会道德的特殊表现形式,是社会道德的一个有机组成部分。与法律的约束不同,职业道德主要靠舆论和内在的信念来维系。

教师的职业道德,通常称之为师德,它是一切教育工作者在从事教育活动时所必须遵守的基本道德规范和行为准则,以及与之相应的道德观念、情操和品质。教师所从事的是教育人、塑造人的事业,这就决定了教师必须具备比一般社会成员更高尚的道德。教师的职业道德不仅要高于一般社会道德和其他职业道德,而且还具有鲜明的典范性。教师的职业道德直接作用于学生的灵魂,它不仅影响学生,而且会通过学生影响无数个家庭和整个社会;它不仅影响学生的今天,而且还会影响到学生走向社会直至终生。

教师职业道德的内容,按照国家颁发的有关文件,可以概括为以下几点：

1. 热爱教育事业

热爱和忠诚教育事业，是教师职业道德的根本原则和基本规范。一切具有良好职业道德的教师都把自己的职业视为最伟大最崇高最光荣的事业，乐于把自己的青春年华、聪明才智乃至毕生的心血献给这一神圣的事业。热爱教育、献身教育，需要教师具有高度的责任感，强烈的事业心，埋头苦干的拼搏精神和积极进取、勇于创造的开拓精神。

2. 热爱学生

热爱学生是教师职业道德的核心，是教师的一种高尚职业感情。热爱学生，需要尊重学生，理解学生，信任学生，尊重学生的人格。热爱学生还要对学生严格要求和进行严格的管理，不能溺爱娇惯，放任自流，应该做到严而有度，严而有理，严而有情，严而有方。另外，教师热爱学生还必须做到热爱全体学生，对所有学生一视同仁，公正无私，不能厚此薄彼。

3. 勤奋钻研

陶行知说过："要想学生好学，必须先生好学，唯有学而不厌的先生才能教出学而不厌的学生。"一个好的教师应该有学而不厌、勤奋钻研的精神。社会在前进，科学在发展，教师不论原有的基础多么扎实，水平多么高，教学经验多么丰富，都需要不断勤奋学习，刻苦钻研，才能保证教学质量的提高。教师是否勤于钻研，勇于进取，并不是个人的兴趣、习惯、价值取向的问题，而是是否热爱教育事业，是否对工作、对学生负责的表现。作为一名教师，应该孜孜不倦地学习，学习，再学习，以适应教育事业不断发展和教育水平不断提高的要求。

4. 为人师表

以身作则、为人师表是教师对学生最基本最有效的教育方式，也是教师职业道德的最主要特征。为人师表是古今中外一切教育家所公认的道理，孔子强调“身正”，韩愈呼吁“以身立教”，陶行知主张“以身作则”，认为“教师的一举一动，一言一行，都要修养到不愧人师的地步”。马卡连柯告诫教师：“你自身的行为是在教育上有决定意义的。”教师只有以身作则，为人师表，用自己的言行举止展示自己高尚的道德，才能树立崇高的威望，受到学生的尊敬和爱戴。

5. 团结协作

教师的职业特征既具个体性，又具整体性。学生的健康成长，并不能归结为某个教师的功劳，而应是教师集体的智慧和共同劳动的成果，是一定范围的许多教师团结协作、共同努力的结果。团结协作、互相尊重、相互关心是调节教师与教师之间关系的道德规范。

6. 遵纪守法

遵纪守法是最基本的社会公德，作为教师更应自觉做到。一般来说，在学校里，在众多学生的注目监督之下，教师遵纪守法当然不成问题。重要的是在社会上，在家庭里，在陌生的场所，在生疏或亲近者面前，也不能因不良言行而损害教师的形象。作为教师不论是群居还是独处，不论是在校内还是校外，都应时刻记住“心中的道德律”。

（二）教师的知识素养

教师的知识素养一般体现在以下几个方面：

1. 应具备所教学科的基础知识和专业知识

教师要精通自己所教学科的基础知识、基础理论、相应的技能与技巧；对本学科知识的掌握要有一定的广度和深度，对与该学科相关的知识，尤其是相关点、相关性质、逻辑关系等有清楚的了解；应熟知本学科发展的历史与现状，现代最新科研成就及发展趋势；懂得该门学科的学习和研究方法，把握所从事的学科所提供的独特的认识世界的视角；等等。

2. 应熟悉和掌握广博的文化科学知识

现代科学的发展，是高度分化与高度综合相结合的，通而不专，缺乏足够的专门知识与技能，在高度分化的科学发展面前就难以有所作为；专而不通，在高度综合的科学发展面前也会难以进取。因此，教师的知识应该既“通”又“专”，以适应现代科技发展的需要。掌握广博的文化科学知识也是现代课程内容综合化对教师提出的要求。传统的学科建设是纵向发展的，是按照学科分化的体系来确定和编制的。而现代科学的发展一方面仍沿纵向变化发展，另一方面又朝横向发展，科学的整体化是历史发展的必然，与之相适应的课程内容的综合化也是时代必然。科学的整体化、课程内容的综合化趋势，要求教师必须具备相邻学科的知识和广博的科学知识。与此同时，教师具备广博的知识既是促进学生全面发展、满足学生求知欲的需要，也是教师自身发展的需要。

3. 要具有一定的教育学知识和心理学知识

教师应该认真学习教育学，掌握教育规律，树立正确的教育观点，掌握科学的教育原理和方法，以克服工作的盲目性，提高工作的自觉性，提高工作效率。心理学是研究人的心理现象发生、发展规律的科学，因此教师应认真学习心理学，掌握学生心理发展的规律，按照学生的心理活动及其发展规律进行教育，使教育工作科学化，增强教育工作的预见性、主动性、针对性和计划性。学习心理学还有助于教师自我提高、自我教育，不断改善自己的心理品质，提高实践活动的效率。

（三）能力素质

教师应该具有不同于其他行业的特殊能力。这种能力可以称为教育能力。教育能力既包括以专业学术知识与技术为基础的能力，又包括开展教育教学工作的实际能力。

1. 认识能力

教师应具有敏锐的观察力、良好的记忆力、丰富的想象力和较强的逻辑思维与创造性思维能力。

2. 设计能力

教师在培养学生之前和进行任何一项教学与教育活动之前，都必须有一个总体的构想，借助想象力在头脑中设计学生的未来，拟定教学、教育活动的蓝图，制订工作方案。教师的教学工作、课外活动、班主任工作、科研工作等一切活动，要想取得良好的效果，提高效率，都应事先周密考虑，先行设计。

3. 传达能力

教师的思想、知识都要以一定的方式传达出来，才能进行教育；受教育者要能理解一定的传达方式，才能接受教育。教师传达信息是借助语言、文字、图像、图形和声音等形式进行的，因此可以把教师的传达能力分成以下几个方面：

(1) 语言表达能力。教师的语言必须体现教育的特殊要求，适应教育对象的特点。教师的语言应该注重科学性，即思想内容的正确性、表达的准确性以及学术语言使用的确切性。教师的语言应具备简洁、明白的特征，注意规范性。教师的语言还应优美、生动、形象、鲜明，注意表达的艺术性，还可适当注意幽默风趣。另外，教师的语言表达还应注重含蓄性和启发性。

(2) 非语言表达能力。教师的非语言表达能力就是使用各种非语言符号系统进行传达的能力。姿势和表情是非语言沟通的重要方式；辅助语言（也称副语言），即说话的音调、音量与节奏等，可以加强信息的语义分量，增强其感染力；交往空间和时间也是非语言沟通的一个特殊的符号系统，是沟通情景的组成部分。另外，视觉交往中的“视线接触”也是非语言沟通的一种系统。教师的非语言沟通系统在沟通过程中起着重要的辅助作用，有时甚至独立发挥作用，它有加强或减弱言语作用的能力，能够揭示沟通过程参加者的意愿，增强教育教学的魅力与效果。非语言表达具有形象、生动、鲜明、真实的特征，更多地诉之于学生的视觉与心灵，发挥着言语表达所难以达到的优势。

（3）运用现代化教学手段的能力。教师的教学手段要随时代的进步不断更新改造，要从只会利用语言、黑板、粉笔、教科书到学会更广泛地使用各种现代化的教育技术手段，如幻灯、投影、电视、电影，应学会计算机一般程序的设计及操作。

4. 组织能力

教师的组织能力表现在任何情形下都能把学生有效地组织起来，使每个学生的力量和积极性都充分发挥出来；善于通过巧妙组织起来的教学、教育活动，以及丰富多彩、生气勃勃的集体生活，使每个学生的身心都得到健康的发展。教师的组织能力主要包括组织教学的能力、思想教育的能力、组织学生各种课外活动的能力、组织和培养优秀集体的能力、协调内外部各方面教育力量的能力、组织管理自己的活动的能力等方面。

5. 交往能力

从某种意义上说，教育是教育者和受教育者双方在有目的地交往，以期发展和形成受教育者的一些特定品质。教师在教育、教学和科研活动的全过程中，还必然涉及与其他教师、行政管理人员、家长以及社会有关各方面的关系，而且这些关系对教师的工作、情绪具有不可忽视的影响。只有善于与各方面交往的教师，才可能有效地完成教育任务。

6. 教育研究能力

这是提高教师专业化水平的重要方面。教师的教育研究主要是结合自己的教育实践工作而开展的。教师的研究能力首先表现在对自己的教育实践及周围发生的教育现象的反思能力。养成对日常教育工作保持一份敏感与探索的习惯，这是教师自身得以成长与发展的一个十分重要的途径。其次，教师研究能力的进一步发展则是对新的教育问题、教育现象、教育教学方法等的多方面的探索与创造，以推动自己的职业生涯向更高层次发展。

(四) 心理素质

教师的心理素质是直接影响教育工作成败的重要因素。教师的心理素质包括心理过程、个性心理特征等方面,具有丰富的内容。作为教师,要养成良好的心理素质应注重以下几个方面:

1. 坚韧顽强的意志

教师的意志是由其职业特征决定的,教师职业的周期长,见效慢,极其艰巨而复杂,这就决定了教师必须具有坚韧顽强的意志。坚韧不拔的毅力是其自我完善的必备心理品质。

教师的意志品质主要包括自觉性、坚韧性、果断性和自制力。自觉性和坚韧性主要表现在教师无论做什么事都有明确的教育目标,以坚韧的毅力始终坚持正确的目的,不受内外各种因素的干扰。果断性表现在教师在决策和处理问题时,不失时机地作出判断,采取果断有利的措施;在紧急情况下,能迅速作出应付客观情况的合理决定,同时,当情况有了变化或发觉自己决策不当时,能立即停止行动或改变已作出的决定。自制力就是教师善于自我调节和自我支配的能力,具有很强的自制力的教师能够自觉地调节自身的情感、情绪、言语、行为和习惯,树立良好的形象,赢得学生的尊敬、信任和爱戴。

2. 稳定的情绪

教师特定的职业活动决定教师需要有稳定的情绪和控制情绪的能力。一方面,教师在教育教学过程中要有轻松愉快的心境,师生相见,和颜悦色,以增强教育效果;另一方面,教师在任何情况下,即使是遇到困难与挫折时,也要沉着冷静,能控制自己不良的情感。教师要想控制自己的情绪,必须掌握一定的自我调节情绪的方法,诸如意识调节法、语言调节法、注意转移法、自我安慰法、自我发泄法、升华转化法等。

3. 良好的性格

苏联乌克兰心理科学教学心理实验室、美国保罗·韦地博士、日本心理学家大竹成等都调查过学生喜欢的教师的品质,这几个著名的调查结果虽略有差别,但当代学生所期待的教师素质的基本趋向是一致的,其中对教师性格要求有着颇为类似的内容,如热情、开朗、温和、乐观、平易近人、待人诚恳、友善、感情真挚等。瑞安斯在美国进行了一项教师人格特征与教师作用的关系的广泛调查研究,结果发现:成功的教师趋于温和、理解人、友好、负责、有条不紊、富于想象力和亲切热忱。我国教育工作者也在中小学做过各种"学生最喜欢的教师性格"的调查,回答的内容大同小异,其中有:① 诙谐、幽默,没有架子,能顺从别人,但也能坚持原则;② 尊重别人的自尊心;③ 富于同情心,能体察别人的感情。

教师在加强性格修养时应注意建立正确的个性倾向系统,即正确的理想、信念、世界观和人生观,培养自我教育的能力,刻苦实践,磨砺意志。

(五)教师美的形象的塑造

教师需要美的形象的塑造,教师的职业是以形象塑造形象的职业。教师并不只是以知识传授者的形象出现,而是作为整体,作为一个审美客体综合地在学生面前亮相,存在于学生的心目之中。教师的形象美丑与否,参与整个教育过程,并直接作用于学生的心灵与个性,影响教育效果。同时,学生也并非是单纯的知识接受器,他们具有丰富的精神生活,富有情感和一定的审美能力,始终热烈地追求美。因此,教师美的形象具有审美陶冶作用和感染力量。

教师美的形象的塑造主要体现在以下三个方面:

1. 仪表美

仪表是指人的容貌、体态、服饰、打扮等,是一种外在美,也是一个人精神状态的反映。教师仪表美的要求是:要顺其自然,不要矫揉造作,要适宜、得体,要于朴实大方中见高雅的情趣,于整洁得体中见丰富的涵养。

2. 风度美

风度包括人的气质、举止、态度，是人的心灵、性格、气质、涵养与外在体态的综合体现。教师职业的风度美主要体现在文雅和书卷气上，具体表现为谦和、含蓄、真诚、彬彬有礼、端庄大方。有研究者把教师的风度美的外在表现概括为：站态稳定，坐态庄重，行走自然，情态谦和。

3. 心灵美

无论是仪表美还是风度美，都离不开心灵美作基础和支撑。心灵的优美和仪表、风度的优美和谐一致是最美的。教师美的形象塑造需要从内在心灵美和外在仪表、风度美的统一中去把握。没有内在的心灵美，一切外在的美都是"金玉其外，败絮其中"，不可能长久。因此，教师要重视外表美，更应注重内在的心灵美。

第二节　学　生

一、学生的权利

从法律上讲，学生也是独立的社会个体，他们不仅享有一般公民的绝大多数权利，而且还受到社会的特别保护。1989 年联合国大会通过的《儿童权利公约》确立了维护青少年儿童社会权利的原则：(1) 儿童利益最佳原则；(2) 尊重儿童尊严原则；(3) 尊重儿童观点与意见原则；(4) 无歧视原则。

我国法律也规定了青少年儿童所享有的各项社会权利，包括：(1) 生存的权利。我国《宪法》第 49 条规定："父母有抚养未成年子女的义务。"《未成年人保护法》更具体地规定："父母或其他的监护人应当履行对未成年人的监护职责和抚养义务，不得虐待、遗弃未成年人；不得歧视女性未成年人或者有残疾的未成年人；禁止溺婴、弃婴。”(2) 受教育的权利。我国《宪法》第 46 条规定:“国家培养青年、少年、儿童在品德、智力、体质等方面全面发展。”《义务教育法》规定:“国家、社会、学校和家庭依法保障适龄儿童、少年接受义务教育的权利。”(3) 受尊重的权利。《未成年人保护法》第 15 条规定:“学校、幼儿园的教职员应当尊重未成年人的人格尊严,不得对未成年学生和儿童实施体罚、变相体罚或其他侮辱人格尊严的行为。”第 30、31 和 36 条规定:“任何组织和个人不得披露未成年人的隐私”;“对未成年人的信件,任何组织和个人不得隐匿、毁弃;除对无行为能力的未成年人的信件由父母或者其他监护人代为开拆外,任何组织或个人不得开拆”;“国家依法保护未成年人的智力成果和荣誉权不受侵犯”。(4) 安全的权利。《未成年人保护法》规定:“学校不得使未成年学生在危及人身安全、健康的校舍和其他教育教学设施中活动”;“严禁任何组织和个人向未成年人出售、出租或者以其他方式传播淫秽、暴力、凶杀、恐怖等毒害未成年人的图书、报刊、音像制品”;“任何人不得在中小学、幼儿园、托儿所的教室、寝室、活动室和其他未成年人集中活动的室内吸烟”。

二、学生的特点

(一) 学生的情感特点

情感是一个用来描述感情或情绪方面体验的术语。情感过程与需要的满足程度联系在一起。在教育情景中,它则与学生学习和行为表现的动机联系在一起。

有关学生情感状态对学习影响的研究着重在这三个方面进行:一是保持和增强自尊心的需要对课堂学习和课堂行为的影响,它由焦虑和成就动机组成;二是探究性行为动机(如好奇心)以及了解事物的动机对学习和行为的影响;三是希望得到表扬、承认和引起人的注意等社会性动机对学习和行为的影响。

1. 保持和增强自尊心的需要

自尊心是指每个人看待自我是积极还是消极的程度。所谓自我概念是自我认识的综合。它包含这样一些问题及答案：我是谁？我信仰什么？重视什么？我打算从生活中得到什么？我的优点和缺点分别是什么？我的能力如何？这些自我认识是通过经验逐渐形成的，尤其反映出他人的反应对自己的影响。对儿童来说，父母、教师及朋友的反应尤其重要。随着年龄的增长，他们作为个人对自己的反应就显得越来越重要了。自尊心与满足感或不满足感及自我价值感有关，即他们在多大程度上能够实现他们寄予自己的或父母及其他在他们的生活中有重要作用的人所寄予的期望。另外，他们感受到的被人接受和受人喜爱的程度对自尊心也产生影响。

一个人的自尊心，有可能通过顺利完成学习任务而得到增强和保持。成就动机——通过追求学术上的能力和成功——是一种以取得成就为目的的学术方面的内驱力。保持自尊心的另一方面，则是遇到失败时，就体现为一种焦虑。把握成就动机和焦虑这两种紧密结合在一起的情感状态，对理解学生的课堂表现和行为极为重要。

(1) 焦虑。焦虑有两种不同的形态：一种是作为一种性格，另一种是作为一种状态。作为一种性格的焦虑与作为一种状态的焦虑不同。焦虑性格是指表现出焦虑的一种心理倾向；焦虑状态则是指焦虑反应本身。人们认为焦虑状态表现为一方面产生某些身体反应，如手掌出汗、喉咙干燥、心律加快、胃不舒服等；另一方面，当面临威胁或失败时，对当前所处困境所产生的忧虑反应。当焦虑表现得很紧张时，这些情绪会分散一个人所从事的工作的注意力。这种反应也可能产生防御性行为，以保护人的自尊心，但由此而付出的代价则是不能顺利地应付所面临的工作。这些防御性行为包括沉湎于幻想、漫不经心、凭感情冲动行事，有时学生为了避免学校的威胁而装病或逃学，等等。

由于焦虑会分散注意力，产生规避性的防御性行为，因此焦虑通常会影响学生的学习。因为极度的焦虑是一种令人不愉快的体验，它也可能使学生对学校产生厌恶和提前退学。在极端情况下，因为畏惧、害怕，儿童会完全失去在学校学习的能力，患了学校恐惧症。

但也有研究表明，焦虑的影响也并不总是降低人的能力，它因完成的工作难度及环境的不同而表现出不同的作用。难度大时，焦虑倾向程度低的学生要比焦虑倾向程度高的学生能发挥出更好的水平；而当难度小时，焦虑倾向程度高的学生则胜过焦虑倾向程度低的学生。就焦虑与自我卷入之间的关系而言，当自我卷入程度深时，如参加一场重要的考试，焦虑会妨碍水平的发挥，焦虑倾向程度较低的学生比焦虑倾向程度较高的学生能发挥出较高的水平；而当自我卷入程度较低时，如在游戏及一般的工作情景中，失败并不会给个人带来严重后果，那么焦虑并没有产生影响，或许还有些积极作用。

上述研究结果表明，在能使焦虑的唤醒程度剧烈增加的任务情景中，如在难度大的任务中，焦虑倾向程度低的学生能发挥出最佳水平；而在另一方面，焦虑倾向程度高的学生则要把焦虑的唤起程度控制在最低限度内，才能发挥最佳水平。

焦虑水平与教学方法之间也存在着相互影响。人们认为，容易产生焦虑的学生的一个特点，是他们有很强的依赖感，对将要完成的学习任务及如何完成这些任务，希望有明确的期望。这可能表明，焦虑程度高的学生喜欢一切由教师说了算的教学方式，而不喜欢那种要求他们独立、主动地去发现和思考的以学生为中心的教学方式。研究发现，当教师采用了严格的教学方法时，焦虑程度高的学生能发挥最佳水平，并且，实际上在此情况下，他们比焦虑程度低的学生更有优势；而在另一方面，当运用包括讨论等让学生自己去发现的以学生为中心的教学方法时，焦虑程度低的学生能发挥出最佳水平，也比焦虑程度高的学生更有优势。

焦虑与教学方法之间的相互影响表明，教师有可能通过运用适合学生不同特点的教学方法而获得最大的课堂学习效果。既不是运用单一的组织严密、指导性强的教学方式，也不是仅仅运用组织松散、指导性不强的教学方式，而是两者兼用，这样就能创造出一种适合每一个学生的学习环境。这一方法表明，教师可以用指导性强的方法使焦虑程度高的学生发挥出最佳水平，同时用组织比较松散的教学方法使焦虑程度低的学生发挥出最佳水平。

(2) 成就动机与归因。课堂学习任务为学生提供了取得成功和遇到失败的可能性。害怕失败会增加焦虑感，而能否成功与成就动机联系在一起。研究表明，对成就的追求和为追求成就所指向的任务，受一个人对成功的期望和他所赋予这种成功的价值的影响。对一个成就需要层次高的学生而言，他往往会根据课堂学习任务和未来职业目标，确立远大而又现实的志向，并且表现出较大的毅力。

研究还发现，对成就的追求与学生对成功和失败所作的解释相互联系。通常讨论的有四种归属或原因：能力、努力程度、任务难度及运气。这些归属被认为是随着控制渠道、稳定性及可控制等方面的不同而变化。控制渠道可能是外部的，这表明：一个人对他的学习和成绩没有什么控制能力；控制渠道也可能是内部的，这就是承认一个人要对自己的成绩负责。表明内部控制渠道的成功和失败的两种归因是能力和努力程度。前者是稳定的，但又是不可控制的，它不会随情景不同而改变。但是，后者是不稳定的，人们觉得它们可以对成败产生影响。表明外部控制渠道的成功和失败的两种归因是任务难度和运气。任务难度被认为是一种稳定的归因，运气则是不稳定的，但两者都是独立于人的控制之外的。

在大多数情况下，成就需要层次高的学生往往将失败归之于努力程度不够。这样,他们就能对以后类似的学习任务的成绩持乐观态度,因为努力程度是他们可以控制的。但是,成就需要层次低的学生则往往把失败归咎于缺乏能力或归咎于外部因素,如运气不佳。倘若这样,以后学习任务取得成绩的动机就会降低。

归因类型与情感反应之间也有关系。一般来说,如果控制渠道是内部的,对成功和失败的情感反应,如自豪感和羞耻感,就可能比较强烈。这些情感反应对自尊心及自我概念的保持也有很重要的意义。自己的能力高这样一种自我概念,会通过将失败归之于运气不佳、将成功归之于能力而得到保持。自己能力低这样一种自我概念,则会通过将失败归之于能力、将成功归之于运气而得到保持。成就需要层次高的学生往往对未来的成功寄予很高的期望,并有自豪感和很强的自尊心。成就需要层次低的学生则对未来的成功寄予很低的期望,并且感到羞耻、内疚、焦虑、自尊心不强。

研究还表明,教师对学生的成功和失败所作出的反馈对归因有重要影响。研究还发现,对女孩的反馈与对男孩的反馈不同。对失败的女孩的反应几乎完全是智力方面的,这就使得她们把失败归之于自己的能力。对男孩来说,大多数反应是非智力的,如学习不够努力,穿戴不够整洁,等等,反应不那么以能力为中心,这就使得他们有可能把失败归之于努力程度和学习动机。

2. 好奇心与认知动机

人的动机并不总是在有紧迫内驱力的驱动下产生的。游戏、探究和从事所嗜好的活动等行为是在没有紧迫内驱力的状态下出现的。这类行为往往是以追求刺激和兴奋为目的的。这些行为能够诱发更强的唤醒状态,令人愉快。对此伯尔尼(Berlyne)认为,人的行为目标不在于要求摆脱刺激,而是要使刺激保持在一定水平,这一刺激水平最有助于有效行为。他认为,在紧张水平范围内,刺激少量的增加或减少是令人神往、令人愉快的,但大的变化并不如此，它会导致使唤醒状态恢复到原有紧张水平的行为。因此，把注意力转移到爱好、令人兴奋的消遣、幻想或试图解决一个问题等引起唤醒水平少量提高的活动上是有益的。

唤醒水平的这种少量的、令人愉快的提高常常与好奇心及探究性行为联系在一起。伯尔尼指出，有两种探究行为在教育上有特殊的重要性，即特定的探究和多方面的探究。特定的探究出现在由于新奇、把握不定、模棱两可或矛盾的情景中，如鸟怎样飞，鱼怎样呼吸。在这样的情景中，要达到完全理解，还需要探究，从而激发出好奇心。多方面的探究是被用来保证生活中的活动有充分多的形式。它常出现在使人厌倦的情景中。因为无所事事，或任务多项重复，缺乏难度和兴趣，唤醒大大低于紧张水平，这时候，人们就要寻找别的活动以提高唤醒水平。在学校中，对上课感到厌倦时，儿童可能通过幻想、与同学聊天或通过进行一种消遣活动来创造一种更有刺激性的情景。

好奇倾向在各人之间差别很大。与好奇心程度低的儿童相比，好奇心程度高的儿童在课堂上更擅长提问，在解决问题时表现出更大的毅力，在对活动的选择上更有冒险精神，同时他们更有自我认同感。这里需要说明一点，好奇心与焦虑感是有联系的。唤起好奇心的有关变量如把握不定、模棱两可及矛盾，是焦虑的一般来源。一种情景可能唤醒好奇心，在成功与否会影响自尊心的情况下，也可能引起焦虑感。因此，教师要鼓励和利用儿童的好奇心，就应将对自尊心的威胁控制在最低限度内。

在课堂中，有些课以唤起好奇心作为激发学生学习兴趣的一个基本因素，通常以一个需要解决的问题开始上课，这有利于激发学生的好奇心和内在动机。同时也有证据表明，如果利用外部奖励激发了学生对活动的参与和表现，那么就会降低学生的好奇心和内在兴趣。不过，如果奖励是用来表彰学生在活动中的很高的表现水平，则不会降低学生进一步参与的好奇心和内在兴趣。

3. 社会动机与教师的表扬

许多心理学家认为交往需要是一种基本的需要。在课堂中，这些需要通过学生寻求教师和同学的表扬、关注、帮助和指导而表现出来。这些都是课堂学习和表现的重要的刺激因素。其中表扬不同于一般的强化因素，它包括强烈的情感信息。这里着重讨论表扬对学生行为的影响。

表扬和批评是教师行为的一个重要方面，教师相信它们可以在控制学生行为时作为强化因素而起作用，同时还认为表扬对形成学生的自尊心和密切师生关系有重要作用。

布罗菲研究认为，教师对表扬利用得比较偶然、任意，所以它作为一种刺激的强化价值不大，更重要的是某些学生能够顺利地讨得教师的表扬。这些学生的典型特点是能力强、有自信心、喜欢交际、性格外倾。这些学生也会通过作出积极的反应来回报教师的表扬。实际上，学生制约着教师对他的表扬，教师也试图利用表扬来提高某些学生的自信心。那些缺乏自信心、不快活、学习进度慢、不引人注意但在教室中表现安静、行为端正的学生尤其可能得到表扬，这些学生也常常通过作出积极的反应而继续不断地得到教师的表扬。

因此，教师的表扬可以被视为师生相互关系中的一个重要因素。教师和学生都有被人接受和有所归属的需要，他们都既寻求表扬，又对表扬作出反应。有些学生满足了教师自己的被人接受的需要，利用表扬可以发展、加强教师与这些学生的积极关系。教师也可以有选择地对那些需要表扬以提高自信心的学生给予表扬，以及对那些能使教师与他们交往的学生给予表扬。

4. 各种感情状态的相互联系

从上面的讨论我们可以看出，各种情感状态是相当紧密地联系在一起的。一方面，成功和失败的经历及提出符合实际的期望，对确定成就需要和引发焦虑有重要作用；另一方面，鼓励和好奇心的产生要求把威胁和焦虑控制在较低的水平上。教师区分成功与失败和给予批评与表扬的方式，以及它们能在多大程度上创造一种把对个人的威胁控制到最低限度的气氛，对学生的动机状态有重要的影响。

（二）学生的认知特点

学生的认知特点是学生认知能力的总和。学生的认知特点与学生学习成绩之间存在着种种联系。

在课堂上，学生的注意深度、使命感、参与课堂活动的态度、注意水平、能力以及教师对学生行为的反应与学生课堂行为之间存在着相互作用和相互影响的关系。

1. 学生的能力水平和注意

学生的认知特点与学生参与课堂活动时的注意之间存在着密切关系。智力较高的学生比智力较低的学生在课堂活动中注意水平要高，而且学业水平与他们的注意力也有着十分密切的关系。学习成绩差的学生往往表现为注意分散、反应被动、漫不经心，在活动中被动地等待教师的指导和帮助。

学生注意力分散与他们认知能力有欠缺以及在学习中遇到困难有关。能力较低的儿童上课分心往往是由于教学内容对他而言过难而导致的。因此，在课堂活动中学生的注意深度取决于学生的一般智力以及教学诸因素之间的相互作用。

2. 能力与课堂行为

在课堂上，智力较高的学生较少依靠教师的表扬和帮助，能自己主动组织某些学习内容，主动回答教师的提问，积极参加讨论，善于发现问题，从而能取得较好的学业成绩。学业成绩好的学生上课能集中注意力，平时能主动和同学进行有目的的交流，这有利于促进其发展和提高。

3. 教师对学生行为的反应

学生课堂行为的表现是各不相同的，而学生课堂行为表现的差异与教师对待不同学业成绩学生的态度有密切关系。教师给予成绩好的学生以更多的机会,向他们提出更多的问题,针对他们的学习情况给予更多的反馈。成绩好的学生得到的是更多的表扬,成绩差的学生得到的是更多的批评。

教师对不同学生的不同态度会影响学生的学业成绩。如果能力低的学生意识到教师的这种差别对待,那么将会对他的学习产生消极影响。教师课堂行为的这种差异与学生的认知特征相互作用,就可能会严重影响学生对自己能力的认识。学生的感情也会由此发生变化,并深藏到他们的课堂行为之中。

四、差生行为表现及其防治

"差生"概念模糊,不明确,使用不当会伤害学生的自尊心。我们这里使用的"差生行为"是个弹性概念,它既可以指在品德、学业方面均有问题的学生具有严重的差生行为,又可以指表现较好的学生所存在的某些差生行为。差生行为表现在每个学生身上,只是程度不同而已,有的少些,有的多些。"差生行为"这个概念所包含的内容不仅限于品德和学业方面,还包括个性心理特征和体育锻炼等方面,只要是不利于学生全面和谐发展的行为,均属差生行为。

1. 差生行为的表现特点

据我国有关的调查材料分析,差生行为主要表现在品德、学习两个方面。前者表现为虚伪,不诚实,不守纪律,对低级庸俗的事津津乐道,容易失去信心,意志薄弱,自制力差,不接受批评,等等;后者表现为对学习不感兴趣,学习不专心,学习成绩差,等等。

2. 差生行为形成的原因

学生的成长与发展受到家庭、学校、社会等因素的交互影响。因此,差生行为形成的外部原因也是这三种因素作用的结果。

(1) 家庭不良教育的影响。一是指父母的品德修养差、家庭不和睦影响学生心理健康发展和良好品德的形成。二是指缺乏正确的教育方法，主要表现为对子女娇惯，百依百顺，养成子女懒惰、骄横等不良个性。三是对子女缺乏正确的要求和期望。或望子成龙心切，对子女期望过高，导致子女的逆反心理；或对子女放任自流，既不关心其学业成绩，也不管其道德品质。除这三种表现之外，最普遍的表现是多数父母只关心子女成长的"结果"，而不过问其"过程"。他们只关心子女学习成绩的好坏，对子女是否遵守社会道德规范莫不关心，对子女在成长过程中所遭受的困难、挫折不提供引导、帮助，对子女行为表现上的失误不进行分析，一概采取打骂的态度和措施，使子女失去对父母的信赖，将家庭视为"家庭监督所"，从而使家庭失去了教育的意义。

(2) 学校教育的失误。学校教育的失误主要表现在领导方面和教师工作上的失误。前者表现为办学思想上所存在的问题，较为突出的就是片面追求升学率，忽视学生的全面发展和个性培养，只抓智育，放松德育，以致培养出来的学生缺乏个性，缺乏创造性，存在着严重的差生行为。后者表现为教师缺乏责任感，素质差，忽视对学生学习兴趣的培养。

(3) 社会不良风气的影响。社会上一度存在的轻视知识、崇拜金钱、权力至上的社会价值观对学生有所误导，使学生信奉"读书无用论"，沾染不良的市侩气。一切向钱看、走后门、以权谋私等不良社会风气对学生产生了不良的影响。另外，低级庸俗的社会文化也对学生的心灵造成了一定程度的危害。

此外，还有学生自身的原因，如厌学、意志薄弱、受挫后感到心灰意冷、缺乏上进心等，都是差生行为形成的内部原因。

3. 防治差生行为的教育措施

首先，社会应为学生创造良好的条件，使学生的品行得以健康发展。其次，要重视学生非智力因素的培养。再次，要加强家庭与学校的联系。与此同时，还要加强和提高教师的素质和教育水平。

第三节 师生关系

一、师生关系的一般概述

教师在教育过程中要同所有教育活动的参与者发生关系，其中，教师和学生的关系是最基本、最经常、最主要的关系。师生关系是在教育过程中，为完成共同的教育任务进行交往而产生的关系，并在教育过程中不断地发展变化，它关系着教育任务是否能够顺利完成。

师生关系存在诸多侧面，就师生之间在教育过程中的交往和关系看，主要有教育关系和心理关系两个方面。

（一）师生间的教育关系

师生间的教育关系，是由师生在教育过程中各自的地位、知识、经验所决定的。在教育过程中，学生在一定程度上依赖教师，又有一定的独立性，因而师生交往过程中难免不产生矛盾。具体表现在以下几个方面：

（1）目标上。教师拟定目标，既要以教育目的为依据，又要符合学生自身的特点；而学生对学习目标的确立，虽然要考虑教师的要求，但受个人经验、能力、兴趣等影响较大，如果双方确立目标的差距较大，则会产生矛盾。

（2）要求上。教师对学生的要求往往从良好的主观愿望出发，有时超出学生的实际水平和承受能力，表现出过高、过急；学生虽要考虑教师的要求，但一旦经过努力达不到这些要求时，师生之间就会产生矛盾。

（3）态度上。在教育过程中，师生双方积极、主动，态度一致，有利于教育活动的开展；如果某一方消极、被动，教育活动的开展就会向相反的方向发生作用。比如，教师教学不认真，会给学生学习造成困难；同样，学生学习不努力，也会使教师难以完成教学任务。

(4) 作风上。教师采取民主平等的作风，教育活动容易产生好的效果；相反，教师采取专制或放任的作风，教育活动就难以奏效。

(二) 师生间的心理关系

在教育过程中，始终存在着师生间的心理沟通和交流。这种沟通既有认知因素，也有情感因素。通过这种交往、交流，师生之间可以建立起友好、谅解、亲近、依赖的关系，形成有利于教育过程的最富有情感的环境。

1. 认知关系

师生间的认知关系，是师生心理关系的基础。师生彼此在教育活动中正确认知，有利于教育目的的实现。

在建立师生正确的认知关系方面，教师处于主导地位。如果教师心存偏见，对自己喜欢的学生只看其优点，对自己不喜欢的学生只看其缺点，就会形成不正确的认知关系。而学生通过与教师交往，也会对教师进行评价，但学生的评价有时也可能是错误的。学生对教师的错误认知，可以通过教师的正确认知和态度，以及严于律己的表率作用而逐步得到纠正。所以，在建立良好的认知关系方面，教师应注意发挥主导作用。

首先，教师应特别注意多给学生以积极、肯定的评价。教师的公正、正确、求实的评价，可以赢得学生对教师的肯定的认知和理解；同时，这反过来又会强化教师对学生的信心。这样，有利于师生良好认知关系的建立和保持。其次，由于师生职能不同，认知经验和价值观不一，有时彼此会出现认知不协调的现象。例如，教师认为自己的言行是符合教育要求、无可指责的，学生却不以为然。这时就需要教师来一个“心理位移”或“情感移入”，即把自己放在学生的位置上来看待自己，进行自我解剖，不断提高自身的修养。

2. 情感关系

教育活动是一种特殊的劳动,参加教育活动的双方都是有血有肉的各具特点且又感情丰富的人,因而教育过程中师生之间的感情必然会相互影响、相互作用。在师生感情双向的交互作用中,起主导作用的无疑是教师。教师是师生情感交互影响的发源者;学生接受教师的教育,则要通过自身的情感网络的过滤和催化,这种过滤和催化又影响着教师情感的释放和调整。因此,教师和学生双方的情感在相互影响的过程中,存在着互为因果的动态关系,一方积极的行为和情感会引起另一方相应的情感体验和积极行为。

1968 年,罗森塔尔和雅各布森对小学生做了一次所谓的潜力测验(实际上是一般的智力测试),然后在各个班级随机抽取少数学生,告诉他们的老师说:这些学生是最有发展潜力的学生,要求教师注意观察,但不要告诉学生本人。几个月后发现,这些学生的学习成绩比其他学生进步快。十分明显,由实验者提供的信息所引起的教师对学生的期望或明或暗地传递给学生,学生也会按照教师期望的方式来塑造自己的行为。

因此,教师对学生倾注真情实意,学生一旦感受到教师对自己的挚爱之情,他们对教师的尊敬、依恋、喜欢、信赖等情感也会油然而生,并欣赏教师的所作所为。具有这种心态的学生,觉得教师的言谈、举止都是美好的。此时教师和学生之间就有一条和谐的纽带,将他们双方牢牢地系在一起。教师的期望变成学生行为的方向,而学生的行为又反馈给教师,使教师看到自己在学生心目中的地位,感到成功的喜悦和满足,从而进一步增强责任感。这种良性循环的实现,关键在于教师修养的提高。

反之,师生关系紧张,师生情感疏远,学生对教师提出的要求不论是否合理,一概拒绝,这样教师必然产生失败的情感体验,从而对学生更冷漠,更不喜欢。师生在这种关系下,感受到沉重的心理负担，其教学效果就不言而喻了。

二、师生关系中的情感矛盾

1. 教师滥用权力引起的情感矛盾冲突

在教育过程中，师生处在不同的地位，拥有不同的责任和权利。教师是教育的组织者、管理者，拥有评分、奖惩、选拔干部、评“三好学生”等权利。如果教师能恰到好处地运用这些权力，师生之间就会产生融洽的感情；如果教师滥用权力，强迫学生接受自己的意见，就会使学生产生抵触的情绪，从而导致师生关系的紧张。

2. 师生目标不一致引起的情感矛盾冲突

在教育过程中，师生的目标是否一致，是教育效果好坏的前提条件。如果教师提出的目标是切实可行的，经过细致的工作，可以转化成学生自己的行为目标，而学生经过努力达到了目标以后，就会感到满足、成功和自信，从而使师生之间产生和谐信任的关系。如果教师提出的目标偏离学生的实际水平，而且采取强硬的措施加以贯彻，就会引起学生的不满和怨恨，拉大师生之间感情上的距离。

3. 年龄差距引起的情感矛盾冲突

教师和学生由于生活经历不同，思想、观念、审美情趣、习惯等存在差别，如果教师固执己见，把自己的兴趣、爱好、审美观强加给学生，那么师生之间势必产生矛盾，造成情感的对立。因此，作为教师要以角色换位的方式去理解学生，学会用青少年学生的眼光看待世界，即使学生中存在一些不健康的思想、观念、审美情趣，也要耐心地帮助教育。这样，师生之间才能做到心理相容。

4. 教师不尊重学生引起的情感矛盾冲突

学生对教师的态度十分敏感。如果一个教师对部分学生特别好，而使另一部分学生受到冷落；或者以不平等的态度对待学生，用简单粗暴的方法压制学生甚至辱骂学生，就会损害学生的自尊心,引起学生的反感,造成师生情感对立。

明确这些问题,对于化解师生矛盾、改善师生关系是有好处的。

[思考与练习]

一、名词解释

教师的职业声望　角色　师生关系　罗森塔尔效应

二、问答题

1. 如何衡量教师的社会地位?它受到哪些因素的影响?

2. 为什么说教师的劳动是一种复杂的创造性劳动?

3. 教师的劳动在社会主义现代化建设中起什么作用?

4. 请你谈谈对教师职业专业化问题的看法。

5. 为什么说教师既要具备所教学科的专业知识,又要具有广博的文化科学知识?

6. 一位合格的中学教师应该具备哪些基本的能力?你打算怎样提高自己的这些能力?

7. 简要地说说教师应具有哪些职业道德,为什么必须对教师提出这些要求。

8. 你认为怎样才能建立良好的师生关系?

第五章 教育制度

[内容摘要]

教育制度是一个国家各种教育机构及其教育规范体系的有机整合,是教育组织体系与教育保障体系有机结合的制度系统。主要内容包括:学校教育制度、教育管理制度、学校内部管理制度和教育财政制度。其主体部分是学校教育制度。

我国当代的学校制度由学前教育、初等教育、中等教育、高等教育、中等职业技术教育、成人教育和师范教育七个部分构成。其主体是“六三三四”制。

[学习目标]

1. 掌握教育制度、学制、单轨制、双轨制、分支制、义务教育、终身教育等基本概念。

2. 了解教育制度的类型和结构、现代教育制度的形成、我国现代学制的沿革概况,以及我国教育制度的现状。

3. 理解和掌握教育制度形成的依据、教育制度的基本内容。

第一节 教育制度概述

一、教育制度的内涵

(一) 概念界定

教育制度可分为广义和狭义两种。从广义来说,教育制度是一个国家各种教育机构的体系,包括学校制度和管理学校的教育行政机构体系。从狭义来说,教育制度即学校教育制度,简称学制，指一个国家各级各类学校的体系。它规定各级各类学校的性质、任务、入学条件、修业年限以及它们之间的衔接和关系。但通常讨论的只是教育的施教机构系统，即学制。在现代教育制度形成的过程中，最先形成和完善起来的是学校教育系统，因而最初的教育制度就是学校教育制度。随着现代教育的发展，各级各类学校教育机构进一步完善，校外儿童教育机构和成人教育机构也得到了很大的发展，已形成了以学校教育系统为主体的包括各种校外施教机构系统在内的更为完整的教育机构系统。所以，教育制度的范围已不限于学校教育制度了。现代学制的范围也由原来的学校教育制度，扩大到了包括幼儿教育机构系统和成人教育机构系统在内的整个教育施教系统。有鉴于此，可以将教育制度界定为：教育制度是一个国家各种教育机构及其教育规范体系的有机整合，是一种教育组织体系与教育保障体系有机结合的制度系统。其中，教育组织体系是教育制度的载体，它包括教育机构和教育管理机构。教育保障体系是指保证教育组织体系正常、有序运作的制度，包括教育方针、政策、法律法规、规章制度、经费拨款方式等学校教育制度。教育机构与教育保障体系的有机结合，形成教育办学与投资体制；教育管理机构与教育保障体系的有机结合，形成教育管理体制；教育实施机构与教育保障体系的有机结合，形成学校内部管理体制。

（二）教育制度的基本特点

一般而言，与其他社会制度相比较，教育制度具有以下几个特点。

1. 教育制度具有公共性的特点

教育活动可以给个人带来一定的效益，个人是教育活动的主体，但国家和社会是教育活动的更大收益者，也是教育活动的最重要的主体。在教育活动的实践中，个人和社会团体等都可以投资教育，成为教育活动的投资主体，但是，对于教育投资所产生的各种效益，他们却不可能成为唯一的受益主体。也就是说，教育活动所产生的效益并不具有排他性，而是整个社会都可以获益的。因此，教育活动应该主要是一种社会和国家的行为，社会和国家应该成为教育活动的主要投资者。在现代社会中，虽然存在一定的个体和社会团体举办教育，但国家一直是教育活动或教育机构的主要举办者，而且，无论谁举办学校，国家都是教育活动的管理者。因此，教育制度更多地是调整公共性活动的规范体系。

2. 教育制度具有派生性的特点

在整个社会的制度结构中，家庭和经济制度属于本原性的制度，是最基础性的社会制度，而教育制度和政治制度等都属于派生性的社会制度，是随着社会发展和进步而不断产生和形成的，是伴随人们接受教育的需要不断扩大、社会教育活动的内涵日趋复杂而产生和发展的。这种派生性的制度又是受本原性制度所制约和规定的，并在一定程度上已经具有了本原性制度的某些属性。

3. 教育制度具有实体性的特点

教育制度是具体的，包含着特定的现实内容，这可以从三个层次上加以理解：其一，教育基本制度。它是教育方针的主要体现，通常表现于国家宪法、教育基本法律或教育基本政策之中，如义务教育制度、成人教育制度等。这一方面内容充分显示，教育制度是整个社会制度的组成部分。其二，教育具体制度。教育具体制度指各种具体的教育行为规范、办事程序和运作机制，主要包括学校教育制度、教育管理制度、学校内部管理制度、教育财政制度等。教育具体制度确立了教育活动区别于其他社会活动的性质。其三，教育实施机构。这是教育制度赖以发挥作用的基础，主要包括各级各类学校和校外教育机构。依托这样的基础，教育制度的复杂性、多样性和层次性得以展现，教育的价值也是在这样的基础上发挥出来的。

(三) 教育制度对于教育活动的意义

1. 教育制度的建立和形成有助于教育活动内部的统一性和系统性

就一个社会系统而言,教育活动内部的各种因素之间的协调,不同层次教育之间的结合,或者是不同地区之间的教育的统一,都是十分重要的。这种协调和统一有赖于建立一套系统而完善的教育制度,这样才能保证教育目标的实现和国家教育方针的贯彻落实,以及教育价值的实现。例如,通过建立国家义务教育的一系列制度,我们可以保证整个国家义务教育的基本实现;又如,通过国家对学校教育制度的一系列规定,我们能够基本保证各级各类学校的衔接和不同类型人才的培养。

2. 教育制度的建立和形成有助于教育活动和其他社会因素之间的协调发展

任何教育活动的进行和实现,都必须与各种其他社会因素相互联系,并且要依靠各种社会条件。而教育活动与社会的关系能否和谐发展,需要一定的规范和制度进行协调和整合。例如,通过国家有关教育经费的基本规定,我们才能够有理由要求提高对教育的投入;也正是凭借国家关于义务教育的基本规定,政府才能够对违反这种规定的各种行为进行必要的处罚和制裁。

3. 教育制度的建立和形成是促使人们在教育活动中达致认同的基础

教育制度使教育者和受教育者对教育活动的基本目标和价值,以及教育活动的基本要求等达到一种基本的认同。这种基本的认同既包括对人们行为的要求,也包括对人们思想的引导,而且,它还成为教育活动中判别各种是非的基本标准。例如,关于教师的一系列规定,就成为我们录用和聘用教师的基本标准,以及衡量教师行为适当与否的尺度。

二、教育制度建立的依据

任何国家的教育制度的建立，都是从本国实际出发，为本国现实服务的。由于各国的现实不尽相同，所以各国的教育制度存在不少差异。

（一）教育制度的建立受社会生产力和科技发展水平的制约

纵观世界各国学制的发展，无不与社会生产力发展水平和科技发展状况密切相关，学校教育制度的建立必须满足社会生产力发展和科技发展的要求。古代教育制度所表现的特征，如学校范围狭小、学校类型单一、教育结构不完备等，是因为在当时的生产力水平下，生产劳动表现为极其简单的过程和程序，而且以体力劳动为主，劳动力不需要经过学校培养就能从事劳动，因而对教育没有客观需要，在一定程度上限制了教育的发展。相反，随着生产力水平的提高，科学技术的发展，对劳动者的要求越来越高，要求劳动者掌握适应大工业生产的文化科学知识，于是对教育提出了新的要求。例如，在18世纪70年代以后，随着科学技术的发展和大工业的出现，传统的手工劳动被机器生产所代替。资产阶级为了适应工业革命的需要，要求培养大量熟练的技术工人，于是开始实行义务教育，增设各种职业学校，并注意各级各类学校之间的衔接。而工业革命所带来的经济繁荣，则使政府有可能把发展教育的设想变为现实，所以，西方发达资本主义国家的现代教育制度基本上是在19世纪末资本主义兴盛时期建立起来的。进入20世纪以后，特别是最近几十年，一些资本主义国家频繁地进行教育改革，调整学校教育制度，倡导教育机会均等，延长义务教育年限，加强职业技术教育，提倡终身教育等，这一切都是为了适应社会经济发展和科学技术发展的要求。可以说，社会经济的发展和科学技术的发展对教育所提出的要求，是各国现代教育制度产生和发展的最根本的因素。

(二) 社会政治、经济制度是制约教育制度的重要因素

教育制度是一个国家政治、经济制度要求的反映,社会政治、经济制度对教育制度的制约是通过国家政权来实现的。教育结构的确立与调整,教育制度的颁布与实施都是国家政权机关进行的,而国家的各项决策是以适应本国政治、经济制度为根本准则的。在18世纪法国资产阶级革命之前,欧洲大陆君主专制国家是由地主、贵族、僧侣统治的,他们按照等级设置学校,不同等级的人只能按照其社会地位进入不同等级的学校,这种等级森严的学校教育制度,是为了维护封建地主阶级的统治的。资产阶级在取得统治地位以后,把等级学校变成了阶级学校。这是一个历史进步,有了一些教育平等的味道,即不论出身贵贱,只要缴纳学费就可以入学,并通过相互衔接的学校系统可以进入上层社会。但是新学制的学习年限长,而且要缴纳昂贵的学费,贫困的劳动人民子弟还是只能望而却步。19世纪70年代以后,欧美工业生产发展很快,各国之间开展了激烈的市场竞争,各国都把教育作为经济上竞争、军事上对抗的重要手段,于是提出了普及义务教育的口号,这在客观上为劳动人民子弟接受教育提供了机会。可见,古代学制结构单一是由其中心任务——培养统治阶级的继承人所决定的,而现代趋于完备的教育制度也是与现代社会的政治、经济制度相适应的产物。

(三) 对学生身心发展规律的认识制约着学校教育制度的发展

学生是学校教育的对象,所以确立学校教育制度必须考虑学生的身心发展规律,这是学校教育制度确立的一个重要依据。制定学制,确定儿童的入学年龄和修业年限,确定各级各类学校的分段和衔接,升级升学制度中某些弹性限度的规定等,都要考虑到学生身心发展的阶段性和连续性要求。人的身心发展从来都是有规律可循的,但人们并不是一开始就意识到这一点的,因而学校教育

制度也不是一开始就严格遵循人的身心发展规律来建立的，而是有一个相当长的探索过程。例如，早期的学制规定的学生入学年龄都偏晚，对学前教育也未予以重视，早期开办幼儿教育的国家也只是把它作为一种慈善事业、福利事业，而不是教育事业。这固然有经济、文化传统等多方面的原因，但主要是没有认识到儿童早期教育的重要性和可能性。而当代，各国在确立学校教育制度时，普遍依据心理学与脑科学的研究成果，依据学生身心发展的规律，调整教育结构和完善学制。

（四）教育制度的建立受各国历史条件、文化传统的影响

中外教育史研究表明，任何一个国家教育制度的建立与发展，都不能忽视外国教育制度的有益经验。但各国的教育制度又总是根植于本国的历史文化土壤之中，即使从国外引进也会或多或少地根据国情而加以改造。由于各国的历史条件、文化传统、教育传统不同，所以教育制度各具特色。例如，我国教育史上第一个完整的学制——壬寅学制，虽然它基本照抄日本的学制，但还是加上了一点“中国特色”：一是该学制没有女子教育的地位，二是将各级学堂卒业者分别授予附生、贡生、举人、进士等出身，使之带上了科举制度的印痕。日本在 19 世纪 70 年代颁布的第一个学制，仿效的是实行中央集权制的法国的学校系统，由于这种做法不符合日本的文化传统，因而引起国民的不满，到处发生捣毁学校事件，使学制改革计划无法实现，推行几年后不得不废除。

第二节　教育制度的基本内容

现代教育制度是人类进入现代社会后的产物，它的内涵丰富纷繁，已形成比较系统和比较完善的教育制度系统。它的主要内容包括学校教育制度、教育管理制度、学校内部管理制度、教育财政制度以及其他相关制度。

一、学校教育制度

学校教育制度也叫学校系统,简称学制。它指的是一个国家各级各类学校的系统,它规定各级各类学校的性质、任务、入学条件、修业年限以及它们之间的衔接和关系,它反映的是各级各类学校教育内部的结构及其相互关系。

学校教育制度是教育制度的主体,一定社会或一个国家的教育方针、教育政策和教育法规主要是通过学校教育制度来体现的。学校教育制度的本质是从制度上保证教育方针政策的实施和培养目的的实现。学制合理与否关系着教育事业的发展、教育质量的提高,关系着民族素质的提高和国家所需的各级各类人才的培养,从而也对国家经济和社会发展产生极其重大的影响。一个国家建立了相对稳定的学校教育制度,教育行政机构对学校的性质、任务、学生入学条件、修业年限以及不同层次和类型学校之间的衔接关系等方面的规定就相对稳定,各级教育行政机构就可以借助学校教育制度对学校教育实施有效的管理。从某种意义上讲,学校教育制度的完善程度反映着一个国家教育事业的发展水平。

(一) 学校教育制度的类型

由于各国的政治制度、经济制度、文化传统以及教育发展的历史各不相同,因而各国学校教育制度在形成和发展过程中也会各具特色,大致可以归纳为三种类型,即单轨学制、双轨学制和分支制。

1. 双轨学制

双轨学制指两种不同形式的学校系统,彼此平行,分头进行,以完成各自的教育任务的学校教育制度。在18、19世纪西欧的生产和经济发展背景及其特定的历史文化条件下,教育也随之发生了变化,由古代学制演变而来的,带有等级特权的学术性现代学校和新产生的供劳动人民子女入学的群众性现代学校,都同时得到了比较充分的发展，于是就形成了欧洲现代教育的双轨制：一轨是统治阶级及所谓上流社会享用的学校，是为培养统治者服务的，其发展是自上而下的，即先有大学，后有中等预备学校（文法学校），再后有初等教育性质的文法学校的预备学校；另一轨是为劳动人民子弟设立的，是为市场培养廉价劳动力服务的，其发展是自下而上的，即先有小学，后因工业社会发展需要而设立职业学校——先是与小学相连的初等职业教育，后发展为和初中联结的中等职业教育。双轨制是两个平等的系列，两者互不沟通，也不相接，最初甚至也不对应，具有明显的等级性，这样就剥夺了在群众性学校上学的劳动人民子女升入中学和大学的权利，使社会各阶层接受教育的机会不均等。

双轨学制，由于和第二次工业技术革命，特别是和第三次工业技术革命时代的大生产的矛盾越来越尖锐，以及与这两次工业技术革命所推动的普及教育，由初等教育向初中教育甚至高中教育的发展相矛盾，从而引起了双轨学制的大变革。

2. 单轨制

单轨制是一个自下而上的体制，即小学、中学而后可以升入大学。其特点是一个系列，多种分段。单轨制最早出现于美国，后被世界许多国家所接纳。该学制在建立之初就注意各级各类教育在结构上相互衔接，上下沟通，保证各阶级的子女都可以进同一学校，接受相同的教育。单轨学制有利于教育逐级普及，对现代生产和现代科技的发展具有深刻的影响。

3. 分支制

分支制是指介于单轨制和双轨制之间的一种学制。这种类型学制在基础教育阶段是共同的，儿童在接受了共同的基础教育后再行分流，一部分人继续接受普通教育，另一部分人接受职业教育后就业，就是说在基础教育阶段实行单轨，而在基础教育之后的各阶段则实行双轨。

分支制是在20世纪20年代后开始出现的，最早出现在苏联。沙俄时代采用的是欧洲的双轨制，十月革命后，建立了单轨的社会主义统一劳动学校系统。后来在发展过程中，又恢复了帝俄时代文科中学的某些传统和职业学校单设的做法，于是就形成了这种兼有单轨制和双轨制特点的分支制。它不同于双轨制，因为它一开始并不分轨，而且职业学校的毕业生也有权进入对口的高等学校学习。毕业后，少数优秀生可直接升入对口高等学校，其余的工作三年后也可以升学。但它也有别于双轨制，因为它进入中学阶段又开始分叉。这种学制的中学，上通（高等学校）下达（初等学校），左（中等专业学校）右（中等职业技术学校）畅通，这就是这种学制的优点和特点。

（二）学制的构成

由于各个国家经济、政治、文化等社会背景千差万别，所以各国的学制性质、状况及其发展也各不相同，但从学制构成来看，基本上都包含学前教育、初等教育、中等教育、高等教育、职业技术教育、师范教育和成人教育等组成部分。

1. 学前教育

作为公共教育的现代幼儿机构，是从18世纪末随着工业革命的步伐而产生、发展的。工业革命促进了生产力水平的提高，使大批的劳动力包括妇女劳动力进入市场。妇女就业造成了不少幼儿无人照顾、流落街头等现象，形成了严重的社会问题。因此，建立专门的幼儿公共教育机构来照顾幼儿便成了一种社会需要。1770年，法国牧师奥柏良（Jean Frederick Oberlin，1740—1826）办了一所慈善性质的“编织学校”，招收本教区贫民的3岁以上的幼儿。该校是法国幼儿学校的开端，也被认为是现代幼儿教育机构历史的开端。此后，英国的空想社会主义者欧文、德国教育家福禄贝尔也分别在英国和德国创办了本国的第一所幼儿园。

随着工业革命的继续，社会对幼儿教育的需求日益提高，各国幼儿教育机构迅速发展。各国政府纷纷通过立法的形式确立了幼儿教育在整个教育体系中的地位和作用。幼儿教育的性质也在发展变化,已从以保育为主走向以教育为主。幼儿教育机构在不少国家已被列入学制系统,成为国民教育体系的组成部分,成为终身教育的一个有机组成部分。在我国,1904 年清政府在《奏定学堂章程》中规定设蒙养院,至 1922 年改名为幼稚园,现在称为幼儿园。

2. 初等教育

初等教育是对学龄儿童和青年、成人进行读、写、算以及自然和社会常识等基础教育。对儿童实施初等教育的学校为小学。中国自西周起有“小学”,后各代官学中的四门小学、私学中的蒙馆和义塾等都属于初等教育的范围。中国公立小学在 1902 年《钦定学堂章程》的学制中得以确立。

在 15 世纪前,欧洲的初等学校主要由教会兴办,招收贵族子女,教学组织不正规,具有浓厚的宗教性、等级性和非正规性。随着社会的发展,初等教育的范围有所扩大,出现了一些由教会和慈善团体为劳动阶层子女开办的世俗初等学校。后来由于工业革命的兴起,对广大劳动者进行最基本的文化教育成为社会的迫切要求,欧洲各国初等教育的规模逐渐扩大。到了 19 世纪,随着社会生产的进一步发展,各国政府开始从教会手中取得教育的领导权,纷纷兴办公立小学,向儿童传授简单的读、写、算的知识与技能,灌输资产阶级的道德精神。从 19 世纪后半叶起,欧洲各主要国家初等教育进入大发展阶段,它们相继通过立法建立国民教育制度,推行以普及初等教育为主的义务教育制度。英国 1870 年颁布《初等教育法》,建立了 5 ~ 12 岁的七年初等义务教育制度。德国 1872 年颁布《普通教育法》,规定 6 ~ 14 岁的八年初等教育为义务教育。法国于 1881 年和 1882 年先后颁布教育法令,规定对 6 ~ 13 岁儿童实施免费的、世俗的初等义务教育。

3. 中等教育

（1）中学。欧洲中世纪的基督教学校、行会学校是现代中等教育机构的前身，但现代意义上的中学产生于16世纪。1537年，德国教育家斯图尔漠（Johanns Sturm，1507—1589）被任命为斯特拉斯堡城市立拉丁学校的校长。斯图尔漠以人文主义原则为指导，对该校进行了改革。他把学校分为10个年级，儿童7岁入学，17岁毕业，每年都有隆重的升级仪式；学习的课程有拉丁文、希腊语、音乐、修辞学、逻辑学、初等数学、几何学、天文学、戏剧表演等，课程的门类和内容随着年级的升高而逐渐扩展。很快这所学校就成为当时欧洲最著名的拉丁学校，也是历史上第一所文科中学。当时，这类学校的名称在不同国家也不尽相同，在英国就叫文法学校或公学，在德国和法国叫文科中学。这类学校的一端并不和小学衔接，而是和预备学校或预备班衔接；另一端则和大学相衔接，它们的教学目的都是为大学培养预备生和为教会、国家培养僧侣、官吏，因此我们把它们统称为古典文科中学。

在18世纪初，商业和手工业的发展对管理人才和技术人才提出了需求，于是在欧洲出现了以学习自然科学和现代外语为主要课程的实科中学。有代表性的如1708年德国教育家策姆勒首创的“数学、力学、经济学实科中学”；同一时期，法国圣乐会创办的教授数学、物理、地理、历史，在低年级用法语教学的具有实科方向的中等学校；1701年在莫斯科创办的数学航海学校；等等。

实科中学的出现是中等教育发展史上的一个里程碑，这意味着中等学校向现代学校的方向迈出了决定性的一步，它担负着升学和就业的双重任务。比起古典文科中学来，实科中学更适应生产和国民经济的需要，更接近生活，它具有更鲜明的现代中等学校性质。随着社会的进步，古典文科中学和实科中学都得到了改进与发展，逐步变成了完善的现代中等学校。

（2）初级中学。从19世纪末到20世纪中叶，发生了以电气化为标志的第二次工业技术革命,对劳动者的文化程度提出了更高的要求。于是发达的资本主义国家把义务教育年限延长到了八到九年。所延长的这部分义务教育,在各国尽管名称不同,英国叫现代中学,法国叫市立中等学校,德国叫初级中学,但事实上都是初中教育。

(3) 高级中学。从20世纪中叶起进入了以电子计算机为标志的第三次工业技术革命的时代。这个时代,各种新技术在生产上广泛应用,引起了生产和劳动性质及整个社会生活的革命性变化,同时对劳动者掌握科学技术知识提出了新的要求。由于脑力劳动者的人数和比例越来越大,体力劳动者的脑力劳动因素也在日益增加,每个生产者就必须具有高中或高中以上的文化程度,才能满足当前和今后日益发展的生产和社会生活的要求。因此,从20世纪中叶起,各发达国家的教育都经历了进一步延长义务教育年限、提高教育水平、普及完全中等教育和高等教育大发展的时期。

4. 高等教育

(1) 中世纪大学。12世纪产生的西欧中世纪大学是现代高等教育机构的雏形。中世纪大学最早产生于意大利、法国和英国,既有教会创办的,也有市民自发成立的。比较著名的有英国的牛津大学、剑桥大学等。这些大学一般设文学科、神学科、医学科和法学科。大学设有学位制度,通过考试确定学位候选人资格。中世纪大学与古代大学相比,已有了很大区别,基本上具有了现代大学的内涵。

(2) 大学和高等学校。现代大学和现代高等学校是随着市场经济和现代科技的发展而发展和完善起来的。它的发展途径有两条:一条是通过增强人文学科和自然学科,把中世纪大学逐步改造而成的,如牛津大学、剑桥大学和巴黎大学;另一条是新创办的大学和高等学校,如伦敦大学、洪堡大学、巴黎高等师范学校。

(3) 短期大学。20 世纪中期以来,随着现代生产、现代科技的大发展,高中教育走向普及,高等教育也走向大众化,出现了短期大学。

(4) 研究生教育机构。由于现代生产和现代科技的发展,引起了对高级科学技术人才和教育人才的需求,这就要求部分大学本科生毕业后进一步攻读高级学位。于是 19 世纪初在德国产生了现代学位(哲学博士)之后,又产生了现代研究生教育机构。到了 20 世纪,研究生教育机构已成了不少发达国家学制的组成部分。20 世纪中期以来,研究生教育更是得到了长足的发展,以惊人的速度增长着。

5. 职业技术教育

现代职业技术教育兴起于 18 世纪后期。适应电气化生产的劳动者不但应具有初中文化水平,而且还应有一定的职业技术技能,传统的学徒制已不能满足这个要求了。为此,以传授现代生产科学原理为主要任务的职业技术学校应运而生。许多发达国家先后通过了各种职业教育法令,在发展初中水平教育的同时,也大力发展这个阶段的职业教育。德国早在 18 世纪 40 年代末就创立了柏林实科学校,1919 年决定对 14 ~ 18 岁的青少年继续实施义务的职业教育。同年,法国通过《阿斯蒂埃法》,规定每个市镇设立一所职业学校,对 18 岁以下青少年实施免费的和义务的职业教育。美国于 1917 年通过了《史密斯—休士法案》,在全国范围内建立中等职业学校,把普通中学办成综合中学,设立职业科,开设各种职业选修课程。

19 世纪末到 20 世纪初,随着第二次工业革命的兴起,职业技术教育得到了蓬勃发展,各国先后通过立法建立正规的职业技术教育制度,职业技术学校具有初、中、高三个层次。

6. 师范教育

"古之学者必有师。"但古代没有专门培养教师的师范学校,有知识、有经验的人都可担任教师。直到17世纪末期，才产生了师资培养的机构——师范学校。1684年，法国神父拉萨尔(J. B. de Lasalle)在兰斯首创师资训练学校。但现代师范教育是在各国普及义务教育的基础上建立起来的。18世纪60年代第一次工业革命发生之后，普及义务教育成为实现工业化的必然要求，儿童入学率随之提高，教师的需求量越来越大，欧洲各国都重视师资的培养，纷纷建立师范教育体系。

7. 成人教育

成人教育是现代社会的产物，产生于18世纪以后，是西方政治、经济、宗教等因素综合发展的结果，是以在生产上运用科学技术为特征的大生产的产物。随着欧美等国家资本主义制度的建立和工业革命的发生，急需培养民众的民主思想及政治能力，向劳动者传授新知识及技能，提高他们的生产能力。

英国是成人教育的先驱。初期的成人教育带有浓厚的宗教色彩，多为补习性质。1799年，英国基督教知识促进会设立成人夜校，教贫穷的人读书、写字、计算，目的是使一般穷人能读《圣经》，接受上帝的福音，成为宗教的信徒，这是英国成人教育的第一声。此后，另一类为适应大工业生产的需要，教给一般民众基本知识、技能的成人学校不断出现，如创办工人学习班、民众学院等。美国设立的成人教育机构有公立图书馆、夜校、游行讲演团、工人学院、女工暑期学校、博物馆等。19世纪70年代以来，欧洲各国用立法的形式确立了成人教育的地位，从而促进了成人教育的发展。

当代，由于知识创造周期和知识陈旧周期的大大缩短，人们在劳动生活中需多次更新知识，才能适应人员流动和改行转业的需要，于是，成人教育蓬勃地发展起来，并成为当代教育制度的一个重要组成部分。从另一个方面看，由于科技和社会的进步，劳动者闲暇时间的增多，以及个性多方面发展的需要，成人接受多方面的教育已经成了人们的一种精神追求。

总之,现代教育制度正在向终身教育制度发展,并将成为完善的终身教育制度。

二、教育管理制度

教育管理的核心是平衡中央政府、地方政府和学校之间的职责、权力和利益关系。由于各国的政治、经济、社会、文化和历史传统的差异,每个国家都形成了自己各具特点的教育宏观管理制度,呈现出不同的类型。纵观世界各国教育宏观管理权限的划分,归纳起来大体上可分为三种类型:中央集权型、地方分权型、中央集权与地方分权相结合型。侧重中央集权型的国家如法国、泰国、韩国等;侧重地方分权型的国家如美国、加拿大等;实行中央集权与地方分权相结合的国家如日本、英国等。总的趋势是大国、经济社会发展不平衡的国家实行地方分权制的居多,小国、经济社会发展比较平衡的国家实行集权制的居多。

1. 中央集权制

又称中央集中制,是指中央政府直接领导和管理教育事业的制度,地方办学的一切举措都必须依据中央所制定的法律、政策和规章施行。在这种模式下,地方政府和学校在教育管理方面拥有的权限很少,学校和地方政府与中央政府基本上形成了依附关系。以法国为例,该国中央政府设教育部,全国分为27个大学区,大学区的首长称大学区总长,由总统任命,代表中央教育部长行使权力,管理本学区内各级各类教育,其中管理重点是中等教育;在大学区下按省份设初等视学区,省一级教育行政首长是大学区督学,代表大学区总长行使职权。在中央、学区和省级三层管理体制中,中央是核心,而学区和省级教育管理机关只是协助中央管理和处理具体教育事务。教育部享有非常广泛的权力:纵向方面领导大学区、初等视学区,管理省内大部分初等教育和一部分中等教育行政,还对师范教育进行监督;横向方面领导和监督管辖区内所有公立、私立教育机构,不仅规定教育方针、教学大纲和课程,而且还统一规定学校的教学方法、考试时间和内容,管理公立、私立学校教职人员,制定公立学校章程,监督指导私立学校,确定教育预算等。整个指令从上到下,一贯到底,几乎全国统一,没有地区差别。

中央集权制的长处在于:有利于统一教育的目的、方针政策,使国家的整体利益得到实现;有利于集中国家的财力、物力,按照国家的某项需要实施重点发展,保证国家的重点人才需要;有利于国家通过行政干预对教育事业的管理与控制,推动教育事业的改革与发展;并且,有利于保持各地区教育的平衡发展,消除教育机会不均等现象。其弊端在于:一是地方政府和教育行政机关缺乏自主权,限制了办学的积极性,产生依赖心理;二是整齐划一的目标模式,压抑人的个性发展,培养出的人才不能适应当地经济社会发展需要;三是难于发挥社会、集体、个人的办学积极性;四是机构臃肿,管理费用过高,中间环节过多,权责界限不明,行政效率较低。

2. 地方分权制

是指地方政府或地方教育行政机关在其辖区拥有独立处事的权力,拥有制定当地教育发展规划、分配教育资源、制定地方教育法规等权力,而中央政府不得加以干涉。这样的模式以美国最为典型。在美国,政府在很长的历史时期内没有设立中央教育部。最初,联邦政府只是在内务部、联邦安全署或卫生福利部下设了教育署,而且这一机构没有管理全国教育的权力,其主要任务是沟通信息、交流情报、提供咨询。直到 1979 年 10 月,美国才设立联邦教育部,各州教育行政当局分别为州教育委员会、州教育厅长和教育厅。州教育委员会是制定政策的行政机关;教育厅长是执行委员会制定的政策的首席行政长官,并监督指导教育厅;教育厅是办事机构。州以下的地区教育行政单位各州不统一,但一般设有基层学区与中间学区两种。基层学区属于最基层的教育行政单位;

中间学区则介于州和基层学区之间,不直接管理学校。联邦教育部没有实权,其职能主要是促进全国教育的机会平等,分配教育经费以促进全国教育的进步,提供咨询和信息。美国的教育权力重心也不在州,而在学区,由学区负责人制定教育规划,编制教育预算,开征教育税,管理教职人员,维修和管理校舍,购置教材、教具等。正因为如此,美国50个州的教育系统很少雷同,大都具有自己的特点。

地方分权制的长处在于:有利于调动地方政府办学的积极性,增加对教育的投入;有利于教育为当地经济社会发展服务,培养所需要的人才;有利于调动社会、集体、个人的办学积极性和创造性,推进教育事业的不断发展;同时,还有利于建立相对灵活的学校办学机制,深化教育改革,形成特色学校。但也存在不少弊端:一是国家难以从整体上"控制",国家重点需要的建设人才就难以得到保障;二是缺乏统一的发展教育的目标和标准,教育质量难以保证,甚至可能扩大教育机会不均等现象;三是国家整体上的协调、控制、评价、督导等规范化管理难以实施,行政管理能力削弱。

3. 中央与地方合作制

是指中央和地方的教育行政机构分工合作管理教育的制度,各自行使不同的职责,其中,中央政府发挥宏观协调职能,地方政府和学校行使决策权力。这种合作制介于中央集中制与地方分权制之间。以英国为例,该国教育行政由中央的教育和科学部与地方的教育行政当局共同管理。地方教育设有议会、教育委员会、教育局等教育行政机构。议会是地方自治体的最高机关,也是地方教育行政当局,拥有行使本区初等、中等和继续教育以及其他教育行政的权限与义务。教育委员会主要由议会议员和有经验的熟悉当地教育情况的人士组成,行使议会的职能。教育委员会设教育局长和其办事机构教育局,教育局长由议会任命,具体负责教育行政事务。中央的教育和科学部不直接管理学校,主要通过向地方拨发教育经费和通过向国会提出教育法案、发布部令等手段对地方当局和私立学校实施指导。地方当局则可自行制定教育政策，学校也可自由决定课程。

实行中央与地方合作制有利于调动中央和地方两个方面的积极性，其前提是中央与地方的管理权力配合恰当，职责明确，协调一致。

我国在建国后的很长一段时期内，主要实行教育管理的中央集权制模式。建国伊始，我们面临着建立社会主义教育管理体制的全新任务。根据当时的政治经济体制，在总结历史传统和老解放区的经验、参照20世纪50年代苏联教育行政体制的基础上，建立起了我国的教育管理体制。这种集中统一、以条为主的权力结构模式基本适应了当时生产关系变革和社会发展的需要。但这种权力结构从一开始建立就面临着如何处理中央与地方、政府与学校的关系问题。

1958年，中央根据当时经济、政治发展情况，以及教育行政体制中存在的问题，发布了《关于教育事业管理权力下放问题的规定》，提出了分散管理，增加地方党委、政府管理教育的权限。这是我国教育行政权力下放的第一次尝试，对于调动地方办学的积极性，适应社会及当地经济发展需要起到了积极作用。但由于权力下放过快过猛，又缺乏必要的法律、法规和行政规章制度的约束、规范，中央的宏观调控没有落到实处，结果出现了乱定指标、乱下命令、滥用权力的局面，致使教育质量普遍下降。

1963年，中央根据教育管理权限下放后出现的问题，发布了《关于加强高等学校统一领导，分级管理的规定》以及《全日制中学暂行工作条例》等文件，实行集中统一领导和规范化的管理。这次对权力分配进行了调整，使教育事业得到稳步发展，教育质量不断提高。但这种权力分配形式并未取得实质性进展，基本上又回到了1958年以前的模式，且在某些方面有更加集中统一的趋势。“文革”结束后，中央又重申了“统一领导，分级管理”的方针。

随着经济体制、政治体制的改革，教育管理体制中的集权与分权问题重又提出，基本的趋势是简政放权，发挥地方办教育的积极性。1985 年公布的《中共中央关于教育体制改革的决定》中就明确指出：在加强中央宏观调控的同时，要“把发展基础教育的责任交给地方”，要“扩大高等学校的办学自主权”。1986 年 4 月通过的《中华人民共和国义务教育法》也明确规定：“义务教育事业，在国务院领导下，实行地方负责，分级管理。”1993 年中共中央、国务院发布的《中国教育改革和发展纲要》再一次重申了在教育领域逐步推行简政放权的基本方针。1995 年 3 月颁布的《中华人民共和国教育法》，以法律的形式进一步强调：“国务院和地方各级人民政府根据分级管理、分工负责的原则，领导和管理教育工作。”“中等及中等以下教育在国务院领导下，由地方人民政府管理。”“高等教育由国务院和省、自治区、直辖市人民政府管理。”可见，集权与分权问题将是我国教育体制改革中最为引人注目的问题之一。

三、学校内部管理制度

学校管理是随着近现代学校的产生与发展而日益形成相对独立的职能的。学校管理的指导思想、组织机构、活动内容和方式受一定社会政治、经济制度的制约，因此，不同国家、不同时代的学校管理有不同的特点。然而，学校管理与生产力和科学技术水平联系密切，学校管理工作需要遵循教育与管理的客观规律，所以，不同国家的学校管理也有许多相似和相通之处。学校管理的目的是要最大限度地发挥学校内人、财、物的作用，利用校内外各种有利条件，组织和领导学校全体师生员工，有效地实现学校教育目标。学校管理制度包括专职的管理人员、专门的管理机构，以及建立必要的管理制度。

(一) 普通中小学的学校管理制度

各国普通中小学的学校管理体制大体相同。一般都实行学校校长负责制,并建立各种管理机构,如校务委员会、管理委员会等进行管理。苏联、美国、英国、法国等实行校长个人负责制,校长是管理学校的中心人物,对外代表学校,对内负责主持全校工作。英国中小学的校长权限较大,除主持学校教育、教学等全部工作外,还有权决定学校的课程、教学大纲和教科书。

校长的任命程序各国不尽相同,法国由大学区总长任命;英国由地方教育当局任命;中国由上级行政部门委派;美国由学校委员会选聘;德国由教师代表会议选举。

各国中小学一般都设立各种管理机构。英国小学设立管理委员会,中学设立董事会。管理委员会或董事会由家长委员、教师委员和其他地方教育当局的代表、地方社团的代表等组成。管理委员会和董事会都是小学、中学的管理机构,他们有权任命教师(雇用教师人数由地方教育当局决定),但无权解聘教师(解聘教师权在地方教育当局)。除了被任命担任宗教教学的教师外,其他教师如确实不能胜任教学工作,管理委员会和董事会可以解聘。美国和德国中小学管理机构分别是学校委员会和教师代表会议。

除了上述管理机构外,各国中小学也都设立审议咨询机构,如法国设有教师委员会、教学委员会、班级委员会等;日本建立教职员会议,对学校工作进行审议和咨询。此外,各国都建有校外督学制,对学校的教育教学等各方面工作进行监督。

目前,我国中小学管理体制正在改革过程中,各校的具体情况也不尽相同。中小学校长按规定是学校行政的主要负责人,执行国家规定的教育方针政策和教育计划,负责组织和领导全体教职员工努力完成教育教学任务。从学校行政职责和主要活动的角度,可以把学校管理活动自上而下地划分为三个层级。

第一层级的管理活动是由学校校长负责的对学校工作全局性

的管理,主要任务有:制订学校在一段时期内的发展规划和近期学校诸方面工作的具体计划,制定学校主要的规章制度,主持日常校部行政工作,沟通与协调各部门之间的工作,检查工作计划的贯彻情况,检查与分析教学与学校其他实践活动的质量,处理校内重大突发事件以及与上级领导、其他相关的学校、社会团体乃至家长进行联系与沟通。这些任务关系到整个学校的发展方向的总体面貌,也与学校教师、职工的工作直接相关。为了保证校长重大决策的科学性、民主性和可行性,防止个人独断专行,有些学校采取了聘请校长顾问或制定校务委员会和教职工代表大会等参与决策的制度。

第二层级的管理活动由学校教导处(教务处)(亦有些学校设"教务处"与"学生处")和总务处的管理人员承担。教导处主要管理学校实践活动,一般分两大方面:一是以管理教学工作为主,包括实验室、图书馆等教学设施的建设与管理;二是以管理班主任、学生政治思想教育等方面的工作和学生课外活动为主。总务处主要管理学校的钱财与物资,教职工与学生在校的生活条件与环境的改善,以及满足教育实践活动开展所必需的物质方面的条件。这一层级是决定学校管理活动实际质量高低的关键层级。

第三层级的管理活动是在学校教职工基层行政组织中开展的。对教师来说,就是教研组和年级组的活动,每个教师分别以两种身份隶属于不同的组织:以学科教师的身份隶属于教研组,以某一年级任课教师的身份隶属于年级组。这两个组织不是行政组织,一般不作为一级管理机构。它们所进行的管理活动主要是:提高学校活动质量,开展教学、教育研究,协调学科教学间、班级与班级间各项工作,帮助青年教师成长和教师间的相互学习,加强教师集体对学生的影响力,等等。由此可见,一个在学校中不担任任何行政职务的教师,他所从事的活动既是独立的,又是与学校所有的管理活动在不同层级上发生联系的。教师能从这些管理系统中获得各种指导、帮助与支持，同时，他自己的工作又必须考虑到学校整体的要求，应把自己的工作纳入学校整体系统中去，并善于运用学校系统中一切有利于自己工作和学生成长的因素。另外，积极参与并对学校的管理工作和制度提出意见和建议，是教师的权利和义务。

（二）高等学校的学校管理体制

各国高等学校一般实行以校长个人负责和集体管理相结合的管理体制。德国、美国、日本、英国等国的高等学校实行以校长为中心的"共同体"制，即校长个人负责和学校管理机构相结合的管理体制。

以澳大利亚为例，全澳37所国立大学均采用英国传统体制，实行"理事会领导下的校长负责制"的管理体制。与西方政体相一致，学校领导体制也实行立法权与执法权分离，学校政策、规定等立法权属学校理事会，具体的日常事务管理归校长领导下的行政管理系统。学校作为一个独立的法人实体，其管理体系是自我封闭的，具有高度自治的权力。学校的一切事务均可在国家法律、政策范围内独立面对市场作出决策，包括重要人事任免、学校发展规划等。

美国高等学校管理体制与德国有许多相似之处。美国高等学校设董事会或理事会，是学校最高管理机构，主要由工业界、金融界、各专业的校外人士组成。董事会或理事会只决定学校大政方针，选举产生校长、副校长，不过问学校内部行政事务，行政事务分别由校长、院长、系主任负责。校长负责院校行政事务，主要是财务和任用学术人员方面的。美国高等学校成立各种专业委员会，都由专业教授组成，对董事会（或理事会）、校长、系主任的影响是很大的。

日本国立大学的校长是大学最高领导人。大学评议会和教授会一般起着管理机构的作用。大学通过这些机构进行自治管理。

有关整个大学的重大事务,校长必须提交评议会商议来决定。评议会一般由校长、各学院院长、每个系选出的两名教授、大学图书馆馆长和其他有威望的人士组成。教授会由全体教授组成,有时也吸收副教授和其他教师参加。系主任由教授会选举产生。日本大学的校长由文部大臣聘任。近几年来,日本大学特别强调以校长、副校长为中心的学校行政管理组织的作用,并吸收校外“有识之士”组成“参与会”参加大学的管理。

第三节　现代教育制度的历史沿革

现代教育制度的形成经历了一个漫长的过程,它和现代学校的产生、发展有着密切的联系。在此之前,各种学校教育机构处于游离状态,它们之间虽然存在程度上的区别,但并没有形成明确的上下级别的衔接关系。即使程度相近的学校,彼此之间也没有固定的分工,严格意义上的学校系统或教育系统并没有形成。近代教育兴起以后,教育制度率先在西方国家形成。

一、西方现代教育制度的形成

西方现代意义上的学校在 16 世纪就出现了,但西方现代教育制度却直到 19 世纪末才建立起来。18 世纪中期开始,欧洲国家先后进入工业革命时期。工业革命的发展要求扩大教育范围,由此促进了各种学校的建立。随着学校大量增加,需要确立一定的规范作为衡量学校工作的尺度,并解决上下级别学校衔接、不同类型学校分工以及办学权限等问题。于是,学校制度、课程设置、考试制度等教育制度应运而生,使大量散落各方的学校逐渐聚合成为学校系统。到 19 世纪末 20 世纪初,大多数西方国家已基本形成现代教育制度,并朝着多样化和系统化的方向发展。在这一过程中,大致经历了三个发展阶段。

(一) 萌芽阶段(18 世纪中期至 19 世纪中期)

18 世纪 60 年代起英国发生了工业革命,这使得英国经济出现了根本性变革。随后,美国、法国、德国等也相继发生了工业革命,并推动了教育变革。学校教育制度中出现了一些现代化的萌芽,普及义务教育提到了议事日程,但由于整个西方现代化社会只是初露头角,所以学校教育制度也仅仅处于萌发状态。

英国到 19 世纪 30 年代基本完成了工业革命,各主要工业部门的生产过程已经实现了使用机器代替手工劳动。工业革命创造了巨大的生产力,也带动了生产关系的变革。劳资斗争日趋尖锐,工人阶级争取教育权的旗帜日益鲜明。众多政治家和思想家在其社会改革方案中,都以教育为利器,要求开放教育机会。随着 1833 年《工厂法》和《初等教育法》的颁布,初等学校种类、数量都有了大量增加,英国初等教育开始摆脱停滞不前和受教会束缚的局面,逐步向前迈进。

这一时期所萌发的教育制度主要有以下特点:

1. 各国虽然都有一些普及义务教育的法令问世,规定实施一定年限的义务教育,并颁布了有关的法律,取得了一定的成效,但普遍存在"执法不严"的情况

例如,在 19 世纪初期,英国由于工厂童工工作条件恶劣,空气污浊,机声嘈杂,且每日工时长达 10 至 14 小时,致使儿童健康和智力普遍衰退,因此设立童工学校成为当务之急。1802 年,政府颁布法令,规定工厂设置学校,由工厂主负责教育童工,但照办者寥寥。德国是最早以法令的形式宣布大中小学均由国家举办的国家,他们从教会手中收回教育权,并颁布实行义务教育法令。公立学校接受政府的监督和参与政府组织的考试,学生入公立学校不受宗派的限制,实行强迫就学。但是,由于当时国力困乏,经费不足,校舍和师资奇缺,以及农民生活困苦,义务教育并未彻底实施。

2. 这一时期的教育既不正规，又不系统，学校的形式是多种多样的，并非严格意义上的正规教育

例如，英国初等教育以慈善学校(charity school)和星期日学校(sunday school)为主，前者也称工业学校(industrial school)、贫民学校(ragged school)或感化学校(reformatory school)，提供的是一种基督教式的教育；后者也称主日学校，是利用星期日的时间由任课教师对儿童以及某些几乎没有机会受到教育的成人进行一些宗教和道德教育。后来产生的工厂学校不仅学习时间只有每日2小时或3小时，而且学校师资不良，学科简单，设备缺乏，大部分是徒有虚名。此外，在教学组织形式上，英国、德国、美国的小学中，也采用了"贝尔—兰卡斯特制"(Bell—Lancaster system)。这种所谓的"经济有效的办学方法"，结果是形成了"学生逾千人而只有辅助教师的大型学校"。这种被称为导生制的方法，由教师选择一些高年级的高材生作为教师的助手，先向导生讲授教材内容，然后由导生承担授课工作，分组进行教学。这种做法虽然解决了师资匮乏的难题，但教育质量却难以保证。

（二）形成时期(19世纪中期至第二次世界大战)

19世纪中期以后，随着工业革命的发展，社会生产率迅速提高，科学技术的进步带来了工业生产方式的变革、投资多样化和市场竞争的加剧，各国资产阶级对国家教育的效能和劳动者教育水平的要求越来越高，教育对国家利益的重要意义被越来越多的工业化国家所认识，原有的教育体制远远不能适应这种需要。这一时期，欧美一些主要资本主义国家，政治民主化运动有了显著的发展，公民选举权的扩大，劳工阶级的兴起，在教育上反映为各国劳动人民和民主进步人士要求废除等级性的教育制度、争取教育民主权。教育改革成为各国教育的主旋律，主要表现为：

1. 各国有关教育的规定更为明确具体，义务教育的年限也进一步延长，教育的制度化在很多方面显露出来

法国1881年的《费里法案》规定免除初等学校的学杂费，6～13岁为义务教育年限，对不送儿童入学的父母要处以罚款，甚至处以监禁。第一次世界大战以后，“统一学校运动”在法国展开，要求改革法国的教育制度，实现学校制度民主化，为一切人提供均等的教育机会。政府又明确把义务教育年限规定为14岁。在20世纪二三十年代，英国不但力图普及初等教育，而且连续公布法令，规定国立中学和市立中学一律免费，提出“中学面向大众”、“普及中等教育”的口号。从19世纪末开始，美国大多数州就已颁布实施了《义务就学法》，到1918年全国的每一个州都已颁布了义务教育法令，初等教育普及率达到了90%以上，接受中等教育的人数也大幅度增加。

2. 教育在摆脱宗教控制的同时，更进一步地向符合社会实际和就业需要的实用、功利的方向发展，职业教育的范围扩大，种类增多

法国《费里法案》规定，任何一个属于没有被授权的宗教团体的成员，都不得管理公、私立学校或在其中从事教学工作，遏止了宗教团体自由办学的势头。第一次世界大战后，法国现代职业技术教育开始发展，1919年通过了一项有关职业技术教育的法案——《阿思蒂埃法》，把职业教育置于与普通教育同等重要的地位，规定18岁以下的青年男女有接受免费职业教育的义务。与欧洲大陆相比，美国教育更少宗教成分，自19世纪末就十分注意工艺教育和职业教育。职业学校逐渐增多，至1917年《史密斯—休士法》通过时，职业教育达到高潮。

3. 西方各主要国家都先后确立起了自己的学制系统,初等、中等和高等教育的衔接已在相当程度上形成,并由此出现了三种在当代仍富有代表性的学制系统:双轨制、单轨制及介于两者之间的分支制

(三) 深化发展阶段(第二次世界大战以后至今)

第二次世界大战以后,中等教育在西方发达国家也实行了义务教育,义务教育的年限大多延长到了18岁。同时,高等教育也经历了深刻的变化,各种形式的高等教育得到迅速而普遍的发展,大学入学人数大量增加。学院和大学正在成为高等教育的主要机构,越来越多的青年能够进入大学学习。此外,为了给以前未能接受良好教育的人提供受教育的机会,各种补偿教育、补习教育也应运而生。

1. 欧洲的高等教育形成了独特的"二元制(dualism)"

一方面,设立综合大学进行基础学术研究,并培养高级学术研究人才;另一方面,设立专门技术性的学院或单科大学,从事应用科技研究,培养具有专门技术的高级人才。法国在1966年设立了大学技术学院,形成了与一般大学并行的"二元制",一般大学承担学术研究的工作,技术学院则负责培育应用人才。

2. 高等教育学历、学位制度已经形成

例如,法国的大学分阶段组织教学,第一阶段是基础阶段,学制两年,不分专业,修满可颁发大学普通文凭(简称DEUC);第二阶段学制也为两年,是专门化阶段,修毕第一年,颁发学士学位,第二年颁发硕士学位;第三阶段进行深造和科学研究,大体相当于其他国家的研究生阶段,学制三年。第一年以教学为主,授予高等专业学习文凭(简称DESS)或"深入学习文凭(简称DEA)"。后两年进行科学研究,准备论文,通过答辩者授予"第三阶段博士学位"或工程博士文凭。至于法国最高的学位——"国家博士",一般不算作第三阶段的范畴。它要在得到第三阶段博士学位后,边

工作边准备论文，再用至少六七年的时间才能获得。原则上讲，学生可在接受高等教育的任何时候离校，凭取得的文凭或学位转学或就业。德国的高等教育机构也分综合大学与专门学院，近年来又兴起了一种综合性的大学，将各独立的大学或其他专门性的高等教育机构加以整合。德国大学的修业年限为四年。

3. 学校教育制度出现多样化模式

20 世纪中期以前，西方各国一直是在双轨制与单轨制中间徘徊，出现了多样化模式的萌芽，但尚未跳出单一模式的框架。20 世纪中期以后，当西方国家按社会经济发展的需要，为培养不同层次和类型的人才创建学校教育制度的时候，学制多样化模式才成为一种西方国家教育改革的趋势。

二、我国现代教育制度的形成

中国早在 4 000 多年前的夏朝就已经产生了学校的雏形，但现代意义上的学校则产生于鸦片战争之后，现代教育制度的形成也晚于西方国家。尽管如此，由于有外国教育制度的先例作参照，中国从现代学校的建立到现代学校制度的形成则历时较短。

鸦片战争后，中国一步步沦为半殖民地半封建社会。一方面，封建统治者由于受到太平天国运动的打击，感到旧的方法已不足以维持其摇摇欲坠的统治，亟需借用西方的洋枪洋炮镇压国内革命；另一方面，资本主义因素的生长，对教育事业提出了新的要求。随着社会政治、经济和文化的剧烈变革，教育也发生了前所未有的深刻变化。教育的这种变革是伴随着对传统教育的批判和对西方教育的学习而逐步展开的。

以林则徐、龚自珍、魏源为代表的地主阶级改革派是睁眼看世界的第一人，喊出了学习西学的先声。19 世纪 60 年代兴起了洋务运动，以李鸿章、张之洞、左宗棠为首的洋务派，仿照西方，先后在全国一些地方办起了新式学堂，这些学堂大致可以分为外国语学堂、军事学堂和科学技术学堂。1862 年京师同文馆正式开学，这是洋务派最早创办的外国语学堂(后增设天文算学馆)，也是最早采用西方教学制度进行教学的现代学校。当时较著名的新式学堂还有上海广方言馆(1863 年)、福州船政学堂(1866 年)、福州电报学堂(1876 年)、天津水师学堂(1880 年)、天津电报学堂(1880 年)等。尽管这些新式学堂数量有限，但其意义却非常重大，在历史上起过积极作用。与专门传授"四书"、"五经"的旧式学堂相比，这些新式学堂第一次把西学付诸实践，增添了外国语、自然科学、实用技术学科等课程，培养了我国第一批新式人才。它们是西方教育制度在中国实践的先声，为中国现代教育制度的建立奠定了基础。

甲午战争之后，除西方科学技术继续输入外，大量西方社会科学也传入中国，逐渐崛起的中国民族资产阶级成为这一时期西学东渐的阶级基础和重要力量。他们对封建主义的教育提出了新的挑战。这一时期，无论是在教育思想、教育制度、教育政策，还是在教育内容和教育方法等方面，都有了一定的发展，突出的表现是"壬寅学制"、"癸卯学制"、"壬子癸丑学制"和"壬戌学制"的先后确立。

(一) 壬寅学制

1902 年，清政府公布了由管学大臣张百熙"上仿古制"，并参照日本的学制拟定的《钦定学堂章程》，又称为"壬寅学制"。这是我国教育史上第一个比较完整的学制体系，也是现代学制建立的开始。这个学制，纵的方面分为三段七级，全学程为 20 年：第一阶段为初等教育，设蒙学堂(4 年)、寻常小学堂(3 年)、高等小学堂(3 年)；第二阶段为中等教育，设中学堂(4 年)；第三阶段为高等教育，设高等学堂或大学预科(3 年)、大学堂(3 年)、大学院(年限不定)。横的方面，与高等小学堂平行的，有简易实业学堂；与中学堂平行的，有中等实业学堂、师范学堂；与高等学堂平行的，有仕学馆、高等实业学堂、师范馆。

由于清政府内部的权力之争及学制自身的不足,清政府以张百熙"喜用新进",有维新思想不够可靠的理由废止了尚未来得及实施的"壬寅学制",而由"癸卯学制"所代替。

(二) 癸卯学制

1904 年,清政府又颁行了一个由张百熙、张之洞、荣庆拟定的新学制——《奏定学堂章程》,也称为"癸卯学制"。这是一个比较完整的、并在全国实行的第一个学制。它的颁布,标志着封建传统学校的结束,是实行新学制的开端。

这一学制反映的仍是"中体西用"的思想。在学校课程中,既规定了读经课,也规定了各级各类学堂开设一定数量的西学课程。该学制规定了各级各类学堂的修业年限、入学条件、课程设置及相互衔接关系,包含着从小学到大学的完整体系。从纵的方面看,整个学制分为三段六级:第一阶段为初等教育,设初等小学堂(5 年)、高等小学堂(4 年),另设蒙养院(即学前教育机关,收 3 ~ 7 岁儿童),但不在正式的学制体系内;第二阶段为中等教育,设中学堂(5 年);第三阶段为高等教育,设高等学堂或大学预科(3 年)、分科大学堂(3 ~ 4 年)、通儒院(5 年)。儿童从 7 岁入学,进初等小学堂,直到通儒院毕业,整个学制长达 26 年。从横的方面来看,又有与同级学堂相应的各类学校,与高等小学堂平行的有实业补习普通学堂、初等农工商实业学堂和艺徒学堂;与中学堂平行的有初级师范学堂、中等农工商实业学堂;与高等学堂平行的有优级师范学堂、实业教员讲习所、高等农工商实业学堂、进士馆、译学馆等。

壬寅学制和癸卯学制是以日本学制为蓝本,在"中体西用"的思想指导下建立起来的。虽然它们在形式上具有资本主义色彩,但实质上还受封建思想的支配。尽管如此,壬寅学制和癸卯学制的重要地位仍不容忽视,它们是中国第一次全面引进西方教育制度，在中国现代教育制度的建立过程中具有里程碑的意义。

（三）壬子癸丑学制

1912年1月，中华民国宣告成立。1月9日教育部成立，孙中山任命蔡元培为第一任教育总长，着手对清代的学校教育制度进行重大改革，制定了“壬子癸丑学制”，也称“1912～1913年学制”。

这个学制横向有三个系统，即普通教育、师范教育和实业教育。普通教育系统将整个教育期限规定为17年或18年，共分为三段四级。初等教育两级，初等小学4年，为义务教育，毕业后入高等小学或实业学校；高等小学3年，毕业后入中学或师范学校或实业学校。第二阶段为中学教育4年，毕业后入大学或专门学校或高等师范学校。第三阶段为高等教育6～7年，即预科3年，本科3～4年。学制对各级学校的教育宗旨、入学资格、年龄、课程及修业年限等，都作了明确规定和具体要求。师范教育分为师范学校和高等师范学校两级。实业教育分为甲、乙两种，均为三年毕业，分农业、工业、商业各类。

壬子癸丑学制是一个单轨制性质的学制，与清末癸卯学制都是仿照日本学制制定的，但与癸卯学制相比，壬子癸丑学制有着明显的反封建精神，反映了资产阶级的要求。它废弃了忠君尊孔的封建教育宗旨，以培养健全国民为目标；它规定了义务教育的年限，缩短了学生修业年限；主张男女平等，保证女子的受教育权利，女子教育正式列入学制系统；取消了读经讲经的教育内容，加强了自然科学课程和生产技能的训练；废除了毕业生奖励出身的制度；在办学权限上，也取消了清末的种种限制。因此，壬子癸丑学制是我国第一个真正意义上的资产阶级性质的学制，它与18、19世纪西方资本主义国家创制的学制大体相仿，它意在与传统的科举制揖别。它的颁布，也标志着现代教育制度在我国基本确立。

（四）壬戌学制

壬子癸丑学制实行了十年之久，但由于制定得较为仓促，施行以后暴露出了不少弊端：初等教育阶段年限过长，中等教育阶段年限又过短，各级各类学校教学进度无法衔接，等等。因此，在新文化运动和"五四"运动的推动下，教育界又发起了学制改革，1922年11月1日，政府颁布了《学校系统改革案》，也称1922年新学制或壬戌学制。"新学制"规定初级小学4年（儿童6岁入学），为义务教育，高级小学2年；中等教育阶段为6年，分为初级中学3年，高级中学3年。与中学平行的有师范学校和职业学校；高等教育阶段设大学，学习年限4～6年。"新学制"一反清末民初仿照日本学制的模式，而是采用美国的"六三三四"的单轨形式，故又称"六三三学制"。

与壬子癸丑学制相比，壬戌学制有了较大的改进。它缩短了小学年限，有利于初等教育的普及；延长了中学年限，有利于提高中等教育的水平；取消了大学预科，使大学不再担任普通教育的任务，有利于大学集中精力进行专业教育和科学研究；在中学实行选科和分科教育，兼顾到了学生的升学和就业准备；职业教育自成系统，代替了实业教育；课程无男女校的区别。可以说，自"六三三学制"开始，我国教育才真正从封建社会的"母腹"中摆脱出来，走上了现代化的发展轨道。壬戌学制一直延用到1949年新中国成立。

综上所述，中国在20世纪初期基本形成了现代教育制度，开始融入到世界教育发展的大潮中。

第四节　我国当代的教育制度

一、新中国的学制沿革

新中国成立初期，我国实际上存在两种学制系统：一种是老解放区新民主主义的学校教育制度；另一种是从旧中国接收下来并经初步改造的旧学校教育制度。这样的教育制度在新的历史时期，表现出极大的不适应，必须有计划、有步骤地进行改革，确立新的学制体系。

（一）1951 年颁布中华人民共和国新学制

1951 年 10 月 1 日，中央人民政府颁布了《关于改革学制的决定》，明确规定了中华人民共和国新学制。

新学制的组织系统分为：① 幼儿教育：幼儿园；② 初等教育：包括实行 5 年一贯制的小学和工农速成初等学校、业余初等学校等；③ 中等教育：包括实行“三三分段制”的中学（中学为 6 年，分初、高两级，各为 3 年）和工农速成中学、业余中学、中等专业学校等；④ 高等教育：包括大学、专门学院和专科学校等；⑤ 各种政治学校和政治训练班。此外，还有各级各类补习学校、函授学校以及聋、哑、盲等特殊学校。

1951 年颁布的新学制，标志着我国学制的发展进入了一个新的阶段，它有以下特点：

1. 学校面向工农，保证了广大劳动人民及其子女有优先受教育的机会

群众识字学校、工农速成学校、业余学校等，在学制中占有重要地位，而且都同各类高一级学校相通，体现了教育为工农服务的方针。

2. 适应了国民经济恢复和发展的需要

各级技术学校、专科学校和专门学院得到重视,担负着培养各级各类专门人才的任务,满足了国家建设急需人才的要求,体现了教育为生产建设服务的方针。

3. 重视在职干部的再教育,有利于广大在职干部文化水平的提高

4. 体现了方针、任务的统一性与方式方法灵活性相结合的精神

各级各类学校的培养目标是一致的,但在入学条件、学习年限等方面,可以根据地方的实际情况,制订各自的具体实施计划。这既保证了人才的统一规格,又照顾到某些特殊情况。

5. 充分体现了民族平等、男女平等的原则

对国内少数民族,不仅尊重他们的教育平等权利,而且各民族可以用自己的语言进行教学,学习本民族的语言和文字。男女儿童进入各级各类学校都有同等机会,实行男女同校、同班,有同等的学习机会。

(二) 1958 年的学制改革

1958 年的学制改革,是教育制度的一次深刻变动。在开展社会主义建设时期,为加速教育的发展,满足社会主义建设新形势的需要,中共中央、国务院于 1958 年 9 月发布了《关于教育工作的指示》(下称《指示》),要求对现行学制进行积极和妥善的改革,指出全国有三种类型的学校,即全日制学校、半工半读学校和各种形式的业余学校。有的以教学为主,有的以劳动为主,有的教学与劳动并重;一部分学校担负着提高的任务,一部分学校担负着普及的任务。提出在统一的培养目标下,采取"两条腿走路"的方针与多种办学形式,调动各方面的积极因素,特别是总结了半工半读的教育经验,把这类学校纳入学制体系。

为了多快好省地发展教育事业,在学制改革的指导思想上确

定了“两条腿走路”的方针和“三个结合”、“六个并举”的具体原则。“两条腿走路”的方针,是发挥国家办学与群众办学两方面积极性,以国家办学为主体,同时充分调动集体、厂矿、企业等各方面办学的积极性,处理好国家和集体、中央和地方在办学上的关系。“三个结合”是:统一性与多样性相结合,在统一的教育目的下,办学形式应是多种多样的;普及与提高相结合,在全日制、半工半读制、业余制三类学校中,有一部分要担负提高的任务,同时,用大力发展业余文化技术学校和半工半读学校的形式来普及教育;全面规划与地方分权相结合,由中央集中领导,统一规划和平衡,既发挥中央各部门的积极性,又发挥地方的积极性。“六个并举”是指:国家办学与厂矿、企业、农业合作社办学并举,普通教育与职业(技术)教育并举,免费的教育与不免费的教育并举,全日制学校与半工半读、业余学校并举,学校教育与自学(包括函授学校、广播学校)并举,成人教育与儿童教育并举。

《指示》还指出,现行的学制必须先经过典型试验,取得充分经验之后,再规定新学制。按照这一指示,1958 年以后,许多地区开展了学制改革的试验,如提早入学年龄,进行了 6 岁入学的试验;为了缩短年限,进行了中小学十年一贯制的试验;为了提高教育实效,进行了教材和教法方面的改革。但是,由于“左”的影响,在急躁冒进中,教育改革违背了客观规律,“大跃进”和“教育革命”不仅使学制改革的试验不可能在正常的秩序下进行,而且一大批新创办的各级各类学校,由于师资设备跟不上,也难以维持。1961 年,中央察觉到了这种情况,开始贯彻“调整、巩固、充实、提高”的方针,特别是制定了大、中、小学工作条例,即《教育部直属高等学校暂行工作条例(草案)》(简称“高校六十条”)、《全日制中学暂行工作条例(草案)》(简称“中学五十条”)、《全日制小学暂行工作条例(草案)》(简称“小学四十条”),在肯定一些积极成果的同时,对当时各种“左”的表现进行纠正。直到此时,教育工作才有章可循，扭转了随心所欲办教育的局面。

1964 年，中央学制问题研究小组召开扩大会议，集中研究学制问题，草拟了《学制改革初步方案（征求意见稿）》（下称《方案》），提出：① 建立“两种教育制度”，一方面继续改革和办好全日制学校，另一方面大力发展各级各类半工半读、半农半读和业余学校。② 根据城市和农村对于生产与教育的不同需要、工人和贫下中农子女的入学要求来确定城乡各级各类学校的修业年限、课程设置、教学内容，适当安排上课、劳动、军事训练和放假的时间，并且照顾少数民族地区对学校教育的不同要求。③ 适当缩短各级全日制学校的修业年限。

《方案》中规划的我国新学制将有全日制、半工半读和半农半读、业余三类学校。在全日制学校中，小学 5 年，不分段；中学 4 年，不分段；高等学校设预备教育，作为四年制中等教育同高等教育的衔接和过渡，其方式为高等学校预科二年和由地方办二年制的分科预备学制。对半工（农）半读学校的中等专业教育，明确定为中等技术教育和师范教育（农业中学，初、中级技术学校，师范学校）。业余学校分初、中、高三级。

在《方案》颁行以后，教育又有了一段时间的稳定发展。至“文化大革命”时期，提出了“学制要缩短，教育要革命”的口号，我国已经形成的学制系统遭到空前的破坏：第一，把中学学制毫无根据地大大缩短，把初高中都缩短为两年；第二，对中专和技校大加砍杀，盲目发展普通高中，使普通教育与职业教育的比例严重失调；第三，把高等教育缩短为三年和一个层次，把许多院校、科系、专业取消，使人才培养比例失调；第四，把成人教育、业余教育完全取消，扼杀了职工提高文化科学水平和更新知识的机会。

（三）1985 年的教育体制改革

1976 年以后，特别是党的十一届三中全会以后，经过指导思想上的拨乱反正，党中央对教育工作作出了一系列新的决策，教育上的混乱局面得以结束，并着手重建和发展被破坏了的学制系统。1985年，《中共中央关于教育体制改革的决定》（下称《决定》）正式颁布。它的主要内容有：

1. 教育体制改革的根本目的

《决定》明确指出：这次教育改革的根本目的是"提高民族素质，多出人才，出好人才"。

2. 把发展基础教育的责任交给地方，有计划、有步骤地实行九年义务教育

根据我国的实际情况，把全国划分为三类地区，提出完成普及九年义务教育的时间：相当一部分已普及初中的经济发达地区，1990年左右完成；约占全国一半人口的中等发展程度的镇和农村，1995年左右完成；经济落后地区，采取各种形式积极进行不同程度的普及义务教育工作。在义务教育的学制年限方面，实行"六三制"、"五四制"、"五二制"、"九年一贯制"以及幼儿园、小学到初中一贯制等多种形式。

3. 调整中等教育结构，大力发展职业技术教育

《决定》指出，社会主义现代化建设需要各级各类人才，中等教育学制结构必须多样化。根据发展职业技术教育的要求，从中学分流，初中毕业生一部分升入普通高中，一部分接受高中阶段职业教育；高中毕业生一部分升入大学，一部分接受高等职业技术教育；小学毕业后接受初中阶段职业技术教育的可以就业，也可以升学。发展职业技术教育要以中等职业技术教育为重点。

4. 进行高等教育改革

《决定》指明了我国高等教育制度在结构上向多层次、多科类方向发展。"我国高等教育发展的战略目标是：本世纪末，建成门类齐全，层次、比例合理的体系"，同经济的发展相适应，改革过去不合理的状况。同时，改革高校的招生计划和毕业生分配制度，扩大高校办学自主权。

5. 加强领导,调动各方面的积极因素,保证教育体制改革的顺利进行

二、我国现行学制系统

我国现行的学校教育制度由七个部分组成:

1. 学前教育

实施学前教育的机构有托儿所和幼儿园。托儿所招收从初生到3岁的幼儿,幼儿园招收3至六七岁的幼儿。根据国家教委1996年颁布的《幼儿园工作规程》,幼儿园的任务是:实行保育与教育相结合的原则,对幼儿实施体、智、德、美全面发展的教育,促进其身心和谐发展。

2. 初等教育

实施初等教育的机构为小学。小学招收年满六七岁的儿童入学,学制为5~6年,实施初等义务教育。

3. 普通中等教育

实施普通中等教育的机构为普通中学。普通中学分为初级中学和高级中学两个阶段。初级中学招收小学毕业生入学,修业3年,初级中学的教育也属于义务教育阶段。高级中学招收初级中学毕业生入学,修业3年。

4. 中等职业技术教育

实施中等职业技术教育的机构有中等专业学校、技工学校和中等职业学校。中等专业学校修业3~4年,主要任务是为国民经济各部门培养中级专业技术人员。技工学校修业2~3年,任务是培养中级技术工人。这两类学校的招生对象为初中毕业生或高中毕业生。中等职业学校包括职业中学、农业中学和其他职业学校,招收初中毕业生入学,修业年限为3~4年,主要任务是为社会培养劳动后备力量。

5. 高等教育

高等教育由大学、学院、高等专科学校以及其他属于高等教育的机构实施，招收高中毕业生或同等学力者，分为专科、本科、研究生三个层次。专科修业年限为2～3年，本科修业年限大多为4～5年，毕业合格者授予学士学位。业余大学修业年限适当延长，学完规定课程经考核达到全日制高等学校同类专业水平者，承认学历，享受同等待遇。硕士研究生修业年限为2～3年，招收获学士学位或同等学力者，完成学业授予硕士学位。博士研究生修业年限为3年，招收获硕士学位或同等学力者，完成学业授予博士学位。在职研究生修业年限可适当延长，完成学业者也可获相应学位。高等学校的办学形式多种多样，有全日制、广播电视、函授、自学考试等。

6. 教师教育

教师教育有职前教育和职后教育。实施职前教师教育的机构分为两个层次：中等师范学校和高等师范学校，高等师范学校又有专科、本科、研究生三个层次。

7. 成人教育

我国的成人教育，从高到低，设立了一系列的成人教育机构。成人初等教育机构有各种扫盲班和业余小学；成人中等教育机构，有干部业余文化补习学校、职工业余学校、农民技术学校等各种类型的业余中学；成人高等教育机构有广播电视大学、职工大学、农民大学、管理干部学院、教育学院、独立函授学院等各种类型的成人高等学校。许多普通高等学校也通过举办函授、夜大学等形式开展业余高等教育。成人教育的任务是多样的，主要包括五个方面：对文盲进行扫盲教育；对已经走上工作岗位或需要转换岗位的人员，以及正在谋求就业的待业者进行他们所不具备的履行岗位职责所必需的文化知识、专业技术和实际能力的教育与培训；对已经离开正规学校的人员，根据他们所具有的文化基础和实际需要，继续进行基础教育或高等教育；对已经接受过高等教育的专业技术人员和管理人员进行更新和扩展知识、提高能力的继续教育；开展各种社会文化生活教育，为老年人、妇女乃至全体公民建立文明、健康、科学的生活方式提供教育服务。

[思考与练习]

一、名词解释

教育制度　学制　双轨制　单轨制　“壬寅学制”　“癸卯学制”　“壬子癸丑学制”　“壬戌学制”　中央集权制　地方分权制

二、问答题

1. 我国现行教育制度由哪几部分组成？

2. 试述地方分权制管理模式的利与弊。

3. 简述中央集权制管理模式的利与弊。

4. 我国在 1958 年曾确定了“两条腿走路”的办学方针和“三个结合”、“六个并举”的办学原则，具体内容指什么？

5. 联系我国教育实际，谈谈我国当前教育制度改革的重点。

第六章　课　程

[内容提要]

教育的功能和目的是通过课程得以实现的。课程发展有其自身的历史顺序和逻辑顺序,从课程的概念到分类都具有历史性和社会现实性的特点。

当今中学课程既具有课程的一般共性,又具有自身的独特性。中学课程越来越密切联系生活、改善学生学习方式,越来越注意课程设计的均衡性、综合性和选择性等基本特征。新课程注重尊重学生的学习主人的地位,使课程回归生活、回归学生经验,使学生发展自身潜能。

本章还通过对国内外相关课程发展历史的考察,现状的分析、比较,对课程发展趋势作出预测:科学世界与生活世界的整合,建构与交往逐渐成为课程实施的主要方式,多元文化的综合视角所带来的课程综合化以及把课程还给教师和学生,使其更加接近课程的本质。

[学习目标]

1. 了解课程的概念和分类,并能作出区分。
2. 了解现代课程理论的几个基本观点。
3. 掌握中学课程的目标、实施和评价。
4. 把握当代课程发展的趋势和特点。

第一节 课程概述

一、课程的概念

在我国,课程的概念始见于唐宋时期。唐代的孔颖达为《诗经·小雅·小弁》中"奕奕寝庙,君子作之"一句作说明时写道:"维护课程,必君子监之,乃依法制。"据考证,这里的"课程"主要指礼仪活动程式等。宋代的朱熹在《朱子全书·论学》中提及"宽着期限,紧着课程","小立课程,大作工夫"。这里的课程的含义基本与现代课程概念相同,即课程指功课及其进程,包含教学时间、教学范围和工作程度。20 世纪初,我国的《钦定学堂章程》《京师大学堂章程》等文件统一用"课程"来概括设置哪些学科以及怎样安排。

其实,在我国古代还没有出现"课程"这一专门名词之前,便有了关于课程内容、课程目标和评价标准等方面的研究。例如,《礼记·内则》篇写道:"六年,教之数与方名";"九年,教之数日;十年,出外就傅,居宿于外,学书计";"十有三年,学乐,诵诗,舞勺,成童舞象,学射御;二十而冠,始学礼"。《礼记·王制》篇写道:"乐正崇四术,立四教,顺先王诗、书、礼、乐以造士。春秋教以礼乐,冬夏教以诗书。"《礼记·学记》中也有类似课程的记载:"比年入学,中年考校;一年视离经辨志,三年视敬业乐群,五年视博习亲师,七年视论学取友,谓之小成。九年知类通达,强立而不反,谓之大成。"可见,我国古代早已有人注意到要根据不同的年龄、学业水平安排不同的课程内容,以便取得更好的效果。

我国古代的课程有礼、乐、射、御、书、数等六门,称为"六艺"。汉以后,中经隋唐至宋,攻读儒家经典成为各级学校主要的乃至唯一的课程。儒家经典即"四书"、"五经"。《论语》《孟子》《大学》

《中庸》称为“四书”;《诗》《书》《易》《礼》《春秋》称为“五经”。

在西方,英国的斯宾塞(H. Spencer)在《什么知识最有价值?》中最早用“课程”(curriculum)一词。“课程”是从拉丁文“currere”一词派生出来的,意为“跑道”(race-course)。因此,“课程”表示的是“学习的进程”(course of study)。一些英文字典甚至一些教育专业字典对“课程”概念都是这样解释的。因此,课程既可以指一门课的学程,又可以指学校提供的所有课的学程。

欧洲古希腊、罗马学校中通行的有代表性的课程有文法、修辞、辩证法、算术、几何、音乐、天文学等七门,称为“七艺”。到了中世纪,还有所谓的“骑士七技”,即骑马、游泳、投枪、击剑、打猎、下棋、吟诗。

在当代,虽然学术界关于课程的定义莫衷一是,但是,总体上看,课程概念至少涉及三个方面的内容:(1)课程与学科有关。《中国大百科全书·教育》认为:课程是指所有学科的总和,或学生在教师的指导下各种活动的总和,这通常被称为广义的课程;狭义的课程则是指一门学科或一类活动。(2)课程活动与目标、计划有关。课程活动总是有一定课程目标、预期结果的,总是需要预先计划的。(3)课程与学习者的经验或体验有关。杜威(J. Dewey)认为,课程是学生在教师指导下所获得的经验或体验,以及学生自发获得的经验或体验。美国课程论专家卡斯威尔(H. L. Caswell)和坎贝尔(D. S. Campbell)也认为,“课程是儿童在教师指导下所获得的一切经验”。把学生的直接经验置于课程的中心位置,消除了课程中“见物不见人”的倾向,消解了内容与过程、目标与手段的二元对立。

二、课程的类型

(一)学科课程

所谓“学科课程”,是以文化知识(科学、道德、艺术)为基础,按照一定的价值标准,从不同的知识领域或学术领域选择一定的内容,主要根据知识的逻辑体系,将所选的知识组织为学科。学科课程是最古老、使用范围最广的课程类型。迄今为止,已出现了两种典型的学科课程:科目本位课程、学术中心课程。

1. 科目本位课程

科目本位课程是由各自具有独立体系、彼此联系甚少的科目所组成的课程。这是最传统的学科课程。中国古代的"六艺"和古希腊、罗马学校中的"七艺",大概是科目本位课程最早的形态。在西方,科目本位课程在思想上经历了以下几种形态。(1)"要素课程"说。该学说产生于古希腊亚里士多德(Aristotle)的观点,在教育实践中,以"七艺"为典型代表。这个学说认为,"一个真正的自由普通教育的内容应当由少数经过仔细选择的学科组成"。(2)"泛智课程"说。该学说产生于文艺复兴时期,由夸美纽斯(J. A. Comenius)创立。该学说的理论基础是"泛智论"。"泛智论"的理想是"把一切事物教给一切人类",因此,"泛智论"就是使人懂得科学、纯于德行、习于虔诚的百科全书式的知识体系,由此发展出百科全书式的课程体系。(3)"赫尔巴特主义课程论"。该学说的创始人赫尔巴特(J. F. Herbart)是最早为科目本位课程提供心理学理论基础的人。他的课程以培养"善的意志"为目标。为了培养"善的意志",他认为应当培养人的"六种兴趣",根据这六种兴趣设置相应的科目。(4)"功利主义课程论"。这个理论于19世纪以英国为核心发展起来,其代表人物是斯宾塞。他认为教育的目的是"为完美生活做准备",而适应"完美生活"之需要的最有价值的知识是科学,所以重要的课程就是由实用的科学知识构成的科目。

科目本位课程有三个基本特点:(1)强调不同学科的不同价值,并肯定科目固有的价值等级。(2)强调科目知识内部固有的逻辑体系,强调文化知识的独立性。(3)强调不同科目设置的计划性,主张科目设置要与学生的年龄阶段、学习阶段相适应。

2. 学术中心课程

20 世纪 50 年代末至 60 年代末,西方世界发生了一场指向教育内容现代化的课程改革运动,即“学科结构运动”。在这场运动中,诞生了一种新的课程形态——“学术中心课程”。

1957 年 10 月,苏联成功地发射了第一颗人造地球卫星,轰动了美国朝野,被认为是科技领域的“珍珠港事件”,一种危机意识弥漫着整个国家。美国人意识到,军事竞争实际上是科技竞争,科技竞争实际上是人才竞争,而人才竞争归根结底是教育的竞争。为此,美国于 1958 年颁布了《国防教育法》,划拨巨资用于推行全国范围的课程改革。于是,强调学科结构的“新课程”纷纷出台,此前出现的“新课程”也得到进一步加强。比较著名的“新课程”有:“物理科学研究委员会”(Physical Science Study Committee, PSSC)研究开发的 PSSC 物理课程;“生物科学课程研究会”(Biological Science Curriculum Study, BSCS)研究开发的 BSCS 生物课程;“学校数学研究组”(School Mathematics Study Group, SMSG)研究开发的 SMSG 数学课程;“化学教育研究会”(Chemical Education Materials Study, CHEMS)研究开发的 CBA 化学与 CHEMS 化学;“地球科学课程设计研究会”(Earth Science Curriculum Project, ESCP)开发的 ESCP 地学;等等。这些课程可统称为“学术中心课程”。

1959 年 9 月,美国科学院召集了约 35 位科学家、学者和教育家在马萨诸塞的伍兹霍尔集会,会议的中心议题是讨论怎样改进中小学的自然科学教育。在充分讨论的基础上,会议主席杰罗姆·布鲁纳(J. Bruner)作了题为《教育过程》的总结报告。报告确立了“学科结构运动”的理论基础与行动纲领,并从学理上解决了存在于学科专家和教育专家之间的持久争论。伍兹霍尔会议以后,“学科结构运动”在全国范围内蓬勃展开。

所谓“学术中心课程”，是指以专门的学术领域为核心开发的课程。“学术”(discipline)一词是两种涵义的统一：一是“组织起来的知识领域”，由基本概念、基本原理构成；二是“该知识领域的探究方法”。基本概念、基本原理与相应的探究方法的统一称为“学术(科)结构”，因此，“学术中心课程”亦可称为“结构课程”。其基本特点是学术性、结构性、专门性。学科结构有四点好处：(1) 掌握结构，有助于解释许多特殊现象，使学科更容易理解；(2) 有助于更好地记忆科学知识；(3) 有助于促进知识技能的迁移，达到举一反三、触类旁通的目的；(4) 有助于缩小高级知识与初级知识之间的差距。

(二) 经验课程

经验课程也称活动课程。活动课程论的发展，从思想上要追溯到卢梭(J. J. Rousseau)，在19世纪后半期的“新学校”运动中出现这种实验或实践。到了杜威的著作里，就形成一套系统理论，而“设计教学法”则把这种活动课程论体现得最为完全。目前，比较典型的经验课程有两种：经验自然主义课程和人本主义经验课程。

1. 经验自然主义课程

卢梭从自然教育理论出发，反对教师给学生讲知识，也反对从书本学习，主张儿童在大自然中，通过身体锻炼、劳动、观察事物来学习。例如，他说：“不要对你的学生进行任何种类的口头教训，应该使他们从经验中去取得教训。”①“我们只主张我们的学生从实践中去学习。”②“问题不在于教他各种学问，而在于培养他有爱好学问的兴趣，而且在这种兴趣增长起来的时候，教他以研究学问

① [法]卢梭著，李平沤译：《爱弥儿》上册，商务印书馆1978年版，第94页。
② [法]卢梭著，李平沤译：《爱弥儿》上册，商务印书馆1978年版，第111页。

的方法。毫无疑问,这是所有一切良好的教育的一个基本原则。"①

经验课程或活动课程是以儿童的主体性活动的经验为中心组织的课程。这种课程以开发与培育主体内在的、内发的价值为目标,旨在培养具有丰富个性的主体。儿童的兴趣、动机、经验是经验课程的内容。经验课程也把儿童感兴趣的当代社会生活问题以及学科知识转化为儿童的经验,作为课程的内容。经验课程的着眼点是儿童的兴趣和动机,以动机为课程和教学组织的中心。

杜威在19世纪末20世纪初系统地确立其"经验自然主义"哲学,在这种哲学的基础上,经过教育实践的进一步发展完善,形成了其经验自然主义的课程理论。其理论要点包括:第一,经验课程之"经验"是人与环境的交互作用,是主动行动与对行动结果反思的结合。第二,经验课程的终极目的是"持续生长"。这既包括个人经验的不断生长,也指社会整体的生长。教育、课程的目的不是外部强加的,而是内在于教育、课程本身的。第三,经验课程内容的基本来源是儿童、学科知识、社会。三个来源两两交互作用,统一为儿童动态发展的、连续的经验。第四,经验课程与"问题解决教学"是内在统一的,因为教材与方法是内在统一的,这种内在统一最终取决于经验的性质。

可见,杜威最主要的成就是用"经验"理念确立了经验课程的"连续性"和"交互性"的原则。这样,经验课程就是儿童在与其周围环境主动地交互作用的过程中经验的持续生长。

2. 人本主义经验课程

有两种风格的人本主义经验课程理论。第一种风格的理论受"人本主义心理学"的影响,其根本目的是促进学习者实现其潜能和价值,最终达到自我实现的目的。其课程实质是把情意领域和

① [法]卢梭著,李平沤译:《爱弥儿》上册,商务印书馆1978年版,第223页。

认知领域加以整合,核心思想是希望把认知教育与学生自己的生活联系起来。第二种风格的人本主义课程理论受20世纪西方人本主义哲学的影响。他们认为,经验课程之"经验"是"存在"体验或"反思"精神;课程的终极目的是使每一"具体存在的个体"之个性完全获得自由与独立,使人获得解放,使社会日臻公正;课程内容的来源是自我、自然、知识、社会。

美国学者罗杰斯(C. Rogers)认为,教育的目的在于使学生从中获得个人意义。意义不是内在于教材之中的,而是个人赋予教材以意义的。课程的职能是要为每一个学生提供有助于个人自由发展的、有内在奖励的经验。这种理论把学生的自我实现视为一种基本需要。因此,课程的核心是情感(情绪、态度和价值观等)与认知(知识和理智技能等)和学生行动的整合。这就必须让学生本身成为课程的一部分,即课程内容要与学生所关心的事情联系起来,并让学生参与课程设计、实施和评价,而不是把学生作为课程传递的对象。

在实践中,这种课程的设计和实施都会成为问题。作为一种折中,一些人本主义者提倡一种合成课程(confluent curriculum)。这种课程强调情感与认知的整合,即通过把情感因素渗透到常规课程中去,赋予课程内容以个人意义。合成课程由下列要素构成:(1)师生共同参与,共同承担责任;(2)强调思维、情感与行动的整合;(3)课程内容与学生的基本需要及生活有密切关系,并对学生的情感和理智都具有重要的意义;(4)自我是学习的法定对象;(5)课程的目标是要培养完整的人。应该承认,学生真正关心的是生活对他个人的意义,课程工作者应该对他们的这种关心作出反应。

(三)综合课程

所谓"综合课程"(integrated curriculum),也叫"广域课程",是指一种课程组织取向:有意识地运用两种或两种以上学科的知识及方法论去考察和探究一个中心主题或问题。这意味着综合课程包含两种或两种以上的学科课程要素，并将这些课程要素以某种方式与一个主题、问题或源于现实世界的情景联系起来。

综合课程有以下几个方面的理论依据：(1) 文化或学科知识不是相互隔离、彼此封闭的，而是相互作用、彼此联系的，综合课程体现了文化或学科知识间相互作用、彼此关联的发展需要。(2) 学生的心理发展具有整体性。发展心理学和认知心理学表明，当学习者与相互关联的观念发生联系时，他们的学习最好，因为学习者的心理具有整体性。学生心理发展的整体性必然要求学校课程具有综合性。(3) 学生的发展与社会生活紧密相关。当学生的发展与当代社会生活的有机联系被人为地分离以后，必然导致学生对学习的不满，最终导致学习的失败。解决问题的办法是要让学生与真实世界建立联系。而学生要解决现实中的种种问题，就需要把来自学术与非学术领域的知识、技能整合起来。综合课程主要有两种：学科综合课程和社会问题综合课程。

1. 学科综合课程

学科综合课程是以学科或文化知识为课程整合的基点，整合的核心来源于学科。这种综合课程试图打破或超越各分科课程自身固有的逻辑，形成一种把不同学科内容有机整合为一体的新的逻辑。根据综合的程度不同，学科综合课程可以分为“相关课程”、“融合课程”、“广域课程”三种形态。

所谓相关课程，是指两种或两种以上学科既在一些主题或观点上相互联系，又保持各学科原来的相对独立。

所谓融合课程，是将有关学科融合为一门新的学科，融合之后，学科之间原来的界限不复存在。融合课程并非原先几门学科的拼凑或混合，而是打破或超越了被融合的各学科的固有逻辑，形成了一个新的有机体。①

所谓广域课程,是指能够涵盖整个知识领域的课程整体。广域课程在其出发点上与融合课程存在某种相似,都是围绕一个所选择的组织核心而将分支学科组织为一个新的课程整体,而且被整合的每一门学科都将失去其独立性。广域课程在范围上要比融合课程来得大。

2. 社会问题综合课程

社会问题综合课程是以社会生活的问题为课程的核心,目的是使学生适应或改进社会生活。课程内容源于社会或人类的条件和状况。20 世纪 80 年代以来,国际上比较典型的社会问题综合课程有:"科学—技术—社会"课程、"环境教育"课程和"国际理解教育"课程。

"科学—技术—社会"课程,简称"STS"课程,是指向科学、技术与社会交互作用的课程体系,课程的开发与实施建立在科学、技术与社会交互作用的价值观的基础之上。这种课程认为,科学技术不是价值中立的,而是价值负载的,科学、技术、社会是相互作用的,学生必须将其个人经验与科学、技术、社会彼此之间交互作用的动态系统有机结合起来,才能获得适合时代需要的发展。科学技术教育必须具有社会适应性,必须与当前社会生活中的问题关联起来,必须追求社会理想。

"环境教育"课程产生的直接社会背景是社会发展和科学技术发展的失控所导致的生态系统的破坏和人类生存环境的急剧恶化。它以唤起受教育者的环境意识,增强对人类与环境相互关系的理解,发展解决环境问题的技能,树立正确的环境价值观为目标。

"国际理解教育"课程,是一种以多元文化理解和全球意识为

① 张华著:《课程与教学论》,上海教育出版社 2000 年版,第 238 ~ 274 页。

本位的综合课程。有两种组织模式，一是多学科模式，即把全球意识和多元主义教育价值观渗透到不同学科之中，使之成为各学科关联的核心。二是科际模式，即以全球意识和多元主义教育价值观为核心，把相关内容重新整合起来，打破不同学科原先的界限，组织一个新的有机整体。

以上对课程进行了简单的概括。其实，上述课程均主要为学校情景中教学计划所规定的、以直接明显的方式呈现的课程①，即显性课程。在课程领域还有隐性课程。隐性课程是“非计划的学习活动”，“是学生在教学计划所规定的课程外所受的教育”，是“学生在学习教学情景中无意识获得的经验”。

隐性课程与显性课程区分的关节点是课程的呈现方式不同，我们把隐性课程界说为学校情景中以间接的、内隐的方式呈现的课程。② 隐性课程的影响具有弥散性和普遍性。只要存在教育，就必然存在隐性课程的影响。隐性课程的影响具有持久性。许多隐性课程都是通过心理的无意识层面对人产生影响的，这些影响一经确立，就能持久地影响人的心理与行为，且难以改变。隐性课程的教育影响既可能是积极的，也可能是消极的。隐性课程的内容既可能是学术的，也可能是非学术的。

三、中学课程方案

（一）中学课程方案设计的指导思想

1999 年 6 月，《中共中央、国务院关于深化教育改革全面推进素质教育的决定》提出，要“调整和改革课程体系、结构、内容，建

---

① 施良方著：《课程理论——课程的基础、原理与问题》，教育科学出版社 1996 年版，第 267 页。

② 施良方著：《课程理论——课程的基础、原理与问题》，教育科学出版社 1996 年版，第 267 页。

立新的基础教育课程体系”;2001 年 6 月,《国务院关于基础教育改革与发展的决定》进一步明确了“加快建构符合素质教育要求的基础教育课程体系”的任务。于是,新一轮的基础教育课程改革启动。同年,教育部制定了《基础教育课程改革纲要(试行)》(下称《纲要》),确定了改革目标,研制了各门课程的“课程标准”或“指导纲要”。新课程已于2001 年9 月在全国38 个国家级实验区进行了实验。该《纲要》也体现出中学课程方案设计的指导思想,表现在以下四个方面:

1. 实现课程功能的转变

把课程功能的转变作为中学课程设计的核心目标。改变课程过于注重知识传授的倾向,强调形成积极主动的学习态度,使获得基础知识与基本技能的过程同时成为学会学习和形成正确价值观的过程。从单纯注重传授知识转变为引导学生学会学习,学会合作,学会生存,学会做人,打破传统的基于精英主义思想和升学取向的过于狭窄的课程定位,而关注学生“全人”的发展。

2. 体现课程结构的均衡性、综合性和选择性

调整课程之间的比重,在保留传统学科课程的同时,加强培养学生科学素养和实用技能方面的课程,使科学、综合实践课程的比重呈上升趋势。设置综合实践活动课程,旨在增强学生创新精神和实践能力,加强学校教育与社会发展的联系,改变封闭办学、脱离社会的不良倾向,培养学生的社会责任感。重视不同课程领域对学生发展的独特价值,淡化学科界限,强调学科间的联系与综合。

3. 密切课程内容同生活和时代的联系

改变课程内容“繁、难、偏、旧”和过于注重书本知识的现状,加强课程内容与学生生活及现代社会和科技发展的联系,关注学生的学习兴趣和经验,关注终身学习必备的基础知识和技能。

4. 改善学生的学习方式

以往长期的灌输式的课程实施过于强调接受学习、死记硬背、机械训练，窒息了学生的创造力。新课程标准倡导建构性学习、研究性学习，让学生主动参与、乐于探究、勤于动手，培养学生搜集和处理信息的能力、获取新知识的能力、分析和解决问题的能力以及交流与合作的能力。①

(二) 中学课程结构和基本特征

初中阶段设置分科与综合相结合的课程，主要包括思想品德、语文、数学、外语、科学（或物理、化学、生物）、历史与社会（或历史、地理）、体育与健康、艺术（或音乐、美术）以及综合实践活动。积极倡导学校选择综合课程。学校应努力创造条件开设选修课程。在义务教育阶段的语文、艺术、美术课中要加强写字教学。

高中以分科为主。为使学生在普遍达到要求的前提下实现有个性的发展，课程标准应有不同的要求，在开设必修课程的同时，设置丰富多彩的选修课程，开设技术类课程。积极试行学分制管理。

中学课程具有三个基本特征：均衡性、综合性和选择性。

1. 均衡性

新的课程理念下培养的是全面发展的人，这要求中学课程体系中的各种不同类型的具体科目课程能够保持一种合理的比重。在承认每门学科独特性的同时，要看到各门学科的局限性，没有一门学科能够实现所有的课程目标。课程之间的协调与合作是整体发挥课程功能、全面实现课程目标的必然要求。新的课程设置顾及了单科课程的作用，但是更为全面地调节了单科课程的权重，旨在使中学课程之间保持一种均衡。

---

① 朱慕菊著：《走进新课程——与课程实施者对话》，北京师范大学出版社 2002 年版，第 13 ~ 14 页。

2. 综合性

中学课程加强学科综合性。就单科课程而言，注重儿童自身经验和社会实际的联系；在不同学科之间，加强彼此的关联，做到相互补充。

设置综合课程是中学课程综合性的集中体现。综合课程与分科课程在学校课程结构中所占的比重随着学校教育层次的提高而逐渐降低。这符合儿童认识发展的规律，也符合我国的实际情况，尤其是师资队伍的状况。

增设综合实践活动。综合实践活动是一门高度综合的课程，从本质上来说，它是基于生活实践的课程，而非学科领域；它是基于学习者的直接经验，密切联系学生自身生活和社会生活，体现对知识的综合运用的实践性课程。

3. 选择性

根据不同地区经济、文化发展的差异以及学生多样化发展的需求，课程设置有较大的个性和选择性，形成了国家课程、地方课程和学校课程三级课程并行的层次结构。就课程类型而言，国家提供多种课程方案，供地方和学校根据自身的需要作出选择。在课时比例、课程内容等方面，国家给出范围和标准，在保证义务教育基本要求的前提下，可以有地方特色。①

第二节 课程编制的一般原理

一、现代课程理论的基本观点

(一) 泰勒原理

泰勒(R. Tyler)被誉为现代课程理论之父，他于1949年发表

① 靳玉乐著:《课程改革的理念与创新》，人民教育出版社2003年版，第20页。

的《课程与教学的基本原理》被视为现代主义课程的研究范式。不管人们是否赞同“泰勒原理”,不管人们持什么样的哲学观点,如果不探讨泰勒提出的四个基本问题,就不可能全面地探讨课程问题。这四个基本问题是:学校应该达到哪些目标?提供哪些教育经验才能实现这些目标?怎样才能有效地组织这些经验?怎样才能确定这些目标正在得到实现?

围绕这四个问题,泰勒提出了课程编制过程的四个步骤或阶段[①]:(1)确定教育目标。泰勒认为,制定目标最重要的是选择,需要认真考虑来自学生的研究、当代社会生活的研究以及学科专家的建议等多方面的信息,以选择大量适当的目标,再通过教育哲学和学习理论进行筛选或过滤。(2)选择学习经验。泰勒认为,“学习经验并不等同于一门学科所涉及的内容,也不等同于教师所从事的活动,而是学生与环境中外部条件的相互作用。学生是一个主动的参与者,而教师的任务则是通过构建情境来控制学习经验”。(3)组织学习经验。泰勒认为,为了使学习经验产生累积效应,必须对它们加以组织,使它们起相互强化的作用,并提出了三项主要准则:连续性、顺序性、整合性。其中连续性是指直线式地陈述主要课程要素;顺序性强调每一后续经验要以前面的经验为基础,同时又对有关内容深入、广泛地展开;整合性是指协调各种学习经验之间的横向关系,以便于学生获得一种统一的观点,并把自己的行为与所学的课程内容统一起来。(4)评价结果。泰勒认为,以上过程中已经具有了中介或初期的评价。评价的目的在于较全面地检验学习经验实际上是否起作用,并指导教师走向所期望的那种结果。评价过程实质上是一个确定课程与教学实际达到目标的程度的过程,凡是能获得任何有关教育目标所期望的

---

① 施良方:《泰勒的〈课程与教学的基本原理〉》,《华东师范大学学报》(教科版)1992年第4期。

行为的有效证据，都是合适的评价方法。

泰勒原理的影响是如此之深远，以至于在今天的课程理论中“课程编制”还基本上等同于课程目标的确定、课程内容的选择、课程活动的组织，以及课程评价程序等方面的技术。

（二）课程理想与课程目标

课程理想是人们在认识和理解课程内在规定性的基础上，关于未来课程的一种期望。这一期望蕴涵着新的课程目标和课程结构模型，凝结着人们对课程的新科学观念和新价值观念的感悟，是面向未来、立足于人的发展的。课程理想就像指路的明灯，指引着课程改革和发展的方向。虽然课程不是由个人的意志和理想决定的，却打上了人类理想的烙印。课程原本就是人为之“物”。由于认定某些认知方式、探究精神和规范对人的全面发展、推动这些探究自身发展以及维持或更新一定的社会“契约关系”等方面具有独特的价值和功能，人们便把这些探究成果、活动和探究方法等“转换”成学校课程，期望通过这些课程来实现培养人和发展人类社会的理想。因此，课程理想是指人类对某些探究成果、活动和探究方法在培养人和发展人类社会方面的价值和功能的期望。

例如，18 世纪中叶，工业革命的狂飙席卷了西方主要资本主义国家，一批目光敏锐的思想家和教育家举起了科学教育的大旗。斯宾塞（H. Spencer）批判了古典语文教育特有的因循守旧、虚饰浮夸和矫揉造作等痼疾，从实证主义哲学和他的社会学理论出发，根据资产阶级的功利需要，提出了教育应当“为完满生活作准备”的主张。他得出结论：“什么知识最有价值？一致的答案就是科学。”[①]他认为，科学应该在学校课程中占据重要的位置，科学是教育的基础，也是教育的材料。至此，科学课程已经不再是桥梁和附庸，科学课程是实现“完满生活”最理想的学科，科学课程理想在

① 斯宾塞著：《教育论》，人民教育出版社 1962 年版，第 43 页。

于人的发展,在于理解社会这一特殊“有机体”的进化。课程目标是指导整个课程编制过程的最为关键的准则。从国家制定的教育目的到实际的课堂教学目标,按照目的和目标的概括性程度,可以依次区分为四种不同的目标:教育目的、培养目标、课程目标和教学目标。因此,要确定课程目标,首先要明确课程与教育目的、培养目标的衔接关系,以便确保这些要求在课程中得到体现;其次要对学科的逻辑结构、学生的心理顺序和社会发展需求等各个方面进行深入研究。

课程理想与课程目标之间既有区别又有联系。概括而言,课程理想高于课程目标,决定课程目标的方向,有什么样的课程理想,相应地就会有什么样的课程目标;而课程理想的实现又必须借助相对具体的课程目标去实现才有意义,否则只能流为空想。如果把课程理想比做灵魂,那么课程目标就是这个灵魂的依托和方法。

(三) 课程与学科逻辑

在现代社会,知识的分科越来越精细,学校教育的目标不论是“为未来生活作准备”还是把学校教育视为学生生活的有机组成部分,使他们活在当下,发展潜能、追求自在幸福的人生体验,都要以学科知识为依托,传授通过其他社会经验难以获得的知识,这也是课程的支柱。但是每门学科都有自己的基本概念、逻辑结构、探究方式、发展趋势,以及该学科的一般功能及其与相关学科的联系,所以怎样既关照各学科的逻辑结构,又能协调不同学科之间、相关学科之间的关系,使之更好地为课程服务,就成为课程编制要解决的重要问题之一。

学科之中,其功能方面的信息与课程目标的确立联系最为紧密。学科功能主要包括两个方面:一是这门学科本身的特殊功能,二是这门学科所能起到的教育的一般功能。在课程编制中,往往第一方面的功能受到重视,而第二方面的功能被弱化或忽视。这是因为，学科专家的建议是课程目标最主要的依据之一，泰勒在总结了美国课程改革的经验教训后指出，由学科专家提出的课程目标往往过于专业化，因为他们常常把学生看做是将来要在这个领域从事高深研究的人，而不是把这门学科视为基础教育的一个组成部分。所以，采用学科专家的建议时要多注意该学科一般的教育功能。

（四）课程与心理顺序

课程的最终目标就是促进人的发展，所以只有了解学生的心理发展顺序，才能使课程编制建立在科学、客观的基础上，也才能有的放矢，更有效地促进学生的发展。课程内容是按照逻辑顺序组织还是按照心理顺序组织，是课程设置和研究中争论最激烈的问题。所谓心理顺序，就是按照学生心理发展的特点来组织课程内容。越来越多的人倾向于学科的逻辑顺序与学生的心理顺序的统一。事实上，任何课程设计和选择都不可能完全按纯科学结构展开，都是按照经过重整的、便于学生理解的和有利于学生发展的学科结构展开的。为此，课程编制者必须时刻关注学生的兴趣与需要、认知发展与情感形成、社会化过程与个性养成，以及关于学习发生条件等方面的研究。

（五）课程与社会发展

社会通过学校教育向受教育者传授一定的文化知识和思想意识，目的就是要使受教育者能够成为社会所需要的人。所以，从本质上说，教育过程就是使受教育者逐步实现社会要求的过程。而学校教育的文化功能（传递、保存、更新文化）、政治功能（灌输一定社会的意识形态，维护和发展社会政治关系）、经济功能（培养社会发展所需要的人才，形成适应现代经济生活的观念、态度和行为方式)等,都是通过课程为中介而达成的。①

所以,课程必须满足社会需要,课程发展不可能脱离社会政治、经济、文化的影响。这种影响表现在社会许多方面,在课程领域里通常采用把社会生活划分为若干有意义的方面,再对各个方面进行研究的方法来研究社会。泰勒介绍的一种可行的分类方法是:(1)健康;(2)家庭;(3)娱乐;(4)职业;(5)宗教;(6)消费;(7)公民。这种划分可以为我们编制课程提供一种可资借鉴的依据。

课程对社会发展又具有一定的反作用。在现有的社会历史条件下,学校教育采用何种课程在很大程度上决定人才培养质量的优劣。正是因为课程担当着这种培养社会发展需要的优秀人才的重任,所以课程目标的确立,不能完全依赖于对当前社会的研究,必须具有一定的前瞻性。这就要求课程编制者既能深刻理解现有社会发展的本质和内涵,又能在此基础上把握社会发展动态和规律,作为制定科学的课程目标的有力依据。

二、中学课程目标

(一)行为目标

在课程领域,行为目标的历史最悠久,应用的范围也最广泛。泰勒的《课程与教学的基本原理》于1949年发表之后,课程目标与行为目标就几乎成了同义词,这种目标主要是由外部事先规定的,注重的是课程实施的结果,比较具体、可操作。泰勒被称为“行为目标之父”,因为他在《课程与教学的基本原理》中曾指出,在课程目标确定后,要用一种最有助于学习内容和指导教学过程的方式来陈述。在他看来,这种陈述目标的最有效形式,是“既指

① 施良方著:《课程理论——课程的基础、原理与问题》,教育科学出版社1996年版,第100页。

出要使学生养成的那种行为，又言明这种行为能在其中运用的生活领域或内容"。也就是说，每一课程目标都应该包括"行为"和"内容"两个方面。

行为目标的优缺点都比较明显。采用这种目标模式，比较具体、可操作，效果显著。但也带来了不可避免的负面影响。比如，过于注重显性目标，课程中的隐性内涵得不到发展；为方便达成目标而把学习分解成一个个彼此独立的部分，不利于学科融合和学生综合素质的培养；外部事先规定的目标也降低了课程的弹性，束缚了其发展空间；等等。

（二）展开性目标

针对行为性目标一度统帅课程目标领域的情形，以及其明显的不足，许多课程理论者提出了质疑，认为在行为目标之外，还应该有展开性的目标作为有效补充。如果说行为目标关注的是结果，那么展开性目标重视的就是过程，强调教师根据课堂教学的实际进展情况提出相应的目标。[①] 这种理论最初来自于杜威的过程思想。杜威注重学生的经验，提倡设置问题情境，培养学生的思维能力，而不主张预设目标和教育之外的规定性。

从理论上讲，这种目标可以充分发挥教师的主导作用，尊重学生的主体地位，由于注重过程，也使课程蕴涵了更丰富的涵义，有利于教师课程观念的更新。但是在实际施行过程中，由于目标描述比较模糊，对教师责任感和教研水平的要求比较高，很少有教师能够达到理想的要求；对学生而言，太多的自主权交给了自己，反而由于认识水平和知识经验的局限，无法作出选择。所以，展开性目标不宜作为一种主要的课程目标被单独采用。

---

① 施良方著：《课程理论——课程的基础、原理与问题》，教育科学出版社 1996 年版，第 86 页。

（三）表现性目标

和展开性目标一样，表现性目标是另外一种对行为目标的质疑和有益的补充，主要来自美国学者艾斯纳（E. W. Eisner）。他在所从事的艺术教育领域里发现预定的行为目标并不适用，因此提出了注重学生活动过程中的创造性、表现性的表现性目标。相比行为目标的封闭性和预成性，表现性目标更为开放、灵活，需要教师关注每个学生的活动表现，并且以对学生的深刻了解为前提。表现性目标由于没有提供评价指标，界定比较模糊，所以也很难实现。但是作为一种补充目标，表现性目标对于一些人文学科和特殊的选拔性课程而言，还是能够有效地激发学生的兴趣的。

（四）中学课程的三维目标

新的中学课程标准以知识与技能，过程与方法，情感、态度与价值观三个维度作为目标，既注重学生基础知识、基本能力的养成，又注重学生的个性发展，力求使每个学生的潜能都能得到开发。① 这个三维目标实际上是上述课程的三种主要目标的具体体现。过去我国中学的课程设置以分科课程为主，以中考、高考为指挥棒组织教学，所以必然地把知识和能力这个目标放到首位，甚至一度成为唯一重要的目标。新课标在此基础上更加强调过程与方法、情感态度与价值观的作用，把它们提升到前所未有的高度。

不论课程如何发展，知识与能力的标准都应该放在首位，这也是课程完成培养人的使命的重要途径；过程与方法的作用就相当于展开性目的，这一目标的提出有其重要意义，说明课程越来越接近学生的发展顺序，把学生作为学习的真正主体来加以关注；情感、态度与价值观的教育，则旨在培养学生的健全人格，使他们具备幸福生活的能力。三个目标对学生的成长而言缺一不可，具有

① 中华人民共和国教育部编：《普通高中课程方案》，人民教育出版社 2003 年版，第5页。

同等重要的地位;但是作为课程目标,过程与方法和情感、态度与价值观相对抽象,在实践中较难考察,因此在具体实施过程中,还只能以知识与能力为主,其他两个维度作为重要补充。

三、中学课程内容选择的原则

(一)课程内容的基础性

中学阶段,是人的一生中最关键的打基础的时期,不仅需要掌握人类文化的基础知识,培养学习的基本技能,而且也是他们人生观、价值观初步形成的阶段,所以课程内容要以基础性为主。具体表现为,强调掌握必需的经典知识及灵活运用知识的能力;注重培养学生浓厚的学习兴趣、旺盛的求知欲、积极的探索精神、坚持真理的态度;注重培养搜集信息和处理信息的能力、获取新知识的能力、分析和解决问题的能力、交流与合作的能力;等等。[①] 为此,必须协调好学科之间的关系,增设一些基础性的综合课程,使学生的知识结构具有整体性。还要注意到学科知识的广度和深度之间的平衡,在条件许可的情况下,让学生了解一些学科领域的发展前沿是可以的,但学习的重点还是要学生较全面地掌握各学科的基础知识。[②]

(二)课程内容的社会生活性

由于传统中学课程过于注重学生对学科知识的掌握,而忽视了他们基本能力的养成和情感、态度与价值观的发展,新的课程标准更加注重学生的实践能力、沟通能力和合作能力,而且通过课程对生活的部分回归来培养学生学习、探究的兴趣,激发他们的内部学习动机。因此,除了课程选材更加贴近生活之外,还增设了一些社会活动课,对学生的访谈、调研都提出了一定程度的要求,既能

---

① 叶立群等编:《中学教育学》,福建教育出版社 1996 年版,第 164 页。
② 叶立群等编:《中学教育学》,福建教育出版社 1996 年版,第 164 页。

培养学生的信息处理能力和初步的科研能力，又能帮助他们了解社会现实、面对社会问题，为大部分中学毕业生的就业提供了良好的基础条件。另外，除了关注当下的社会生活外，课程内容还应注意对社会理想和未来社会的走向给予适当程度的关注。学生是未来社会的主人，从基础阶段起，就应熏陶、培养他们的科学预见能力和社会责任意识。

（三）课程内容的顺序性

这种顺序性有两个方面的含义：一方面，课程发展有其内在的逻辑体系，尤其学科课程都是按照自身规律和一定顺序发展的；另一方面，中学课程的实施对象是正处于发展阶段的中学生，他们的身心发展也有一定的顺序和规律。所以，必须把这两方面的顺序统一起来，使课程编制既顺应学科的内在逻辑，又能适应学生的身心发展特点。美国著名心理学家、教育家布鲁纳（J. Bruner）的结构课程理论主张以学科的基本结构作为课程的主要内容，以期提高教学效率，而"螺旋式课程结构"是其中的重要思想，直到今天仍然被课程设计者所采用。所谓"螺旋式课程结构"，是指按照某一学科的发展顺序归纳出其内在的逻辑体系，作为课程的基本内容，而这个体系又根据学生的年龄特点加以安排，由易到难，逐步深入。

（四）课程内容的开放性

学科课程本身具有封闭性，所以传统的以学科教学为主的课程被支解成一个个彼此分离、各自独立的体系，不利于学生整体知识体系的建构，更直接影响了他们运用知识解决问题的能力，不利于学生的发展。新的课程改革顺应了时代的需要，也更符合学生的发展需求，具有开放性特征。这可以从两个方面理解：其一，课程内容的时代性。内容的选择更加注重与社会生活的联系，而不局限于学科的狭窄视野，学生的知识来源也更加广泛。其二，课程内容的选择性。新课程设计了许多综合课程，把内容相近的学科设置成几个学习模块或课程群，学生选择的余地大了，每个学科内部也分类别、分层次设计了多样的、可供不同发展潜能学生选择的课程内容，既满足了不同学生的发展需要，又能适应社会对人才多样化的需求。

四、中学课程实施与评价

（一）课程与“两次转换”

课程实施是指把新的课程计划付诸实践的过程，它是达到预期的课程目标的基本途径。在教学过程中，由于有了教师，学生不用直接与文化科学发生相互作用，而是与已经从文化科学“转换”而得到的学科或课程（通过教师组织的课堂内外的文化科学学习活动）发生相互作用。因此，教师要实现上述作用，必须有效地、创造性地把文化科学“转换”为学科或课程，并进一步把学科或课程“转换”为有助于学生全面发展的课堂内外的文化科学学习活动。[①]

在这里，教师需要完成两次转换：把文化科学转换成学科或课程的过程，称为“第一次转换”；把学科或课程转换为学生自己的文化科学学习活动的过程，称为“第二次转换”。[②] 每一门科学都需要经过整合、重组，变成有利于学科编制和学生掌握的逻辑形式才能发展为一门学科，但是这个过程并不是课程专家和课程编制者独立完成的，起最关键作用的还是广大教师，教师对文化科学的理解和把握，对于第一阶段的转换具有实质性的决定作用。由于学生是学习的真正主体，教师的教也完全是为学生的学服务，所以研究学生的认知活动规律，使课程实施符合学生的认知顺序，培

① 母小勇、谢安邦：《论教育硕士专业的课程目标和取向》，《教育研究》2002 年第 1 期。

② 母小勇：《教师的作用：实现文化科学的有效转换》，《教育理论与实践》，2002 年第 10 期。

养他们的探究能力，进而使学科知识内化、重组为学生自己的认知结构，才是课程实施的实质。

实现这两次转换有一些条件。首先，对教师提出了非常高的要求，作为课程的主要实施者，教师既要具备良好的专业素养和敏锐的感受能力，选择符合各方面要求的课程内容；又要了解每个学生的特点和认知需求，研究他们的认知活动规律，根据学科特点设计促进学生学习的最佳情境。其次，对学生而言，要由知识的被动接受者转变成主动的学习者、探究者，还要总结、反思，找到适合自己的学习方式。最后，对于学校而言，要为师生提供一个开放的、客观的、公允的环境，这两次转换才能顺利实现。

（二）课程与经验、过程

人类的文化科学包括公开的文化科学和个人的文化科学两个部分。所谓公开的文化科学，是指人类共同的文化遗产以及公开发表的个人的文化科研成果；所谓个人的文化科学，是指每个个体所拥有的经过独特体验而形成的文化科学。两者可以互相转化，个人的文化科学知识经过提炼、升华而公开发表或者广泛流传，就成为公开的文化科学；公开的文化科学经过个体的体验、习得，可以内化为自己知识结构的一部分，转化为个人的文化科学。

中学教育过程，学生首先要把握"公开的文化科学"，体验人类先驱"个人的文化科学"，最终形成学生"个人的文化科学"。在把公开的文化科学转化为学生个人的文化科学的过程中，经验与过程是最主要的内容和手段。在杜威看来，经验就是主体与客体之间不断的相互作用。在经验的范围内，主体和对象、精神和物质不能独立存在，只能作为统一的经验整体中具有不同机能的特征而存在。教师的作用就是为学生提供有利于知识转化的情境，学生只有经过体验，才能真正理解并内化知识。否则，离开了"主体与客体之间不断的相互作用"，学生就无法形成其个人的文化科学。这种重视学生经验和体验的课程必然更加注重学生形成个人文化科学知识的过程。

(三) 科学主义与人文主义课程评价

从整个教育发展史的角度看,教育评价存在着科学主义和人文主义两种倾向。科学主义评价过分注重教育评价的客观性、事实性的一面,充分发挥了以考试为主要形式的量化评价作用,重视评价结果,评价方式和技术过于单调,忽视了教育评价的主体性的一面,形成了单一的教育价值观及指标体系,抹杀了教育活动的多样性和教学的艺术性,容易挫伤被评价者的积极性。而人文主义评价则强调主体性、价值性,更富有人性化和定性分析的特点,不仅注重结果,也会关注过程,而且常常采用多元的评价标准,这是其优势所在。但也有不足,由于过分强调主观感受,实际的评价指标非常模糊,随意性很强,不利于反馈和提高。所以在选择评价方式时,只有把两者结合起来考虑,才能扬长避短。

对于习惯运用科学主义评价的自然学科应多加入一些人文主义的定性的评价指标,比如学生的结果可能有误,但思路非常新颖、独到,应该在评价中有所体现;而在一些典型的人文学科中也要增加科学评价的成分,借鉴一些科学的研究方法,使之为促进人文学科发展服务。如果能够把两种方法统筹兼顾、合理运用,对教师绩效的考评不仅仅是看其教学成绩,而是增加了科研、创新性以及对促进学生身心发展方面所作的贡献等指标,会大大地提高教师钻研教学、研究学生发展规律的热情和积极性,从而促进课程发展,推动"两次转换"的实现。

第三节　当代课程改革的发展趋势

一、科学世界与生活世界的整合

"生活世界"是胡塞尔(E. Husserl)提出的一个相对于"科学

世界”而言的概念。

在胡塞尔看来，科学世界是由科学家构造出来的世界，它出于人类“生存”这一功利性的目的，是人类在“生产”这个“主题”指引下构造出来的“主题化”或“课题化”的世界。科学的这种“主题化”抽干了与其“生产主题”无关的现象，如情、意等，并且在科学的主题结构中“遗忘”了直观的生活世界和活动着的主体。而作为“日常生活世界”的“生活世界”具有如下三个特征：一是直观化。它是指“那个唯一现实的、在感知中被现实地给予的、总能被经验到并且也能够被经验到的世界，即我们的日常生活世界”①。这个直观的可实际知觉到和经验到的世界，不仅仅由某个个人的直接经验所构成，而是“人”共同拥有的，存在于“交互主体性”中的世界。二是“非主题化”。它没有一个“特定”的主题和目的，如果它也有主题的话，那么生活世界本身就是它唯一的主题和目的，简言之就是：生活即生活。在这个人们生活于其中的完整而丰富的世界中包容着作为主体的人们，围绕着知、情、意而发生的各种目的、主题、趣味等。生活世界是一个预先存在的有效的世界，它的有效性是因为它是一切目的，包括科学世界的目的的前提。三是非客观化。它的真理是主观的、相对的，是为具体的人而存在的真理。

“科学世界”仅仅满足了人类“生产”这个目的，因而具有不可避免的片面性和狭隘性。其片面性和狭隘性主要表现在对人际交往屏障的设置、对人的主体性的漠视以及生活意义的失落。尽管如此，当人们置身于这个由科学家构造出来的理性化世界中并掌握其特殊的“语言”时，人们还是可以习得科学家们的经验以及他们经验的方式的。然而，作为学校教育核心的课程不应该仅仅关

① 埃德蒙德、胡塞尔著，倪梁康、张廷国译：《生活世界现象学》，上海译文出版社2002年版，第237页。

注“科学世界”,因为课程不仅仅是经验和知识的纯粹性工具,价值理性和意义的追寻才是课程的重心和首要目的。“生活世界”作为一个完整而丰富的意义世界,其特性使得它成为“科学世界”的前提和基础,科学世界的意义追寻只有向“生活世界”回归才有可能实现。

因此,“生活世界”和“科学世界”必须整合起来,任何偏执都只会造成课程理念的摇摆以及随之而来的目标达成的失败。“生活世界”和“科学世界”的整合折射到课程领域,则可归结为主体性与主体际性的高扬,建构与交往的提倡,科学与人文的统一,等等。

目前,我国以及美国、英国、日本等许多国家都设置了综合实践活动类课程,综合实践活动是以学生的直接经验或体验为旨趣的,是要克服课程脱离学生生活和社会生活的倾向,使得学生的科学世界能与生活世界有机地整合,为学生把科学知识应用于实践提供一个平台。

二、建构与交往

我们强调对“科学世界”的关注,是由于科学对于人的发展以及社会进步的重要作用,科学教育日益受到世界各国的高度重视。科学教育课程已经成为当今学校教育课程体系的主流。但是由于人的认识的规律性,决定了人对于科学世界中知识和经验的获得并不是行为主义者所认为的简单的“刺激—反映”过程,而是由认知主体主动地建构的过程。于是兴起于西方的“建构主义”相关理论便被引入教育领域,为课程建设提供了重要的哲学基础。

“建构主义”作为一个专门术语的提出应归功于瑞士心理学家皮亚杰(J. Piaget)。他认为儿童是在与周围环境相互作用的过程中通过“同化”和“顺应”来发展自己的认知结构(也称“图式”)的。儿童先天地具有一个“图式”,儿童在与外部环境相互作用的过程中,当已有的认知图式能够吸收外部信息时,则起同化作用,这时他处于一种平衡的认知状态;当原有的认知图式不能吸收外部信息时,他的平衡被打破,这时他便通过改组原有的认知图式以便吸收新信息,从而达到一种新的平衡。儿童正是在这种"平衡—不平衡—新的平衡"中建构自己的认知图式的。

当代建构主义思想流派纷呈,并对各个领域产生了广泛而深远的影响,在教育领域则引发了学习观、学生观、教师观以及教学观的巨大变革。在建构主义观照下,学习是以学生为中心的学习,学习在本质上是学习者主动建构心理表征的过程;在学生观、教师观以及教学观上它认为学生和教师都是教学的主体,强调对学生原有知识结构的重视以及学生主动的建构,教师更多地应该为学生的建构提供一种情境,在教学中教师和学生分别以自己的方式建构对世界的理解,教学过程是师生的合作性交往与建构的过程。

基于建构主义的教学模式大致有如下几种:

(1)"情境性教学"。创设含有真实事件或真实问题的情境,学生在探究事件或解决问题的过程中自主地理解知识和经验,自主建构意义。情境性教学又称为"抛锚式教学",情境中的真实事件或真实问题即为"锚",学生和教师的"思想之船"即通过这些事件或问题("锚")固定在知识的海洋之中。

(2)"随机通达教学"。同一教学内容在不同时间、不同情境,基于不同目的、用不同方式多次加以呈现(充分的实例或变式),以便使学习者对同一内容或问题进行多方面探索和理解,获得多种意义的建构。

(3)"支架式教学"。通过提供一套恰当的概念框架(解决问题的工具)来帮助学习者理解特定的知识或经验,建构知识或经验意义。学习者能够借助该概念框架独立探索并解决问题,独立建构意义。

(4)"合作学习"。学生不是空着脑袋进入教室的,因为个体从出生就开始了探索环境、适应环境的活动，在这种活动中，对事物形成了丰富的经验，并建构了个体特定的认知图式；每个人都在以自己的经验为背景建构对事物的理解，因此只能理解到事物的不同方面或某些方面，不存在唯一正确的全面的理解；通过学生之间、师生之间的合作、交流与讨论，可使他们了解彼此的见解，了解那些不同观点的基础。

建构主义作为一种新的认知理论已成为国际课程改革中的一种主流理论。我国新一轮基础教育课程改革体现出了“师生共同探究与建构”的特点：新课程实际上重新界定了“课程”，认为课程是学生获得体验的过程，学校、课堂成为学生探究学习的中心，成为师生共同探究的场所。在学校、课堂中，师生共同经历和体验研究或探究的基本活动包括：“提出问题”、“猜想与假设”、“制订探究计划与方案”、“收集证据”、“分析与讨论”、“评估”和“交流与合作”等。为了强调研究性学习或科学探究，重视过程与方法，许多根据课程标准编制的教科书主要采取了三种措施：(1) 让学生在教师引导下进行探究（如设计了类似“科学探究”、“合作阅读”等栏目）；(2) 让学生自主探究（如设计了类似“课题研究”、“自主学习”等栏目）；(3) 为学生展示人类探究的历史过程（如设计了类似“激动人心的探究之路”、“创造的足迹”等栏目）。

新课程实际上也重新界定了“教学过程”，认为教学是教师与学生、学生与学生对话、交流和知识建构的活动。

三、多元文化视野下的课程文化

学校教育作为一种培养人的活动主要通过课程这一手段得以实现，而课程之所以能充当这一手段则是因为课程与作为课程之母体的文化具有天然的血肉关系，课程具有文化的品性已经成为人们公认的命题。因而，我们对于“课程”这一工具的诠释应该从文化视域中加以审视。

对"文化"从名词意义上理解,一般趋向于把它看成是"人造之物",也就是说,"文化"是各个时代人类征服、改造自然的同时改造自身的类本质对象化活动中所创造的物质的、制度的、精神的文明整体。这里是把"文化"从结果上进行理解的,而且把它等同于作为复杂整体的"文明",于是文化便也有着三种存在形态:物质层面的文化、制度层面的文化以及精神层面的文化。其中,精神层面的思想和价值是文化的核心,文化乃是一种价值性的存在。

从动词意义上理解"文化","文化"是一种指向"目的"的对象化活动,其目的则是"人化"、"教化",生成人,使生物的人成为社会的人。

长期以来,人们把"课程是文化的传承工具"当做一个不置可否的命题。这个命题实际上包含着这样一个隐喻,即课程只是一个纯粹性的工具;它与文化无涉。实际上,课程不仅要通过"再生产"而传承着文化,更重要的是要通过"生产"而"生成"文化。也正是由于课程的文化"生成"性,使它具有了文化的自为品质,使得它不再仅仅是文化的传承工具;也正是由于文化对于人的"人化"、"教化"作用和课程对人的教育功能的相通性,使得"课程与文化不再是工具与实体的关系,而是部分与整体的关系"①。从这个意义上讲,我们完全有理由认为"课程即是一种文化"。但是作为课程的文化与一般的社会文化仍然有着质的区别:第一,课程文化的生成要受到制约课程标准的三个要素,即知识、社会以及学生的制约。就知识经验方面而言,被课程文化所选择的知识和经验应该有"价值涉入"而不是"价值中立";就社会而言,课程文化应该保证对于促进社会健康发展的适切性;而在学生方面,课程文化则应该以满足学生身心的全面健康发展为根本性使命。此外,

① 郝德永著:《课程与文化:一个后现代的检视》,教育科学出版社 2002 年版,第 375 页。

课程文化还要受课程理论基础(如哲学、心理学、教育学、社会学等)的制约。

第二,课程文化具有“教育学性的品质”,即“内在性品质”以及“超越性品质”。“内在性品质”使得课程文化成为一种独立存在的本体化的文化形态,使课程成为一种自在、自为、自成的文化形态是当代学校课程的根本性变革所在;课程文化的“超越性品质”意味着课程文化是一种走在社会、时代前列的,对社会起导向作用的先锋文化,是一种不盲目地、无原则地适应社会主流文化的探索性文化。

“文化是历史地凝结成的稳定的生存方式”①,由于不同民族历史发展轨迹的多样性以及历史发展程度的差异性,造成了不同民族生存方式的特殊性,这使得人类文化存在着多样的形态和各具特色的精神内涵。这种文化的多元性不仅表现在不同文化之间,也表现在同一文化内部。正是由于各种文化特征及其内涵的特殊性和差异性,因而各文化形态之间的对抗和冲突在所难免。但另一方面,各文化大多有着类似的形成基础(例如都是建立在一定的生产方式和社会形态基础上),相仿的发展历程,使得各文化天然地具有某种同一性,各文化在相互交流过程中彼此认同也是势所必然。于是,碰撞与交融成了文化发展的普遍现象。因此,在多元文化碰撞与交融的际遇中,课程应着重关注以下问题:课程文化如何吸收其他文化形态的合理内核以使自己进一步“教育学化”?课程文化如何保持它自身的品性和特有的精神内涵,而不被其他的文化形态所淹没?在多元的课程文化背景下,如何处理好民族课程文化与非民族课程文化的关系?如何处理好民族课程文化的传统性与时代性问题?等等。

从我国新一轮基础教育课程改革的现状来看,我国基础教育

① 衣俊卿著:《文化哲学》,云南人民出版社2001年版,第10页。

的课程文化在“社会要素”方面强调的是学生与社会的协同发展。2001 年颁布的《基础教育课程改革纲要(试行)》中指出:要使学生“具有社会责任感,努力为人民服务”,“建立促进学生全面发展的评价体系”①;在“知识与经验要素”方面,强调对基本知识和技能的掌握,强调经验和生活的联系,强调知识与能力,过程与方法,情感、态度和价值观的三维目标:使学生“具有适应终身学习的基础知识、基本技能和方法”,“使获得基础知识与基本技能的过程同时成为学会学习和形成正确价值观的过程”,“改变课程内容‘难、繁、偏、旧’和过于注重书本知识的现状,加强课程内容与学生生活以及现代社会和科技发展的联系,关注学生的学习兴趣和经验,精选终身学习必备的基础知识和技能”②;在“文化要素”方面则强调对优秀传统文化的继承和发扬以及对人类优秀文化营养的汲取,要使学生“具有爱国主义、集体主义精神,热爱社会主义,继承和发扬中华民族的优秀传统和革命传统”,“具有初步的创新精神”③,《全日制义务教育语文课程标准(实验稿)》指出:“认识中华文化的丰厚博大,吸收民族文化智慧。关心当代文化生活,尊重多样文化,吸取人类优秀文化的营养。”④

四、把课程还给学生和教师

把课程交给谁的问题,实际上反映的是课程理念及相应的课程行政体制的问题。

传统的课程理念认为,课程是书面的文件,是计划好的课程方案;学生之间没有差异,学生是被动的学习个体,是被“灌输”的容

---

① 中华人民共和国教育部编:《基础教育课程改革纲要(试行)》,2001 年6 月。

② 中华人民共和国教育部编:《基础教育课程改革纲要(试行)》,2001 年6 月。

③ 中华人民共和国教育部编:《基础教育课程改革纲要(试行)》,2001 年6 月。

④ 中华人民共和国教育部编:《全日制义务教育语文课程标准(实验稿)》,北京师范大学出版社 2001 年版,第4 页。

器;而教师则仅仅是课程忠实的实施者、执行者,与课程设计"无缘",他们所要做和所能做的就是遵循、遵循、再遵循。这种纯粹工具理性的课程观念,在教师与课程、学生与课程、教师与学生之间构筑起一条无法跨越的"鸿沟",使他们处于完全二元对立的境地。这样,学生完全成了知识的奴隶,学生的学习严重脱离生活。与这种课程理念相适应的是课程行政体制的中央集权:国家权力机构掌握并控制着学校课程,课程决策权属于中央和地方行政部门,课程的开发则由专家承担。这种课程开发集权体制使得课程存在着自身不可克服的缺陷,即由于课程决策和课程实施的"人为"樊篱,阻碍了作为课程实施者的教师对于课程意图的了解,教师和学生在课程方面的主体性被剥夺殆尽。

进入20世纪80年代后,世界上大多数国家都认识到传统的课程理念和单一集权式的课程开发模式不可能解决学校遇到的课程问题,因而在国家权力机构适度控制的基础上,把课程开发的权力部分地还给教师和学生,显得刻不容缓。因为他们认识到,课程具有情景性和生成性,是师生互动的过程和结果;教师是课程研究、开发和实施的主体,教师在课程实施过程中有必要进行"变革";而学生则是学习的主体,学习是以学生为中心的学习,是学生主动建构知识的过程。

随着人们在课程理念上的根本转变,许多国家新的课程改革都实施了"自上而下"和"自下而上"相结合的课程政策,把制定课程的权力从中央一级逐步和部分地下放到地方与学校,使得教师和学生也成为了课程的主人,使得课程更具有适应性、参与性和开放性。

我国新一轮基础教育改革"坚持民主参与、科学决策的原则,积极鼓励高等学校、科研院所的专家、学者和中小学教师投身中小学课程教材改革","为保障和促进课程适应不同地区、学校、学生的要求,实行国家、地方和学校三级课程管理","学校在执行国家课程和地方课程的同时，应视当地社会、经济发展的具体情况，结合本校的传统和优势、学生的兴趣和需要，开发或选用适合本校的课程”。① 在新课程改革中，体现了课程观、学生观、教师观以及教学观的巨大变革，教科书在教学过程中只扮演文化科学与学生学习活动的中介角色，仅仅为教师和学生提供对话的“话题”。许多新课程教科书通过设计多样化、开放性的学习方式（例如，设计了类似“科学探究”、“挑战你的思维”、“想想议议”、“信息链接”、“实践活动”、“STS”等活动栏目），把课程还给了学生和教师，为师生提供了广阔的自主开发课程资源的空间，真正体现了学生是学习的主人，教师也能够真正参与课程资源的开发活动。特别是，高中新课程还为学生自主选择课程学习模块、形成个性化的课程研修计划和及时调整个人发展方向提供了可能性，力图为不同学生的不同发展奠定不同的文化科学基础。

[思考与作业]

一、名词解释

课程　学科课程　综合课程　表现性目标

二、问答题

1. 课程的分类有哪几种？简述它们之间的区别和联系。

2. 简述中学课程设计的几个指导思想。

3. 中学课程内容选择的原则有哪些？

4. 课程改革的发展趋势有哪些？新课程中学生学习的主要实现方式有哪两种？

① 中华人民共和国教育部编：《基础教育课程改革纲要（试行）》，2001 年 6 月。

第七章　教　学(上)

[内容提要]

要把握教学过程的本质,必须注意它是学与教的统一、认识与实践的统一、掌握知识与发展智力的统一、教育与教学的统一。

关于教学过程的阶段划分,没有统一的模式,"六步三阶段"的教学过程模型比较实用。教学目标包括普遍性目标、行为目标、内部过程与外显行为相结合的目标、生成性目标、表现性目标等,每一种目标都有其适用的情境,同时也都有其局限性。

教学的任务分析是在教学目标的基础上进行的,但它与具体的教学活动联系更紧密,是高效的教学所必需的。

[学习目标]

1. 知识

(1) 能陈述教学的一般特征。

(2) 能陈述四种主要的教学目标的含义。

2. 理解

(1) 能用自己的话解释教学四个方面的本质。

(2) 能给出普遍性目标、行为目标、生成性目标、表现性目标的具体事例。

3. 运用

(1) 就给定的一份教案,能运用所学知识,分析其优点与不足。

(2) 选择中小学课程中的一项具体内容,能运用合适的目标模式确定并陈述其教学目标。

第一节　教学的一般概述

只有首先在理论上认识教学及教学活动的本质,才可能自觉地、有意识地、科学地组织教学,提高教学成效。那么,教学活动的实质是什么?教学活动的要素又是什么呢?教学过程可以划分成几个阶段呢?

一、教学的含义

要讨论教学活动的本质,下定义是常用的方法。然而,教学活动虽然司空见惯,但关于它的定义却有多种表述。兹举我国学者所表述的几例:

对于我们一般教育工作者来说,"教学"就是指教的人指导学的人进行学习的活动。进一步说,指的是教和学相结合或相统一的活动。①

所谓教学,乃是教师教、学生学的统一活动;在这个活动中,学生掌握一定的知识和技能,同时,身心获得一定的发展,形成一定的思想品德。②

教学是在教育目的的规范下,教师的教与学生的学共同组成的一种教育活动。在我国,教学是以知识的授受为基础的,通过教学,学生在教师的有计划、有步骤的积极引导下,主动地掌握系统的科学文化知识和技能,发展智力、体力,陶冶品德、美感,形成全面发展的个性。所以,教学是学校实现教育目的的基本途径。③

教学是教师教和学生学的统一活动。在这一活动过程中,教

① 李秉德主编:《教学论》,人民教育出版社 1991 年版,第 2 页。

② 王策三著:《教学论稿》,人民教育出版社 1985 年版,第 91 页。

③ 王道俊、王汉澜主编:《教育学》,人民教育出版社 1988 年版,第 181 页。

师有目的、有计划地传授、培养和教导,学生积极主动地掌握一定的知识和技能,发展体力和智力,形成一定的思想品德。双方各尽所能,共同完成社会赋予的培养有用之才的神圣使命。①

教学,教师的教和学生的学的共同活动。学生在教师有目的、有计划的指导下,积极、主动地掌握系统的文化科学基础知识和基本技能,发展能力,增强体质,并形成一定的思想道德。②

分析上述教学的概念,可以看出,它们具有共同的内涵。概括地说,教学是教师根据一定的教育目的和学生身心发展的规律,有目的、有计划、有组织地引导学生掌握系统的科学文化的基本知识、基本技能,发展智力和体力,形成一定的思想品德的教育活动。据此可以写出:(1) 教学是一种特定的实践活动,主要是一种认识活动、认识过程;(2) 教学是教师教与学生学的共同活动,是教与学共同活动的统一过程;(3) 教学过程不仅仅是认识过程,也是促使受教育者身心发展的基本途径;(4) 教学所要完成的任务是向学生传授科学文化知识,培养技能和技巧,发展学生的智力和体力,形成一定的思想意识和道德品质。

应该注意的是,"教学"与"传授知识"、"上课"、"智育"等不能混为一谈。首先,"教学"与"传授知识"不能等同,因为教学是"教的人"和"学的人"相统一的活动,而"传授知识"仅指"教的人"的活动,忽略了"学的人"的活动,不能构成教学;况且,教学也不应仅仅停留在"传授知识"上。其次,"教学"与"上课"也不能等同,因为上课仅仅是教学工作的基本环节之一,或者说是教学的基本形式,而教学除了"上课"这一形式外,还可以有现场教学、分组教学、个别教学以及通过电视、录音、录像技术,特别是人工智能、电子计算机、卫星通信、信息处理等中介进行的教学活动等形

① 吴文侃主编:《比较教学论》,人民教育出版社1999年版,第111页。

② 《中国大百科全书·教育卷》,中国大百科全书出版社1985年版,第150页。

式，所以，“上课”根本不能代替教学的全部活动。第三，“教学”与“智育”也不能等同，因为智育是全面发展教育的重要组成部分之一，而教学是实施全面发展教育的基本途径；教学既要完成智育的任务，也要完成其他各育的任务；智育的途径主要是教学，但不仅限于此，还可以是课外活动、劳动和社会实践活动、学生集体活动和校园文化等。如果把“教学”与“传授知识”、“上课”、“智育”等混为一谈，就会在理论上造成混乱，在实践中形成片面性，影响教学质量的提高。

二、教学的意义

学校是对学生进行全面教育的场所，而教学作为学校教育工作的一部分，有着特别突出的意义。

1. 教学反映一定社会的需要，并推动一定社会的发展

教学是一定社会、一定阶级为达到认识世界、改造世界的目的而专门组织起来的一种教育活动，它受社会发展的制约；它又通过文化科学知识的授受，学生智力的开发，身体素质、审美能力和思想品德的提高等，不断推动社会的进步。因此，从这个意义上来说，教学能提高社会生产力的发展水平，充实和丰富人们的精神文化生活。

2. 教学能够帮助解决个体经验和人类历史经验之间的矛盾

人类经验的获得主要通过两条途径：一是个体通过亲身实践获得的知识和技能，称直接经验；一是通过口头或书面的介绍获得前人或他人的知识和经验，称间接经验。在人类社会发展的漫长的历史进程中，人们把有限的个人直接经验用语言文字积累和保存起来，组成丰富多彩的人类历史经验。这样，有限的个体经验和丰富的人类历史经验之间产生了矛盾。而教学可以担负起处理好这对矛盾的使命，它以传授间接经验为主，辅之以必要的直接经验，成为学生获取丰富知识和经验的一条捷径，成为把社会与个人

特别是新生一代联系起来的重要纽带或中间环节之一。

3. 教学有助于促进青少年学生身心的和谐发展

教学对社会发展所起的作用,也是通过对个人发展的影响而实现的。教学作为实施全面发展教育的基本途径,使智育突破时空和个体直接经验的局限,扩大了学生认识的范围,加快了学生的认识进程,赢得了认识的速度;使德育获得重要的手段,帮助学生形成科学的世界观和共产主义道德品质;使体育、美育、音乐等有了特有的条件,促进学生发展身体,陶冶情操,提高审美能力。因此,可以说,教学是学校工作中最集中、最经常地进行全面发展教育的途径,对促进青少年学生身心的和谐发展起积极作用。

可见,在学校教育的众多途径中,教学是最基本的,它所起的教育作用也是最全面、最深刻、最系统的。因此,学校应以教学为主,并把它看做学校工作的一条重要规律,其他各项工作,如总务、人事及相关行政工作,都应围绕教学工作来进行,确保教学在学校整个教育系统中的中心地位。

三、教学的基本任务

我国教育目的的内涵是使学生在德、智、体、美、劳诸方面都得到发展,培养他们成为有理想、有道德、有文化、有纪律的一代社会主义新人。为实现这一目标,普通中学的教学应完成以下几方面的任务。

1. 引导中学生掌握现代社会中公民所必须具备的基础知识和基本技能

现代社会中公民必须具备的最根本的素养是掌握一定的科学文化基础知识和基本技能。科学文化基础知识,是关于客观世界的基本事实及其规律性的认识,是人类在长期的实践过程中获得的关于生产、生活方面经验的概括和总结,它们大多以概念、定理、原理、法则、公式等形式表现出来。当今,新的科学技术知识层出不穷，知识的陈旧周期日益缩短，这就迫切需要中学生打好知识基础。基本技能是通过练习而巩固下来的活动方式或完成某种实际任务的能力；技巧是技能经过反复练习，达到了操作或动作的自动化。基本技能技巧是学生从事智力活动和体力活动都经常要用到的，与基本知识一样具有价值和生命力。因此，必须通过各科教学，按照课程计划、各科教学大纲和教科书的严格规定，有计划、有步骤、有目的地使学生掌握必要的系统的文化科学基础知识和基本技能。

在教学中，学生知识的掌握和技能技巧的形成是密切联系、相辅相成的。一般地说，知识是形成技巧的基础，知识的理解和掌握有利于技能的形成和向技巧的过渡。没有知识的指导，通过机械摹仿而形成的技能往往带有盲目性，且易形成错误的技能。不正确的技能一旦形成，就难以矫正。而技能技巧的掌握则有助于学生加快学习的进度，提高学习的质量，并为学习新知识创造条件。

2. 发展中学生的智力、体力和创造才能，教会他们学会学习

当今世界知识量的迅速增长，科学知识的迅速更新与学生学习知识量的有限、精力的有限、教材内容的相对稳定之间的矛盾日益突出，学生在校时学习的速度，无论如何也赶不上知识增长的速度。那么，如何才能适应这种变化呢？这就要求在教学时把着眼点放在学生的发展上。

培养和发展学生的智力是教学中不可忽视的一项任务。智力，是个体认识方面心理特征的总和，包括观察力、注意力、记忆力、想象力和思维力。鉴于现代社会各方面的迅速发展，特别是现代科学技术的飞速发展，光靠学生在学校学到的有限知识是不足以应付将来的生活和工作需要的，必须使学生养成独立应付将来社会生活和个人工作可能发生的种种变动的能力。可以说，社会发展的需要迫使我们要高度重视智力的开发，尤其要教会学生如何学习，培养学生的自学能力。

3. 培养中学生的学习兴趣、积极的情感和良好的意志品质,形成稳固的学习动机

学生的认识兴趣不仅能产生对事物的探索热情,产生学习的社会性动机,而且由于思维的紧张性,克服困难和探索科学问题的愉快的情绪体验还会产生进一步学习的需要,这种需要推动他们不断探索和发明,形成稳固的学习动机。因此,学生的认识兴趣是他们学习动机中的重要部分,是推动学生学习的一种最实际的内部动力。激发、培养学生的认识兴趣,理应是教学的任务之一。

兴趣、意志等方面的品质就是通常所说的非智力因素。国外一些心理学家通过大量研究发现,虽然智力是重要的,但是非智力因素对一个人的能力的形成和成就的获得有着更重要的作用。日常的经验也告诉我们,聪明而不用功的学生并不能取得优良的成绩,懒惰、急躁、马虎都无助于智力的发展。因此,在教学实践中,教师应根据中学生的特点,重视培养他们的求知欲望、好奇心、成就动机、学习热情、自尊心、自信心、好胜心、责任感、义务感、荣誉感、自制性、稳固性、独立性等良好的心理品质。

4. 培养学生科学的世界观,进行共产主义思想品德教育和审美教育

我国中学阶段教育的最终目标之一,就是形成年轻一代的科学世界观、基本态度和优良品德及审美情操。而要达到这一目标,中学各科教学是一条十分重要的途径。

教师在对学生进行共产主义思想品德教育和审美教育时,应注意以下三个方面:(1) 发掘各科教材本身内含的教育因素,通过教材中科学知识的传授以及人物、事件的讲解,为学生形成辩证唯物主义和历史唯物主义的世界观提供条件。(2) 通过对学生学习活动的组织和评价,培养学生正确的学习态度、严谨的学风和组织纪律性。(3) 通过自己的言行、自己的形象和人格的魅力,潜移默化地影响学生品德的形成和发展。

5. 促进中学生的身心健康

促进学生的身心健康,使他们体格健壮、精力充沛、心情愉快、情绪稳定、有毅力、耐挫折、人际关系和谐,这是中学各科教学的共同任务。各科教学都应根据各自的特点,向学生进行卫生保健和心理卫生方面的教育,并且要严格遵循生理卫生和心理卫生的要求进行教学工作。

以上五项教学任务是互相联系的整体,我们要着眼于学生的全面发展,不能顾此失彼,从而形成全面的教学质量观。

第二节　教学过程的本质

我们先从下面的一份教案来分析教学活动的本质。

"欧姆定律"(初中物理第二册)①

教学目标	
1. 能说出电路中电流强度与电压以及电流强度与电阻的关系。 2. 能用欧姆定律公式计算电路中的电流、电压与电阻。	这是用行为陈述的目标。
任务分析	
1. 起点能力:学生已掌握电流强度(I)、电压(U)和电阻(R);已掌握电路图知识。 2. 学习的类型与先决条件:本课属智慧技能中的规则学习,先决条件是规则中的有关概念必须先行掌握。 3. 新授课:教学时数为一课时。	此处按加涅的智慧技能学习层次理论分析教学任务。

① 本教案由上海市新华中学黄伟全老师提供,转引自傅道春编著:《教育学——情境与原理》,教育科学出版社 1999 年版,第 259 ~ 262 页。

教学过程

(一) 复习原有知识

提问:(1) 导体形成电流的原因是什么?

(2) 什么是导体中的电流?

(二) 告知教学目标

教师:分析上面的答案可以看出,电压对电流起促进作用,而电阻对电流起阻碍作用。那么电流强度、电压和电阻三者之间有什么关系呢? 这是我们这节课要学习的知识。

这里告知教学目标比较自然,也有利于激励学生对新知识的学习。

教师:德国物理学家欧姆在19世纪初任中学物理教师10年(1817～1827),在实验条件差、没有现成仪器的情况下,付出了10年心血,得出了我们今天要学习的规律。

板书:

欧姆定律研究电流强度与电压和电阻之间的关系

这一板书可以起全课"组织者"作用。

(三) 通过实验演示,让学生发现规律,同时提供学习方法的指导

1:首先指导学生思考发现欧姆定律的方法。提问:

(1) 要同时测量 I 和 U,应该用怎样的电路?

(2) I、U、R 三者的关系不能同时考虑,即一次只能研究两个量的关系,怎么办? ——使其中一个量固定不变。

思维方法属于认知策略范畴。

教师先指导思维方法,不仅有助于本课的教学,也有助于培养学生的认知策略。

这种变量控制法通过在多种情境中应用,就可转变为解决问题的策略。

2:实验演示

(1) 先固定 R 不变,研究 I 与 U 的关系。

取 $R=10\Omega$,得到

$U_R(V)$	$I_R(A)$
2	0.2
3	0.3
4	0.4

分析数据得出结论。

板书:

当电阻不变时,电流强度与电压成正比

(3) 再固定 U 不变,研究电流强度与电阻的关系。

取 $U=3V$,得出如下数据:

$R_R(\Omega)$	$I_R(A)$
5	0.6
10	0.3
15	0.2

分析实验数据,得出结论。

板书:

当电压不变时,电流强度与电阻成反比

问:在实验中若电阻为 20Ω,电流强度是多少?

答:电流强度是 0.15A。

教师小结:把上面两种情况综合起来,就是欧姆定律。

板书

电流强度=电压/电阻

即 $I=U/R$

单位 U: 伏特

I: 安培

R: 欧姆

本课基本的教学方法是先通过实验演示事例,然后引导学生通过概括发现规则。

(四) 检查新授知识的理解(学生练习)

问:如果测得20欧姆的电阻两端的电压是4伏特,求通过电阻的电流强度。

解:$I=U/R=4$ 伏特/20欧姆 $=0.2$ 安培

比照以上的教案,同时参考相关的材料,教学过程的本质可以从四个方面界说。

一、学与教双边活动的统一

许多人认为,教学过程是教师向学生单向传授知识的过程。与此相反,另一些人则把教学过程视为学生的学习过程。这两种观点都有失偏颇。的确,在教学活动中,教师要向学生传递知识并使他们掌握,然而,这不是说教师将知识"奉送"给学生,学生只是原样接受。学生必须主动地学习,教师不能代替学生去学习。只有当学生独立思考、积极钻研时,真正的学习过程才能形成,教学活动才能取得成效。另一方面,学生的自我活动又必须受教师教授活动的激励与指导。没有教师教授活动的激励与指导,学生学习知识的自我活动也不能有效地展开。

所以,唯有当教师的教授活动与学生的学习活动相结合时,学生才能掌握教学内容。教学过程既不是单纯的教授过程,也不是单纯的学习过程,而是教师教授活动与学生学习活动的统一。教授活动的目的是唤起学生的自我活动,以便展开有效的学习活动。

对教授活动与学习活动的统一,还应该作动态的理解。教与学是统一的,但不是同一的。学习不是学生对教授活动的简单反应,教师的某一种活动未必能使学生必然地产生相应的活动。因此,虽然在通常情况下教应先于学,教师应组织学习过程,但不可过分超越学生的状况,急于求成。要使教学活动有成效,教师就应仔细研究学生已具备的各项前提条件,并依据教学活动的实际情景，不断调整教与学的关系。

在实际的教学活动中，还应注意不能把学生的自我活动等同于自发学习。自发学习是没有教师的指导，全凭学生的兴趣、需要进行的。自我活动则是在教师指导下展开的，这意味着学生在教师的指导下进行能动的、有意义的创造性活动。

把教学活动看做教授与学习两个层面的统一，具有非常重要的意义。如果把教学过程等同于“教授过程”，就会导致教师专注于自己的教授活动，忽略了教授是为学习服务的，带来片面强制和一味灌输的危险。反之，如果把教学过程等同于“学习过程”，则会削弱教师的指导作用，产生放任学生学习的危险。只有把教授活动与学习活动统一起来，才符合教学过程的本质，才是真正有效的教学活动。

二、认识与实践的统一

在教学活动中，学生由不知到知，由知之不多到知之较多，认识世界的能力得到了发展，因而，教学过程是学生在教师指导下认识世界的过程。另一方面，学生在教学活动中根据教师的指导，积极主动地掌握知识，发展智能，形成一定的世界观，并促进自身的社会化，自己的主观世界发生了巨大的变化，这既是认识活动，也是一种改造主观世界的实践活动。再者，如果没有学生的亲身实践，他们认识事物的活动也很难真正奏效。所以，必要的实践活动是教学过程必需的，否则学生就不能真正完成学习任务。从教师的角度看，教师在教学中根据一定的要求改造学生，同时自己的知识、能力和态度也发生改变，这也是一种实践活动。总之，教学过程不仅仅是一个认识过程，同时也是实践过程，是一个包括认识和实践两方面活动的过程，是认识和实践统一的过程。

必须指出，教学过程作为一种认识过程，有它的特殊性。它是学生个体的认识，是教育性的认识，既不同于人类历史的总认识，也有别于其他个体在社会生活中通常的认识活动。马克思主义认识论认为,人类认识的一般过程是由实践到认识,再由认识到实践。这种形式循环往复以至无穷,就是认识发展的全过程。具体地说,我们的认识活动是从通过感觉器官感知外界事物现象开始的,但感性认识给予我们的知识是个别事物与现象的外部特征,尚未形成对事物的支配力。要获得对外部世界的支配力,必须认识事物的本质、事物与现象间的关系、事物发展的客观法则,而这只有通过思维获得关于事物的理性认识才能实现。由感性认识上升到理性认识,仅仅完成了认识活动的一半。要确证思维所得到的概念、法则、理论究竟正确与否,还得依靠实践来检验。从直观到抽象思维再到实践的全部活动,构成了人类认识发展的一般过程。教学既然是一种认识过程,就要遵循直观—思维—实践(或实践—认识—实践)的一般认识法则。

然而,对于实际教学活动来说,确认教学作为一种认识活动的特殊性更加重要。与成年人,例如科学家、艺术家等的认识活动相比,学生的认识具有以下不同之处:(1)认识的对象与目的不同。成年人认识的对象往往是其工作和生活中直接面对的真实的事物与现象,认识活动与实践融为一体,目的是指导他当下的实践。虽然成年人也要学习书本知识,但获取他人的经验也是为了解决当下面临的问题。学生在教学中的认识对象主要不是面临的事物与现象,而是人类历史发展中积累的知识经验,是前人已经总结出来的各门学科知识。这些知识对于学生而言是间接经验,不是直接认识的成果。这样的认识与实践有一定的距离,认识的结果常常不对学生眼前的生活产生影响,主要不是为了解决当下的问题,而是为将来的生活和工作作准备。(2)认识的情境与条件不同。成年人认识活动天然依存于活动情境,他们明了自己的需要,能够自立并自觉地意识到知识的社会意义与作用,对知识、认识产生关心和兴趣,具备使认识得到发展的欲望。学生的认识却缺少真实情境的支持,他们常常不明白为何要学,在体认所获得的间接经验的社会价值方面遇到不少困难，致使认识缺乏内在的动力。他们需要教师的帮助。即使如此，如何激发学生学习的兴趣与动力仍是教学中长期存在的棘手问题。(3) 认识的路径与过程不同。教学虽然在原则上要遵循直观—思维—实践的认识规律，但由于认识的对象主要是间接经验，学生的认识活动就未必都是从生动的直观开始，经过思维再归结为实践的。教师往往可以或者必须按照演绎的逻辑，从学生已经知道的一般认识出发，再去认识特殊的具体事物。同时，教学中的一切知识也未必都需通过直接观察或实验才能获得。直观是成年人认识活动的必要前提，但教学中的直观旨在促进对要掌握的知识的思考，使一定概念和法则的认识变得容易和牢固，并非是真实的情境。另外，在成年人的认识中，实践是动机的来源，也是检验认识结果的标准。对于学生的认识来说，实践的主要价值不在于此，而在于它是保障学生牢固掌握所学的间接经验的一种手段。(4) 认识的结果与成效不同。成年人的认识是向未知领域前进的，具有不确定性。而学生认识的是已确定的知识。人类在漫长的岁月里积累的经验经过整理，成为系统的知识，成为学生认识的对象，这样学生就能够在短时间内掌握大量的知识，而不必去重复前人已做过的艰苦的探索。因此，教学的认识过程具有简约性。

作为一种实践活动，教学过程也有其特殊性，表现在：第一，实践目的的特殊性。成年人，例如科学家的实践活动，其目的是探索真理，获得物质上或精神上的社会成果，主要指向客观世界。而教学实践的主要目的是丰富学生的感性经验，使他们更好地掌握书本知识，并发展品德与体力，主要指向学生的主观世界。第二，实践环境的特殊性。科学家的实践环境是以自然或社会现象为背景的未知领域，而教学过程中学生的实践活动多限于学校这个特定的环境，教师根据教学任务，事先进行计划设计，对学生不断引导、调节，可以比较顺利地达到预期的目的。第三，实践方式方法的特殊性。

成年人的实践方式广泛多样,依据其所从事的工作的具体情境而定。而学生的实践方式是教师精心设计和周密安排的。在教学过程中,教师可以通过实验演示、实习参观、社会调查、生产劳动等多种形式,丰富学生的感性经验;教师还可以借助直观教具,如挂图、标本、模型、电影、幻灯、多媒体等,让学生感知一些他们从未见过的事物。这些实践的方式方法与成年人的社会实践方式也是不同的。

坚持教学过程是认识与实践的统一,对于正确把握教学过程的方向具有指导意义。长期以来,许多人把教学视为单纯的认识过程,割裂认识与实践的联系,排斥学生的亲身实践活动,忽视直接经验的作用。教学过程从直观到思维就止步了,间接的知识没有再回到实践中去,没有经过在实践中的应用与检验,没有达到思维中的具体。作为一种认识过程,教学过程也是不完整的,认识活动的后半程丢失了。这导致教学活动面临许多难以克服的困难。没有实践的支撑,没有直接经验作基础,学生的学习缺乏内在动力,他们不理解所学知识真实的价值,不清楚知识获得的真实过程,不能应用所学知识解决现实问题。他们得到的仅仅是表面上的、形式上的“知识”,没有把间接知识内化为自己行动的力量。另外,所选择的教学内容也往往不能切合学生的需要。这些都是当前课堂教学面临的最根本、最严重的问题,它们导致了教学效果长期不能令人满意。因此,必须强调教学过程实践性的一面,使教学活动成为建立在实践基础上的“直观—思维—实践”的全过程。当然,我们也不能走向另一个极端,把教学过程等同于成年人的社会实践。毕竟认识世界是教学活动的主体任务,实践是为认识服务的,它的价值在于使学生更透彻地掌握书本知识。教学中学生获得的直接经验,也有别于成年人的实践经验。它是从属于间接经验的,是为更好地掌握间接经验服务的;它是少量的,并非越多越好;它还是经过改造的,学生的亲身实践和探索,大都经过改造而典型化、简约化了,有的则是隐蔽了,与成人在真实的社会实践中获得的直接经验有质的区别。只有确认实践在教学过程中的从属性,才能既不忽视直接经验的重要作用,又不至于喧宾夺主,冲击系统的书本知识的教学。总而言之,只有把教学视作认识与实践统一的过程,努力把两者整合在一起,处理好直接经验与间接知识的关系,才能科学地调节教学活动,收到最佳效果。

三、掌握知识与发展智力的统一

教师在教学中既传授知识,又指导学生的思维方法,这样的教学活动是值得肯定的。然而,在理论上,教学应该是以传授知识为主的过程,还是以发展智力为主的过程,这个问题曾经长期争论不休,在实际教学中也存在种种偏差。

对传授知识与发展智力的关系,应当辩证地认识。知识与智力是两个密切关联的概念,传授知识与发展智力都是教学的重要任务,两者具有统一性、一致性,表现在:(1)传授知识与发展智力,两个教学任务统一在同一的教学活动中,统一在同一个认识主体的认识活动之中。就知识来说,它是以概念、定理、原理、公式、结论等形式反映的客观世界的存在;就智力而言,它是以观察、判断、推理、分析、综合等思维活动来认识客观世界。思维活动与思维内容不可分,没有无内容的"思维活动",也没有无思维活动的"思维内容"。(2)知识是发展智力的基础,为智力活动提供了广阔的空间。只有有了某一方面的知识,才有可能去从事某方面的思维活动。缺乏必要的知识,就谈不上进行一定的判断、推理、分析、综合。可以说,智力发展对知识具有依存关系,缺乏知识是智力活动最大的障碍。(3)智力发展又是掌握知识的重要条件。掌握知识的速度和质量依赖于一定的智力。智力达不到一定水平,掌握知识就会很困难,甚至不可能。智力水平高,学得就快、就顺利;反之,学得就慢、就困难。强调两者的统一性,还要反对两种观点,其一是把知识看作纯粹客观的、静止的东西,排除知识中的智力活动;其二是单纯从心理学的观点看待智力,认为存在着一般性的智力,智力是对外界无差别的刺激的纯粹反应,是可以训练的,从而抛弃了智力活动具体而丰富的对象或内容。其实,智力活动是知识应有的题中之义,同时,智力活动也必须指向某一具体内容,两者是认识活动的两个侧面,本质上是统一的。

当然,知识与智力终究是两个不同的概念,掌握知识和发展智力也不是同一种活动。这一方面可能是由于人们传统上对知识与智力的理解欠全面;另一方面,在现在的实际教学中,掌握知识与发展智力的活动的确常常不同步,具有质的区别。必须承认,聪明的学生不一定能掌握丰富透彻的知识,同时,智力并非完全是随着知识的掌握而自然发展起来的。知识的多少与才能的高低不等同,知识与运用知识的能力也不等同。

传授知识与发展智力相统一的关系告诉我们,教学应当依据具体的内容,着力发展学生的智力,努力把学生培养成有效的学习者和创造者。为此,在目前的实际教学中要纠正两种偏差。一种是受片面追求升学率的影响,再加上一些教师业务水平的局限性,教学往往只是照本宣科,只关注传授所谓的"知识",严重忽视学生智力的发展;另一种是忽略不同类型知识的特性,抽去具体的知识进行单纯的智力训练,追求普遍性的智力以及所谓的"智力型"人才。显然,这两种做法都有悖于教学过程知识与智力相统一的本质,必然会阻碍学生的发展。

四、教学与教育的统一

教学活动,例如本节所提供的教学案例,从表面上看,似乎是单纯的传授知识和发展智能的活动。其实不然。教学活动在某种意义上说也是教育活动,教学过程是教学与教育相统一的过程。必须注意,这里的"教育"一词具有特定的含义,并非我们通常所理解的"教育"。在教育学发展的历史上,"教学"一词与"教育"

一词在很长时期内未作区分。直到19世纪上半叶，由于德国教育家赫尔巴特等人的影响，“教学”与“教育”才具有了特定的含义。对“教育”一词有广义的和狭义的两种理解：广义的教育是指发展儿童的心智或精神的多种力量，狭义的教育是指意志的教育、信念与性格的形成。与此相对，传授知识、发展智力的活动则专称为“教学”。因此，在“教学与教育相统一”的命题中，教学与今天的含义没有变化，是指在课堂上以传授书本知识、发展智能为主的活动，教育则特指发展学生品德、思想、政治、世界观等方面的知识和能力的活动，即今天我们所称的品德教育。

教学不仅仅是针对知识和智力的活动，所有的教学都具有教育性。这是因为：第一，教学中所传授的各门学科的知识与技能，总会使学生增长某种见识，对世界、对社会采取一定的立场，对人生形成某种观点。如此一来，便会导致他们对自身的活动与行为产生一定的态度和情感。第二，在教学中，学生旨在掌握知识的学习活动本身也具有巨大的教育价值。学生采用什么样的方法进行学习，将会深刻地影响他们的态度与性格；例如，学生只是被动地接受教师传授的东西，或者机械地模仿、死背教师灌输的东西，往往会形成盲从、怯懦的态度与性格；反之，如果教师能唤起学生强烈的探究欲望，引导他们依靠自己的力量逐步发现知识，就会养成学生独立、友善的态度与性格，形成创造性的、锲而不舍的顽强意志与人格。第三，教学一般是以班级为单位进行的。班级是一个小型社会，在其中总会形成一定的人际关系，充满或友爱或竞争的气氛。如果学习是以个人之间竞争的方式进行的，彼此排他，就会养成学生相互歧视、分离、对立的利己主义或个人主义的态度与性格；反之，相互帮助、分工合作的教学方法将会助长学生的情谊，形成团结、友好、合作的优秀品德。由于这三方面的原因，教学必然具有教育性。有学者精辟地指出，在教学中并不仅仅传授知识和技能，它同时也传授立场、自然观、社会观、人类生活的价值与目标,即世界观、人生观、价值观以及政治的、道德的基本态度。教学总是伴随着教育的。

在教学过程中要进行思想和道德教育,这一观点对于正确开展教学活动具有重要价值。课堂学习是学生生活中极为重要的组成部分,如果剥去了教学的教育功能,或者主要依靠单独的思想品德课或政治课进行道德教育,就会在很大程度上使道德教育落空。坚持教学的教育性,必须警惕走入两个误区。其一是割裂教学与教育的天然联系,认为教学中的教育无非就是利用课堂教学的空隙,去探讨与教学内容及学习活动无关的一些学生实际生活中的问题,或者阐述某种人生的教训。这种将游离于教学之外的特别指导塞进教学中的"教育"是错误的,牵强附会的说教极容易引起学生的反感,结果适得其反;同时也容易影响教学进度,使传授知识与技能的任务无法按时完成。其二是认为教学必然具有教育功能,只要传授并使学生掌握了科学性的学科知识,教育作用自然伴随而生。这一误解极大地阻碍了教学的教育功能的主动而充分的发挥,降低了教学效果,也严重削弱了道德教育。事实上,教学并不肯定能影响学生的世界观、道德观。例如,学生在物理课上学习了电的知识后,若不加以有意识的引导,很多学生并不能自觉地用这些知识来解释雷电现象,从而破除雷公、电母的迷信说法。因此,正确的做法应当是在传授知识、发展智能的基础上,积极挖掘其中蕴涵的内在教育价值,把教育与教学自然地同时又是有意识地联系起来,相得益彰,这样才能做到教学与教育的统一。

第三节 教学过程的基本要素与阶段划分

一、教学过程的基本要素

教学过程的基本要素,是指构成教学活动的基本元素。这些元素中有任何一项缺失，教学活动就无法正常开展。研究教学过程的构成要素，有助于更深刻地把握教学的本质，也有助于科学地制定教学程序。教学活动虽司空见惯，但要分析、确定其基本要素，却不是一件容易的事。实际上，对教学过程的基本构成要素，存在着许多不尽一致的见解。

1. 三要素论

日本学者柴田义松认为，“教学是教师和学生之间的共同活动。在这个过程中必须有可供教学的教材。因此，构成教学的基本成分是：(1)教授——教师的活动；(2)学习——学生的活动；(3)教材”。①

2. 四要素论

教师、学生、教学内容和教学手段构成了教学过程中不可缺少的基本要素。它们之间存在着必然的、内在的联系。这些基本因素之间的相互联系和作用就构成了完整的教学系统。②

3. 七要素论

美国学者巴特勒认为，影响教学过程的主要因素有：(1)情境：对学习新知识或新技能产生影响的各种情况；(2)动机：学习新知识技能的各种诱因；(3)组织：新知识技能以及必要的旧知识技能的结构和特征；(4)应用：新知识技能的初步尝试；(5)评价：新知识技能的初步尝试之评定；(6)重复：新知识技能的练习；(7)概括：把新知识技能迁移到各种新的情境中。③

4. 九要素论

对教学过程的要素可以从教学活动的主体、教学活动的条件、

---

① 柴田义松著：《教授技术——教学论入门》，转引自钟启泉编译：《现代教学论发展》，教育科学出版社 1992 年版，第 30 页。

② 南京师范大学教育系编：《教育学》，人民教育出版社 1984 年版，第 376 页。

③ 巴特勒著：《教学过程的系统分析》，盛群力编译：《外国教育资料》1990 年第 3 期。李秉德主编：《教学论》，人民教育出版社 1991 年版，第 12～14 页。

教学活动的过程三个维度来分析。教学活动的主体包括教师和学生两个要素;教学活动的条件包括物质条件和精神条件两个要素,物质条件指校舍、教具等,精神条件指人际关系、校风、班风等;教学活动的过程包括五个要素,即教学目的任务、教学内容、教学方法和手段、教学组织形式、教学效果的检查评价。①

我们认为,教学过程的基本要素是指教学活动得以开展的必要条件,缺失则教学活动就不存在。这样看来,有些因素,例如一些现代化教具、班风等,虽然也对教学活动有影响,但不是教学过程的基本要素。教学过程的要素是分层次的,第一层面的要素包括教师的教授活动、学生的学习活动以及联结两者的媒介。有些学者简单地把教师、学生作为教学过程的要素,或者指出教师这个要素主要指教师的学识、思想品德、教学修养等,学生这个要素主要指学生的身心发展水平、已有的认知结构、能力倾向、个性特征、学习动机等,这是不确切的。这些因素只有运用于教学活动中,才能对教学效果产生影响,故应把教师的教授活动和学生的学习活动确定为教学过程的要素。联结两者的媒介也不仅仅是教材或教学手段,完整的教学活动必须具备六个条件,即教学目标、教学内容、教学方法、教学组织形式、教学评价、必要的物质设备。缺失其中的任何一项,教学活动就是不完整的,或者说不是真正有效的教学,因此,这些因素构成了教学过程第二层面的要素。总结起来,教学过程的要素包括两个层面,第一层面包括三项要素,第二层面包括六项要素。各项要素既具有自己的独立性,又相辅相成,尤其是教授活动一定要与学习活动密切配合,才能构成真正的教学。当然,在不同的具体情况下,各项要素所能达到的状态以及能发挥的作用是有差别的,这一点可以在实际教学中加以体会。

---

① 吴文侃主编:《比较教学论》,人民教育出版社 1999 年版,第 133 ~ 138 页。

二、教学过程的阶段划分

教学活动可以划分为几个相对独立的阶段,而且是按一定的程序展开的。明了教学过程的基本阶段,对有效地开展课堂教学非常重要。本节提供的教学案例代表了当前我国课堂教学普遍性的阶段划分,然而,这决不是关于教学过程的阶段划分的唯一观点。为了更深入地认识教学过程的基本阶段,有必要更广泛地考察相关的观点。

我国古代较早论述教育问题的文章《中庸》把学习过程分为"博学之,审问之,慎思之,明辨之,笃行之"五个环节,就是要求学习者广泛地获取知识,细致周密地考察以究其所以,谨慎认真地思索其中的道理,辨明事物的异同及其相互联系,达到彻底认识事物的目的。这种由外到内、由浅入深的过程基本上符合认识的一般规律。①

德国教育家赫尔巴特(1776—1841)提出了明了、联想、系统、方法四个阶段,后来他的学生赖因发展提出了预备(提出问题、说明问题)、提示(提示新课程、讲解新教材)、联系、总结、应用五个教学阶段,称做五段教学法。②

苏联教育家凯洛夫认为系统地传授和学习知识的程序是:① 诱导学习动机;② 感知和理解新教材;③ 巩固知识;④ 运用知识;⑤ 检查。③

杜威(1859—1952)根据其进步主义教育理论提出了困难(发现疑难)、问题(从疑难中提出问题)、假设(作出解决问题的假设)、验证(推断哪种假设能解决问题)、结论(检验修正假设、获得

---

① 李定开主编:《中国教育史》,四川民族出版社1990年版,第84页。

② 转引自孙喜亭著:《教育原理》,北京师范大学出版社1993年版,第285页。

③ 凯洛夫主编,陈侠等译:《教育学》,人民教育出版社1957年版,第131~145页。

结论)五个阶段,被称为五步教学法。①

美国教育家和心理学家布卢姆提倡掌握学习,其主要阶段为:① 准备阶段:制定单元目标和可以测量的标准,制定具体的教学计划,为学生定向(即启发诱导);② 实施阶段:进行群体教学——进行形成性测验——开展小组的或个别的矫正活动;③ 小结阶段:为学生评定成绩。②

美国教育心理学家加涅运用信息加工理论来说明教学过程的基本阶段。他认为学生的学习包括下列八个阶段:① 动机;② 了解;③ 掌握;④ 保持;⑤ 回忆;⑥ 迁移;⑦ 作业;⑧ 反馈。与此相适应,教授活动为:① 激发动机;② 理解目标;③ 指引注意;④ 刺激回忆;⑤ 指导学习;⑥ 增强记忆;⑦ 促进迁移;⑧ 启发辅导,提供反馈。③

美国学者布鲁纳认为,知识学习包括三个差不多同时发生的过程:① 新知识的获得;② 转换,即把所学知识变换整理成另一种形式;③ 评价。他提倡发现学习(discovery learning),其过程一般是:① 教师创设一定情境,使学生在这个情境中产生矛盾;② 教师提出问题(课题),并提供一定材料,引导学生自己去分析研究,提出假设;③ 学生从理论上或实践上检验假设,如有不同看法,可以展开辩论;④ 对问题作出结论,获得理论知识。④

我国学者吴文侃等把教学过程划分为准备、展开、终结三个基本阶段,每一个阶段又划分成不同的亚阶段,如下所示:⑤

---

① 转引自孙喜亭:《教育原理》,北京师范大学出版社 1993 年版,第 285 页。

② 布卢姆等著,王钢等译:《布卢姆掌握学习论文集》,福建教育出版社 1986 年版,第 83 ~ 95 页。

③ 钟启泉编译:《现代教学论发展》,教育科学出版社 1992 年版,第 171 页。

④ 邵瑞珍、张渭城等编译:《布鲁纳教育论著选》,人民教育出版社 1989 年版,第 52 ~ 53 页。

⑤ 吴文侃主编:《比较教学论》,人民教育出版社 1999 年,第 146 页。

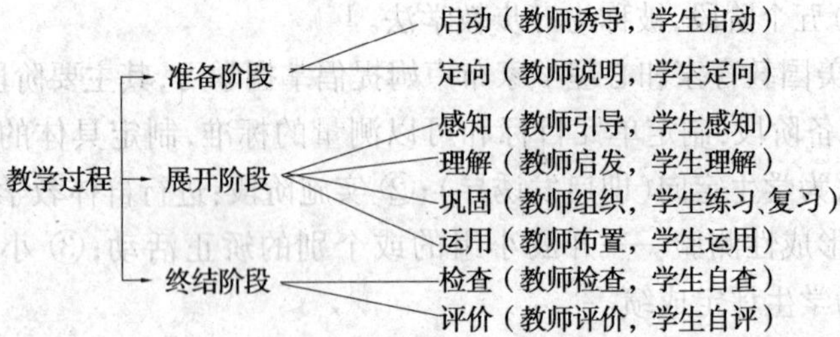

我国学者皮连生等依据学习的信息加工模型、广义知识学习阶段和分类模型，提出了“六步三阶段教学”的教学过程模型，如下图所示。①

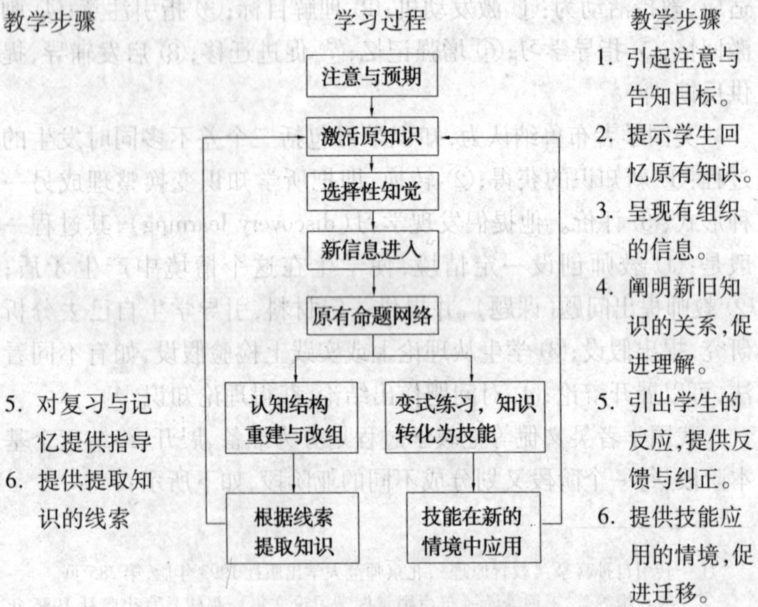

图 7-1 “六步三阶段教学”示意图

对于以上的观点，可以从这几个维度进行分析：第一，教学过

---

① 皮连生主编：《学与教的心理学》，华东师范大学出版社 1997 年版，第 221 页。

程的主体。以上有些学者单纯从教师教的角度划分教学阶段,例如凯洛夫的观点;有些人是单纯从学生学的角度出发来划分的,如杜威的观点;还有些人从教师的教与学生的学两个角度来划分,力图把两种活动整合起来,如加涅的观点。通过本节第二部分的讨论,我们知道,教学过程是教师的教与学生的学相统一的过程,显然,关于教学过程的阶段划分,加涅的主张是可取的。第二,知识获得的过程。有些学者认为知识是客观的,是独立于认识主体的,可以由教师传递给学生,并以此为基础划分教学阶段,如赫尔巴特、布卢姆等;有些人则认为知识是通过认识主体积极、主动的思考和建构而获得的,由此提出了完全不同的阶段划分,如杜威、布鲁纳等。从知识的性质上说,知识不可能像物品那样传递,因此,本书赞同布鲁纳等对教学阶段的划分。第三,教学过程的要素。他们中的许多人从单个因素出发划分教学阶段,但也有些人综合考虑了多种因素。凡是以单个因素为基准的,就会提出一个单一的教学过程模型;而综合考虑了多种因素的,则会提出复杂多样的教学过程的阶段划分。而在前面的学习中,我们知道教学过程的要素是分层次的、多种多样的,因此对教学过程阶段的划分,应综合考虑各个要素。这也体现了我们对教学过程的阶段的认识在由肤浅走向深入、由简单笼统走向丰富具体。所以,我们无意提出一个普适性的教学阶段模式,事实上这样的模式也是不存在的,而主张划分教学过程的阶段应当符合教学过程的本质,全面考虑教学过程的各个要素。根据这一原则,参照上述观点,应当在具体的教学情境中认真考察各个要素特定的组合状态,例如教师的教学能力、知识的性质、学生已有的知识与能力、具备的教学设备等,然后据此对教学的阶段进行灵活的、有针对性的处理,避免教条化,这样才能最大限度地提高教学效果。

第四节　教学目标与教学任务分析

一、教学目标的含义与功能

(一) 教学目标的含义

在前面的学习中,我们指出教学目标是指教育过程中的一系列发展目标体系,是预期的教学效果,既可以是一门课程的目标,也可以是一个教学单元或一节课的目标。本节分析的是课堂教学的真实过程,因此这里讨论的目标是指一个教学单元、一节课或一项教学内容的目标。确切地说,教学目标是预期的学生学习结果。"预期"一词表明,教学目标是在教学活动开始时就应明确的,它不是教学活动结束时的实际结果。"学习结果"说明,教学目标是所期望的学生身心发生的变化,它关注的不是教学活动对教师产生的影响。

(二) 教学目标的功能

在教学活动中,首先应当设立教学目标。为什么必须设定教学目标呢? 换言之,教学目标有什么作用呢? 概括起来,教学目标具有如下的功能:

1. 为教学内容的选择提供依据

对于教师和学生而言,教学内容似乎在教学活动开始之前就已确定了。但是,教科书以及课程标准中规定的内容仅仅是教学的文本,教师必须对文本进行独到的理解、处理和转换,以切合特定教学活动的需要;学生也应当对文本进行自己的理解和选择。而对文本进行加工与处理,最根本的依据就是教学目标。

2. 为教师选择教学方法、技术以及组织形式提供指导

设定教学目标可以为教学方法的选择与运用提供依据。例如,在教学理论中一直存在着接受学习与发现学习的争论。其实,

如果教学目标侧重知识或结果,宜选择接受学习,教师宜采用讲授法;如果教学目标侧重于过程或探索知识的经验,则发现学习是适合的,教师应选择探究式的教学法。可见,离开教学目标,孤立地判定接受学习或发现学习的优劣是没有意义的。教学理论中的许多争论,如班级授课制与个别教学的优劣、讲授法与讨论法的优劣等,都必须结合特定的教学目标才能判别,教学目标是选用何种方法或组织形式的出发点。

3. 为教学结果的测量和评价提供依据

对教学结果的测量和评价涉及许多因素,但是,预定的教学目标是否达到,应当是教学评价最重要的标准,教学结果的测量必须是针对目标的测量。例如,在"一元二次方程的应用"这项内容的教学中,如果教学目标是使学生能够应用一元二次方程去解决问题,而考试的题目却是在考察学生能否对一元二次方程求解,那么,这样的测量就是无效的。因此,若不能与目标一致,教学的评价就没有价值。

4. 为学生的学习提供指引

教学目标对学生的学习具有指向作用与激励作用。学生清楚地意识到教学目标,就会把注意力集中到要掌握的目标上,并获得激励力量,从而提高学习效果。有人曾做过如下的一个小实验:

把同一班的学生分成两个小组,领他们到郊区农村参观。出发前告诉第一个小组的学生:"你们注意观察谷物的生长情况,看那里有什么,长得怎样。"告诉第二个小组的学生:"你们注意观察蔬菜和水果的生长情况。"回来以后让他们分别把观察所得写下来。学生们一般都有比较详细、具体、生动的描述。接着,老师让第一组的学生描写蔬菜和水果的生长情况,让第二组的学生描写谷物的生长情况。结果,只有极个别的学生能够写出自己的印象,大多数学生的叙述是含混、模糊的。这个结果清楚地表明了目标的指向作用对学生学习的影响。①

激励作用与指向作用密切相关,但也有区别。例如,对一个不喜欢音乐的学生,教师就是提出学习音乐的明确目标,他也不一定会积极地学习音乐。教学目标要起到激励作用,就必须与学生的需要与兴趣相一致。在实际教学活动中,教师拥有比学生丰富得多的知识与经验,是教学活动的组织者和引导者,教学目标通常是由教师提出的。然而,教师设定的目标必须符合学生的需要,教师设立目标必须以学生为出发点,否则,教学目标就不能很好地发挥激励与指向作用。

应当指出,只有科学、合理地设定教学目标,教学目标才能发挥上述作用。那么,怎样设定有效的教学目标呢?

二、教学目标的制定和表达

首先必须指出,教学目标具有多种类型。不同类型的教学目标,不仅表达的形式不同,更重要的是,确定目标的依据不一样,蕴涵着各自特定的价值取向。下面评介几种主要类型的教学目标。

(一)普遍性目标

我国古代一篇论述教育的重要文献《大学》这样规定教育的宗旨:“大学之道,在明明德,在亲民,在止于至善。……古之欲明明德于天下者,先治其国;欲治其国者,先齐其家;欲齐其家者,先修其身;欲修其身者,先正其心;欲正其心者,先诚其意;欲诚其意者,先致其知:致知在格物。”②

高中二年级语文教材上曾有两篇课文,即《改造我们的学习》、《个人和集体》。教学参考书为这两篇课文制定了这样的教

① 李秉德主编:《教学论》,人民教育出版社 1991 年版,第 66 页。

② 毛礼锐等编:《中国古代教育史》,人民教育出版社 1983 年版,第 127 ~ 128 页。

学目标:“提高学生对理论联系实际重要性的认识,注意树立正确的学风”,“正确理解个人和集体的关系”。①

以上两个教学目标,为我们认识普遍性目标提供了典范。可以看出,普遍性目标是基于经验、哲学观或伦理观、意识形态或社会政治需要而引出的一般教育宗旨或原则,表现为总体教育目的,这些宗旨或原则直接运用于教学活动,成为教学活动一般性、规范性的指导方针。普遍性目标的特点是把一般教育宗旨或原则与具体的教学目标等同起来,具有普遍性、模糊性、规范性,可应用于所有的教育实践。

普遍性目标具有悠久的历史,而且对我国当代的教学实践具有广泛的影响。长期以来,在我国的课堂教学中,教学目标往往就是国家在特定历史时期所制定的教育方针的翻版,缺乏自身的独立性和具体性。究其原因,主要是因为我国的教育长期附属于政治、经济以及文化,缺乏独立性,因此,为满足政治、经济或文化的需要而制定的总体教育目的或其翻版,就常常取代了课堂教学中特定的教学目标。当然,在今天的课堂教学中,这种情况已开始改变。

之所以要改变课堂教学中的普遍性目标形式,是因为这种目标具有严重的缺陷。普遍性目标从教学活动之外(价值观、意识形态等)来规定教学目标,其用意在于满足政治、经济以及文化的需要,考虑的不是教学活动自身的规律与要求,这样就不免沦为空谈,甚至对教学活动产生消极作用。这种目标以为笼统的目标能够应用于所有课堂教学情境,其实这是一个假想。课堂教学的情境不同,知识的性质不同,学生的状态不一样,教师的水平有差别,教学设备的情况也有差别,教学目标应该随着教学情境的改变而

① 转引自皮连生主编:《学与教的心理学》,华东师范大学出版社 1997 年版,第 231 页。

发生变化。恰恰是因为它想应用于所有的教学情境,造成了它对所有的教学情境都不适用。这种目标的含义不确定、不具体,不能为教学活动提供具体有效的指导,可以说,对所有的教学情境都无效。再者,这种目标体现了国家为了某种需要而在教学中强行灌输某些价值观的意图,因而往往具有教条性与随意性。

(二) 行为目标

行为目标是以具体的、可观察和可操作的行为来制定和陈述的目标,又称作业目标。它指明教学过程结束后学生身上所发生的行为变化,具有精确性、具体性、可操作性的特点。符合要求的行为目标一般应具备三个要素:一是说明通过教学后学生能做什么(或能说什么);二是规定学生行为产生的条件;三是规定符合要求的作业标准。以下的教学目标就是行为目标的几个例证。可以看出,这几个教学目标都具备行为目标所要求的要素,相当精确,并且可操作性也很强。

提供报上的一篇文章,学生能将文章中陈述事实与发表议论的句子分类,至少85%的句子分得正确。

给出两个不同分母的分数,其中一个分母能被另一个分母整除(如5/6和2/3),学生能通分并求两个分数的和,15个题中对12题为及格。

给出10个有关革命战争的是非题,学生能分别在正确和错误的命题上标上是与非,9题正确为及格。①

行为目标的历史可以追溯到20世纪初。1962年,美国教育学者梅杰(R. F. Mager)出版了关于“行为目标”的经典著作《准备教学目标》(Preparing Instructional Objectives),标志着行为目标说的成熟。在20世纪初至20世纪60年代末、70年代初这段时期

① 转引自皮连生主编:《学与教的心理学》,华东师范大学出版社1997年版,第229~230页。

里,行为目标在西方国家的学校教学中曾一度非常流行。现在,这种目标形式对我国的教学实践也产生了越来越广泛的影响。之所以如此,是因为行为目标具有一些优点。行为目标依据的理论是行为主义心理学的刺激—反应模式,它要求教学目标应陈述提供什么条件(刺激)和学生能做什么(行为)。这样,教学目标就克服了普遍性目标模糊性的缺点,变得十分具体、精确,操作性也强。人们看到一个行为目标,就能清楚地知道预期的学生行为的变化以及产生变化的条件。当教师将教学内容以行为目标的形式陈述的时候,他们对教学任务会更加清楚明了,对教学过程的控制会更有效。另外,行为目标也有利于对教学进行准确的评价。根据所陈述的具体行为,很容易判断教学目标是否达到。这些优点使行为目标有利于一些比较简单的教学目标的完成。

但是,行为目标从诞生直到今天,招致了许多批评。的确,这种目标形式也存在明显缺陷。行为目标从书本上现成的、确定的知识出发,要求在教学活动开始之前就明确确定学生将要发生的行为变化,在实际教学中,这样的目标不可避免地要由教师提出。虽然强调教师设立的目标应切合学生的需要,可实际上,这类目标常常与学生的要求不一致。行为目标的主旨是对教学活动进行严密的监控,然而,真正有效的教学必然要充分发挥学生的主体作用,这样的学习不可能精确控制,学习的结果也不可能预先具体化。行为目标注重外显行为,但是,学习的本质是学生心理的变化,这种内部心理的变化,尤其是许多高级心理的变化,如理解、创造性思维、价值观、情感、态度、审美情趣等,是很难通过外显的行为来衡量的,也不可能事先设立固定的标准。行为目标还主张教学目标应便于测量和评价,其实这一主张还是为了控制教学活动。既然有效的教学难以控制,心理变化不可能外显,教学评价就不能拘泥于定量测评。再者,评价也不是教学的中心任务。总之,行为目标对于基础知识和技能的熟练掌握是有益的,它适用的对象要具备这样的特点：(1) 学生学习的结果预先可能详细叙述，并可以通过行为得到表现；(2) 学习的内容是相当具体明确的；(3) 学生学习的结果的评量是相当客观的。除此之外，我们不能过分夸大这种目标形式的价值。在教学中不恰当地强调行为目标，还容易导致教师忽视高级的学习目标。就人类学习的总体而言，基础知识的掌握仅仅是开始，真正使人类获得智慧的是高级学习。因此，我们认为，行为目标应该是一种辅助的教学目标形式。

在行为目标发展的过程中，美国教育家布卢姆的教育目标分类系统产生过非常广泛的影响。这里进行一些简单的评介，一方面有利于行为目标在实际教学中的操作，另一方面也有利于更深刻地认识行为目标的优势和不足。

布卢姆把教育目标分成认知、情感和动作技能三大领域，具体的目标分类如下：

认知领域的目标，由低级到高级共分为六级：(1) 知识。指对先前学习过的材料的回忆。这是最低水平的认知学习结果。(2) 领会。指能把握材料的意义，领会代表最低水平的理解。(3) 运用。指能将习得的材料应用于新的具体情境，代表较高水平的理解。(4) 分析。指能将整体材料分解成它的构成成分并理解组织结构，包括部分的鉴别，分析部分之间的关系和认识其中的组织原理，代表了比运用更高的智能水平。(5) 综合。指能将部分组成新的整体，所强调的是创造能力，需要产生新的模式或结构。(6) 评价。指对材料（论点的陈述、小说、诗歌、研究报告等）作价值判断的能力。这是最高水平的认知学习结果，要求超越原先的学习内容，并需要基于明确标准的价值判断。

依据价值内化的程度，情感领域的教育目标从低到高共分五级：(1) 接受（注意）。指学生愿意注意特殊的现象或刺激（如课堂活动、教科书、文体活动等）。(2) 反应。指学生主动参与，强调对特殊活动的选择与满足。(3) 价值化。指学生将特殊的对象、现象或行为与一定的价值标准相联系,包括接受某种价值标准、偏爱某种价值标准和为某种价值标准作奉献。(4) 组织。指将许多不同的价值标准组合在一起,克服它们中间的矛盾、冲突,并开始建立内在一致的价值体系。(5) 价值与价值体系的性格化。指个人具有长时期控制自己的行为以致发生了性格化“生活方式”的价值体系,其行为是普遍的、一致的和可以预期的。这一水平的学习结果包括范围广泛的活动,但强调学生行为的典型性和性格化。

动作技能领域的目标分类,目前尚无一致的看法。这里介绍辛普森的分类系统。辛普森把动作技能领域的教育目标分为七类:(1) 知觉。包括感官刺激、线索的选择、转换三部分,旨在通过感官注意物体、性质或关系。(2) 准备。包括心理、身体和情绪三部分,指向为某一动作而准备。(3) 指导的反应。指在他人或自我指导下所表现的明显动作,包括模仿和尝试错误两部分。(4) 机械练习。指反复练习,使所学的动作熟练,进而成为习惯。(5) 复杂的外显反应,指个体能够表现复杂的动作行为。(6) 适应,指个体能够改变动作以适应新的问题情境。(7) 创造,指个体能够根据情境的需要创造新的动作型式。辛普森的动作技能分类系统在教学中的应用比较广泛。

有些人批评布卢姆的目标分类系统人为地把教学目标划分成认知、情感、动作技能三个领域,割裂了学习活动的整体性。另外,这一目标分类系统的超学科性也遭到了认知科学的质疑。认知科学的研究认为,知识与技能不仅是按一定的结构组织起来的,而且不同学科领域的知识和程序是不一样的,因此不存在一种可以应用于所有学科的目标分类系统。尽管如此,布卢姆的目标分类系统仍然是对教学目标尤其是行为目标的理论研究的一大贡献,而且为行为目标的操作提供了一个启发性的概念框架,特别是当强调教学目标对教学评价的标准作用时,这一目标分类系统还是极有参考价值的。

(三) 内部过程与外显行为相结合的目标

行为目标主张用可以观察和测量的行为来制定、陈述教学目标,然而,教学的本质主要不是具体的行为变化,而是内在的能力或情感的变化。比如,有些学生在考试中能够猜对选择题的答案,从表面上看,他达到了教学目标的要求,但实际上他并没有理解、掌握所学的内容。为了弥补行为目标的缺陷,内部过程与外显行为相结合的目标形式出现了。这种目标强调,教师在陈述教学目标时首先应明确陈述如记忆、知觉、理解、创造、热爱、尊重等内在心理的变化。同时,由于这些内在变化不能直接观察和测量,为了进行测量,还需要列举反映这些内在变化的行为样品。下面的一个语文课的教学目标就是这种目标的一个示例。

1.0 理解议论文写作中的“类比法”。

1.1 用自己的话解释运用类比的条件。

1.2 在课文中找出运用类比法阐明论点的句子。

1.3 对提供的含有类比法和喻证法的课文,能指出包含了类比法的句子。①

在这个示例中,教学目标强调的是“理解”,而不是表明理解的具体行为实例。具体的行为仅仅是衡量学生是否理解的手段。这样,内部过程与外显行为相结合的目标形式既避免了严格的行为目标只顾及具体行为变化而忽视内在心理变化的缺点,也克服了普遍性目标陈述的含糊性、随意性以及难以测量的缺点。

与行为目标相比,内部过程与外显行为相结合的目标的确更合理。然而,它并没有从根本上克服行为目标的局限。它强调的仍是学生对现成的书本知识的掌握,强调的是教学活动的程序化、

① 转引自皮连生主编:《学与教的心理学》,华东师范大学出版社 1997 年版,第 230~231 页。

可控制性与可测性,适用于低层次的基础知识的教学。对于高级学习而言,这种目标形式也就不合理了。

(四) 生成性目标

生成性目标20世纪70年代在欧美国家的学校教学中开始流行,其主要代表人物是英国的课程论专家斯腾豪斯。斯腾豪斯认为“目标模式”具有不可克服的缺陷,并招致许多批评,因而他不使用“目标”一词,转而采用“过程原则”(principles of procedure)这一术语。他把学校教育分成“训练”、“教学”、“引导”三个过程。所谓训练(training),是使学生获得动作技能的过程。训练成功了,学生会获得操作能力,如写毛笔字。所谓教学(instruction),是使学生获得知识信息的过程。教学成功了,意味着学生获得了一定的知识信息,如记住了欧姆定律。所谓引导(induction),是使学生获得以知识体系为支撑的批判性、创造性的思维能力,并同时使学生获得真正有意义的、能灵活运用的知识。斯腾豪斯认为,真正的教育是使人类更加自由、更富有创造性,所以教育的本质是引导,而引导意味着方向。以此为出发点,斯腾豪斯认为生成性目标是教学情境的产物和问题解决的结果,是学生和教师关于经验生长的“方向感”。确切地说,生成性目标是在教学情境中随着教学过程的展开而自然生成的教学目标,其最根本的特点是过程性。生成性目标依存于具体的教学事件及其过程,因此这里我们不便提供这类目标的范例。

由以上的分析可知,生成性目标不是为如何设立教学目标提供一种操作模式,而是提出了一项制定教学目标的原则。它强调教学目标是在具体教学事件中学生和教师的目标,而不是在特定教学情境之外预先制定好的、写在课程标准或教学参考书之类书上的目标。后者也许具有某种合理性,但它们是并不从事学与教的活动的人制定的,脱离具体的教学事件,并非出于教学本身的需要。在实际教学中,这些游离于教学过程之外的目标往往与教师和学生的需要产生冲突，仅仅停留在字面上，甚至对教学活动产生消极影响。因此，有效的教学目标必然是教师和学生在一个个教学事件中自然生成的。生成性目标的价值不在于为教学评价提供一套具体明确的标准，而在于为教学活动指引方向。

生成性目标强调教师和学生才是生成目标的主体，并且把教学目标整合进具体的教学过程，具有重要的价值。但是，像斯腾豪斯那样取消目标，否认教学活动开始时学生和教师的需要、预测或想法，或者混淆教学活动开始时的目标与结束时的结果，又是矫枉过正了。实际上，生成性目标也要指明师生从事的教学活动的方向，只不过教学活动的初始目标不是十分具体的，而且应随着教学的展开而不断变化。在这一点上，它与下述的表现性目标是一致的。另外，生成性目标在操作中遇到了不少困难。许多教师不具备在教学过程中灵活生成和把握教学目标的能力，更重要的是，学生虽然是生成目标的主体，但他们毕竟处于未成熟状态，难以估量目标的适当性。

（五）表现性目标

考察与欣赏《老人与海》的重要意义。

通过使用铁丝与木头发展三维形式。

参观动物园并讨论那儿有趣的事情。①

表现性目标是美国学者艾斯纳（E. W. Eisner）提出来的，并于20世纪80年代以后开始得到重视和推广。艾斯纳把教学目标区分成两类，即教学性目标（instructional objectives）与表现性目标（expressive objectives）。教学性目标的主旨是让学生掌握现成的文化知识，它是在教学计划中预先规定好的，明确指出学生在完成一项或几项学习活动后所应习得的具体行为。它对于学生来说是共同的。表现性目标与教学性目标迥异。它不规定学生在完成一

① 张华著：《课程与教学论》，上海教育出版社2000年版，第179页。

项或几项学习活动后应习得的行为,不指定学生应当从学习活动中学到什么,而是指明学生学习活动的情境、学生将要处理的问题或将要完成的学习任务。换言之,表现性目标仅仅规定学生要从事的学习活动,它实际上明确了一个学习主题。围绕这一主题,学生不仅可以运用已学到的知识与技能,而且能够扩展和拓深这些知识、技能,并使之得到发展。上述的案例就是艾斯纳给出的一些表现性目标的例证。

表现性目标的宗旨不在于使学生掌握预定的知识,而是培养学生的创造性,因而它强调个性化。当学生的主体性充分发挥的时候,其在具体教学情境中的行为表现以及所学到的东西是无法准确预知的。故表现性目标追求的不是反应的同质性,而是多元性。这种取得个性化和多元性的教学目标对于教学评价的价值,不在于为评价、测量提供确定的、量化的标准。如果教学评价要使用表现性目标,那么,对学生的学习活动及其结果的评价就应当是一种鉴赏式的批评,是一种以定性为主的评论,应依其创造性和个性特色来估量其质量与价值。

学生在学习活动中不仅要掌握预定的基础知识,更应对这些知识形成独到的理解,甚至使之得到发展。在某种意义上说,前一种学习是低层次的,后一种学习导向创造性活动,是高层次的学习,更有价值。培养学生的创造力是当代教学的核心课题。高度复杂的创造性学习具有开放性、真实性和不确定性的特点,对于这类教学活动的目标设立,行为目标(或教学性目标)显然不合适,应当使用表现性目标。表现性目标强调学生的个性发展和创造性表现,强调学生的自主性与主体性,尊重学生的个性差异,指向人的自由与解放,对于教学活动而言,它不仅是合理的,而且是必需的,是极为重要的。它启示我们应区分不同学习活动的特性,把握学习活动的重心,努力促进学生的学习向纵深方向发展。

怎样评论上述各种教学目标的模式呢?关于教学目标的制定

和表述,又该如何评判呢?

我们认为,以上的各种教学目标模式之间之所以存在分歧,主要是由于它们对教学过程的本质、学习的类型、知识的性质与分类以及教学目标的作用的看法不一致所致。其实,不存在一种普遍适用的教学目标形式,每一种目标模式对它所适用的对象或情境而言,都是合理的。行为目标适用于确定的、基础性的知识,在低级学习中可以应用。对于不确定的知识、创造性的高级学习来说,表现性目标与生成性目标是合适的。生成性目标强调教学过程与目标的可变性,表现性目标则更关注教学活动的整体性和学习的结果。教学目标依存于特定的教学事件,但在制定具体的教学目标时,还应该考虑总体教育目的和教学目标,毕竟教育目的代表了社会对学生发展的普遍要求,具有一定的合理性,对具体教学目标的制定具有指导或参考价值。教学目标的陈述应当明确,即使是表现性目标或生成性目标也应当清楚地指出要进行的教学活动。但这并不意味着教学目标要预先制定得十分详尽,目标的具体性应适可而止,过于详细的目标反而容易导致教学活动的呆板和僵化,降低学习成效。制定教学目标不应拘泥于书本知识,而应有意识地把教学目标引向学生的真实生活,从而引导教学活动成为真正有意义的过程。

三、教学活动中的任务分析

确定教学目标以后,教师还应该进行教学任务分析。教学目标只是预测了学习活动的最终结果,而从学生的起始状态到终点目标之间,还有一段距离,有一个过程。这一过程可以细分为一个个子目标。学生要完成最终的学习任务,必须具备一定的先决条件,先完成一个个子目标。另外,虽然确立教学目标时即要分析学生的状况,但这时的分析还不够具体。对于具体的教学事件来说,还应该精确测定学生必须具备的知识起点以及其他方面的起始条件。因此,对于有效的教学活动,任务分析是必需的步骤。它要确定从起始状态到终点目标之间的子目标,或者说是完成最终学习任务需要具备的先决条件;另外,它还应帮助精确确定学生的已有基础。

确定学生原有基础的具体方法比较多。教师可以利用学生的作业、小测验、课堂提问等,观察学生的学习情况与反应,从而了解学生已有的基础。对于一个新单元的教学,也可以通过分析上一个单元学生的单元测验成绩来确定其学习基础。另外,下述的递推法也可以帮助教师测定学生已有的知识基础。当然,递推法的主要用意在于分析教学过程的子目标,即确定学生达到终点目标必须具备的先决条件。

什么是递推法呢?看下面的案例。①

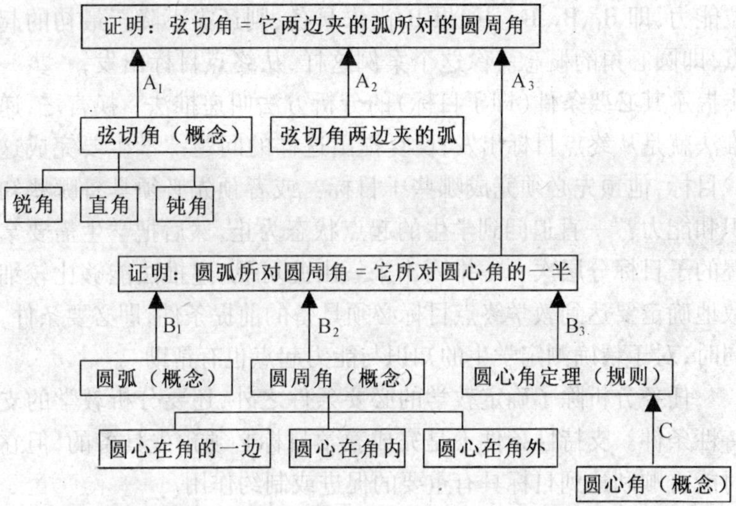

在上面的案例中,终点教学目标是学生能证明“弦切角等于

① 转引自皮连生主编:《学与教的心理学》,华东师范大学出版社 1997 年版,第 241 页。

它两边夹的弧所对的圆周角”。要达到这一目标,学生必须先知道什么是“弦切角”,以及弦切角的三种类型,即弦切角为直角、钝角和锐角。他还应先知道什么是“弦切角两边所夹的弧”,同时还必须预先掌握圆弧所对圆周角和它所对圆心角的关系,即“圆弧所对圆周角等于它所对圆心角的一半”。要掌握这项知识,学生又需要先掌握“圆弧”、“圆周角”的概念,以及圆心角度数和它所对弧的度数的关系,即“圆心角定理”。而要掌握圆心角定理,学生又需要知道什么是“圆心角”。如果把从圆心角概念到弦切角定理证明之间的能力分为A、B、C三级,要达到弦切角定理证明的目标,学生预先必须具备A_1、A_2、A_3三种下位能力。假定A_3能力已具备,则任务分析只需要进入A级水平即可终止。如果A_3能力尚未具备,则任务分析需要降至B级水平,揭示构成A_3的三项下位能力,即B_1、B_2、B_3。如果B_3尚未具备,则还需下降至最初的起点,即圆心角的概念。像这个案例这样,从终点目标出发,一步一步揭示其必要条件(即子目标)的分析方法叫递推法。换言之,递推法就是从终点目标出发,反复提出这样的问题:“学生要完成这一目标,他预先必须完成哪些子目标?或者预先必须具备哪些知识和能力?”一直追问到学生的起点状态为止,然后把学生需要掌握的子目标分层次一一排列出来。由此可见,递推法能够比较细致地确定要达到教学终点目标必须具备的前提条件,即必要条件,同时,对于精确测定学生的知识与能力起点也有帮助。

任务分析除了确定教学的必要条件之外,还要分析教学的支持性条件。支持性条件不是完成教学目标必须预先具备的,但它对能否顺利达到目标具有重要的促进或制约作用。

教师在教学中要科学地进行任务分析,不仅应明了任务分析的具体方法,还应深刻理解任务分析的指导理论。一般来说,美国教育家、心理学家加涅的学习结果分类理论和奥苏伯尔的学习分类理论是指导任务分析比较适用的理论。我们认为,加涅的学习结果分类理论更便于操作,因此这里只介绍这一种理论。

加涅认为,学习结果不外乎五种类型,即言语信息、智慧技能、认知策略、动作技能、态度。言语信息是陈述事物是什么的知识,其实,它既是知识也是能力。智慧技能是回答怎么办的知识,或者说是运用符号解决问题的能力。其内部又分为五个亚类,由简单到复杂构成一个层级关系。认知策略指的是个体对认知过程进行调节和控制的能力,它是学生学会如何学习的核心成分。加涅的学习结果分类可以参阅下表。

加涅的学习结果分类[1]

一、认知: (一) 言语信息:如说出鲁迅生于哪年。 (二) 智慧技能: 1. 辨别:如指出已、己、巳三个字的区别。 2. 具体概念:如在许多平面或立体图形中找出“圆形”。 3. 定义性概念:如理解圆周率 = C/d。 4. 规则:如用 $S=\pi r^2$ 计算 r 不同的圆面积。 5. 高级规则:如运用简单规则解决复杂问题。 (三) 认知策略:如运用逆推法证明几何题。 二、动作技能:如滑冰、游泳等。 三、态度:如自愿参加公益劳动。

加涅的学习结果分类理论的优点是非常清晰,教师只需将教学目标所要求完成的任务与上述的学习结果相对照,就能比较方便地强调学习类型。下表列举了教学任务的典型例子及其所代表的学习类型。

① 皮连生主编:《学与教的心理学》,华东师范大学出版社 1997 年版,第 95 页。

教学目标中的学习任务举例及其所代表的学习类型①

学习任务	学习类型
1. 陈述灭火机的主要种类及其用途。	言语信息:交流经过组织的知识,使其意义不发生错误。
2. 举例说明在恒温条件下有关气体的压力和体积关系的规则。	智慧技能:将规则应用于一个或多个具体例子。
3. 创作一篇论述反对官僚主义的论文。	认知策略:创造一种处理问题的新方法。
4. 用活动扳手拧紧螺帽。	动作技能:执行一项连贯的动作。
5. 选择阅读小说作为课余消遣活动。	态度:个人对一类事件选择行动方向。

确定了学习类型以后,还应注意,不同类型的学习,其条件也不一样。与以上的论述一致,加涅也把学习条件分为必要条件和支持性条件。前者是学习中不可缺少的条件,若不具备,相应的学习便不可能出现。后者是对学习产生加速或延缓作用的条件,不具备这些条件,学习不一定不能发生,但效率不高。对于不同类型的学习,必要条件和支持性条件都有区别。下表概括了五种学习类型的必要条件和支持性条件,供进行任务分析时参考。

五种学习结果的必要条件和支持性条件②

学习结果分类	必要条件	支持性条件
智慧技能	较简单的智慧技能的构成(规则、概念、辨别)	态度、认知策略、言语信息
言语信息	有意义组织的信息	语言技能、态度、认知策略

① 皮连生主编:《学与教的心理学》,华东师范大学出版社 1997 年版,第 243 页。
② 皮连生主编:《学与教的心理学》,华东师范大学出版社 1997 年版,第 244 页。

认知策略	某些基本心理能力和认知发展水平	智慧技能、态度、言语信息
态度	某些智力技能和言语信息	其他态度、言语信息
动作技能	部分动作技能、某些操作规则	态度

任务分析是高效的教学不应缺少的一部分。但在传统的教学过程的分析中,没有任务分析这一步骤。因此,不论是对于教育理论工作者,还是对于中小学教师而言,任务分析基本上都是一个新课题。本节所介绍的一些方法和指导性理论,只是初步研究的结果,并不完善。实践中还应结合具体的教学情境,不断进行思考与探索,以便能真正把这项工作做好。

[思考与练习]

一、名词解释

教学　智力　教学目标

二、问答题

1. 如何理解教学过程的本质?

2. 教学目标主要有哪几类?

3. 自选一份教案,试对之进行评价。

第八章 教 学(下)

[内容提要]

教学方法是指教师和学生在教学过程中,为达到一定的教学目的,根据特定的教学内容,共同进行一系列活动的方法、方式、步骤、手段和技术的总和。教学方法主要包括言语讲授和有意义学习教学法、发现教学法、掌握学习教学法和案例教学法等。

教学组织形式是指在教师和学生共同教学活动中的外部组织框架。教学的组织形式主要有个别教学、班组教学、班级教学、分组教学、开放教学等。班级教学或班级授课制是教学的基本组织形式。

课是学校进行教学活动的基本组织单位。按照教学任务来划分,可以把课分为两类:单一课和综合课。课的结构通常由五部分组成:组织教学;检查复习、导入新课;讲授新教材;巩固新教材;布置课外作业。

教学的基本程序包括:备课、上课、作业的布置与检查、教学效果的测评等。

教学策略是教学设计的有机组成部分,是在动态的教学活动过程中,教师为提高教学效能而作出的教学谋划和采取的教学措施。有效的课堂教学策略表现出指向性、整合性、操作性、启发性和灵活性等基本特征。

[学习目标]

1. 掌握中学常用教学方法运用的要求,理解现代教学方法的特点和原则。

2. 理解班级授课制的特点、优越性和缺陷,掌握上课的基本程序步骤和课的基本结构,了解教学组织形式的发展趋势。

第一节 教学方法

教学方法就是在教学过程中为完成教学任务,教师所采用的工作手段和学生的学习手段的总和。它既包括教师阐述知识、组织教学活动、指导学生学习的工作方法,也包括学生在教师指导下接受知识、消化知识、运用知识的学习过程。这两者相互制约、相辅相成,紧密联系在一起,构成了教学方法的整体,共同为完成教学任务发挥作用。

教学方法是一个多样而丰富的体系,既有人们在长期的教育实践中积累和完善起来的一些最基本的、常规的教学方法;也有人们通过教育科学研究的途径精心设计与发展起来的,尤其是随着现代科学技术的发展所不断涌现的新的教学方法。每一种方法,都有其特定的作用和特点,运用中都有其特定的要求。

一、常用的教学方法

(一) 讲授法

讲授法是教师运用口头语言向学生传授知识和指导学生进行学习的方法。这种方法的特点是教师以适当的知识材料通过语言工具呈现给学生,学生则通过听讲的形式把教师所提供的知识材料与自己原有的有关经验和知识联系起来加以理解,赋予新的意义并保存在记忆中。

讲授法是中学应用最广泛的常规教学方法。它可以应用于各种学科、各个年级和各个教学阶段,尤其适用于向学生传授新知识,使学生能在较短的时间里获得较多的系统知识。

运用讲授法的基本要求:

(1) 讲授的内容要具有科学性和思想性。运用概念要准确,定理、定律、理论的证明要严密充分，引用材料要翔实可靠。不允许用错误的知识或低级趣味的东西影响学生。

(2) 讲授要有系统性，条理清楚，重点突出，逻辑严密，层次分明。要注意从已知到未知，注意观点和材料的统一、逻辑和历史的统一，要合理地突出重点和难点，使学生能够透彻理解、融会贯通。

(3) 讲授时，语言要清晰、准确、简练、生动。讲授要通俗、快慢适度，以手势助说话，注意声调的抑扬顿挫，并坚持用普通话讲授。切忌措辞含糊不清、拖泥带水、语无伦次、多次重复，更忌海阔天空、不着边际、哗众取宠。

(4) 讲授应辅之以板书。板书运用得好，可以画龙点睛地突出讲授重点，有效地帮助学生理解讲授内容。

(5) 讲授应与学生的观察、实验操作、练习等活动相结合。

(二) 谈话法

谈话法又名"问答法"。它是教师根据学生已有的知识经验，向学生提问并引导学生积极思考、回答问题、得出结论，从而获得知识的一种教学方法。

谈话法是中学常用的教学方法。恰当地运用谈话法，能有效地集中学生的注意力，激发学生的思维活动，使学生通过独立思考获得新知，同时也有助于发展学生的智力和语言表达能力。通过谈话，教师可以了解学生智力活动的情况和知识的掌握情况，便于因材施教；学生亦可以从老师的提问中了解知识的来龙去脉，把握教师的教学思路，提高学习的自觉性。

运用谈话法的基本要求：

(1) 课前要作充分准备。教师除深入钻研教材和了解学生以外，要定好谈话的主要问题，对学生的回答要估计到可能发生的多种情况，并预先考虑到如何引导学生沿着正确的思路回答。还要预先考虑学生回答问题时可能碰到的困难和帮助学生克服困难的办法。

(2) 精心设计问题。建立在学生已有知识经验基础上的恰当的、富有启发性和刺激性的问题,是谈话法成功的关键。问题应该提在教学内容的要害处,也就是要围绕教材的重点、难点和容易混淆和忽略的地方提出。问题的难度应略高于学生已有的水平,让他们"跳一跳能摘到果子"。问题与问题之间应有逻辑联系,前后衔接,层层深入。此外,提问题一定要有明确的目的。

(3) 提问要面向全体学生。教师应向全体学生发问,使所有学生都积极思考并有答问的机会。提出问题后,应让学生有思考的时间,待多数人确有所悟时,再提问某一学生。切忌先点名,后提问题,因为这样往往会出现被点名者心慌意乱而其他人却反应淡漠的场面。同样,也应避免按照学号、座位提问的做法。

(4) 有轻松的课堂氛围。教师提问时态度要和蔼,对学生的回答要认真倾听,并根据回答情况给以赞许或补充。如果学生的回答有错误,可提出辅助性问题为学生的思考作出提示。

(三) 讨论法

讨论法是在教师引导下,学生集体与教师一起围绕着一定的问题,经过认真充分的准备后,在课堂上或小组里各抒己见、互相启发、取长补短,从而获取知识和培养智能的教学方法。

有效运用讨论法的基本条件是:学生具备一定的基础知识、一定的理解能力和独立工作能力。因此,它比较适用于高年级学生。这种方法常与讲授法、谈话法等结合运用。

运用讨论法的基本要求:

(1) 选择好讨论的课题。应该选择教学内容中比较重大的问题作为讨论的课题。一般可以从以下两个方面来确定:一是教材的重点和难点,这是教学中需要着力解决的问题,也是学生学习的关键所在;二是紧紧抓住学生在学习中或生活中需要解决的带有普遍性和规律性的问题,课题的难度适中。

(2) 设计好讨论课的结构。讨论总是在学生自学教材、做好准备的条件下进行的,因此,讨论课的结构应该是:提出需要讨论和需要解决的论题;充分揭示矛盾,创设问题的情境,造成讨论气氛;组织讨论,使每个学生都能发表自己的见解;对各种见解作总结,归纳出正确的结论,形成全体学生的共识。

(3)灵活引导与控制。教师应从学生的实际出发,相机引导,激发思维,活跃情绪,引发争辩。讨论过程中出现"走题"现象时,教师应通过提醒、提问、评价等方式引导讨论沿着预定的方向进行;当讨论处于沉默、受阻、无法深化等状态时,教师应启发学生从新的角度或以新的方式审视论题,或通过提供相关事实等办法加以调控;当学生发言出现错误或表达不完整时,教师应及时以辅助提问或讲解等方式给以纠正、补充。在讨论过程中,教师除了要善于加以引导和控制外,还应以讨论集体中一员的身份,发表自己的见解,和学生平等地共同讨论,交流思想。

(4)注意小组讨论的成员组合和环境。在小组讨论中,每个讨论小组的成员应注意智力、性格和性别上的搭配。一般来说,可以让性格外向的健谈者和性格内向的寡言者组合在一起,通过前者来影响后者;还可以让学习成绩和智力水平相当的学生组合在一起,这样易于产生助长效应。讨论时的座次安排应使任何一个人都处于其他所有人的视野之内,讨论的环境应该是学生熟悉的地方,这样可以增加讨论者的轻松感和愉快感,从而最大限度地调动每个讨论者参与讨论的积极性。

为了提高讨论效果,教师除了要加以引导和控制外,还应鼓励学生自己提出问题、探讨问题。在课堂上是没有愚蠢的问题的——这应成为教师组织讨论的准则。

(四)演示法

演示法是教师配合讲授或谈话,把实物、教具(标本、模型、图标、幻灯、电影等)呈现给学生,或者向学生作示范性的表演、实验以说明或印证所教知识的教学方法。

运用演示法应以心理学关于感知活动规律的原理为依据,遵循直观教学原则的各项要求。

运用演示法的基本要求:

(1) 引导学生明确观察目标,提高观察水平。通过演示要让学生"看到"什么,这是必须在演示前就要求学生明确的。否则,学生的注意力就可能会转移到细枝末节或别的什么现象上去,该"看"的东西没看到,这就达不到演示的目的。

(2) 一般来说,演示应按由整体到部分、再由部分到整体的顺序进行。在演示过程中,应采用分析、综合、比较、对称、系统化等办法,形成学生清晰的表象,并在表象之间建立联系。

(3) 在必要和可能时,应让学生应用多种感官参与知觉过程。

(4) 演示应与讲授、谈话等方法结合使用。通过讲授、谈话等方法来帮助学生明确观察目的和观察要点,并检查学生观察的结果和收获。

(五) 练习法

练习法是教师指导学生通过自己的独立活动,运用所学知识解决根据教学需要所设计出来的问题,以深化和巩固知识并培养学生各种学习技能和形成良好行为方式的教学方法。

练习法在各种教学中都有广泛的应用。当然,由于学科的性质不同,教学的具体任务不同,练习的内容和形式也是多种多样的。从练习的性质来看,有训练性练习和创造性练习;从练习的活动方式来看,大体又可以分为口头练习、书面练习和操作练习等。

运用练习法的基本要求:

(1) 要使学生明确练习的目的、要求并掌握有关的知识。只有这样,学生对练习才能有较高的自觉性和积极性,才能作自我要求和自我检查,从而减少被动性和盲目性。

(2) 要系统地进行练习。练习内容由浅入深、由易到难。练习要求要由低到高、由基本练习到综合练习、由模仿到创造,逐步提高学生活动的独立程度。练习应经常、持久，使技能转化为技巧，使行为转化为习惯。练习还应有计划、有步骤地进行，要求应逐步提高，速度也应逐步加快。

(3) 精选练习题。好的练习题目可以收到举一反三的效果。出题时应从教学要求出发，选择那些有典型意义的、可触类旁通的题目。选题应注意类型多样化、题目有代表性、前后有连贯性以及对个别学生的针对性。

(4) 及时评价练习结果。教师应及时检查与评价学生练习的结果，让学生及时了解练习的反馈信息，从而迅速地调节自己的练习活动，使正确的答案(或动作)得到强化，错误的解答(或动作)及时得到纠正，防止错误动作成为定势。

(5) 组织与指导练习应注意学生间的个别差异，因材施教。对于学生来说，练习时应注意先复习所学的知识，然后解题。练习时要认真思考，解题要仔细，解题以后应总结思路和解题方法，努力训练解题的基本技能，及时了解练习的结果。要养成独立完成作业和自我检查的良好习惯。

(六) 实验实习法

实验法是教师指导学生利用特定的仪器或其他手段控制条件并作用于特定的对象，以引起事物或现象的变化，从而在观察这些变化的过程中获取直接知识的一种教学方法。

实验法在自然科学学科中具有最广泛的应用。从具体的种类上说，实验是多种多样的，有自然实验、控制实验，有定性实验、定量实验，有分析实验、合成实验，有模仿实验、制作实验等。从教学的角度来看，大体可分为验证性实验和设计性实验两大类。前者是教师指导学生根据实验要求和程序进行实验以验证所学的书本知识的实验；后者是教师指导学生自己设计实验，不仅要验证，而且还要有所“发现”的实验。总之，实验法能够将理论知识与实际联系起来，培养学生的动手能力，培养学生掌握科学方法，并养成严谨认真、实事求是的科学态度。

实验教学一般分三步进行:

(1) 在实验之前,教师要编制实验计划,准备好实验用品,将学生分好小组,使学生明确实验目的和操作步骤并写出实验纲要。

(2) 学生独立进行实验。教师应充分发挥学生的独立性和主动性,让学生自己动手。学生做实验时,教师要巡视了解学生的情况,及时进行指导,做到既不越组代庖,也不袖手旁观。

(3) 实验结束后,教师应要求学生写出实验报告,并对报告进行检查和总结。

与实验法相关的是实习作业法。所谓实习作业法,就是根据教学任务的要求,在校内或校外组织学生进行实际操作,将书本知识运用于实践的一种教学方法。它的作用与实验法、练习法相似,但其实践性、综合性、独立性、创造性明显增强。它能培养学生运用所学知识解决实际问题的能力,对全面实现教育目的,促进教学与生产劳动相结合,具有重要的意义。

运用实习作业法的要求与实验法基本相同。但是,由于实习既是一种实践活动,又是一种教学活动,因此,实习的内容应该既具有实践的意义,又能联系所学的书本知识;实习过程应该给学生更大的自主性,充分发掘每个学生的最大潜力,同时又要给予学生切实可行的指导。

(七) 现场法

现场法是根据教学任务组织学生到现场进行观察与学习从而获得知识的一种教学方法。现场法各门学科均可采用。它能使教学与实际生活联系起来,帮助学生理解所学知识,并能扩大他们的眼界。

现场法必须服从教学目的,必须根据具体的教学任务来组织。参观前,教师应确定参观的目的,了解现场的实际情况。参观时,教师应对学生进行具体解说,并要求学生收集材料,做必要的记录。参观后,教师应进行总结,并要求学生整理参观记录,写出书面报告。

(八) 读书指导法

读书指导法是教师指导学生阅读教科书、参考书和其他书籍,使学生独立地获取知识、扩大知识面并掌握读书方法、养成读书习惯的教学方法。

运用读书指导法应注意以下几点:

(1) 培养读书的兴趣,从学生入学起就应指导学生阅读教科书或参考书,并要使学生从读书中尝到甜头,体验到读书的乐趣。

(2) 采用多种方式教会学生掌握读书方法。教科书的阅读分为预习性阅读、边教边阅读、复习性阅读;参考书的阅读分为浏览、略读、精读。要教会学生使用工具书,如字典、辞典、资料索引等。要指导学生学会“变薄为厚、变厚为薄”的读书方法,做到读思结合。要指导学生在阅读过程中进行圈、点、勾、画、注批,即用某些符号把书中的重要词句或段落层次标注出来,帮助识记;对一些词义、概念等进行说明解释,或给文字注音;可在书的天头、地脚、句旁,写上自己对书中内容的评论性文字或心得体会。

(3) 教会学生写读书笔记。读书笔记主要有以下几种:摘录——把书中精辟的词句、重要论述和结论抄写下来,进行分类,便于查用。摘录应注明材料的出处。提纲——按照书上的章节,用简明的文字,把书的主要内容和基本思路概括地写出来。概要——把书中的主要内容和中心思想用自己的话简要地写出来。指导学生写读书笔记应循序渐进,长期坚持,养成习惯。

(4) 指导课外阅读活动。这种阅读可以是课内阅读的延续和补充,也可以是拓宽学生知识面、满足兴趣爱好、丰富精神生活的阅读。指导课外阅读,首先应帮助学生制订好读书计划,选择适当的书籍;其次可定期组织学生交流读书的体会,举办读书报告会。

以上介绍的是中学最基本的常规教学方法。这里必须明确的是,每一种教学方法都有它适用的具体范围和条件,没有也不可能有一种方法是万能的,是可以机械地应用到所有具体教学中去的。教育实践证明,"教学有法,但无定法"。某一种教学方法,对于某种教学任务和内容、对于某些学生、对于某一具体情境是适用的、有效的,然而,对于另外的某种教学任务和内容、对于另外的某些学生、对于另一种具体情境却可能毫不适用、毫无效果,甚至还会产生消极的作用。教学方法只是一种手段,一种"工具"。方法的效应全在于人怎样去运用。因此,教师不能用机械的观点去看待各种教学方法,而应从教学实际出发,正确、灵活、巧妙地选择与运用各种教学方法。

二、教学方法的变式与发展

(一)言语讲授和有意义学习教学法

言语讲授和有意义学习教学法,简言之,是言语讲授法和有意义学习法两者有机结合的教与学的方法。言语讲授法,是教师通过言语将教材内容以定论的形式直接传授给学生的方法。有意义学习法,是学生通过认知结构中的原有观念对学习内容加以同化的方法。

接受——发现,机械——有意义,是划分学生学习的两个维度,两者彼此独立,互不依存。接受学习和发现学习这两者都既可能是机械的,也可能是有意义的,这要看学习时所处的条件而定。

接受学习是教师主要通过言语将学习内容以定论的形式直接呈现给学生的一种学习方法。学生的任务不涉及任何独立的发现,只需要他将学习材料加以内化,以便日后的某个时刻可以再现并运用。发现学习则必须由学生独立发现,然后内化知识。

有意义学习就是符号所代表的新知识与学习者认知结构中已有的适当观念建立实质性的和非人为的联系。实质性的联系,指同一认知内容可用不同的语言或符号来表达;非人为的联系,指符号所代表的新知识与学习者认知结构中原有有关观念的联系。

言语讲授和有意义学习教学法是以奥苏伯尔的同化理论为基础的,在运用本方法时要注意贯彻四个原则:渐进分化原则、综合贯通原则、序列组织原则和巩固性原则。

渐进分化原则:在教学中首先应该传授一个该学科里最一般和包容性最广的观念,然后依照细节或具体项目使这些观念逐步分化。这是因为人们从先前习得的包容性广的整体中掌握分化的细节,要比从先前习得的分化部分中形成包容性广的整体容易;同时,相关的知识内容在人脑中具有一个特定的层次结构,包容性最广的观念位于这个结构的顶点,它们容纳概括性越来越低或逐渐分化的命题、概念和事实材料。如果教师依照同样的方式确定教材的组织和排列顺序,即在认知结构中有一个包容性广的有关观念可以用来起类属作用或提供观念的固着点,那么新知识的学习与保持就会产生最大的效果。

综合贯通原则:在教学中要比较新观念和学习者已有的有关观念之间不易分辨的相似点与差别点,以促进教材内容的综合贯通。奥苏伯尔认为,在上位学习或并列结合学习中,学习者通过新的学习可以发现认知结构中原有观念之间的联系,这既习得了新的知识,而且认知结构中原有的成分由于具有新的组织形式而获得了新的意义。

序列组织原则:对某一课题的了解,在逻辑上是以先了解某些相联系的课题为先决条件的。这样,起固定作用的有关观念的可利用性,在有意义学习和保持中的效用可以达到最大的限度。

巩固性原则:在学习新材料之前,一定要使进行中的课业达到巩固和熟练的程度,以确保后继学习的准备和成功。

(二)发现教学法

发现教学法是指在教师引导下,学生利用资料或情境自觉地主动地探索,从而不断发现问题和解决问题,培养独立思考能力的一种教学方法。对于发现教学法的理解可以从三方面去把握。

第一,发现的主体是学生。在学习过程中,学生是一个积极的探索者和发现者,运用教学方法必须注重发挥学生的自主性、能动性和创造性。

第二,发现的过程主要是一种“再发现”过程。学生的发现不局限于人类对未知世界的发现,更为重要的是凭自己的力量对自己未曾认识的事物进行认识。这种再发现不是原原本本沿着科学家的发现过程进行的,而是要适应青少年的认识规律对课程进行再编制。

第三,发现过程是在教师指导下进行的。教师的指导没有什么一成不变的、固定的模式,一切都要依据师生双方的实际情况而定。由于发现式教学法没有万灵公式,每一个教师都必须自己去权衡什么时候可以使用这种方法以及如何使用这种方法最好。

发现教学法有着悠久的历史和传统。著名的苏格拉底“问答归纳法”(这种方法一般包括讥讽、助产术、归纳和下定义四个部分),其实质就是一种引导学生去发现的方法。被誉为“德国教师的教师”的第斯多惠的名言是:“一个坏的教师奉送真理,一个好的教师则教人发现真理。”他极为重视培养与提高学生独立获取知识的能力、思维能力和热爱知识、善于自学的能力。美国的杜威极力倡导探究与发现法,他提出的“创设问题情境—提出假设—论证假设—检验假设—总结评价”程序,为把科学探究引入教学奠定了扎实的基础。

布鲁纳不仅是现代发现法的系统论证者,还是发现法的大力倡导者。布鲁纳还指出了发现法的四大优点:发挥智慧潜能、增进内在动机、培养学习技巧、有助于保持记忆。对于教学中如何引导学生去发现,布鲁纳提出:第一,要鼓励学生积极思考;第二,要激发学生的内在动机;第三,注意新旧知识的相容性;第四,培养学生运用假设、对照、操作的发现技巧。

关于发现法的实施步骤,美国学者克拉克与斯塔尔的观点颇具代表性。他们认为发现教学要经历六个阶段:选择某个或某些问题;创设问题情境;提供解决问题、质疑、操作等所必需的知识经验;提供进行比较分析的知识经验;得出结论或概念;运用结论或概念。但值得指出的是,运用发现教学法不可能严格遵循固定不变的步骤,一切都应依据教学任务、教学内容的特点以及学生的实际情况和探究发现活动的动态状况来决定,形式应该多样化。

要能真正实现发现教学法的优势,促进学生在知识、智能、学习方法与科学探究方面的发展,必须注意以下几方面的问题:

1. 尊重学生的主体地位,营造师生和睦的氛围

探究与发现教学法强调以学生为中心,充分发挥学生的学习积极性、主动性。发现教学法有效运用的前提条件就是学生自主性的发挥。教师必须让学生按他们自己的方法自由地研究,必须允许学生形成他们自己的见解,允许他们寻找各种方法去阐明他们所观察到的东西。甚至研究的课题都可以由学生而不完全由教师提出。尽管教师在发现教学活动中要对学生提供帮助和指导,但教师不应该代替学生去探究和发现。

学生的主体地位确立后,就需要进一步实现师生关系的民主化。只有在民主的、宽松的、轻松愉快的教学氛围中,学生才能独立探索,大胆发表自己的意见,并在此基础上自主地发现和自由地创造。所以,教师要善于为学生创设一种自由探究、和睦相处、相互支持的气氛。

2. 巧妙设置问题情境,培养学生的探究意识

学生的探究和发现过程往往围绕着问题而展开,因此教师首先要把学生的学习内容巧妙地转化成问题情境。教师设置的问题要有目的性、适应性和新异性。目的性是指问题要能体现一定的教学目标;适应性是指所提问题要适合学生的实际情况;新异性是指问题的设计和表述具有新颖性和生动性。这样的问题才会成为

学生感知和思维的对象,从而使学生的心理处于一种求知状态,随之而产生问题探究意识。探究意识就是指意识到问题存在并尝试去解决它的一种心理状态。有了探究意识,就会激发学生强烈的学习愿望,使之高度集中注意力,积极主动地进行探究和发现。所以,教师要能熟练而巧妙地提出各种问题,以满足学生的兴趣,激发他们去思考,鼓励他们去探究。

3. 科学引导,提高实效

尽管探究发现是以学生的活动为主,但学生的探究和发现不是完全自由、随心所欲的。发现教学法能否取得实效,关键因素是看教师是否能科学引导。教师的引导和帮助是学生顺利从事探究发现活动的重要保障。一方面,教师的引导要能保证让学生在有意义的思考路线上进行有意义的探索,从而避免学生盲目地猜测和进行无效的活动;另一方面,教师的引导不能太具体、太直白,而应该含而不露,指而不明,开而不达,引而不发,从而给学生留下自我选择、判断、联想、创造的思维空间。因此,教师在给学生提供各种资料和问题情境的基础上,还可以给他们提供思维上的线索,帮助学生归类问题,拟定程序,理清思路,得出逻辑结论,检验和运用结论。

发现教学法不完全等同于我国新课程所倡导的研究性学习。研究性学习所阐述的重点在于学生在学习活动、学习方式上的变革;而发现式教学与研究性学习相比较而言,它不仅强调学生学习活动、方式的改变,更注重教师指导、支持作用的变化。但发现教学与研究性学习在基本的教育理念上却是相通的,它们都是要完成一种“变革”: 学习目的上,从掌握知识向解决实际问题转变;学习内容上,从单一、封闭性向综合、开放性转变;学习过程上,从接受性向自主性转变;学习形式上,从规定性向灵活性转变。

(三) 掌握学习教学法

掌握学习教学法是指学生在最佳教学、有足够时间的条件下掌握学习材料的一种教学方法。其核心是普通教师在普通班级的集体教学中,教学内容分单元、按教学目标进行教学,随之进行形成性测验,通过反馈,针对学生学习中存在的问题,进行矫正,然后再进行一次平行性的形成性测验,以确定学生掌握学习内容的程度。这样,通过班级集体教学和个别化反馈矫正相结合的教学过程,既发挥了传统课堂教学的优势,又照顾到了学生的个别差异,从而使大多数学生均能获得优良的学习成绩,达到教学质量的大面积提高。

许多学生之所以未能取得优良成绩,问题不在于学生的智力方面,而在于他们未能得到适合于他们各自特点的教学帮助和学习时间。学生在学校学习中的许多个别差异是人为的和偶然的,只要给他们以足够的学习时间,采用适合于他们的学习方式,那么几乎所有学生都能学会一个人在世上所应学会的东西。从这个意义上说,掌握学习教学法是一种乐观主义的教学法。

掌握学习教学法又是一个改进课堂教学的综合计划,其实施过程由准备和正式实施两部分构成。

1. 掌握学习教学的准备

(1) 教师对学生的真诚期待。

(2) 确定掌握目标(学期):知识、领会、应用、分析、综合、评价。

(3) 为掌握学习设计教学单元。每个单元相当于教材的一章。

(4) 制定单元教学目标。该目标应比学期教学目标更明确具体。

(5) 编制总结性测验。测验应覆盖全部教学内容。

(6) 设计单元反馈与矫正计划。这是掌握学习教学法的一个重要环节。

2. 掌握学习教学的实施

(1) 学生心理定向。调动学生的学习积极性,培养学生对所学课程的亲近感。

(2) 学前诊断与矫正。通过摸底测验了解学生是否具备足够的认知前提能力。

(3) 单元教学与形成性评价。单元教学中必须突出目标的针对性、教学的控制性和评价的及时性。

首先,要根据单元日标制定课时目标与设计课堂教学。制定课时目标时要全面考虑每个课时教学在认知、情感和动作技能领域等方面的具体要求;叙述应以学生的学习活动为中心,适合学生的年龄特点与经验背景,避免以教师的教学活动、教学意向或教材教法作为教学目标;尽量用清晰、明确具体、可见可测的行为动词表达学生学习后的行为变化或结果。

然后,在教完一个单元后,对全体学生进行一次形成性测验与评价。测验试题的编制必须对应于单元教学目标;测验的目的并非一般了解教学情况,而在于诊断学生的掌握程度;测验的结果并不用来确定学生在团体中的相对位置,而是以规定的掌握标准来说明学生是否达标;测验结束后并不满足于一般性的评奖与补课,而应采取多种形式对学生的知识缺陷进行有针对性的补救和矫正。

接着,是对学生的诊断与指导学习。形成性测验的结果,一般以80% ~90%的正确率作为掌握的标准来进行区分。对未达到掌握水平的学生,教师必须采取多种方法帮助矫正。

最后,在矫正性教学结束后,应对有关学生进行一次与形成性测验同质的平行性测验,以评价矫正性教学的实际效果。

经过以上程序,单元教学的任务已经完成,教师便可接着进行新单元的教学。按此顺序循环往复,使后续知识的学习总是建立在牢固掌握前面知识的基础上,直至学完全部教学内容。

（4）评定掌握等级。完成全部学习后，要对全班学生进行终结性测验和评价，评定每个学生的学习水平。

掌握学习教学法取得成功的关键在于教师能更新传统观念，确立新的教育理念。

首先，要树立“所有的学生都能学习”的新的学生观。学校学习中学生存在的许多个别差异，大都可以看成是人为的、偶然的，而不是先天固有的。如果对影响学生学习的一些变量进行控制，那么学生学习上的差异完全可以缩小。每个学生都能完成他应该完成的学习任务。

其次，在教学中要不断地、及时地进行反馈与矫正。教学过程是一个连续的过程，在这一过程中，掌握学习教学法十分强调及时评价、反馈和矫正的作用，主张通过经常的形成性测验不断获得及时的教学反馈信息，并据此为学生提供可供选择和补充的教学手段与材料。可以说，用经常性的反馈以及适合于每个学生需要的个别化帮助作为集体教学的补充，是掌握学习教学法的实质。

最后，要能确保学生学习的“适当条件”。掌握学习教学法认为，只要提供了适当的学习条件，大多数学生在学习能力、速度和进一步学习的动机方面会变得十分相似；反之，学生间的差异就会很大。因此，“适当的学习条件”就成了掌握学习的关键。所谓“适当的学习条件”，主要表现为先决认知条件、先决情感特点和教学质量这三大教学变量的影响。先决认知条件是学生学习新知识所必需的基础知识和基本技能，只要具备或通过补救的方式具备了学习的先决认知条件，学生是能够达到掌握学习的目的的。学生在某一学习任务结束时所具有的情感特点，会成为后续学习的情感基础。比如说，在一系列的任务学习中，当学生学完了第一个任务且达到了较高的成绩水平时，其心理上就会产生一种满足感，从而可以增强继续学习的动力和积极性，这样，他们在情感方面就为后继学习做好了准备；反之，其后续学习的情感准备就存在不足,从而影响教学质量。教学质量对学生学习和学习过程有重要影响,教学如能很好地适应学生的学习,那么绝大多数学生便能学会所教的内容。

(四) 案例教学法

案例就是一个实际情境的描述,在这个情境中,包含有一个或多个疑难问题,也可能包含解决这些问题的方法。案例教学法可以界定为通过对一个具体教育情境的描述,引导学生对这些特殊情境进行讨论的一种教学方法。在一定意义上它是与讲授法相对立的。

在案例教学中,学生在自行阅读、研究、讨论的基础上,通过教师的引导进行全班讨论。因此,案例教学法既包括了一种特殊的教学材料,同时也包括了运用这些材料的特殊技巧。此外,这种方法不单单指向于教,而且也涵盖学在内,要求教师与学生都要有与之适应的行为变化。

在案例教学中,教师与学生承担着更多的教与学的责任,要求有更多的投入和参与。就教师而言,他有责任去选择和组织所要讨论的材料,要从大量的资料中选择出适当的案例。如果手头没有现成的可以覆盖所教内容的案例的话,他还要自己动手撰写这些案例,并以一定的程序把它呈现出来。就学生而言,他要对教师所提供的具体设施和原始材料进行分析、讨论,并从中得出对自己日后的生活和工作有用的结论来。这也意味着学生必须做好课前准备。在课堂上,每一个个体都需要贡献自己的智慧,没有旁观者,只有参与者。学生一方面从教师的引导中增进对一些问题的认识,并提高解决问题的能力,另一方面也从同学间的交流、讨论中提高对问题的洞察力。它实际上是为学生进入实际生活场景作准备,学生既有机会解决疑难问题,同时也可及时从教师及同学那里获得反馈。在这种情境中,学生的所有尝试都不会付出太大的代价,解决问题的种种策略都可以提出来并加以演示、比较,这为他们将来的工作提供了一个近乎真实的场景，缩短了教学与实践之间的距离。案例教学为教师和学生提供的是同样的决策信息，从这些信息出发，不同的观点和解决问题的方案在课堂上交锋，虽然最终也许没有确切的结论，但解决问题的种种可能性及障碍已经被师生充分地预见和了解了。

案例教学由四个基本环节构成：案例设计、课前准备、课堂教学过程和教学的评价。

1. 设计案例课程

在案例教学中，课程设计占据着突出的地位。教师对于课程设计有着更大的自主空间，有着更多的发言权，不仅教学材料需要教师准备，而且教学目标也需要由教师具体确定、落实。因此，案例教学需要教师更多地参与到课程设计中来。

确定教学目标是案例课程设计的第一步。只有在教学目标明确的前提下，教学材料等才能有机地组合起来。巴赫曾指出，在案例教学中，一般要达到七个行为目标和三个过程目标。

行为目标包括：(1) 通过案例教学，学生要能针对某一情境作出具体的决定，并能将其应用到有关的实际情境中去。(2) 学生要能表现出较强的思维能力，即思维要具有严密的逻辑性、清晰性和连贯一致性。(3) 学生要能对问题情境作出有说服力的分析。(4) 学生要能识别并确定那些与案例紧密相关的基本要素和问题。(5) 学生要能体现出运用定性与定量分析法的愿望和能力。(6) 学生要能超越具体的问题情境，要具有更为广阔的视野和多种多样的能力。(7) 学生要能利用可能的资料对问题情境作具体、深入的分析，并能够制订具体、完备的行动计划。

过程目标包括：(1) 学生必须能参与到案例教学的过程中去。(2) 学生必须切实做好课前准备，并且将自己作为教学过程的一个有机组成部分。(3) 学生在教学中必须能够口头表达出自己的思想与观点。

案例课程设计的第二步是选择案例。教师首先要注意到不同的案例形式,然后再从中选出与教学目标相应的案例来。好的案例应具备以下这些特点:应该讲述一个故事;要把注意力集中在一个有趣的论题上,它应该是生动事例的再现;必须有一个中心论题;描述的应该是近五年发生的事情;可以使学生对案例所涉及的人产生移情作用;应包括从案例反映的对象那里引述的材料;需要有对已经作出的决策的评价;需要对面临的疑难问题提出解决方法;要能使学生掌握一定的技能;文字篇幅要适当。

2. 课前准备

与其他教学方法不同,案例教学要求教师与学生都要在课前做好准备工作。他们要熟悉案例的内容,分析和评价与案例有关的材料。

学生在准备案例时主要应考虑:应该花费多长时间来做准备?到这个案例学习结束时,能做些什么?花多少时间来阅读案例?是否应该组织一个小组来讨论这个案例?如果应该的话,这个组的规模多大才合适?等等。

教师在准备教学时,主要从三个方面着手:内容的掌握;教学中重点和难点的确定;教学的组织,拟定具体的课堂教学计划。

3. 课堂教学过程

在案例的教学过程中,教师的任务主要有这样三项:一是检查学生对案例的了解程度。二是调控课堂讨论的气氛。三是监督检查学生的课堂学习情况。在执行这些任务的过程中,教师往往表现出一些不同的角色:一是联络员式的教师,教师的课堂角色基本上是非指导性的,将责任主要交给学生,其目的是创设一种使每个学生都可以找到自己"答案"的气氛。二是教练员式的教师,他们承担一定限度的课堂职责,对学生案例分析的质量及得出的结论正确与否较少过问。三是场上核心式的教师,他在制订下一步的工作计划并在实施中起关键作用。四是示范式教师,这类教师倾向于向学生提供演示、讲解、分析,找出案例的关键问题,给出正确的结论。

4. 教学的评价与反馈

评价与反馈是案例教学中的最后一步,它所关注的核心问题是:我们在案例教学中做得怎么样?它是把学生的行为作为注意焦点的。它主要包括:学生行为的评价与反馈;教学过程评价与反馈;课程评价与反馈;等等。

案例教学在理论学习、典型事例、伦理或道德准则、策略、反思或思维习惯、视野与想象力的训练等方面,有着很好的效果。但案例教学也存在它的局限性,主要表现为:案例的形成过程往往花费较大,时间消耗过多;案例教学对教师的要求较高,难以达到预期的教学效果;案例教学的效率有时较低;学生通过案例所获得的知识、技能难以汇总进一个整体框架;案例可能使学生形成一些不正确的概括化认识;等等。

第二节 教学组织形式

一、教学组织形式的意义和功能

为了完成教学任务,实现教学目的,除必须确定教学内容,采取适当的教学方法和手段外,还必须凭借和运用一定的组织形式。任何一种教学活动都是由教师和学生双方在一定的时间、空间环境之中进行的。要进行教学活动,就必然涉及教师、学生、时间和空间的组织和安排问题。简而言之,教学组织形式是指在教师和学生共同教学活动中的外部组织框架。离开教学组织形式,就不存在什么教学活动。

1. 教学组织形式是教学任务和教学内容得以实现的基本保证

现实中不存在无任何组织形式的教学,无论是实现什么样的教学任务,传授何种教学内容,都要以一定的教学组织形式来实现。

2. 合理的教学组织形式有助于提高教学工作效率和教学方法、手段的有效性

不同的教学方法、手段只有运用于相应的教学组织形式中,才能充分发挥其效用。在教学实践中,人们也很难将教学组织形式同教学方法截然分开、独立设计,教学组织形式同教学方法及整个教学活动模式的这种关系,决定了教学组织形式的合理与否,对教学活动的展开和效果具有直接的意义。

3. 教学组织形式对于学生的情感和态度倾向的培养具有重要作用

教学组织形式在一定程度上反映的是学校中师生之间、学生之间的交往方式,这种方式对于学生的个性、情感和学习态度等必将产生重要的影响。

二、教学组织形式发展的历史

教学组织形式要受到一定历史条件的制约,并伴随着历史条件的变化而变化。历史上曾出现过很多种教学组织形式,而且教学组织形式目前也仍处于变化发展之中。

(一) 古代学校的教学组织形式

1. 个别教学

个别教学是发端于世界各国古代学校的教学组织形式,其历史最为悠久,直到今天仍具有很强的生命力。我国商、周至隋唐时期的各级官学和私学,古希腊、罗马时代的各类学校以及中世纪的教会学校和宫廷教育等,都采用个别教学形式进行。

个别教学反映出教育的规模狭小,受教育的学生人数少,而且年龄层次和知识水平相差悬殊。这种教学组织形式的特点是教学速度慢,效率低,没有明确或固定的学习年限,学生既不分年限,又不分科进行学习。这种教学形式较适合学生人数少的教学要求,明显带有师徒相传的性质。

2. 个别—小组教学

个别—小组教学也叫班组教学,它是一种介于个别教学和班级教学之间的延续多年的过渡形式。我国宋代以后的书院和各类官学以及欧洲中世纪学校均采用过这种教学组织形式。

个别—小组教学既不同于个别教学,也有别于班级教学,但更大程度上类似于后者。在这种教学组织形式下,教师教的是一组学生;教师不再是一个,而是由一位教师主讲,若干名教师辅助;主要由教师个别地给每个学生讲授、指导,同时也有学生共同进行某些活动;班组的学生人数并不固定,学生的年龄、文化程度、学习进度和学习内容也没有明确的统一要求。个别—小组教学为后来的班级教学形式的确立奠定了基础。

(二)近现代的教学组织形式

1. 班级教学

班级教学也称班级授课制,这种教学组织形式是在欧洲文艺复兴之后,教育逐渐大众化的前提下,出于一名教师同时可教授大量学生以提高教学效率的考虑而逐渐确立起来的。在教育史上,最先采用这种形式的是 15 世纪末德国的纽伦堡人文主义学校。1485 年的《纽伦堡学校规程》规定,应将学生划分为三个阶段的班级,各个班级配以不同的古典教科书进行教学。

捷克教育家夸美纽斯第一个为采用班级授课制提供了理论依据。他在《大教学论》中说:“这种教育将不是吃力的,而是非常轻松的。课堂教学每天只有 4 小时,一个教师可以同时教几百个学生。而所受的辛苦则比现在教一个学生少 10 倍。”他倡导“节约时间和精力”、“大量生产”的教学组织形式——班级授课,提出了依据年龄分班,各学年分别设置不同学科的方案。他之所以倡导这种教学组织形式,除了上述理由外,还有一个理由就是,学生在集体中受教,可以相互激励,增强教学效果。赫尔巴特在夸美纽斯提出的班级教学理论的基础上阐述了班级教学过程的形式阶段理论,进一步完善了班级教学这一新型的教学组织形式。

工业革命以后,随着机器生产对学校教学提出更多、更高的要求,欧美各国逐步推行了这种教学组织形式。我国创办于 1862 年的京师同文馆最早采用了松散的班级教学,真正意义上采用班级教学的是 1878 年创设于上海的正蒙书院。到 20 世纪初,班级教学开始成为我国学校普遍采用的教学组织形式。

2. 分组教学

班级教学比较于个别教学和班组教学,具有无可比拟的优越性。但同时,班级教学也存在极大的弊端,尤其是在班级教学条件下往往很难做到适应学生的个别差异,学生的独立性和主动性也容易受到抑制。因此,20 世纪初在西方出现了主张分组教学的一些教学改革或实验,其中最著名的有道尔顿制、文纳特卡制等。

分组教学大体上可以分为两大类,一类是外部分组,一类是内部分组。

外部分组打破了传统的统一按年龄编班的做法,改由按学生的学习能力或学习兴趣来分组,这种形式的分组在西方国家运用得十分广泛。

内部分组是在保持传统的按年龄编班的班级教学条件下,根据学生的学习能力、学习速度和学习兴趣等因素,将他们编入暂时性的小组里进行学习,因此也叫班内分组。内部分组的具体做法也有两种。一种是在教学过程的某一阶段,在班级教学的基础上,由教师根据学习内容和学习目标对学生进行分组,分组后学生根据自身的不同情况学习不同的教学内容或教材,经过一段时间达到教学目标后再进行班级教学。另一种是学习内容和学习目标均相同，但采用不同的方法和媒介手段进行分组，即在班级教学的基础上对学生进行分组，一部分学生借助教学机器或电化教具等手段进行自学或做作业；一部分优等生和差生组成小组，由前者辅导后者；另一部分学习特别差的学生则由教师直接指导。

3. 开放教学

开放教学也称为开放课堂或开放班级。开放教学源于20世纪30年代美国进步主义教育者的主张，50年代以后在英国的初等学校里开始广泛推行，自70年代起，开放教学相继在美国、加拿大、澳大利亚、德国、瑞典和以色列等国流行开来。

开放教学的最大特点是放弃了班级教学的形式。在开放教学的形式下，教学无固定的形式和结构，学校和教师都没有固定的教学计划和教材。儿童以兴趣为中心，在活动中进行教学。教师的任务是为学生提供学习情境，进行个别辅导，而不直接介入学生的学习活动。所以，从某种意义上说，开放教学是一种组织结构较为松散的教学。

（三）当代教学组织形式的改革

近些年来，世界各国的教育改革正不断走向深入。在重点进行课程改革的同时，各国也都进行了教学组织形式方面的改革尝试。教学组织形式的改革，一是要完善班级授课制，实现以班级为基础的教学组织形式的多样化，为每个学生提供适合其特点的教学活动形式和学习环境；二是要探索能最大限度地利用现有技术手段的教学组织形式，提高教学活动的效能；三是要寻求既不失集体影响又有个人独立探究的教学组织形式，扩大学生的教育信息影响来源与渠道。

基于不同的教学组织形式改革的策略，近年来涌现出了许多新的教学组织形式。例如，依据学生的智力或学习成绩进行分组的能力分组制；源于文纳特卡制的不分级制；使教学尽可能符合学生及家长的需要、愿望和学生学习准备的选科制；把大班上课、小班讨论、个人独立研究结合在一起，采用灵活的时间单位代替固定划一的上课时间的特朗普制；不同学科和不同教学活动可使用不同的单位时间的活动课时制；为克服班级授课教学进度划一、难以照顾学生个别差异而被重新提倡并获得长足发展的个别教学；由两个以上的教师一起工作，共同负责一个班或几个平行班教学工作的小队协同教学；等等。虽然新的教学组织形式不断出现，但它们都处于实验研究或试行阶段，还没有被普遍采用。目前，学校教学的基本组织形式仍然是班级教学，但其他一些形式所占的比重已有所增加。事实上，教学组织形式的改革，并不是意味着一种形式对另一种形式的否定，而是更多的表现为一种补充和发展。新的教学组织形式与班级授课制相结合，将使学校教学的组织形式更加丰富多彩。

三、教学的基本组织形式——班级授课制

（一）班级授课制的特点

班级授课或班级教学是把学生按年龄、程度编成有固定人数的教学班，由教师根据课程计划中统一规定的课程内容和教学时数，按照学校的课程表进行分科教学的一种组织形式。班级授课制有以下特点：

1. 学生被分配于各自固定的班级

中小学的学生在求学期间应该分别归入固定的班级，同步地接受教育。一个班级的学生一般属于同一年级，在复式教学班里，可以有不同的几个年级的学生集中在一个班里。在中小学，一般认为一个班级的人数在30～40名为宜。

2. 教学在规定的课时内进行

每门学科的周课时数，一般根据国家规定的课时标准确定。各班的课程表规定每日的教学安排。每节课为35～45分钟，课与

课之间设休息时间。

3. 教学分学科进行

每节课一般用于某一门特定学科的教学。

4. 教学内容根据国家规定的课程标准确定

每门学科一般都依据国家规定的课程标准，规定各学年的教学内容以及各学科的教学、教育目标。

班级授课制的优越性主要表现为：

(1) 较少的师资力量可以培养数量较多的学生，有助于提高教学的效益。

(2) 教师有目的、有计划、有组织地面对全班学生进行教学，有利于发挥教师的主导作用。

(3) 有利于发挥班级这个集体的教育作用。

(4) 固定的班级人数和统一的时间单位，有利于学校合理安排各科教学的内容和进度，并加强教学管理，从而可赢得教学的高速度。

(5) 在教育规模一定的条件下，班级授课可降低师资的需求量，使学校可以聘到具有较高水平的教师，有利于提高教学质量。

班级授课制的局限性主要表现为：

(1) 教学面向全班学生，很难照顾到各个学生的特殊情况和特殊要求，不利于因材施教。

(2) 教学活动主要由教师作主，学生的学习主要是接受性学习，因而不利于学生学习主动性和独立性的发挥，也影响了学生探索精神、创造能力和实际操作能力的培养。

(3) 由于以“课”为活动单位，而“课”又有时间限制，因而往往将某些完整的教学内容人为地割裂以适应“课”的要求。

班级授课凭借其独特的优越性被人们所普遍接受和采用，并成为许多国家学校教学的基本组织形式；但班级授课制又存在着固有的局限性，所以人们也一直对它提出批评并寻求新的教学组织形式。不过直到目前为止,还没有一种组织形式能完全取代班级教学,而只能作为其辅助形式或补充形式。

(二) 课的类型与结构

课是学校进行教学活动的基本组织单位。“把教学内容以及实现这些内容的教学手段、教学方法展开的教学活动,按学科和学年分成许多小的部分,分量不大,大致平衡,彼此连续而又相对完整,这每一小部分内容和教学活动,就叫做‘课’。”

1. 课的类型

课的类型主要是按照教学任务来划分的,可以分为两类:单一课和综合课。单一课是指在一节课内主要完成教学过程某一特定阶段的任务;而综合课则是指在一节课内完成两个或全部教学阶段的任务。

学生在教学中掌握知识要经过感知教材、理解教材、巩固知识、运用知识、检查效果等几个互相联系的阶段。小到一个概念,大到一门学科,都要经过这些过程、环节或“工序”。有些教学内容,难度较低、数量较少,在一节课内可以全部完成;而另一些教学内容,比较多、比较深,不可能在一节课里既学习新知识,又巩固刚学的知识,还能马上运用,并检查效果。这就需要把不同的阶段和“工序”分别赋予不同的课,由一系列不同的课来共同完成任务。这也就是所谓的课的类型的问题。那种包括掌握知识过程全部或大部分环节的课叫做综合课。那种只担负一道或两道“工序”的教学任务的课就是单一课,主要有新授课、复习课、练习课、实验课、测验课等。

2. 课的结构

一般认为,课的结构是指一节课的基本组成部分以及各部分之间的相互联系与相互作用、安排的顺序与时间分配等。由于课的类型是多样的,因而课的结构也不会是划一的。相同类型的课由于学生特点与教学方法的不同,也会产生结构上的差异。

传统的也是最为常见的课的结构渊源于赫尔巴特学派的“五段教学法”。这种结构适用于综合课,通常由五部分组成:

(1) 组织教学。组织教学是保证课内师生活动正常进行的基本条件,其目的是使学生对上课做好心理上和物质上的准备,吸引学生的注意并创设一种有利的课堂情境和气氛。组织教学应贯穿于一堂课的始终。

(2) 检查复习,导入新课。复习已学过的知识,通过检查学生的学习情况,了解问题,及时补救;同时要加强新旧知识的联系,为顺利地导入新课、学习新知识提供一种过渡。

(3) 讲授新教材。这是课的中心或主要部分。目的在于向学生传授新的知识,帮助学生形成各种能力。

(4) 巩固新教材。通过检查学生对新教材的掌握情况,及时纠正存在的问题,以便使学生对所教的内容能当堂消化理解,加深巩固。

(5) 布置课外作业。目的是使学生通过练习,独立运用知识,形成技能技巧,加深对知识的理解和掌握,养成独立分析问题和解决问题的能力。

针对上述课的结构,有学者提出了尖锐的批评,理由主要有三:一是这种结构只罗列了教师工作的具体事项,没有反映出学习的规律,它是教师“主宰课堂”这种教学观念的产物;二是按照这种刻板模式来组织的教学活动,学习方面是被动的,它只能评价学习的结果而不见学习的过程,因而不能适应现代学校中培养学生创造性思维和独立学习能力的要求;三是这种结构忽视了影响学生认识活动的心理过程。

课具有极其多样化的结构,每一节课都以自己的特点与其他课相区别,这是因为在课堂教学中,教学工作者的创造性和不同的教学风格以及这一班级的具体条件都对课的结构产生着很大的影响。不仅如此,课堂教学结构还有正式结构和非正式结构之分。

课堂教学的正式结构就是指师生在教学活动中基于不同的地位和职责而形成的科层结构。课堂教学的非正式结构是一种依靠非体制性的规则塑造起来的一种感情或利益交往的空间。课的正式结构对于课堂教学活动的顺利展开、教师的引导和驾驭具有不可替代的优势。而课堂教学的非正式结构在促进师生间信息沟通、激发学生学习积极性等方面是对正式结构的有益补充。

(三) 上课的基本程序步骤

上课是学校教学工作的基本落脚点,其基本程序步骤包括:备课、上课、作业的布置与检查、上课效果的测评等。

1. 备课

备课是整个教学工作中十分重要的一环,也是上好课的必要条件和前提。所谓备课,就是教师根据课程标准的要求和本门课程的特点,结合学生的具体情况,选择最合适的表达方式和顺序,以保证学生有效地学习。

教师的备课主要是要做好以下三方面的工作:

(1) 钻研教材。包括钻研学科课程标准和教材,阅读有关参考书。钻研学科课程标准,就是要了解本学科总的目的要求和总的原则,以及学生必须掌握的知识内容、范围和标准,还要弄清教材体系以及教材范围和深度。教材是备课的主要依据,它为教师备课提供了基本材料。教师备课必须熟练地掌握教材的全部内容,了解教材的整体结构,分清重点章节和各章节的重点、难点与关键。参考书是教材的补充。教师要广泛阅读有关参考书,以便更好地掌握教材,并从中选择材料来充实教材内容。

(2) 了解学生。要备好课还必须了解学生,了解学生的原有知识、技能的质量;了解学生的兴趣、需要和思想状况;了解他们的学习方法和习惯等;了解学生的年龄特征、班风、成绩分布状况及对本学科的态度等,重点要掌握学习差和学习好的学生的状况。

(3) 设计教法。教学方法的选择要根据教学目的任务、教学内容、学生特点、教师本身的风格以及学校客观物质条件的可能性来进行。

在做好上述三方面工作的基础上，教师的备课工作最终要落实到编制教学活动计划上。教学活动计划有“学期进度计划”、“课题（单元）教学计划”和“课时计划（教案）”。其中与课的成败有直接关系的是课时计划，它是教师上课的依据，也是教师对课的具体构思与设计，因此课时计划应尽可能具体、详细。

课时计划的内容主要包括：班级，学科名称，授课日期和时间，课题，教学目的，课的类型，教学方法，教具，教学进程，备注等。其中教学进程包括一堂课的教学内容的详细安排、教学方法的具体运用和时间的分配，它是课时计划的主要组成部分。

2. 上课

上课是整个教学工作的中心环节，只有上好课，才能保证教学质量。要上好一堂课，就必须努力做到以下几点：

（1）目的明确。上课的终极目的是使学生在德、智、体等方面都得到发展。每一堂课都必须紧紧围绕这一目的，确定切实可行的具体目标和任务。具体教学目标既是每一堂课的导向，又是衡量、评价一堂课的依据。师生双方在课堂上的一切活动都要围绕教学目的而进行。

（2）内容正确。必须保证教学内容的科学性和思想性。既突出教材的重点、难点、关键，又顾及教材的系统性和连贯性；既注意新旧知识的联系，又注意理论与实际的结合；既注重教师的讲解与分析，又注重对学生的启发和引导。

（3）方法恰当。每一堂课都应合理地、综合地运用多种教学方法，力求做到生动活泼。但也应注意到，方法是为内容服务的，方法的变换有其分寸，应该适可而止。不能为了片面追求课堂气氛的活跃，而在运用教学方法时过于变化多端，以致喧宾夺主。

（4）结构合理。整个一堂课要组织合理、安排妥当、结构紧凑。从教学信息传播的角度来看,合理的课堂结构应该做到:突出强化教学内容信息,适当控制冗余信息,尽量克服干扰信息;使一堂课张弛有度、进退有序。

(5) 反馈及时。教师在课堂教学中必须时时注意学生的表情、体态动作、回答问题的情况以及课堂练习的情况等,这些都是反馈信息,只有在充分而正确地理解了这些反馈信息的基础上,教师才能适时地调整自己的教学进程或教学内容。

(6) 活动积极。教师和学生都能处于积极主动的状态之中,教师能引导学生的思路,启发学生的思维,激发学生的智力活动,整个课堂活动都能表现出在教师引导下学生的积极性。

概括而言,一堂课的好坏,不仅要看教师教得怎样,更要看学生学得怎样,归根结底是要看单位时间内学生的收获有多大。

3. 作业的布置与检查

作业是教学活动的重要组成部分,课外作业的布置与检查是上课的继续。其目的在于使学生巩固和消化课上所学知识,并使知识转化为技能技巧。

课外作业的形式主要包括:阅读教材和参考书,如复习、预习教材、阅读有关读物等;各种口头作业和口头答问,如复述、朗读、背诵课文等;各种书面作业,如演算习题、作文、绘制图表等;各种实际作业,如实际测量、社会调查等。

教师布置、批改与检查课外作业,应符合以下要求:

第一,作业的内容要符合学科课程标准和教材的要求,有助于学生巩固、加深理解所学知识,并形成相应的技能技巧。

第二,作业的分量要适宜,难度要适当。

第三,要向学生提出明确的要求,并规定完成时间,在必要时提示作业的做法。

第四,要针对不同的学生,分别给予差别化和个性化的作业要求。

第五,学生对所要完成的作业有一定自主选择权。

第六,要及时、认真、仔细地批改作业,以便掌握学生的学习情况。

第七,对大多数学生在作业中易犯的错误,教师应找机会进行辅导、重点讲解或纠正。

4. 上课效果的测评

上课效果的测评是诊断学生学习状况、改进教师工作质量、对教学活动进行调控的重要手段,也是下一周期或单元备课的基础。上课效果的测评一般从两方面入手:一是分析评价教师上课的过程特征,二是测评学生的学习成绩。

分析评价教师上课的过程特征,依据就是上好一堂课的标准。参与分析评价的可以包括教师自己、学生、同事、领导和专家等多种评估主体。

测评学生学习成绩的方式方法很多,既可通过日常观察记录分析,也可以通过各种成绩测验进行。对学生学习成绩的检查与测评,可以通过平时考查和考试两种方式来实施。平时考查通常采用口头提问、检查书面作业和单元测验等方法;考试一般有学期考试、学年考试和毕业考试三种;考试的具体方法有口试、笔试(开卷或闭卷)、实践考核等。

第三节　课堂教学策略

一、课堂教学策略的涵义与特征

(一) 课堂教学策略的涵义

课堂教学策略有广义和狭义之分。广义的教学策略既包括教的策略,又包括学的策略。狭义的教学策略是指教的策略。本节的教学策略是从狭义上讲的。

目前研究者对教学策略的看法大致有四类:(1) 把教学策略看做为实现某种教学目标而制定的教学实施的综合性方案。(2) 把教学策略作为一种教学思想,认为"教学策略可以看做是一种教学观念或原则,通过教学方法、教学模式和教学手段得以体现"。(3) 认为教学策略与教学方法、步骤、教学模式同义。较早研究课堂教学策略的美国学者埃金等人认为,教学策略就是"根据教学任务的特点选择适当的方法"。(4) 把教学策略看做是达成一定教学目标的一系列教学方式和行为。如邵瑞珍主编的《教育心理学》一书对教学策略所作的定义就是"教师在教学过程中,为达到一定的教学目标而采取的相对系统的行为"。上述四种看法都从不同的角度对教学策略进行了界定,对我们理解教学策略的涵义不无启发。

综合各种对教学策略的不同见解,我们认为,对教学策略的基本涵义可作如下表述:教学策略是教学设计的有机组成部分,是在动态的教学活动过程中,教师为提高教学效能而作出的教学谋划和采取的教学措施。这个表述包含四层基本意思:第一,教学策略从属于教学设计,确定或选择教学策略是教学设计的任务之一;第二,教学策略的制定要着眼于提高教学活动的效能,既要依据教学目标以确保效果,又要依据教学对象以提高效率;第三,教学策略不仅有观念驱动功能,更有实践操作功能;第四,教学策略要依据特定的教学活动进行动态的选择和创造。

(二) 课堂教学策略的基本特征

有效的课堂教学策略,其基本特征表现在以下几个方面:

1. 指向性

任何教学策略都是指向特定的教学目标和教学活动,规定某种教学行为的。教学实践中教学策略往往表现为具体教学方法和技能的实施过程,但又不同于具体的方法和技能。教学策略不是对方法的盲目操作,如果没有对方法意图的明确意识,即使对方法的具体操作步骤掌握得再娴熟精致，也仅仅是对教学程序的机械运行。在教学过程中，某种教学行为的实现总是先认知目标，然后根据目标选择适合的教学策略。

2. 整合性

教学策略具有结构功能整合性的特征，这主要表现为两个方面：一方面，在选择制定教学策略时要体现教学策略构成的综合性特点，要求教师应针对具体的教学需求和条件，对影响教学策略构成的教学方法、步骤、媒体、内容和组织形式等要素加以综合考虑；另一方面，发挥教学策略作用时应体现其功能的系统性特点，也就是要遵循“整体大于部分之和”的系统性原则，强调多种教学策略的整合作用。

3. 操作性

教学策略既不同于较抽象的教学原则，也有别于在某种教学思想指导下构筑起来的教学模式，它是供教师在教学中参照执行或操作的教学程序谋划或措施。它有着较明确具体的内容，是教学活动具体化、行为化的基本依据。教学策略虽对某种具体教学行为具有指导性，但更偏重于实用性和操作性。

4. 启发性

教学策略的启发性是其迁移机制的表现。策略总是与问题解决相联系的。一般来说，策略带有问题解决的明显经验规则，这是主体在问题解决中通过认知操作行为序列活动巩固下来的。主体在问题解决过程中受到问题情景的刺激时，又将受到策略启发而提取和优化、整合策略。因此，启发性是策略的内在机制。教学策略的启发性应主要表现在启发教师主动去寻找解决教学问题的简捷途径和方式，从而有效地解决问题。

5. 灵活性

教学策略不是固定不变的，必须因地制宜，因人而异。由于具体的教学情境是复杂的，计划实施过程中行动的变化和方法的灵活选择是必然的,因此,教学策略也必然具有很大的灵活性和创造性。教学应遵循一定的策略,但没有一成不变的策略。

二、课堂教学策略制定的依据与产生的途径

(一) 有效教学策略制定的基本依据

制约有效教学策略的制定或选择的基本依据主要包括教学目标、教学对象、教学者等三方面的因素。

1. 教学目标

教学目标是制约课堂教学策略制定或选择的决定性因素。教学目标不同,所需采取的教学策略也不同,即使是同一学科的教学也如此。例如,一门学科教学之初,教学的起始目标是提高学习者对所学学科的兴趣和信心,然后才是促进学生掌握具体的知识、技能和发展智能的目标。针对不同的教学目标,教学中就应采用不同的策略。对教学目标的分析是制定或选择有效课堂教学策略的前提。

2. 学习者

学习者的学习准备状态决定着教学的起点,是制约教学策略制定的重要条件。学生的学习准备状态,主要是指学习者现有的知识技能水平、学习风格、心理发展水平等。实践表明,如果仅根据教学目标制定教学策略,无视学习者的准备状态,那么所制定或选择的教学策略就会因缺乏针对性而失效。因为学习者的准备状态决定着教学的起点,教学策略的制定或选择必须从该起点出发进行具体分析。对学习者学习准备状态的分析是制定有效课堂教学策略的基础。

3. 教学者

教学者自身的特征也是制约有效课堂教学策略制定或选择的重要条件。在教学过程中,教师是制定、监督和实施教学策略的主体,他们一般都倾向于选择与其教学思想、知识经验、教学风格、心

理特征相一致的教学策略。因此,在制定或选择课堂教学策略时,不仅应重视教学目标和学生准备状态的分析,还应努力发挥教师的主观能动性,充分发挥教师自身特征中的积极因素在制定或选择有效教学策略中的作用。同时,教师应有意识地克服自身特征中的消极因素对制定或选择教学策略的不利影响。

（二）教学策略产生的途径

课堂教学策略的产生主要有两个途径:一是专家学者的研究成果为教师理解和接受,在此基础上形成具体的教学策略;二是教师的教学工作经验经过提炼和升华,普遍化为一定的教学策略。不管是经由哪种途径而产生的课堂教学策略,在教学实践中都必须注意以下几个问题:

(1) 教师既不能把专家学者的研究成果仅仅作为具体的操作技能和实施方法来接受,也不能不加思索地全盘接受专家学者的理论,这就意味着必须在学习中对理论的含义及其合理性作出自己的解释和判断。教师只有通过对理论的积极加工和主动选择,把理论内涵与自己的经验结合起来,才能既形成自己的思考,又深入理解专家们的理论。当教育理论真正转化为教师心中的思维框架时,他们才能够在具体的教学情境中产生直觉的、即兴的教学策略。

(2) 教师的教学策略还产生于对教学方法和技能的理性思考。教师要对具体的教学方法、技巧的特征进行深入的分析,区分教学方法和技能的类型。这种理性思考不仅有利于对教学方法技巧的类属特征的确认,而且能够在同类型方法的对比中加深对其独特性的理解,清晰地了解各种教学方法的利弊及其适用性,进而有利于形成有效的教学行为。

(3) 教师的教学策略更有赖于对教学经验的反思。反思的作用在于能帮助人们从已经麻木了的程式化的生活中唤醒过来,使人们重新审视自己的生活方式和行为模式。教学活动的反思主要包括：对自己的教学经验不断地进行总结和理性反思，记反思日记，对教案的实施情况进行教学点评和纠正；在教学观摩中进行反思，对同事的教学行为进行评判反思；对学生的学习结果和行为变化进行分析反思；等等。通过对教学经验进行理性的反思，教师会加深对自己经验的认识，也会加深对有关理论的理解，从而有助于将自己的经验与专家们的理论相结合，使教学经验成为教学策略的重要来源。

三、课堂教学策略的类型

(一) 教学策略的分类

目前，教学策略的分类尚无公认的标准，但研究者们仍从不同角度进行了一些划分。例如，有的研究者以某个构成教学活动的主要因素为中心，将教学策略划分为方法型、内容型、方式型和任务型等四种类型。有的将教学策略分为信息处理的教学策略和行为技术的教学策略两大类。加涅则将教学策略分为管理策略和指导策略。我国有的学者以教学过程的环节和学生的特点为指标，把教学策略划分为教学准备策略、教学实施策略、因材施教策略和教学监控策略等四种基本类型。

我们认为，教学策略不应局限于课堂知识的教学范畴，而是涉及学校各领域，既包括知识的有效教学，也包括非智力因素的培养。因此，一个全面的教学策略体系至少应包括以下几个方面：

1. 教学目标的决策

决策过程就是选择的过程。教学目标的决策受教师的教育价值观影响，反映了教师对不同理论的理解和态度，也反映了教师对教育对象的了解程度。对有关理论问题的思考有助于教师在社会和学生个体、认知目标和全面发展目标、掌握知识与发展智能之间作出更恰当的选择。

作为合格的教师，有必要学习和掌握有关的学习理论知识。

教师对学习过程有所了解，能区别不同类型的学习，并且了解产生学习的条件，才能对具体的教学内容、为特定的教学对象选择恰当的教学目标。好的教师还必须掌握陈述教学目标的技能，以保证教学目标的指导作用。

2. 形成认知结构的策略

知识教学的策略设计、选择和创造的思路主要来源于对人的认知规律的认识。在这方面，心理学领域关于认知发展规律和认知结构特征的研究，为教学策略的设计和实践提供了丰富的材料。以此为基础，教师应该理解，教学中所要形成的知识的认知结构的本质，在于建立知识之间内在的联系，这也是学习者感受知识意义的源泉。

3. 促进信息加工的教学策略

教学过程中学生的认知过程可以看作是对信息的加工过程。如果将知识教学过程视作输入、储存、监控等积极的信息加工过程，那么就可以提出一些促进学生学习过程的教学策略，如陈述性知识的教学策略、程序性知识的教学策略、图式样例的学习和开放式训练策略等。

4. 教学模式的选择性策略

“选择”是教学策略的基本思想，教学模式正是基于这一思想形成起来的。教学模式是为实现特定的教学目标而对教学的各方面因素进行的选择性组合。因此，教学模式就是教学策略体系，选择教学模式也是对教学策略的选择。教学模式种类繁多，可划分为社会相互作用模式、信息处理模式、个人发展模式和行为主义模式等。教师必须掌握多种教学模式，然后根据具体的教学情境，选择最适当的教学模式。为此，教师需要掌握各种教学模式的理论依据、模式所包含的教学策略、模式的基本程序，并要了解不同模式的适应条件及其局限性。只有这样，才可能作出适当的选择。

5. 课堂教学的指导性策略

在课堂教学中教师如何运用教学策略来激发学生的学习动机和学习兴趣,以提高课堂教学的效率,是每个教师都关心的问题。在这方面,教师尤其要重视提问、讨论和课堂教学中的探究这三种教学实践中常用也是有效的教学策略。

6. 促进自我发展的教学策略

学生的自我发展有其内在的规律,同时也要适合于社会发展的要求,促进自我发展教学策略的设计思路主要来源于这两方面的综合。教师要清晰地辨识学生自我发展的状态,促进学生现实的自我调控,引导学生在积极的集体交往和丰富的学习生活中发展自我,特别要注意积极扶助问题学生发展自我。

7. 因材施教策略

受教育者因为先天禀赋和后天经历、阅历的不同构成了人与人之间的学习差异。只有坚持因材施教,才能保证对人的尊严和存在价值的尊重,才能适应受教育者的具体情况,真正让每一位受教育者得到公平的教育机会。课堂教学中,教师要根据不同认知风格的学生在学习信息的表征和加工组织方面所具有的不同优势与特点,既适应其特点,扬长避短,也要有意识地加以引导和调整。教师还要针对不同学习动机倾向的学生所具有的焦虑程度的差异以及他们对能力和自尊的理解的差异,有效地激发和培养学生的学习动机。

8. 课堂教学的管理性策略

教师不仅是教学活动的组织者、领导者,还应是教学活动的管理者。课堂管理的一般策略主要包括教师行为调控策略、组织课堂教学策略和协调课堂人际关系策略等;课堂问题行为的预防性策略包括使学生投入教学活动的策略和建立课堂教学行为规范的策略;处理课堂问题行为的策略包括制止策略、现实治疗策略、行为矫正策略等。

（二）课堂教学策略实例

1. 有意义学习教学策略

什么是有意义学习？按照人本主义心理学家的观点，可以这样理解：有意义学习是指一种使个体的行为、态度、个性等发生重大变化的学习，而非那种仅涉及事实累积的学习。它不但是一种增长知识的学习，而且是一种与每个人各部分经验融合在一起的学习。教学要成为有效益的活泼的活动过程和形式，就要让学生的学习成为一种把逻辑与直觉、理智与情感、概念与经验、观念与意义等结合起来的有意义的学习，让学生成为一个完整的人。这种有意义的学习观，会使学生成为自由学习者，教师成为自由学习的促进者。

（1）教学策略之一：构建真实的问题情境。人本主义心理学家罗杰斯认为，儿童在相当程度上是受本能驱动的，环境中的诸多因素都在向他们挑战，他们对此感到好奇，并渴望发现、渴望认识、渴望解决问题。教师明智的做法在于要发现那些对学生来说是现实的，同时又与所学课程相关的问题。由于学生缺乏见识实际问题的机遇，教师必须让他们经历将来会成为他们问题的情境。近年来中小学开展的一系列由教师指导的每个学生参与的关于社会问题的活动课程，正是运用了这种构建真实问题情境的教学策略，因而取得了较佳的成效。

（2）教学策略之二：使用合约。一种有助于学生在自由学习气氛内保证学有所得，并对学习承担责任的方式是使用学习合约。合约允许学生在课程规定的范围内制订目标，计划他们自己想做的事情，并确定最终评价的准则。一般来说，合约应有这样几个要素：决定合约的期限；为合约拟定一个一般的格式；搜集资料和信息；学习过程中给予一定的反馈；在合约中表明将如何评价学生；从一个学生开始，取得成功即可推广到其他学生身上去。

（3）教学策略之三：提供学习资源。在提及学习资源时，有些人往往只想到书籍、杂志及实验设备，我国各地办学条件差别悬殊，不可能每所学校都拥有完备而丰富的教学资源。但各地都共同拥有的有助于学习和使学生感兴趣的人力资源，其中最为重要的资源是教师，现在社会上出现的家长学校、学区委员会也是可挖掘和利用的一支力量。如果我们不是把绝大部分时间花在计划规定的课程、讲解、练习和考试上，而是把适当的时间放在富有想象地为学生提供大量的学习资源上，那就能为学生提供各种新的学习方式，使学生能够选择最能满足需求的学习资源。

(4) 教学策略之四：同伴教学。同伴教学是促进学习的一种有效方式，教师若能灵活地根据教学情境指导学生进行同伴教学，将会提高教学效率，并能以“对双方学生都有好处”的形式解决大班教学中的个别教学问题。通过同伴教学，学习者彼此可提高学习技能，增强自信和学习动机，改善学习态度；增强承担责任的意识，并培养团结合作的精神。

(5) 教学策略之五：分组学习。学习者可分为两类：被动型学习者和主动型学习者。为使彼此各有适合的归属，而不至于被生硬地扯在一起，一个简单有效的方法是把学生分成自我指导组和传统学习组，学生可自由选择，自由进出。对于传统学习组的学生，教师有足够的传统教学经验理论可以运用，但需记取学生是能动的活生生的完整的人。而对于自我指导组的学生，在一个大班内，教师可采用“促进者—学习小组”的形式进行管理，小组人数7~10人不等，组长由大家推荐，一周换一次，教师唯一的职责是让学生自己来承担学习的责任。教师随时接受各小组的邀请，作为小组一员参加小组会议。当然，分组学习只是学生学习方式的分组而非学习内容的分组，教师把时间和精力主要用于规划和促进学生学习而非偏重于讲解上。在当前的中小学教学实践中，各种课外兴趣小组、研讨班等都采用了分组学习的教学策略。

(6) 教学策略之六：程序教学。程序教学采用小步子程序，编制短小连贯的小步子而非运用涵盖整个知识领域的教程。因为学生学习时常会碰到一些知识间隙需要弥补，程序教学的灵活性就得到了显现。在使用教学机器时这些小步子程序满足了知识结构序列性的特征，是非常有效的一种教学策略。教师编制一种合理的、使用恰当的程序进行教学，有助于学生直接体验到满足感，掌握知识的内容，理解学习过程，增强自信心，感到任何内容都是可以学会的。在使用程序教学策略时，应充分利用其有利因素，即时强化和奖励，而非惩罚和评价。

2. 建构主义的合作学习教学策略

根据建构主义的观点，知识是在社会互动和合作下通过协商或讨论而获得共识的结果。因此，学习被视为一种社会建构的历程。虽然建构主义强调知识是由个人自己建构出来的，但是他人的意见或看法仍会深深影响个人的知识建构。因此，善用同伴的力量能够帮助彼此建构所学习的知识及概念。基于以上的精神所发展的教学策略便是合作学习的教学策略。

此教学策略可解释成一种利用异质小组成员彼此分工合作，通过如讨论及向他人解释或询问等各种方式来达成共同学习目标的一种教学策略。

（1）以问题为中心的教学策略。以问题为中心的教学策略特别侧重教师在教学中所扮演的角色，虽然建构主义强调知识是靠个人主动建构的，但是不否认环境中其他人的影响更能帮助个人达到建构知识的目的。因此，教师的教学策略要特别重视设计丰富的学习情境，引导学生从多个不同的角度去评估问题而获得知识。亦即教师在进行建构主义教学时的一个重要任务，便是安排呈现合适的学习情境，适时地给予关怀、鼓励和支持，以便协助学生主动并成功地建构知识。

运用此教学策略应注意一些原则，例如问题要与即将学习的知识有关，也要与学生既有的知识或经验有适当关联；要注意问题的难易度与开放性,过分简单或封闭式的问题并不恰当。

(2) 以问题为中心的合作学习策略。以问题为中心的教学策略着重在教师如何安排学习情境方面,而在考虑学生如何参与的层面则比较欠缺;相反地,合作学习的教学策略强调学生间的互动,而比较忽略老师在教学中的功能。因此,两种教学策略若单独使用对于协助学生建构知识所能发挥的功效均会相当有限。所以,应结合其他合适的教学策略,结合各自的优点来弥补彼此的不足。这便是以问题为中心的合作学习教学策略,这样的教学策略更符合建构主义的教学理念。

[思考与练习]

一、名词解释

教学方法　教学组织形式　班级授课制　教学策略

二、问答题

1. 对于"教学有法,但无定法"这个命题你是如何理解的?

2. 在班级授课制的条件下,能不能真正实现因材施教?

3. 能描述你印象最深的一堂课吗?你现在对它的评价是怎样的?

第九章 学校德育

[内容提要]

学校德育是教育者根据一定社会的思想政治观点、道德行为规范和学生身心发展的规律,有目的、有计划、有组织、有系统地培养学生思想品德的教育活动。

我国中学德育的主要内容包括爱国主义教育、集体主义教育、马克思主义常识和社会主义教育、理想教育、道德教育、劳动教育、社会主义民主和遵纪守法教育、良好的个性心理品质教育。

德育过程是学生在活动和交往中接受各方面影响的过程,是激发、促进学生思想矛盾发展的过程,是教育与自我教育相结合的过程,是培养学生知、情、意、行的过程,是长期的、不断提高的过程。

在中学德育实践中应坚持以下几条基本原则:共产主义方向性原则,知行统一原则,正面教育原则,因材施教原则,尊重学生和严格要求相结合的原则,教育影响的一致性和连贯性原则。

德育工作常用的方法有:说服教育法,榜样示范法,陶冶法,实际锻炼法,参观、访问和调查法以及品德评价法等。

与以往的德育相比,现代德育在目标、功能、结构、内容和方法等方面,正发生新的变化。

[学习目标]

1. 识记我国学校德育的内涵及其外延。
2. 把握德育目标的涵义及我国现阶段德育目标的性质。
3. 识记德育过程的内涵。
4. 把握德育过程的规律、原则、方法,理解彼此的关系。

5. 理解现代德育的特点及其发展趋势。

德育是人类教育史上较早产生的教育现象,并在长期的学校德育实践中形成了其独特的由德育对象、目标、内容、过程、途径、评价等要素构成的理论与操作系统。所以,尽管在教育学教材体系的安排上将作为教育基本组成部分的德育与教学等并列在逻辑上存有不妥,但考虑到德育自身较完整的理论与操作系统及其在教育实践中的独特的地位与功能等,本教材依然对德育作专章阐述。

第一节　学校德育的一般概述

一、德育的涵义

从中外教育史上看,德育这一概念多半是作为道德教育的简称和同义语而出现的。随着社会政治、经济和文化的发展变化,包含德育在内的教育各组成部分的内涵及外延都有了不同程度的拓展。在我国当代学术界及政府的有关文件中,逐渐把道德教育、政治教育、思想教育、法制教育、心理健康教育等内容置于学校德育中,形成了广义的德育概念。

一般来说,德育是培养人的品德的活动,即要求受教育者按照社会意识及其体现的社会规范行动,这是德育与智育、体育、美育等教育活动相互区别的本质特征。正是基于德育的这一特点,这里把德育的外延划分为政治教育、思想教育、道德教育、法制教育几个组成部分,它们既相互渗透又相对独立。政治教育主要指对民族、国家、政党、阶级、社会制度和国际关系的立场、情感、态度的教育。思想教育是对事物的观点的教育,主要是世界观、人生观教育。法制教育是对学生进行民主与法制观念和法律规范教育,养成学生遵纪守法的好习惯。道德教育是对学生进行处理人与人、个体与群体、个体与自然之间等人类基本的伦理道德观念及行为规范教育,养成他们良好的文明行为习惯。相对来说,政治教育、思想教育在德育中处于较高层次,更宏观、更抽象;而法制教育和道德教育更为具体,更倾向于实践。在德育的实施中,应坚持德育的全方位教育,发挥这几个组成部分相互促进、相互补充的功能,引导学生品德全面发展。同时,根据社会需要和学生品德发展的实际状况,在某一时期也可以对德育的某一方面有所"侧重",但绝不能"单打一"。

基于以上的理解,我们把学校德育的概念表述为:教育者根据社会要求和受教育者品德形成发展的规律与需要,有目的、有计划、有组织地对受教育者施加影响,以养成其政治、思想、道德、法制等方面良好品德的教育活动。

二、德育的目标

(一)德育目标的一般概述

德育目标是教育目的在德育方面的具体要求,是指一定社会对教育所要培养的个体在品德方面的质量和规格的设计或规定。从表面上看,德育目标是由国家、政府或教育家提出的,是属于意识范畴的主观性的东西,但其内容又是对客观现实的反映。那么,确立德育目标的依据是什么呢?

首先,德育目标是根据一定社会对其公民在政治、思想、道德等方面的基本要求而确立的。

古今中外,任何一个社会都要求其公民接受这个社会现存的政治经济制度,遵守这个社会所规定的法律和道德,学校德育目标的确立必然要反映这一要求。在我国目前的具体历史条件下,这一要求主要包括:一是要求学生成为文明的人。这是做人的起码要求。德育的目标之一,是要使学生掌握人类社会最基本的行为规范，懂得在日常生活中如何对人、对事、对己。二是要求学生能适应现代社会的要求，成为现代人。科技的进步、社会的发展，使人们的生活方式、交往方式等出现了新的变化，它要求人们表现出与之适应的思想境界与行为。三是要求他们成为现代的中国人。例如对民族文化的继承与弘扬等。

其次，德育目标是根据教育对象自身发展的需要和心理发展水平而确立的。德育应当从精神方面满足受教育者发展的需要，并以学生心理发展水平为前提。德育目标超出学生心理发展水平或落后于学生心理发展水平，都会使学生品德的发展失去努力的基础与动力。同时，德育目标的结构应反映受教育者品德的结构。

再次，德育目标的确立还受一定的教育思想，特别是教育哲学观点的影响。历史上出现的德育目标的不同形态，如神学目的论、个人中心目的论、社会中心目的论等，都与一定的教育思想，特别是教育哲学观点直接相联系。

根据上述德育目标设计的基本要求和我国目前的具体条件，我国社会主义初级阶段的德育目标主要应具有以下几个特征：

1. 时代性与继承性

德育目标要体现现时代经济、政治、文化发展对年轻一代品德的要求，同时要体现中华民族传统美德的继承与发展。德育目标的时代性，是要培养年轻一代具有与市场经济相适应的政治思想道德素质，如树立竞争意识、主体意识、民主意识、信誉意识、法制观念、创新观念等现代意识；还应体现社会主义精神文明建设的要求，促进年轻一代树立把我国建设成高度文明、高度民主的社会主义现代化国家的共同理想，形成爱祖国、爱人民、爱劳动、爱科学、爱社会主义的高尚道德。而德育目标的时代性是以德育目标的继承性为基础的。在人类文明史上，传统美德是民族文化的精髓和民族精神的象征。中华民族的传统美德，是我国民族精神的集中体现，对传统美德的认同与继承，在某种意义上说，就是对“中国人”的认同,对中华民族的认同。这是社会主义德育的重要源泉。

2. 基础性与有序性

德育目标的基础性有两层含义:一是要为提高整个民族的品德素质打好基础;二是要着眼于学生做人的最基本的品德的培养。德育目标的有序性是依据学生身心发展的顺序性和阶段性,对不同年龄阶段、不同年级的学生形成由浅入深、由低到高的序列结构。

3. 现实性与引导性

德育目标的设计必须从社会主义初级阶段的现实情况出发,照顾到多数人可能达到的要求;同时又不停留于现状,引导人们的品德发展不断达到更高的层次。以道德教育为例,现阶段我国多种经济成分并存的特征及多种利益结构,反映在人们的道德觉悟方面也出现了高低不同的层次。就社会的先进分子来说,他们身上除了体现社会主义道德规范的要求外,还体现了高层次的共产主义道德的要求,对这种崇高的道德应积极地加以提倡;对社会多数人来说,应要求他们遵守社会主义道德的基本规范;对少数落后分子来说,应要求他们遵守最基本的社会公德。

4. 统一性与差异性

德育目标是学校教育培养目标的一个部分,在学校教育的每一阶段往往有统一的要求。在我国,各教育阶段的德育目标一般是以“德育大纲”、“学生守则”、“学生日常行为规范”等形式加以规定的,它是根据每一年龄阶段学生身心发展的一般水平制定的,是学校实施德育的基本依据。但是,由于每个学生身心发展有自己的特殊性,每个学生品德发展也就具有差异性。因此,德育工作既要坚持国家规定的统一的德育目标,又要从每个学生的实际情况出发,在实践中体现灵活的要求,避免教条主义、形式主义。

上述德育目标的确立及其特点在我国近年德育目标的表述中均有体现。

(二) 我国新时期中小学的德育目标

中小学教育工作者实施德育的直接依据是关于中小学阶段德育目标的规定。早在1988年《中共中央关于改革和加强中小学德育工作的通知》中已作了规定:"中小学德育工作的基本任务是,把全体学生培养成为爱国的具有社会公德、文明行为习惯的遵纪守法的好公民。在这个基础上,引导他们逐步确立科学的人生观、世界观,并不断提高社会主义思想觉悟,使他们中的优秀分子将来能够成长为坚定的共产主义者。"1995年国家教委颁发的《中学德育大纲》分别对初中阶段、高中阶段的德育目标作了明确具体的规定。

初中阶段德育目标:"热爱祖国,具有民族自尊心、自信心、自豪感,立志为祖国的社会主义现代化而努力学习;初步树立公民的国家观念、道德观念、法制观念;具有良好的道德品质、劳动习惯和文明行为习惯;遵纪守法,懂得用法律保护自己;讲科学,不迷信;具有自尊自爱、诚实正直、积极进取、不怕困难等心理品质和一定的分辨是非、抵制不良影响的能力。"

高中阶段德育目标:"热爱祖国,具有报效祖国的精神。拥护党在社会主义初级阶段的基本路线;初步树立为建设有中国特色的社会主义现代化事业奋斗的理想志向和正确的人生观;具有公民的社会责任感;自觉遵守社会公德和宪法、法律;养成良好的劳动习惯、健康文明的生活方式和科学的思想方法,具有自尊、自爱、自立、自强、开拓进取、坚毅勇敢等心理品质和一定的道德评价能力、自我教育能力。"

小学阶段的德育目标:在《小学德育纲要》中作了如下规定:"培养学生初步具有爱祖国、爱人民、爱劳动、爱科学、爱社会主义的思想感情和良好品德;遵守社会公德的意识和文明行为习惯;良好的意志、品格和活泼开朗的性格;自己管理自己,帮助别人,为集体服务和辨别是非的能力,为使他们成为德、智、体全面发展的社会主义事业的建设者和接班人打下初步的良好的思想品德基础。”

(三) 对我国中小学德育目标基本精神的理解

中小学德育大纲关于德育目标的规定是在总结以往德育工作经验教训的基础上,以教育学、德育学、德育心理学理论为指导而确定的,目标的设计体现了现代德育发展性精神即注重个体德性的发展。

1. 德育目标的组成部分更加完整

(1) 改变了以往片面强调政治教育、思想教育,忽视基础文明教育和道德教育的情况;在重视树立公民的国家观念、党的基本路线等政治教育、理想教育、人生观教育的同时,突出了公民的法制教育、社会主义道德品质的培养和文明行为习惯的养成等。(2) 把心理品质的发展列入了德育目标要求中,在中学阶段改变以往单纯规定思想、道德品质教育目标的状况,把学生具有自尊、自爱、自立、自强、诚实正直、积极进取、坚毅勇敢、不怕困难等心理品质作为德育要求。小学德育纲要则明确提出培养“良好的意志、品格和活泼开朗的性格”。(3)改变了以往只重视思想准则、道德规范的教育与培养,忽视培养、发展道德能力的倾向。中小学德育大纲明确地把思想上分辨是非能力、道德评价能力、自我教育能力列入德育目标要求。

这些变化更加适应了我国社会主义现代化建设的要求,反映了社会主义市场经济发展的要求,同时也更符合现代德育发展性的要求。

2. 具有层次性

大纲中规定的德育目标,是总结了以往德育目标脱离我国社会实际和受教育者发展实际,要求过高、过空的状况,依据实事求是的思想路线确定的。例如,1988 年《关于改革和加强中小学德育工作的通知》提出的“实事求是地确定中小学德育工作的任务和内容”,在德育目标要求上区分层次,把对全体学生的普遍要求和对其中优秀分子的要求区别开来。这是符合我国社会发展现状的,也是符合受教育者发展不平衡的情况的。我国的情况是社会生产力发展不平衡、多层次,以公有制为主体的多种所有制形式和以按劳分配为主体的多种分配方式并存。与此相适应,社会道德方面也呈现了以社会主义道德为主体的多种道德、多种价值观并存的情况。就受教育者来说,各人的家庭、所处的社会地位、经济文化状况、所受教育以及各人主观因素的差异,在思想道德发展和对自己的要求上也必然呈现出多种情况,不能要求一律。因此,德育目标上的多层次,既体现了德育目标从社会实际和受教育者实际出发,又体现了德育目标的引导性、超前性。德育大纲对德育目标要求相当具体,是立足现实的,又是面向未来的。

3. 注重按中小学生道德心理发展水平提出要求

现行德育大纲对德育目标的规定改变了过去忽视教育对象自身发展规律的情况,体现了基础教育的性质。在小学阶段,着重“五爱”教育、社会公德意识和文明习惯的养成教育,强调形成初步的良好思想品德基础。初中阶段提出树立国家观念等思想政治教育的要求,以及分辨是非、抵制不良影响能力的培养。而高中阶段在政治教育目标方面则提出了更高的要求,如拥护党的基本路线,初步树立为建设中国特色社会主义现代化事业奋斗的理想志向,以及人生观、社会责任感等思想方面的要求。这些都表明,中小学德育大纲对德育目标的设计充分顾及了年龄特点的差异性。当然,在德育的实施中应依据不同年龄阶段的学生的特点合理地设计德育目标,使德育目标更加具体化、序列化。

三、德育内容

德育内容是依据德育目标确定的,符合时代进步要求的德育内容,反映了社会发展和人的发展的要求。

我国中小学当前实施的德育内容反映在中小学德育大纲及有关改进和加强学校德育工作的文件中。了解这些德育内容体系，有助于学校德育的实际操作。

（一）德育内容的主旋律

爱国主义、集体主义、社会主义，这是基本的思想道德品质，是德育内容的主旋律。这三方面包含有广泛的教育内容，如“两史一情”教育、国家观念教育、民族团结教育、国际友好合作教育，关心他人、关心集体、关心家乡、关心社会的教育，正确处理个人与他人和集体与国家关系的教育，建设中国特色社会主义理论教育，拥护中国共产党和社会主义初级阶段党的基本路线教育，社会主义共同理想教育等。主旋律的内容既是道德品质，又是思想品质、政治品质，是现代道德主体应具有的主要德性素质。

（二）基本文明规范的教育

基本文明规范是人类生活最基本的道德要求，具有人类生活的普遍性，因此它是现代开放社会各国人民正常交往的条件。这些规范内容包括学校生活、家庭生活、社会公共场所中基本的道德和文明修养，如中小学生行为规范所规定的。道德行为规范教育要与内在德性培养结合，而不能用条条框框去约束学生，抑制受教育者求索思辨的创造力，使学生成为亦步亦趋的奴隶。要使遵守规范成为内在德性的外在表现，使对规范的服从发展到自觉执行，并在纪律中获得自由。

（三）适应社会发展的现代思想和道德的培养

当今世界，科技进步日新月异，市场经济、网络世界等，要求我们不断发展并确立适应时代进步要求的新的思想和道德。这些意识包括主体意识、创新意识、时效观念、民主意识、公平意识、法制意识、创业意识等具有现时代特点的思想观念，以及科学道德、生态道德、经济道德、网络道德、信息道德等，当它们内化为个体的自觉意识和德性时，将会极大地改变新生一代的价值观念、人格心理和行为模式,促进人的现代化。

（四）培养现代人心理素质

现代德育认为人的德性和人的心理品质相关,因此,良好的品德需要良好的心理素质作基础。

中学大纲规定了培养学生自尊自爱、自立自强、诚实正直、积极进取、开拓创新、坚强意志、耐挫能力等现代人应具备的良好心理素质。小学德育纲要对小学生的意识、品格教育作了更具体的规定,即培养诚实、正直、谦虚、宽厚、有同情心、活泼开朗、勇敢、坚强、有毅力、不怕困难、不任性、惜时守信、认真负责、自尊自爱、积极进取的受教育者。

（五）培养、发展思想品德能力

现代德育是发展性德育,应把培养、发展受教育者道德思维、道德判断、道德践行能力放在重要地位,提高思想政治辨析能力、道德判断能力、道德选择能力,培养受教育者主体自我教育的愿望、能力、习惯。

（六）青春期性道德教育

青春期是确立科学的性道德观的重要时期,因此应加强对青少年学生的性道德教育。教育学生尊重他人,学会自尊自爱,求得人格完善,用理智支配感情,防止情感冲动误入早恋。指导少男少女分清友谊与爱情的界限,学会处理与异性的关系,清醒认识自己在集体中的位置,认识自己在社会中扮演的性别角色。

第二节　德育过程的规律与特点

一、德育过程的内涵

德育过程是根据社会要求和学生思想品德形成的规律,对受教育者施加教育影响,通过受教育者积极地接受影响,从而形成其良好品德的教育过程。德育过程包括这样几个要点:德育过程是教育活动过程,是教育活动的展开、运行、发展的过程;德育过程是有目的的活动过程;德育过程是教育者与受教育者共同参与的过程。

为了进一步理解德育过程的内涵,有必要将之与学生品德形成过程及其他各育过程进行比较。

(一) 德育过程与品德形成过程

首先,德育过程作为思想品德教育过程是教育活动的组成部分,属于教育活动范畴;而人的思想品德形成过程属于人的素质发展范畴。

其次,德育过程主要是从外部对受教育者施加影响的过程;而品德形成过程是在外部影响下,主体内部自身运动的过程。

再次,德育过程主要是受教育者与外界教育影响相互作用的过程;而品德形成过程主要是主体与外界各种影响相互作用的过程。

德育过程与品德形成过程之间虽有上述区别,但两者也是密切联系的。德育过程的实施要以人的品德形成的规律、特点为依据,同时又促进人的品德的形成。

(二) 德育过程与其他各育过程

德育过程与智育、体育、美育等过程共同组成了教育活动的统一体,它们是相互关联、相互渗透的。其中,任何一育的实现都依赖其他各育的实现;而任何一育的实现又有助于其他各育的实现。同时,德育过程与智育、美育、体育等过程又相互区别,在实施中体现出各自的独特性。以德育来说,德育过程的主要矛盾是受教育者品德发展现状与德育目标要求之间的矛盾,这是德育过程区别于智育过程、美育过程、体育过程的特殊矛盾。具体来说,德育过程与其他各育过程主要有以下区别:

1. 教育目标上的区别

德育过程的目标是要形成受教育者一定的品德结构，是“育德”的，主要解决受教育者对客观世界的善与恶、是与非等态度问题。智育过程的目标是要求受教育者掌握一定的知识、技能，发展其智力、能力，它是“育智”的，主要解决受教育者对客观世界的知与不知、会与不会等问题；体育过程的目标是使受教育者掌握有关身体运动方面的知识、技能，增强学生的体质；美育过程的目标是培养受教育者感知美、鉴赏美、表达美、创造美的能力。虽然在智育、体育、美育中也要进行德育，但这分别是伴随在学习活动中、锻炼身体的运动过程中、审美活动中而进行的，不是专门组织的独立的德育过程。

2. 各育所依据的规律不同

德育过程的特殊矛盾决定了它必须依据个体品德形成和发展的规律；智育过程主要遵循个体认识活动规律和智力发展规律；体育过程要遵循个体身体生长发育规律，人体机能活动、变化与动作机能形成的规律；美育过程则要依据个体审美能力发展规律而展开。正因为各自依据的规律不同，在各育实施中也就呈现出不同的规律与特点。

二、德育过程的规律与特点

德育过程是教育者根据一定社会的要求，有目的、有计划、有组织地对受教育者施加影响，并通过家庭、社会等多方面作用，通过受教育者自身的社会实践和内部矛盾运动使其形成社会所期望的思想品德的过程，也就是把一定社会的道德转化成受教育者个体的思想品德的过程。

学校思想品德教育过程主要有以下几方面的特点。

(一) 德育过程是学生在活动和交往中接受多方面影响的过程,具有实践性和社会性

德育过程是教育者对受教育者施加教育影响的过程,但受教育者并非静止地、被动地接受影响,而是在他们参与的实践活动中接受外部的影响,即作为外部因素的教育影响只有与受教育者的需要、动机、情感等因素,即内部因素发生联系后,才能显示出它的意义和作用,而活动和交往正可以把这两者联系起来。在社会性的活动和交往中,外界的教育影响渗透到人的主观世界,使学生具有形成一定思想品德的基础;同时,在活动和交往中,学生又检验自己的主观认识,并表现出自己所形成的思想品德状况。

但是,并不是任何活动和交往都对学生的思想品德的形成和发展起积极作用。影响学生思想品德形成和发展的因素很多,主要包括学校、家庭、社会等几个方面,这些影响既有积极的,也有消极的;既有可控的,也有不可控的。一般来说,学校德育过程以外的活动和交往,往往是不可控的,其中不乏起消极作用的因素;学校德育过程中的活动和交往则是可控的,在学生思想品德的形成和发展中能起到主要的积极的作用。因为,德育过程作为影响受教育者思想品德形成和发展的外部影响,实际上是按照人的身心发展需要而组织起来的特殊环境,它把社会大环境的影响进行有目的的选择、提炼和加工,以系统化的形式影响学生。它吸取、利用具体环境中有利于青少年发展的因素,排除不利因素,即通过施加积极影响,限制消极影响,使受教育者朝着社会所期望的方向发展。当然,企图使学校成为一个封闭的环境,期望通过学校的正面教育来实现学生精神世界的"净化",这在开放的、市场经济条件下的今天是不现实的。学校德育仍然应该与家庭、社会的教育结合起来,形成一股合力,共同作用于学生,才能收到最佳效果。

德育过程由于是在社会活动和交往中进行的,因此具有实践性和社会性。也就是说,学校德育过程既要适应社会现实的客观

状况和客观要求，又要引导学生主动地改造与完善社会现实；同时，学生是否形成良好的思想品德，也只有在社会实践中才能衡量和检验。

（二）德育过程是激发、促进学生思想矛盾发展的过程，是教育与自我教育相结合的过程

德育过程要想把社会道德有意识地转化为个体的思想品德，必须通过受教育者思想内部的矛盾运动，通过受教育者自我教育的作用。外部教育的影响，作为思想品德发展的条件是不可缺少的，但思想品德作为个体现象必然依赖于个体的心理活动。因此，外部教育只能通过影响思想内部矛盾而起作用，而这种内部矛盾就是受教育者对当前道德要求的反映与现有道德状况之间的矛盾。每个受教育者都有自己独特的道德心理组成，都以"自己的"态度对待外部的影响，或者是积极接受的态度即肯定的反映，或者是中立的态度即中立的反映，或者是排斥的态度即否定的反映。这表明主体对外界的教育影响具有选择性，是主观地以"自己的方式"作出反映的。但不论主体采取何种态度，外部影响总会在受教育者的心理上留下痕迹。当对外界教育影响采取接受态度时，外部要求便内化为自己的思想，并在行动中表现出来；当对外界影响采取中立或排斥的态度时，并不意味着外界影响对其思想品德不起任何作用，外界影响作为一种刺激，总要在学生的心理上打下烙印，或者使原来的思想品德更加巩固，或者引起对原有思想的某些调整。

教育者的任务，不是也不可能是代替受教育者思想上的斗争，其任务主要应该是创设条件，促使学生思想上的矛盾斗争向积极的方向发展，即要充分发挥学生的主观能动性，培养学生自我教育的能力。

(三)德育过程是培养学生知、情、意、行的过程，具有统一性和多端性

学生思想品德的心理结构是由道德认识、道德情感、道德意志、道德行为(简称知、情、意、行)四个基本要素构成的，因此，教育者在德育过程中促进学生思想矛盾斗争转化的过程就是培养他们知、情、意、行的过程。

道德认识是人们对一定社会的思想道德准则和行为规范及其意义的认识，包括从具体道德情境中抽象出来的品德概念，运用这些概念所进行的道德判断和评价，及有关这些知识系统化所形成的道德观点。道德情感是对道德规范产生的一种相应的情感体验，包括具有形象性、具体性的一般道德情感和具有抽象性、概括性的道德信念与高尚情操。道德意志是人们为了达到确定的目的，自觉克服困难和障碍，实行品德行为时所做出的顽强努力，包括毅力和自控力。道德行为是人们在一定的道德认识、情感和意志支配下对他人或社会所做出的行为，包括一般的行为和多次行为练习后所形成的习惯。知、情、意、行四个要素在品德形成中各有其特殊地位和作用：知是品德形成的指南，情是品德形成的动力，意是品德形成的保证，行是品德形成的标志。同时，它们之间又相互联系、相互影响、相互制约，学生的思想品德在这四个因素统一发展的过程中形成。

因此，教师在进行思想品德教育时，要注意不要把四个要素割裂开来，要促使这些因素相辅相成地、和谐地、统一地得到发展。一般是从提高学生道德认识开始，沿着道德情感、道德意志、道德行为的顺序实施教育。但是，由于四个要素的相对独立，以及受教育者生活环境和受教育条件各有不同，经常表现出知、情、意、行发展不平衡的现象。因此，教育者在德育过程中必须及时掌握受教育者品德心理结构发展不平衡的情况，做到因人而异，因时制宜，因材施教。例如，有的从提高认识入手，晓之以理；有的从训练行

为习惯入手，导之以行；有的要着重培养并丰富学生的感情，动之以情；有的要特别注意意志的锻炼，持之以恒。这也就是德育工作多端性的特点。在德育过程中，教育者在考虑德育工作的开端时，必须同时注意学生品德结构四要素的协调发展。例如，教育者按道德规范训练受教育者的道德行为时，要注意受教育者对道德规范及社会意义的认识，并加强情感和意志的培养，引导他们将自己的行为置于道德观念、情感、意志的调节中，使四个方面统一发展。这也就是德育过程的统一性。

（四）德育过程是长期的、不断提高的过程，具有反复性和渐进性

学生思想品德的形成和发展，不是一次两次、一朝一夕形成的，而是通过活动和交往，不断产生思想内部矛盾运动的螺旋式上升的过程，是从量的积累到质的变化的过程，是长期的、反复的、逐步提高的过程。

从学生道德认知的形成来说，不仅要依靠知识，而且还必须依靠个人的生活经验和道德体验，它是在长期的生活实践中不断积累获得新知的过程。从学生的情感发展来说，必须在长期的实践中不断得到丰富。就养成学生道德行为习惯来说，则更需要经过长期的实践和反复的练习。因此，学生正确的思想及行为习惯的形成要经过长期的努力，而错误的思想和不良的行为习惯的纠正则往往更为困难。所以，德育过程是长期的、反复的、不断提高的过程。

首先，要持之以恒，防微杜渐。德育过程是一个长期的积累过程，教育工作者一定要持之以恒，做长期细致的工作，不能“毕其功于一役”，也不能用“突击解决问题”的方法。思想品德教育应贯穿于中小学各个阶段、各科教学和各项活动中，教育的要求和内容可以随年龄的增长而提高和加深，并注意保持连续性和一贯性。同时，学生思想品德是点滴积累起来的，从这个意义上说，德育过

程实际是在学生原有思想、道德品质的基础上,经过不断地接受教育、锻炼,形成和巩固新品质的过程。所以,在德育过程中,还要注意防微杜渐。

其次,正确认识和对待学生在德育过程中出现反复的现象。任何事物的发展都是曲折的,青少年正处在成长阶段,具有不稳定性,在思想上出现反复是正常的;而且,由于思想品德的形成本身就是知、情、意、行统一发展的过程,受到各方面的影响,这几个因素之间常出现不平衡的情况,易使学生出现思想和行为的反复;再者,学生的思想品德受学校、家庭、社会等外部环境的影响,任何一方出现不利因素都可能造成学生思想行为的反复。因此,教育者应该认识到这种反复是正常的,也是符合规律的,学生犯过的错误完全有可能重犯。但是,教育者也应该清楚:反复不是简单的重复,学生虽然是重犯错误,但犯错的原因、对错误的认识、对改正错误的态度和决心等会与先前不同;同时,反复也有向坏的方面转化的可能。因此,教育者应充分了解学生,研究学生产生反复的原因,采取合理的教育措施,反复抓、抓反复,促使其朝好的方面转化。

以上是德育过程中的四大规律,它们之间有着内在的联系,相互影响,相互作用,统一于德育过程中,也形成了一个完整的德育过程。

第三节　德育过程的原则

我国的德育原则,是在马克思主义指导下,依据我国的德育目的和学生思想品德的特点与规律,总结国内外的教育经验而提出来的。经验证明,在中学德育实践中应该坚持以下几条原则。

一、共产主义方向性原则

共产主义方向性原则，是指学校必须以共产主义精神教育学生，坚持四项基本原则，提高学生的社会主义觉悟，培养学生的共产主义道德品质，把共产主义变成学生的学习、生活、劳动等结合在一起的活生生的东西。

中学生是长身体、长知识，确立世界观、人生观的时期，随着年龄的增长及身心的变化，他们的思想也在变化。因此，必须对他们实施政治方向的教育，使之具有坚定的政治方向，懂得坚持四项基本原则。

贯彻这一原则的基本要求是：

（1）教师本身要有坚定正确的政治方向，提高对共产主义的认识，自觉地坚持共产主义方向及四项基本原则。只有这样，才能使学校德育的任务、内容、组织形式、方法以及一切教育活动都在马克思列宁主义、毛泽东思想的指导下进行，不会模糊共产主义方向这个根本目标。

（2）向学生进行世界观、人生观教育时，必须结合现阶段的社会实际，有针对性地施加影响。现阶段我国实行以公有制为主体的市场经济体制，坚持走中国特色的社会主义道路，培养社会主义现代化的建设者和接班人。我们要在这一前提下，从学生的实际出发，针对不同年级的特点、不同的思想水平等实施不同的教育。

二、知行统一的原则

知行统一的原则，是指在德育过程中教师既要重视对学生系统的思想政治观念和道德规范等理论教育，又要通过实践活动进行教育；既要提高学生的道德认识，又要求学生把认识和实践、思想和行动统一起来，做到言行一致、知行统一。

知识是行动的先导，提高学生的思想认识，目的就在于指导学生的行动,没有正确理论指导的行动是盲目的行动。同时,认识必须转化为行动,如果只有言论,没有实际行动,就会使理论认识得不到提高、加深和发展,更严重的是将会养成言行不一的恶习。因此,认识与实践、言论与行动应该一致和统一起来。

贯彻这一原则的基本要求是:

(1) 讲清道理,明确道德准则的要求。教育者要有计划地逐步向学生讲明道德规范和准则,使学生理解、掌握思想品德教育的内容和要求,不仅使学生知道应该怎样去做,而且还要告诉他们为什么要这样做,从而提高他们行动的自觉性和主动性,防止偏激和盲动。

(2) 组织学生参加多种实践活动,训练学生的道德行为。教育者要有针对性地组织学生进行实际锻炼,督促学生身体力行,使学生在实践中反复训练,克服行动中的各种困难和障碍,养成良好的道德行为习惯。反之,如果教育者不给学生提出具体行动的要求,学生不去反复进行道德实践,就很容易形成表里不一、言行脱节的坏习惯。

(3) 树立言行一致的作风,激励学生积极行动。言行是否一致是评价一个人的重要标准。一个人如果说得好听,但无实际行动,甚至说的是一套,做的是另一套,就不能说他具有好的品德。为此,教育者首先就要做到模范地把言教和身教结合起来,给学生做出榜样,激励学生去积极行动。

三、正面教育的原则

正面教育的原则,是指教师要以正面的事实、道理、榜样对学生循循善诱、以理服人,启发自觉,调动学生接受教育的内部动力,使他们能发挥积极因素,克服消极因素。

正面教育是由德育过程的性质决定的。第一,德育过程处理的是精神世界的问题,不能采取粗暴的、强制的方法,只能用细致的、讲理的方法。第二,正面教育反映的是社会主义教育目的的要求,为此,就要坚持说服教育,使他们懂道理,这同剥削阶级用压制的方法训练盲目服从的奴才有着根本的不同。第三,正面教育也是符合青少年思想品德发展的规律的,青少年正处于世界观形成时期,他们朝气蓬勃、积极向上,又正处于改革开放的新时期,见多识广、思想活跃。但是,他们的知识和经验毕竟不足,是非判断能力差,因此,要坚持正面引导,树立好榜样,并可以进行适当的正反面的对比教育,使他们学会鉴别善恶美丑。

贯彻这一原则的基本要求是:

(1) 疏通引导,启发自觉。要通过摆事实、讲道理,提高认识,以理服人,使学生自觉分辨是非、善恶、美丑;不能以势压人,采取强制和压服的方法。

(2) 树立榜样,表扬为主。首先,教育者要根据学生好胜心强、向往英雄模范人物的特点,注意多用先进人物的事迹、典型的道德行为实例和学生中表现出来的好思想、好品质,具体形象地引导、教育学生。同时,教育者还可以根据学生有较强的自尊心、荣誉感和积极向上的心理,多注意学生身上的优点,抓"闪光点",在教育过程中坚持表扬为主,即使是微小的进步也给以肯定和鼓励。批评和处分等只能作为辅助的方法。

(3) 严禁体罚和变相体罚。体罚会直接影响学生身心的健康发展,造成性格上的缺陷或心理上的障碍,形成孤傲、冷漠、敌视的态度,导致自卑、不信任人的不良心理,从而极大地阻碍学生品德的健康发展。

四、因材施教的原则

因材施教的原则,是指教师要根据学生的思想实际、年龄特征、个性差异等,有的放矢地进行不同的教育,使每一个学生的思想品德都得到最好的发展。

不同年龄阶段和不同个性的学生在身心发展方面存在着一定的差异,因此,对学生进行思想品德教育必须因人而异。同样的教育要求和措施,对于不同年龄和不同个性的学生,效果往往是不同的,其原因就在于他们接受教育的基础不同。但因材施教并不是只要求教育者消极地适应学生的发展水平和个性差异,迁就某些自发倾向,降低教育要求,任其自然成长,而是要着眼于学生潜在的发展水平,因势利导。

贯彻这一原则的基本要求是:

(1) 教育者要客观地、全面地、深入地了解学生,防止主观性、片面性、表面性,这是进行思想品德教育的依据和前提。

(2) 教育者要掌握学生各年龄阶段的发展特点和个性差异。不同年龄阶段的学生具有不同的特点,同一年龄阶段的学生,由于所处的具体环境、受教育程度以及生活经历的不同,也表现出不同的个性特点。这就要求教育者对学生进行思想品德教育时不能"公式化"、"成人化"和"一刀切",而应有针对性地做到"一把钥匙开一把锁"。

(3) 教育者既要做好优等生的工作,也要做好后进生的工作。学生在思想品德方面表现出来的差异是客观存在的,教育者要看到并承认这种差别,但决不能扩大这种差别,不能只教育好学生,放弃后进生,甚至讨厌他们。教师要"长善救失",使所有学生都在原有基础上受到教育,得到提高。

五、尊重和严格要求相结合的原则

尊重和严格要求相结合的原则,是指教师在教育学生的过程中,要把对学生的尊重、信赖和严格的、坚持不懈的要求结合起来。

对学生既要尊重信任,又要提出严格要求,这是尊师爱生的新型师生关系在思想品德教育中的具体表现。尊重和信任学生是教育学生的前提,教育者只有热爱、尊重和信任学生,才能得到学生的尊敬和爱戴，学生才会对教育者敞开心扉；否则，教育者就不能了解学生，不能有的放矢地教育学生。严格要求，则是教育者对工作、对学生认真负责的表现，也是尊重学生的具体表现。

教师要把尊重和严格要求学生辩证地统一在思想品德教育的过程之中。没有对学生的尊重和信任，就很难实现对学生的严格要求；同时，没有对学生的严格要求，也就谈不上尊重和信任学生。当教师既尊重、信任学生，又向学生提出严格要求时，学生就能体会到教师对自己的爱护、尊重和信任，从而努力克服各种困难来实现教师提出的要求。

贯彻这一原则的基本要求是：

(1) 教师必须对学生充满爱的情感，尊重学生的人格和自尊心，相信学生都能成为社会主义现代化建设的有用人才。这就要求教师能以平等的态度对待学生，做学生的知心朋友；能虚心地、广泛地听取学生的意见，特别是对于后进生，不能歧视、忽视和体罚，而要更加尊重、爱护他们，以唤起他们的自尊、自信。

(2) 尊重、信任学生的时候，要坚持严格要求，不能无原则地迁就、放任；无原则的宽恕怜惜和放任自流，只会助长学生的错误思想行为。

(3) 对学生提出合理的具体的要求，并且切实执行。严格要求的时候，要充分尊重学生的实际，决不提苛刻的要求，不提过多、过难的要求；要求一经提出，应坚决执行；当学生不能完成要求时，不要简单、任意地斥责和惩罚他们。苛求和怒斥会使学生产生畏缩和对抗情绪，在这种情况下，任何教育手段都将难以发挥作用。

六、在集体中进行教育的原则

在集体中进行教育的原则，是指进行思想品德教育要依靠学生集体，充分发挥学生集体在教育中的作用，依靠集体，通过集体教育学生。

在集体中进行教育,是由社会主义的教育目的决定的。我们的社会主义、共产主义事业,是广大人民群众的集体事业,青少年是未来的建设者,必须培养他们成为集体主义者,而在集体中进行教育是有利于培养集体主义品质的。同时,在集体中进行教育,也是由思想品德形成和发展的规律决定的。人的思想是在社会关系中形成的,对学生来说,学生集体是他们社会关系的重要方面,他们的活动和交往也基本上是在学生集体中进行的。

马卡连柯说:全部教育应遵循“通过集体”、“在集体中”和“为了集体”的原则,要影响学生,首先应影响学生所在的集体,然后教师再通过集体和自己一起去影响学生。因此,对于教师来说,教育的对象不只是单个的学生,而首先应该是学生集体;学生集体亦不是单个学生的简单相加,而是一个有机的集合体。学生集体不仅是教育的对象,而且也是教育的主体,它具有巨大的教育力量。

贯彻这一原则的基本要求是:

(1) 使集体成为教育的环境。为了使集体成为教育的环境,我们必须使学校或班级成为一个讲文明、守纪律、团结友爱的集体,一个有良好班风或校风,有共同奋斗目标,有正确的舆论的集体,一个充满正气,促使人奋发向上的集体。这样,能使在集体中生活、成长的每个学生养成良好的集体生活习惯和集体观念,形成良好的思想作风。

(2) 使集体活动成为对学生进行教育的重要手段。学生只有在现实的集体生活中才能学会进行正常的有益的人际交往,逐步了解如何在集体中正确地确定自己的地位和发挥个体作用。所以,学校和班级要善于有计划、有准备地组织好各种集体活动,学生通过参加各种集体活动受到教育和锻炼。

(3) 强调集体教育并不排斥个别教育。要把集体教育和个别教育结合起来,既可以通过集体对个人进行教育,也可以通过对个别学生的教育来影响集体、教育集体。

七、教育影响的一致性和连续性的原则

教育影响的一致性和连贯性原则，是指在德育过程中应有目的、有计划地对各方面的教育影响加以组织和调节，做到步调一致、前后连贯、有序进行，使学生的思想品德按照培养目标健康发展。教育影响的连续性，要求思想品德教育按照一定的目标有计划、有系统地进行；教育影响的一致性，要求来自各方面的教育要求能够统一起来。

学生思想品德的形成和发展是一个长期的、反复的、螺旋式上升的过程，对不同阶段的教育要求、内容、方法应当有所不同；但思想品德的发展又是一个前后连贯的完整的过程，对他们的发展，在总的方向上应该是始终一贯的，即按德育目标的方向发展。因此，各阶段教育应互相衔接，有计划、有系统地进行；同时，学生思想品德的形成和发展又是各方面教育影响的结果，学校、家庭、社会团体等对学生的影响应该统一，才能保证德育效果，如果各方面的要求不统一，或者教育要求前后不一致，教育作用就会互相抵消，甚至造成学生思想上的混乱或行为上的矛盾。

贯彻这一原则的基本要求是：

(1) 统一学校内的各种教育力量。学校中包括许多教育工作人员，如校长、教导主任、教师、班主任、总务管理人员和工人，也包括一些教育组织，如共青团、少先队、班集体等，这些教育工作者和教育组织应该有计划、有组织地根据国家制定的教育目的和学校的具体规定，分工合作、互相配合，创造一个循序渐进的具有整体影响的教育环境。

(2) 统一学校、家庭和社会各方面的教育力量。其中，学校应起主导作用，学校应该宣传国家的教育目的和要求，介绍好的教育方法和经验，并争取校外教育机关及学校附近企事业和机关单位的帮助。当然，家长也应主动配合学校，对学生进行连贯性的

教育。

(3) 注意保持教育者、教师与学生关系的相对稳定。无计划地、频繁地调换班主任或教师,以及教育者提出的要求前后矛盾,随意放弃原来的计划等做法,都不利于学生思想品德的形成、发展和成熟。

理解并贯彻上述基本原则,并使各项原则互相渗透发挥作用,也就是按德育规律办事,有利于提高德育工作的自觉性,有利于显示德育工作的艺术和技巧,有利于避免德育的盲目性。

第四节 德育方法

德育工作常用的方法有说服教育、榜样示范、陶冶、实际锻炼、参观、访问调查和品德评价等。

一、说服教育法

说服教育是学校对学生进行思想品德教育的基本方法。说服是通过摆事实、讲道理,提高学生思想认识的方法。

说服的方式有讲解、报告、对话、讨论、指导阅读书刊等。说服也可配合参观、访问、调查、树立榜样等方法进行。

研究表明,说服的效果会受到说服者、说服内容、被说服者三个因素的影响。

1. 说服者自身的特点对说服效果的影响

首先,说服者应该是"内行"。一般而言,说服者越是"内行",学生对他就越觉得可信,因而对学生态度的影响就越大。北京八中校长陶祖伟曾深有体会地说:"现在的学生情况是这样,如果谈美,我就跟他谈美学,他就容易接受;说道德,我讲伦理学;说经济,我谈经济学;说人生,我谈人生哲学,有个'学',他就容易听进去。"可见,说服教育要注意用科学道理来说服学生。

其次，说服者应该具有高尚的品质。如果说服者被认为有个人目的，出于私利，那么他的话就会失去让人信赖的价值，说服力就会大大降低。因此，教师应时时注意加强自己的修养，公正无私，只有这样，才能获得学生的信赖。

第三，说服者的个性魅力往往对学生的态度产生较大的影响。据研究，当一个学生不愿意听品德教育课时，要想改变他这种态度，一般来说，在其他条件，如才能、业务水平几乎相当的情况下，性格特征上具有魅力、令人喜欢的教师，较之缺乏个性魅力的教师，获得成功的可能大得多。因此，教师平时应多和学生沟通、交流，使师生心理相融，这对于提高说服效果是很有裨益的。

2. 说服内容对说服效果的影响

说服内容的相差效果，即说服内容与学生原有认识之间的差异程度对说服效果的影响。在一般情况下，中等程度的差异所导致的认识的改变是最显著的。因此，教师在进行教育时，不要期望一下子就使学生的思想认识来个彻底的变化。如果教师的说服内容同学生的认识之间相差过大，甚至是完全对立的，则往往收不到预期的效果，甚至可能适得其反。

说服内容的情感效果，即说服内容与学生情感的沟通程度对说服效果的影响。教师在说服教育时，如果不但晓之以理，同时能激起学生的情感共鸣，那么就能取得良好的效果。

说服内容的真实效果，即说服内容的真实程度对说服效果的影响。一般来说，教师在说服过程中所提供的信息应该既不夸大也不缩小，这样，学生才比较愿意接受。而有的教师在批评学生时，有时会夸大其词，把学生批得一无是处，这样的说服通常总是“说而不服”的。

3. 被说服者的特点对说服效果的影响

学生的性格特征、智能水平各不相同，所以，有的学生比较容易被说服，而有的学生不容易被说服。这就要求教师从学生的具体实际出发，把握住学生的思想脉搏，以最有针对性、最有效的说服内容和方法进行教育工作。

二、榜样示范法

榜样示范就是运用榜样人物的优秀品德来影响学生的思想、情感和行为，以达到教育的要求。在学校德育中，主要是通过教师、革命领袖和英雄人物的形象与事迹以及学生中的先进典型等榜样对学生进行教育。

教师，作为教育者，时常是作为一个榜样出现在学生面前的。所以，教师要特别注意自己的言行，使之起良好的示范作用。教育者的高尚品德和威信是起示范作用的基础，教师如果言行不一，不仅不能起到正确的示范作用，而且还可能产生很坏的影响。

对学生而言，如果榜样与他们之间有类似之处（如性别、年龄、社会角色等），即这些榜样可以反映学生的自我形象和志向，那么这时榜样的力量是最大的。所以，在学生中评比先进典型作为大家学习的榜样必须注意这些先进典型应该是为广大学生所认可和认同的。

榜样教育应着重引导学生深刻理解榜样人物的优秀品质，即要使学生明白榜样人物为什么会有这些品质，这些优秀品质有什么社会意义，从而形成正确的观点和信念，提高自觉性。榜样教育不能停留在一般的、表面的模仿上，而是要自觉地把高尚的道德精神体现到自己的学习和日常生活中去。

三、陶冶法

陶冶教育是自觉地利用环境、气氛、作风以及教育者自身的教育因素对受教育者进行积极影响的方法。陶冶教育主要是有意识地创造教育情境，使学生置身于所设置的教育情境之中，耳濡目染、潜移默化地影响他们的情感和认识，即所谓"陶情""冶性"，以达到塑造人的目的。

健康良好的校风是陶冶教育的重要因素，主要包括廉洁优良的领导作风、严谨负责的教学作风、认真向上的学习作风、高效优质的管理和服务作风。健康良好的校风是全校成员精神面貌的反映，是无声的命令，学生沐浴其中，长期受熏陶，有助于养成良好的道德习性。

美化的校园环境，不仅可以陶冶学生美好的情操，激发学生对美的向往，而且能培养学生爱校、爱国的情感。所以，应组织师生自己动手，净化、绿化、美化校园，创造一个优美、舒适、整洁、安静的学习、工作和生活环境。

文艺作品的熏陶，可以帮助青少年深刻地认识社会、认识人生，并使他们精神生活丰富、道德情操高尚。

四、实际锻炼法

实际锻炼是使学生在学习、社会活动、劳动以及日常生活实践中接受教育。它有助于学生将所获得的道德观点、道德信念变为道德行为；有助于对道德行为有目的地进行练习，形成牢固的行为习惯；有助于培养学生坚强的意志和刚毅的性格；有助于学生进一步坚定其道德观念和道德信念。

实际锻炼的方式主要有两类：一类是经常性的、常规性的活动，如学习活动以及对学习、生活制度的遵守等；一类是不定期的、具有较强针对性的活动，如组织学生参加社会活动、生产劳动，就学生中存在的问题进行有意识的校正训练等。

实际锻炼的方法不是机械训练，它应与说服教育法密切结合，以必要的道德认识为基础进行锻炼。

五、参观、访问、调查法

参观、访问、调查法，是组织学生接触社会实际，运用具体生动的事实说服学生的教育方式。这种方式的优点是受教育者能够亲眼看到、亲耳听到,直观性强,因而有很大的说服力。中学生批判性思维和独立性思维不断发展,他们越来越不满足于在教室里听教师讲道理,他们希望用自己的眼睛去看事实,用自己的头脑去理解、去判断、去认识。因此,参观、访问、调查的方法是满足他们的需要的有效手段。

参观、访问、调查应在教育者的领导下有计划地进行。每一次活动前,教育者应该向学生提出明确的教育要求,事先要同有关单位联系,提供学生的思想情况和要求,便于有关单位作必要的准备;活动过程中,要组织引导学生认真观察、认真思考,避免“走马观花”式的参观、访问;最后,要做好活动后的交流、巩固、提高工作,如组织“小组漫谈”,汇报调查收获,或写心得体会、调查报告等。

六、品德评价法

品德评价是德育的一种辅助方法,它是对学生业已形成的思想品德或目前已有的品德发展状况的一种评价,主要包括奖励、惩罚、操行评定等。

1. 奖励

奖励是对学生的思想品德给予肯定评价,是一种鼓励的方法。它能使学生肯定自己正当的、优良的思想行为,并引起他们巩固、发展这些优良品德的愿望和信心。奖励的形式包括赞许、表扬和奖赏。

奖励的方法可以用于个人,也可以用于集体,即个人奖励和集体奖励,教师应该把个人奖励和集体奖励结合起来运用。

美国心理学家做过一个“逃生游戏”的实验,他们让一组学生每人手执一根细线,细线的另一端系着一个小球,小球置于一个底大口小的瓶子中,瓶底部有进水口,要求学生在水淹没小球之前把球拎出瓶，若成功则有奖励，若未拎离瓶口则受惩罚。实验的结果是，由于每个人都想尽快逃离，反而将狭小的瓶口堵死了，一个也未获成功。接着，实验者改变奖惩条件，要求以小组为单位，须所有的人都获成功才有奖励；反之，则受惩罚。结果，在规定的时间内，学生很有秩序地依次把小球迅速地拎离瓶口。

这一实验及有关学者的研究表明：当对学生集体进行个别奖励时，会激发每一个体的积极性，但同时也会造成群体内部成员间的竞争和冲突，甚至造成“内耗”；相反，实行集体奖励时，会提高群体的内聚力和整个集体的竞争力，有利于学生群体间相互关系的融洽，但同时又往往不利于个体积极性的发挥。所以，教师在强调个人的活动和作用时，可以个人奖励为主；而在需要强调集体的活动和作用时，应以集体奖励为主。

2. 惩罚

惩罚是对学生不良行为所作的否定的评价。其教育意义在于使学生认识某些思想品德的不当，促使其克服、纠正和彻底根除这些思想和行为。惩罚能引起学生的内疚，并使他们从所犯的错误和存在的缺点中吸取教训；惩罚会使学生学会用意志努力克服自己不良的行为习惯，这也是培养学生坚强意志和性格的方法。

运用奖励和惩罚应注意：奖励和惩罚都是教育的手段，奖励不应成为学生追求的目的，惩罚也不应成为使学生丧失前进信心的因素；奖励和惩罚必须公正合理，符合实际；奖励和惩罚要得到集体舆论的支持；奖励和惩罚不能滥用，特别是惩罚应当尽量少用。

3. 操行评定

操行评定，是指在一定时期内对学生的思想品德所作的比较全面的、总的评价，主要包括写操行评语和评定操行等级。

学生操行评定的内容和标准应以《中学教育大纲》《中学生守则》《中学生日常行为规范》等为依据，并根据各地的实际情况以及不同年级学生的思想政治觉悟、道德品质、行为表现等，提出具体要求，制定具体标准。操行等级一般可分为优秀、良好、及格、不及格四个等级。评定操行的原则和方法如下：

（1）坚持实事求是的原则。根据评定内容的基本要求，从学生的实际出发，用全面、发展的观点看待学生，实事求是地分析学生的优缺点，防止片面性。

（2）实行民主评定的方法。既充分发挥班主任和各科教师在考核评价中的作用，又尊重学生自评和小组互评；对学生的意见既要尊重又要引导，防止压制民主或放任自流。

（3）操行评语由班主任负责，在学生个人总结和小组评议的基础上写出。每一学期末，班主任应在学生个人小结和小组评议上签署意见，学年末写出评语，在评语中要指出优缺点和努力方向，以表扬为主。对犯有错误受到学校记过以上处分尚未撤销的，其主要错误及处分均应如实写在评语中；对受到校级或校级以上部门表彰奖励的，其事迹和表彰情况也应写在评语中。

以上介绍的几种基本的、常用的方法，各有不同的特点和作用，同时又有着内在的联系，多种方法互相配合、互相补充。教师在运用这些方法时，要考虑教育对象的不同特点，灵活运用，并随着社会的发展，不断创造、更新。尤其在改革开放不断深化、对学校德育工作提出新的更高要求时，应着重改革原有的单调乏味的德育方法，在运用方法时应注意以下几点：

（1）变“阻止”为“疏导”。对学生某些偏激或错误的言行和思想，不能仅局限于简单的限制，实行警察式的“治安”法、“防犯”法和“威胁”法；而应及时地疏而导之，做到因时导之、因事导之。

（2）变“灌输”为“渗透”。不能单纯地强调教师的“教”，忽视学生的“学”，把学生看做被动接受教育的客体、接受“灌输”的“容器”；而应注意学科教学的渗透、榜样的渗透、艺术渗透及情感渗透。

3. 变“强制”为“自觉”。避免德育工作的“强制性”，改变德育工作枯燥乏味的旧模式，把兴趣和爱好结合起来，使学生“自觉”地接受教育。为此，教育工作者应注意多开展能充分体现学生个性优势的活动，如各种竞赛活动等。

第五节　现代德育的总体特征与趋势

现代德育是从原始形态德育、古代学校德育演化变革而来的，既继承了前两种类型德育中的许多合理的内核，又抛弃了其中许多不适应现代社会、现代人的品德发展要求的糟粕和过时的东西，并在新的形态和水平上加以发展，出现了许多与前两种类型德育相区别的特征及趋势。

一、德育目标的变化

第一，德育的对象是人，确切地说，是人的品德。促进人的品德向着社会要求的方向发展，适应社会的要求，这种发展性是任何德育都具有的。但是，古代社会是一种专制、人治社会，是“人的依赖关系”的社会，这种社会的德育是一种专制奴役性的德育，是扼制人的思想和创造精神的德育，这种德育的强制奴化性多于发展性。现代社会是自由、平等、民主的，具有开放性、变革性的社会，这种社会要求教育培养出充分自由的、有独创性的全面发展的人，促进社会的发展和变革。作为现代德育，它同样地要促进人的品德充分的、自由的、独创性的全面发展。这就是说，古代学校德育目标主要是专制奴化性的，现代德育目标主要是个人全面发展性的，这是两者之间的显著区别和变化。

第二，从德育目标的社会内容方面看，古代学校德育目标的根本内容是政治，是阶级斗争的政治，是专制性、等级性的政治。现代德育的目标也有政治方面的内容，并且占有重要地位，但它并不是唯一的，它还包括思想、法纪、道德等方面的内容，并且其中贯穿着科学和民主的精神。即使从政治性的目标要求来看,两者也有区别。在性质上,现代政治是民主政治,因此,现代德育的政治性目标则是民主政治的要求;在内容上,现代政治也是以阶级斗争为其内容的,同时,它还具有列宁所说的"经济的政治"的内容,它必然会在现代德育目标的政治内容方面有所反映和表现。还应看到,现代德育目标中还包含有全球性的乃至自然性要求的内容。在现代,培养人们关心学会国际合作、和平与发展、环境与发展的意识已成为德育的现实的、显著的目标。

第三,品德心理保健和品德能力培养方面的目标日益突出并显示出它的重要性,培养健全的人格、良好的品德和心理品质,培养健康的品德情感,诸如理想感、道德感、事业感、责任感、同情心等,促进和保持整个心理健康、平衡,乃是现代德育的重要目标。

二、德育功能的变化

从德育的功能来说,促进人的品德社会化,使之适应社会,维护和推动一定社会上层建筑的巩固与发展,这仍然是德育的重要功能。不过,相对而言,古代学校德育的发挥的主要是社会功能,现代德育除了社会功能外,它还具有并发挥着日益明显的个人全面发展的功能。从社会功能来说,古代学校德育的政治性功能几乎是唯一的,现代德育除了政治性、思想文化性功能外,它还日益明显地发挥着推动社会生产力的发展、现代科技的发展和商品经济的发展的功能,发挥维护生态平衡、人类安全,调整和控制人类开发利用自然的潜力和方向等功能。现代德育的经济功能、维护人类安全的功能以及保护自然生态平衡等自然性功能,已经成为与古代学校德育相区别的重要特征之一。

这种功能或作用主要有以下表现:

第一,传播现代科技意识,培养人们的大生产观念和商品经济观念,帮助人们形成与现代社会经济发展相适应的科学精神、民主法纪观念、社会责任感和集体协作意识等各种新的观点、态度、气质、思维方式和行为习惯，为现代生产、现代科技、现代商品经济的发展提供现代社会的思想道德背景、基础和保证，适应现代经济活动和现代生产的节奏与变化。

第二，通过培养现代生产劳动者的良好品德作用于现代生产力和经济发展。在现代生产中，缺乏合作精神、质量意识和效率、效益、效果观念，缺乏事业心、责任感和职业道德，就谈不上现代生产劳动效率和质量。总之，人的品德对生产力具有巨大的能动作用。而人的品德正是通过德育培养出来的。

第三，通过培养科技人员良好的品德，推动科技这种知识形态的潜在的生产力转化为直接的现实生产力，从而形成巨大的物质力量和经济效益。

第四，通过培养现代生产、现代科技和现代商品经济领导人才的品德作用于现代生产、科技和商品经济的发展。

第五，弘扬科学、无私奉献精神和造福全人类的思想，以促进现代生产和科技活动的顺利进行。

三、德育结构的变化

在现代，德育的综合系统化或整体结构化的趋势日益显著。大德育观正在逐步取代单一、孤立、片面的德育观念，组织化、科学化、民主化的德育日益社会化或社会日益德育化。德育日益发挥全面的功能，不断追求整体的效率、效益和效果。

首先，从各种形式德育的关系来说，综合化的趋势日益明显。这表现在以下几个方面。在德育社会组织形式上，德育已不囿于学校范围，学校德育、家庭德育、社会德育逐步形成一体化的模式。特别是大众传媒、大众文化的发展，使德育社会化的趋势日益明显。学校德育、家庭德育、社会德育必须综合一致才能取得良好的德育效果。封闭式的学校德育不符合现代德育的发展趋势。在德育对象上，它也不局限于年轻一代，不局限于职前德育，已扩展到成人，扩展到职后，以至人的一生，可以说这是与终身教育相适应的终身德育，也就是职前德育与职后德育形成系统连贯的综合化的或一体化的德育。在德育的性质上，在强调阶级性、民族性、全人类性的辩证统一的同时，它还注意调整人与自然的关系，教人学会正确对待自然，对待人类赖以生存的地球。因此，在德育内容中，传授保护自然的观点，训练保护环境的技能和保护环境的行为规范，已成为德育的一个重要内容和特征。

第二，在德育目标、内容、方法、途径等方面也是日益综合系统化或整体结构化。首先在德育目标上，它强调整体化、系统化、序列化。德育是培养人的品德的活动，人的品德是一个完整的结构整体。德育的目标就是要形成人的完整品德结构。在德育内容上，道德教育、法纪教育、政治教育、思想教育之间及其每一方面各具体内容之间也是一个系统连贯的综合整体。德育决不是只进行政治方面内容的教育，事实上，道德教育是最基本、最基础性的德育内容，当然，它也不是唯一的。就道德教育来说，社会公德教育是最基本、最基础性的，但同时也要在此基础上进行国民公德教育、人道主义教育以及职业道德教育、婚姻家庭道德教育、环境道德教育、性道德教育等，并使之形成一个系统连贯的综合的整体。这是现代德育与古代学校德育相区别的重要特征或表现形式之一。在德育方法上，现代德育特别注重方法的类型及其综合体系。在德育工作中，不能孤立地、片面地使用某一种或某一类德育方法，不能把某一种或某一类德育方法绝对化、神圣化，而必须讲究德育方法的体系，讲究方法的综合运用，根据德育的目标与内容、对象的需要与可能以及方法的体系，综合选择和运用德育方法以及创造新的德育方式方法。

四、德育内容和方法的变化

现代德育内容已由固定不变的一般化、单一化的社会、阶级和民族规范教育，逐步发展到现代社会的一般的或普遍性的内容，人道主义、科学精神、法纪和道德教育的内容，环境意识、全球意识、合作意识等全社会、全人类共同的一般的行为规范教育已成为德育的重要内容，现代德育再也不是那种专制式的奴役性的教育了。德育方法和管理的民主化，使参与性和合作性增强，受教育者再也不是那种被动受教的对象、客体，而是积极主动地参与德育活动和增进修养的主体，是与教育者共同合作的积极参与德育活动的主体，进行自我品德修养的主体。德育模式多样化，包括德育目标、内容、方法、途径和管理、施教与受教关系等方面，都不再是单一的固定不变的模式。

五、德育社会地位的变化

随着德育主客观条件的变化，教育主体地位的显示和确立，德育也日益确立它的主体地位，相对独立性得到增强，在与社会和人的品德发展中不只是扮演消极适应的角色，而是日益走上超前、先行、主导的地位，呈现出日益明显的主体性、进取性。从德育与社会的关系来说，由于古代社会是建立在小生产和自给自足的自然经济基础之上的社会，因而社会发展缓慢，惰性很大，与之相适应的学校德育也是惰性极大，依从性极强。而现代社会是建立在机器大生产、现代科技和商品经济基础之上的社会，社会发展迅速，变革性成为明显特征。与之相适应，德育已不是消极适应和服从，而是积极主动地传播与现代社会变革性相适应的新观念、新规范，推动社会向前发展。这是现代德育的主体性、独立性、进取性的表现。

在德育与品德发展的关系上，现代德育不只是适应社会政治发展的需要,同时积极主动地推动人的精神解放和主体独立性、创造性的发展,促进人的品德充分自由地全面发展,促进人的心理全面协调和谐发展,不断满足人的精神享用的需要;而古代学校的德育,迷信、盲从、压服的奴役性愈来愈明显,其专制特性决定了它不可能积极主动地促进人的精神解放和人的主体性、独立性和创造精神的发展。

六、德育本性的变化

德育作为一种社会教育现象和教育力量,一般属于稳定的因素,但现代德育的实际情况表明,德育不断的变革,已成为现代德育存在和发展的本性,并引发德育稳定性、继承性和变革性的矛盾,德育改革已成为现实的需要和德育理论研究的重要课题之一。

从德育与社会发展的关系来说,现代社会的迅猛发展要求德育必须随之发生变革,以维护社会的稳定和促进社会的发展。从德育与社会生产、科技发展和商品经济发展的关系来说,生产的迅猛发展,新的科技革命,商品经济的发展,新的思想道德观念的产生,引发德育的目标、内容、方法和途径等等的变革。人的理性的觉醒,人们观念的不断更新,新的思想、新的观念的确立,德育主体性、独立性的突出,要求德育不仅要随着社会的变化而变化,而且要面向未来,站到时代的前面,引导人们观念的变革,从而保证和推动社会的变革。因此,变革性已成为现代德育的一个根本特性。

现代德育的变革是全面的变革,从德育观念,到德育目标、内容、方法、途径以至管理等各方面都进行着深刻的根本性的变革。当然,变革并不是对古代学校德育的全盘否定和抛弃,而是在批判继承中的变革,是对不符合现代和未来社会以及人的品德发展要求的东西的扬弃,是改造中的超越。

[思考与练习]

一、名词解释

德育　德育目标　自我教育　德育模式

二、问答题

1. 有人说:在现阶段“智育是硬任务,德育是软任务,升学是铁任务”,谈谈你对这个问题的看法。

2. 有观点认为,“德育即道德教育”。这种说法正确吗?

3. 德育目标确立的依据有哪些?如何理解我国现阶段的学校德育目标?

4. 我国学校德育的内容包括哪些方面?如何理解其彼此的关系?

5. 德育过程有哪些规律与特点?

6. 德育过程与学生思想品德形成过程有什么不同?

7. 德育过程中应贯彻哪些原则?请你任选其中一条原则谈谈认识和体会。

8. 对中学生实施德育常用的方法有哪些?请说明说服法和实际锻炼法的关系。

9. 选择报刊上优秀教师进行思想品德教育的典型材料进行讨论,分析该教师运用了哪些原则和方法,符合哪些教育规律。

10. 提出一两个背离思想品德教育原则的教育现象进行分析。

11. 与古代德育相比,现代德育发生了哪些方面的变化?

第十章 班级管理

[内容提要]

班级是学校进行教育教学工作的最基本的社会组织，学校教育的基本功能最直接、最集中地反映在班级这一社会系统之中。

班级管理是指以班级为单位的一切教育活动以及班主任的一切职责的总称，它以一定的管理价值观为目标，重在提高班级组织的效率。班级管理是教师通过协调和经营班级内的各种人、财、物、时间、信息等管理要素而有效地实现预定教育、教学和管理目标的过程，具有计划、组织、指挥、协调、控制、报告等一般管理职能。

班级管理是对一个微观社会组织的管理，其管理的内容是多方面的，既有因教育教学工作任务的要求而引起的对各项事务的管理，也有因为群体和人际关系而引起的对各类人员的管理，还有因为班级纪律和问题行为而引起的对各种问题的管理。

班主任是学校领导委派到一个教学班，对该班学生全面负责的专职教师，班主任是全班学生的组织者、教育者和指导者，是学校领导对学生进行教育工作和管理工作的重要助手和骨干力量，是联系各科任课教师集体和学生集体的纽带，也是沟通学校与家庭及社会力量的桥梁。

班主任必须具有全面的素养，班主任工作的内容主要有了解和研究学生、组织和培养班集体、协调各种教育力量、做好班主任工作计划和总结以及评定学生操行等。

[学习目标]

1. 记忆并理解班级和班级管理的基本概念。
2. 理解班级组织的性质和特点。

3. 分析并讨论班级管理的基本内容。

4. 掌握班主任工作的内容和方法。

5. 深入一个班级，了解班级群体和人际关系的特点和问题。

6. 分析班级纪律和问题行为的类型，并说明对待班级纪律和问题行为的教育对策。

7. 访问一位班主任，用班级管理的理论探讨其班级管理的经验和教训。

班级是学校进行教育教学工作的最基本的社会组织，学校教育的基本功能最直接、最集中地反映在班级这一社会系统之中。班级是学生实现社会化的最重要场所，它既是一种社会组织，也是一种社会情境，还是一种社会集体，要顺利完成各项教育教学任务，就必须对班级进行有效的管理。班级管理对于实现学校教育教学目标具有重要意义。

第一节　班级管理概述

班级是一个人们非常熟悉的概念，有人把班级形象地比做“组成学校结构的细胞”①，班级是由年龄、知识水平、能力相同或相近的学生组成的，他们有共同的学习任务。班级是有目标、有计划地执行教育教学和管理任务的学生群体和组织，是教育、教学工作的主要场所。学校的教学工作、思想政治工作、课外活动等工作都是以班级为单位进行的，这就需要每个班级配备专门的教师，负责协调和管理各方面的工作，关心和帮助学生健康成长。

---

① 金含芬主编：《学校教育管理系统分析》，陕西人民教育出版社 1993 年版，第 304 页。

一、班级管理的概念

班级管理是指以班级为单位的一切教育活动以及班主任的一切职责的总称,它以一定的管理价值观为目标,重在提高班级组织的效率。班级管理是教师通过协调和经营班级内的各种人、财、物、时间、信息等管理要素而有效地实现预定教育教学和管理目标的过程,具有计划、组织、指挥、协调、控制、报告等一般管理职能。

班级管理与班级教育活动是密切相关的,班级教育活动的效果与班级管理的水平之间存在着密切的关联。班级管理是旨在促进教育和教学活动,以提高班级组织效率的活动,班级管理的目的是为学生准备健全的环境,促进学生作为个人或作为集体一员的个性发展和社会性发展的。

班级管理的主体是教师,一般由学校委派的班主任承担。班主任在班级管理中具有重要的角色作用,他是班集体的组织者、教育者和领导者,对于班集体的形成和发展,对于全班学生学习成绩的提高和思想品德的养成起着极其重要的作用。正如有人指出的:学生能够生活在一个好的集体中是一种幸运,而遇上一位好的班主任则是整个班集体的幸运。

班级管理的对象主要是学生,学生肩负着学习知识和发展人格的重任。但学生又是班级管理的主体,他们在班级管理中也发挥着自己的角色作用,特别是由学生组成的班干部,他们是班级管理的得力助手,是形成班集体的核心力量。没有学生的参与管理,班级管理很难取得成效。

由于班级中存在着教师和学生这两种具有不同主体性的群体,班级管理就需要协调好人的因素,处理好教师和学生、学生和学生之间的关系。班级的人际关系在很大程度上决定着教师和学生的行为,是影响课堂教学效果的重要因素,班级管理者有责任协调师生之间和学生之间的教学管理、学习关系、情感关系、道德关系,为学生的学习与发展创设和保持良好的班级环境,充分发挥每个学生的潜能,使整个班级的学生都能够积极主动地以学习为主要任务。

班级管理是实现学校组织的目标,提高学校组织效率,以增强班级组织的人、财、物、时间、信息的效能的综合性活动。

根据对班级管理概念的分析,班级管理具有以下几个基本含义:① 班级管理既包括对违反教育规范行为的制裁,又包括引导学生认同并自觉遵守班级纪律,以协调个体与群体的关系;② 班级管理不仅要使班级成员的行为服从班级秩序的需要,而且要使学生的自由活动、自我表现与班级秩序达到和谐的统一;③ 班级管理必须依靠教师的权威力量才能进行,更需要学生自觉内化班级规范,班级管理的实现是教师权威力量与学生自我管理的统一;④ 班级管理是一个动态的过程,不仅包括维持班级秩序,而且包括建立新的班级秩序。

二、影响班级组织管理的因素

班级组织是一个有一定人数规模的学生集合体,是有目标、有计划地执行管理、教育职能的学校组织机构。作为社会系统的班级可以分解为个体、群体、组织不同的层面,虽然一个班级是一个相对微观的社会组织,但班级管理与企业管理或商业管理一样复杂,影响班级管理的因素涉及许多方面,以下一些因素是值得认真思考和研究的。

1. 学校的领导类型

学校领导的类型对班级管理具有直接的影响,学校所倡导的价值观和办学理念会深入影响到班级的教育教学活动,也会影响班级的管理活动。社会心理学家勒温、怀特和李皮特根据领导行使权力和发挥影响力的方式对群体动力进行了经典性的研究,他们把领导分为专制型领导、放任型领导、民主型领导三种类型。①

专制型领导在组织方式上把权力集中于个人手中，在决策上独断专行、不重视下属的意见，在工作中依靠个人的经验和判断来指导下属的工作，在业绩评价上以领导者个人的标准做判断。专制型领导注重工作目标，关心工作任务的完成和效率，对组织成员关心不够。

放任型领导采取无为而治的态度，一切活动方式由下属自行摸索，既不关心工作，也不关心组织成员的需要。由于缺乏规章和要求，组织的工作效率不高，组织成员的士气低落。

民主型领导在组织方式上以平等的身份进行指导、引导、激励和协助，注重组织成员的能力，注意协调和鼓励组织成员的工作，关心并满足组织成员的需要，与被领导者是民主和平等的关系，组织成员具有较强的工作动机和工作效率。

普雷斯顿（C. T. Preston）则根据领导控制的方式把组织领导分为参与式领导和监督式领导两种，认为参与式领导注意创造自由气氛，鼓励自由发表意见，不把自己的意见强加于人；而监督式领导则待人冷淡，只注重于集体讨论的进程，经常监督人的行为有无越轨。普雷斯顿的研究发现，参与式领导下的班级管理所形成的课堂风气明显不同于监督式领导下的课堂管理所形成的课堂风气。②

关于领导类型的研究告诉我们，学校领导的类型会直接影响班级管理的风格，班级管理中也存在着不同的领导风格，并由于班级领导风格的不同而形成了不同的班级气氛。

① 黄志成、程晋宽著：《教育管理论》，上海教育出版社 2001 年版，第 199 ~ 200 页。

② 皮连生主编：《学与教的心理学》（修订本），华东师范大学出版社 1997 年版，第 315 页。

2. 班级的规模

班级规模是指某一特定班级或教学单位所容纳的学生人数。班级规模在一定程度上规定了班级的性质是大型班级还是小型班级，这无疑是影响班级管理的一个重要环境因素。

首先，班级规模会影响学校教育的成本与收益，也会影响到学生的学业成绩。班级规模与学生自身的特点有着不可分割的联系，不同年龄、不同年级学生的班级应根据教育和管理的成本效益来编制班级。

其次，班级规模会影响班级成员的情感关系。班级规模越大，学生的情感纽带越弱，学生相互交往的机会也就越少。

其三，班级规模会影响学生的交往模式。班级规模越大，学生间交往的频率就越低，相互了解的机会就越少，而班级规模的缩小则有助于学生间的相互交往。

其四，班级规模影响班级管理的难度。班级规模越大，学生的个体差异就越大，学生间的冲突和争端也就越多，要统一班级成员的认识也就越困难，班级管理的阻力也可能越大。

其五，班级规模越大，越容易形成各种非正式小群体，这种小群体在没有得到很好引导和管理的情况下常常会违背班级组织的目标，影响课堂教学目标的实现。

3. 班级的规范和制度

规范和制度具有重要的管理价值。规范是约定俗成或明文规定的标准，表现为风俗、文化、语言、时尚、舆论、约定、纪律、责任、守则等行为规范和价值标准。制度是人们共同遵守的办事规程或行动准则。班级的规范和制度预先设定了班级学生的行为和交往方式，对于维护班级正常的教育教学活动具有重要的管理意义。

班级管理的规范和制度是教育制度和学校规章制度的反映与体现，有一些班级规范和制度具有普遍性，诸如考勤、作业、值日、考试等，任何班级都需要遵循这些规章制度和规范；而另一些规范和制度则具有不确定性，因班级不同而不同。由于不同的班级有不同的群体规范和不同的凝聚力，因此班级管理不能采取固定不变的模式，而应当根据班级的性质、制度和规范，在深入了解班级、掌握班级组织特点的基础上，充分利用班级的制度和规范，使班级制度和规范发挥理想的管理效果。

班级管理需要制度和规范，但又不能唯规范和制度是从，要灵活应用规范和制度，提高管理的效率。

4. 定型的期望

定型的期望是一种心理定势，它是心理活动的一种准备状态，影响着班级管理的倾向性。对于如何管理班级，教师和学生在学校教育情境中往往有一种比较固定的看法，人们往往会按照这种固定的看法去理解、解释和管理班级，也就会表现出相应的管理动机和管理行为。一般来说，人们对班级管理的定型期望又是班级管理过程中经常性的行为方式和行为表现的结果，不同的班级有不同的管理行为，也就有不同的定型期望；反过来，由于有不同的定型期望，不同的班级也就呈现出不同的班级管理模式。

定型的期望会随着学生年级或年龄的变化而有所不同。不同心理发展水平的班级成员对班级管理的定型期望会极大地影响班级管理者的管理行为，并进一步影响班级管理的模式。根据迪克尔曼(W. Dickerman)等人的研究，学生在不同的年级阶段对教师的管理行为有不同的期望，如果教师的管理行为与学生的定型期望不一致，班级成员就会产生不满。所以，班级管理者在进行班级管理的过程中必须了解班级成员对自己的期望是什么，尽可能使自己的班级管理模式与班级成员的期望相一致。如果自己的管理模式与学生的期望有差距和冲突，就要积极采取措施，使管理模式与定型期望协调一致。

第二节　班级管理的过程与内容

班级管理是一项复杂繁难的工作,是一个动态的过程。要搞好班级管理,就需要抓好班级管理的过程,重视班级管理的过程控制,围绕班级管理中的重要问题和内容开展有效的班级管理。

一、班级管理的过程

班级是一个相对独立并具有稳定性和适应性的开放社会系统。对班级社会系统进行管理也同其他组织管理一样,涉及一系列的过程或环节。根据美国著名的“全面质量管理”(TQM)专家戴明(W. Edward Deming)的观点,一切有过程的活动都是由计划、执行、检查和总结四个环节组成的,它们就像一个不断旋转的圆环那样,沿着计划、执行、检查和总结四个环节螺旋上升,推动着管理过程的前进。这一管理过程理论被称为“戴明环理论”,具有普遍的适用性,对于解释班级组织管理的过程也是有价值的。

1. 计划

计划是班级组织管理过程的起始环节,要使班级管理工作顺利而有效地开展,必须抓好班级计划这一环节,设计好班级的学年、学期和学周计划。

班级计划是根据学校的任务要求和班级组织的主观条件制订的,是班级管理的依据,也是落实学校教育任务的具体体现。一份好的班级计划应当使全班学生明确班级发展的前景和努力方向。班级计划是班级成员心中的一幅蓝图,它对班级成员来说,既是指令,又是指导,还是激励。

制订班级计划要求方向正确、切实可行,全面安排、突出重点,分层落实、弹性控制,要求明确、便于检查。

2. 执行

执行是班级管理过程的中心环节,班级管理活动的落实和实效取决于执行的情况如何。只有认真执行班级计划,才能使计划真正落到实处。

在执行过程中,班级管理人员要随时掌握计划实施的进程,了解人、财、物、时间、信息等管理要素的动态关系,利用人力、机构、规章等管理手段,采取"组织、指导、协调、激励和教育"等管理措施,最大限度地调动班级成员的积极性,以保证班级计划的落实和班级管理目标的实现。

组织是指按照班级计划的要求,妥善安排班级的人力、物力、财力、时间和信息等管理要素。一是把班级成员安排在适当的组织结构上,保证事得其人,人尽其才;二是合理分配物力和财力,做到物尽其用,财尽其利;三是充分利用时间和信息,使班级成员有秩序、有节奏、有效率地交往、学习与活动。

指导是指班级管理者对班级成员和机构进行的具体指示、帮助和引导。一个班级虽然只有几十名学生,但各种意外情况都可能会发生,班级管理者要随时了解班级情况,加强对班级各项工作的指导。为了使班级指导更加有效,班级管理者要敢于正视矛盾、解决矛盾,而不回避矛盾或听之任之,做到引导而不强加,帮助而不代替,示范而不说教,批评而不压制,使班级成员心悦诚服地接受指导,从而调动学生的学习积极性,提高班级管理的工作效率和效能。

协调是执行班级计划的一项重要职能,贯穿于执行的全过程。班级管理过程中要随时注意协调各种矛盾,把问题和矛盾尽早地解决,以增强班级组织的活力,减少内耗,并通过协调活动让学生学会掌握协调的技术,使班级工作既井井有条,又生动活泼。

激励是通过一系列物质的和道德的手段激发班级成员,使其主动性、积极性和潜能得到最大发挥的过程。在班级管理的过程中,既要满足学生的基本学习需要,通过激励措施提高学生的认识,培养学生的高尚情感,强化学生的行为,又要让学生学会自我激励的方法,树立远大的理想和目标。

教育也是班级管理执行过程中必要的措施。当学生在思想认识上存在偏差时,就需要加强教育,使其端正认识,改正不良行为习惯。

在班级管理的执行阶段,“组织、指导、协调、激励和教育”五项管理措施是一个有机的整体,它们相互交织在一起,构成了班级组织管理的职能系统。

3. 检查

检查是班级管理过程的中继环节,它是了解班级管理状况,推动班级管理工作,促使班级计划得以实现的一种管理职能。

班级管理的检查环节可以采取多样的方式。从检查时间上看,有平时检查,有阶段检查。平时检查具有分散、及时、灵活的特点;阶段检查具有集中、全面、系统的特点。从内容上看,有全面检查和专门检查。从检查的主体看,有教师、班主任检查,学生相互检查,自我检查。

班级管理的检查环节必须以班级的计划和实际情况为依据,要摒弃形式主义的检查和以个人好恶为依据的检查,要尊重客观事实,以事实求是的态度进行深入全面的检查,既要重视班级管理的结果,又要重视班级管理的过程,并提出班级管理的改进措施。

4. 总结

总结是班级管理活动的一个周期的终止,预示着下一个周期的开始,起着承前启后的作用。总结是班级管理活动的重要一环,它要求以科学的方法对班级管理工作进行评估,肯定班级管理的成绩,找出班级管理中存在的缺点和问题,总结经验和教训,为进一步搞好班级管理工作探索管理规律。

班级总结一般在一个学期或学年结束时进行,班级总结应当以班级计划作为评估班级管理绩效的标准,在充分调查和分析班级管理过程的基础上,根据典型的事例、学生的言行表现和有关数据,对班级管理做出全面的衡量。一份优秀的班级总结应当具有强大的激励作用,所肯定的成绩要有助于增强班级成员的信心,所指出的不足要有利于增强班级成员的责任感,从而振奋班级组织的精神,提高班级组织的士气。

计划、执行、检查和总结是班级管理过程中四个相互联系的环节和职能。计划是班级管理过程的起始环节,统帅整个管理过程;执行是班级管理的中心环节,为计划的实施服务;检查是班级管理的中继环节,是对执行的监督,也是对计划的检验;总结是班级管理的终止环节,也为制定下一轮的班级管理计划提供依据。

任何事物的发展都不是单一的循环过程,班级管理也不例外,它是一个螺旋上升的过程,每一个循环都意味着班级管理过程在接近班级管理的目标。班级管理过程具有以下一些特点:

首先,班级管理过程是以管理育人为目标的,它与学校教育过程和教育活动紧密相连。班级管理的各个环节都必须服从培养人、塑造人这一教育目标,围绕提高教育质量的教育过程来进行,使管理过程与教育过程有机配合,提高班级管理的效率和效果。

其次,班级管理过程是师生共同活动、相互作用的能动过程。班级管理是一个十分复杂的过程,它不是简单的单向关系,而是师生之间、学生与学生之间的一种互动关系。班级管理需要学生的积极参与,要充分发挥学生参与班级管理的积极性和主动性。

其三,班级管理过程既是一个班级组织系统有计划、有步骤保持班级有效运转的过程,也是一个依托学校、社会和家庭积极参与和指导班级管理的过程。班级是学生成长的基本单元,是社会系统的一个细胞,但班级管理则需要学校、社会和家庭的共同努力和协作。

二、班级管理的内容

班级管理是对一个微观社会组织的管理，其管理的内容是多方面的，既有因教育教学工作任务的要求而引起的对各项事务的管理，也有因为群体和人际关系而引起的对各类人员的管理，还有因为班级纪律和问题行为而引起的对各种问题的管理。

（一）班级教育教学工作的管理

班级管理是围绕班级的教育教学任务展开的，主要涉及以下一些方面。

1．班级教学工作管理

教学工作是学校教育的核心工作，课堂教学或班级上课制是班级的基本职能，因此，教学管理是班级管理的一项主要内容。班级教学活动的管理与教育教学的质量和效率直接关联。班级教学工作管理有两项主要任务，一是提高教学质量，二是提高教学效率。班级教学工作管理有以下基本要求：

第一，明确班级教学管理的目的和任务，协调和控制班级的教学活动，协调班级任课教师的教学活动，对教学进度和质量进行控制，减轻学生学业负担。

第二，建立和健全班级各项教学制度，并维护班级教学秩序，使班级教学工作正常、高效地运转。加强对教师备课、课堂教学、作业布置与批改、课外辅导、成绩考核等教学环节的管理。

第三，激发学生的学习兴趣和求知欲，指导学生学习，使学生学会学习，具备自我教育和自我管理的能力。加强对班级学生学习过程的管理，包括对学习计划的制订、预习、上课、复习、作业、小结等学习环节的管理。

第四，组织班级教学活动，建立班级教学管理的指挥系统，包括以班主任为核心的班级任课教师群体，以班长、学习委员和科代表为骨干的教学沟通系统，以学习小组长为纽带的班级教学执行系统。

2. 班级德育工作管理

班级是学生道德成长和发展的摇篮,对学生进行思想品德教育是班级的基本任务之一,因此,班级德育是班级管理的重要内容,是班主任工作的基本职责。班级德育工作管理的任务是提高班级德育工作的质量,提高学生的思想道德素养,努力把学生培养成社会的合格公民。班级德育工作管理有以下基本要求:

第一,加强和改善班级德育的领导,充分发挥班级在学生思想道德教育中的作用,注意把握工作方向,抓原则性、倾向性问题,注意调查研究,掌握班级德育工作情况,动员各种力量参与班级德育工作。

第二,正确处理和协调班级德育工作中的各方面的关系,包括德育工作与教学工作的关系,各学科和各部门与班级德育工作的关系,学校、社会和家庭与班级德育的关系,教师与学生之间的关系。

第三,建立和健全班级德育工作的各项规章制度,主要包括学生的行为准则和教师的德育工作制度,使班级德育工作制度化、常规化。

第四,设计和组织班级德育活动,使班级德育活动既有序列、有层次,又生动活泼、丰富多彩,使学生成为班级德育管理的主人。

第五,优化班级德育环境,培养优良班风,包括班级的领导和管理作风、教师的教风、学生的学风,提高学生自我教育、自我管理的能力,自觉约束自己的行为,养成良好的班级风气。

3. 班级体育卫生管理

班级体育卫生和课外活动是学生身心全面发展的重要途径,有助于学生思想道德的养成,有助于陶冶学生的情操,有助于学生增长知识、培养能力、启迪智慧,是班级管理的重要内容。

在体育运动方面,班主任要帮助学生建立体育锻炼的制度。

一是要帮助学生建立体育锻炼的组织，以保证学生持之以恒地参加体育锻炼；二是要对学生参加学校统一的体育活动进行组织督促，如学生的课间操、眼保健操、体育比赛活动等。在卫生保健方面，班主任要加强班级的环境卫生和个人卫生的管理，如科学地安排时间，劳逸结合，做好教室环境卫生（包括采光、通风、学生座位的调整）、寝室卫生、个人卫生等。要注意培养学生良好的卫生习惯，达到自觉地讲究卫生的目的。

班级体育卫生管理要注意端正体育卫生在班级中地位，严格执行有关班级体育卫生的规定，努力使全体学生成为体育卫生活动的积极参加者，提高学生的体育卫生水平，增强学生体质，处理好预防与治疗的关系，把体育锻炼与卫生保健结合起来。

4. 班级课外活动管理

班级课外活动是指以班级为单位的或是班级组织的在教学大纲以外的多种教育活动，既包括校内的课外活动，也包括校外的各种教育活动。课外活动是学生成长和发展的“第二课堂”，不是学生的随意活动，需要加强管理和引导，以充分发挥课外活动的教育作用，使学生健康和谐地发展。

班级课外活动有群众性活动、兴趣小组活动、个别活动等多种形式，课外活动的管理要有明确的目的性和计划性，具有知识性和趣味性，坚持多样性和灵活性，坚持自愿性和自主性，要因地制宜、因时制宜，坚持实践性。

5. 班级财物管理

班级作为一个微观组织似乎不存在财物管理的问题，但在实际上，班级管理中既要理好班级财务，也要管好班级设施和财产。

班级常常会有一定的收入和支出，主要表现为从学生中收取的各种用途的费用，诸如班费、特别的活动费等。班级资金的收入和支出主要由学生自己负责，班主任给予必要的帮助和指导。班级财务要账目明细、收支有据、保管严谨，经常予以检查和公布。

班级设施和财产的管理也是一项值得注意的问题,要保证教室中的物品、设施和设备不受损坏,还要进一步提高班级设施的使用率和教育价值。班级设施和财产的管理要注意以下一些方面:班级财产设备的数目、质量、使用情况要登记清楚;财物设备要交接清楚;登记财产设备的消耗、损坏情况;对学生进行爱护公共财物的教育,并制定相应的财产管理制度;指定学生负责管理某项财产设备。

(二) 班级群体和人际关系的管理

班级是由人组成的,班级里的每个学生并不是孤立存在的个体,他们通过相互的交往和活动形成了班级的群体、集体或班级组织。群体是指人们以一定方式进行共同活动而结合起来的联合体,具有以下特点:① 其成员具有共同的社会需要或目标;② 它具有某种结构形式,使成员处于一定的关系之中,从而保证经常的相互接触与共同任务的完成;③ 它具有自己的规范和心理倾向,并对其成员发挥着影响和制约作用。对班级群体和人际关系的管理是班级管理的重要内容。

1. 善于经营班级群体

班级群体的形成受制于多种因素,其中,学生相互的熟悉程度、任务、座位、性别、个体影响力、个性等是影响班级群体形成的重要因素。班级群体一旦形成就会对个体的行为、认识和情感产生巨大影响。班级群体可以分为游戏性群体、兴趣性群体、倾吐性群体、互助性群体和冲突性群体五种类型。在对班级群体进行管理时,要善于经营班级群体,充分发挥班级群体的积极影响力,克服班级群体的消极影响力。班级群体对个体活动的影响在以下几个方面应值得注意:

(1) 社会助长作用和社会致弱作用。社会助长作用和社会致弱作用是一种非常普遍而又复杂的社会心理现象。社会心理学家奥尔波特(F. H. Allport)于1916年至1919年间曾对个体在单独情境和社会情境里的工作进行了对照实验研究。研究发现,当有人在场或许多人在一起共同完成任务时,可以促进个人提高活动的效率,出现增量或增质,这种群体对个体活动所起的促进作用,叫“社会助长作用”;而与这种结果相反,在群体活动中,个体活动受到干扰,情绪上出现挫折感,降低了个体的效率和效能,出现减量或减质,这种群体对个体活动所起的促退作用,叫“社会致弱作用”。

班级群体对学生个体是产生助长作用还是致弱作用,取决于以下四方面的因素①:一是任务的难度。如果学生从事的是像打扫卫生和公益劳动等简单的手工操作或机械操作任务,当其他成员在场时,学生会工作得更加出色;如果学生从事的是像写作文那样的复杂判断和推理的任务,其他成员在场时则会产生致弱作用。二是竞赛动机的激发。当他人在场时,个体的成就动机容易转化为竞赛动机,当个体希望自己做得比别人更好时,群体就会产生社会助长作用。三是对他人评价的意识。当被他人评价的意识适中时,容易产生社会助长作用;当对他人评价的意识过于强烈,活动的难度大而复杂时,容易引起焦虑过度而产生社会致弱作用。四是注意的干扰。如果其他成员在场会引起活动者的注意分散,则容易发生社会致弱作用。

(2) 从众现象和时尚趋求行为。从众是指个人由于真实的或臆想的群体的舆论压力,在认识上或行动上不由自主地趋向于跟多数人相一致的现象。时尚趋求行为在中学生中则是从众行为的一种具体表现,青年学生具有强烈的追求时尚的心理,他们对社会时尚比较敏感。从众行为既具有积极意义,也具有消极意义,在班级群体中,个体是否易于从众主要取决于情境因素和人格因素。

---

① 皮连生主编:《学与教的心理学》(修订本),华东师范大学出版社 1997 年版,第 317 ~ 318 页。

从情境因素看，以下一些方面对于从众与否具有直接的影响：①事情的性质。当问题复杂、情况不明、判断又缺乏标准时，个人就容易从众。②团体的声望。如果团体为人们所认同并使大家乐于参加，个人就容易从众。③群体人员的成分。如果群体成员的地位和能力多数高于自己，个人就易于放弃己见，表现为从众。④群体的凝聚性和一致性。群体成员凝聚力高，个人就容易从众；如果团体经常一致反对个人的意见，则此人容易屈从；如果持异议者有同伴反撑，从众性便会减低。⑤群体的情绪气氛。群体多数成员对坚持己见者或一意孤行者不能有容纳的态度，甚至公开威胁、气氛紧张，而对顺从者大加赞扬或奖励，就容易使个别人产生从众行为。⑥群体间的网络结构关系。如果群体内多数派的意见和行动受到社会的支持，个体一般难于抵抗，易于产生从众。

从人格因素看，以下一些方面对于从众与否具有直接关系：①智力的高低。一般来说，智力低者易于受群体压力的影响，从众者较多。②情绪的稳定性。焦虑多、情绪不稳定者，对外力的抵御性差，容易从众。③自我概念。对自己的看法不固定、缺乏自信者容易从众。④人际关系。过分依赖他人与看重势利关系者，容易受别人暗示而更多地表现顺从。⑤社会态度和价值观。重视社会秩序和权威，处处顾全大局，喜欢息事宁人或墨守成规者，容易从众。

(3) 反抗行为和嫉妒行为。反抗行为是班级群体的常见现象，学生的反抗行为导源于学生群体中的逆反心理，这种逆反心理实际上是学生群体对于班级教育和管理要求或对外部事物拒绝认同而产生的心理活动，其活动方向与外在刺激正好相反。学生逆反心理产生的原因具体表现在以下几方面：当外部要求高于个体认同能力时，会导致“为何对我如此”的逆反心理；当外部要求低于个体心理水平时，则会形成“为何看不起我”的逆反心理；当群体环境不利于个体心理认同时,则出现"为何我要做"的保护性逆反心理。班级的反抗行为主要发生在教师和个别学生之间,但也可能发生在教师和学生群体之间。因为,师生之间存在着制度性的冲突,教师需要以权威迫使学生顺从,而学生则会从心理上挑战和反抗教师的权威。

嫉妒心理和行为也是班级群体的常见现象。嫉妒行为产生的条件主要有以下几种:条件不如自己或与自己相同者处于优势位置;自己所讨厌的人处于优势位置;同性者处于优势位置;强于自己但又爱炫耀的人处于优势位置。个别学生出现嫉妒心理和行为,主要可能是由于个性特点导致的,如好胜心强、心胸狭窄;但如果这种嫉妒心理和行为成为班级群体的现象,则主要是由于班级缺乏健康的竞争机制,或者是因为教师和学生的评价标准不公平。

2. 协调班级正式群体与非正式群体的关系

班级正式群体是指由教育行政部门明文规定的群体,其成员有固定的编制,有规定的权利和义务,有明确的职责和分工,有统一的目标、规章制度和纪律。班委会、小组、团支部、少先队、科代表等都属于正式群体。班委会是负责班级事务的一个基层管理组织,设有班长、副班长和委员若干人,负责班级各项学习和管理工作;小组主要是一个学习单元,由数名学生组成,设小组长一名,负责小组的学习和管理事务;团支部和少先队是班级先进学生的组织,与班委会共同致力于班级的发展;科代表是以学科为核心构成的全班性的群体,负责与学科教师联系。班级正式群体的形成要经历三个基本阶段,即松散群体、联合群体和集体。松散群体是指学生只在空间和时间上结成群体,但成员间尚无共同活动的目的和内容。联合群体的成员已有共同目的的活动,但活动还只具有个人意义。集体则是群体发展的高级阶段,成员的共同活动不仅对个体具有个人意义,而且还具有重要的社会意义。

班级非正式群体是指没有明文规定的群体,是学生在共同学习与活动中自然形成的,它没有定员编制,没有明确的组织形态,但它却是客观存在的,具有不成文的规范和自然涌现的领袖。班级的非正式群体以共同的心理需要为基础,有相似性的心理吸引,以相互间的情感为纽带,具有灵敏的信息传递渠道,信息传递迅速畅通。班级的非正式群体主要是同辈群体,比较常见的形式有朋友、小集团、帮和群。朋友是学生在共同兴趣和爱好基础上形成的比较稳定持久的密切关系;小集团是朋友关系的固定化,具有相互交流信息和共同决策的目标;帮与小集团的主要区别在于帮的成员更加重视集体活动,且具有一定的结构;群则是松散的结合组织,通常由几个小集团组成,规模较大,且具有相对的独立性。非正式群体对个体的影响是积极的还是消极的,主要取决于非正式群体的性质及其与正式群体的目标一致程度。如果非正式群体与正式群体的目标不一致,则可能会产生消极作用,甚至还会成为破坏性力量。

班级管理要注意协调班级正式群体与非正式群体的关系。首先,班级管理要不断巩固和发展班级正式群体,使班级群体形成共同的目标和利益关系,产生共同遵守的群体规范,并以此协调班级成员的行动,满足班级成员的归属需要,达成彼此之间的认同,使班级群体发展为坚强的班集体。其次,班级管理在充分发挥班级正式群体作用的同时,要善于分析班级中非正式群体的情况,加以正确引导,使之纳入到班级主流教育轨道上来。

3. 利用群体动力的作用

班级中有一些无形的力量时刻在左右着学生的认识和行为,这些无形的力量主要有模仿和流行、舆论与规范、群体凝聚力、班级气氛等,班级管理要充分利用班级群体动力的作用,使班级管理具有促进作用。

首先,模仿和流行在班级管理中具有重要的动力作用。模仿是指个人受非控制的社会刺激引起的一种行为,它再现了他人的一定外部特征和行为方式、姿态、动作和行动。班级学生间存在着重要的相互模仿,在榜样的影响下,学生不仅掌握了某些活动的技能,而且会形成某种精神价值,趋向某些共同的思想、兴趣、倾向性和行为风格。流行是指社会上相当多的人在较短的时间内,由于追求某种行为方式,并使之在整个社会中到处可见,从而使人们相互之间发生了连锁性感染。流行是一种社会风气和社会风尚,为许多人所仿效。班级管理要注意流行给班级带来的积极或消极影响。

其次,舆论与规范对于班级管理也具有重要影响。舆论是群体中占优势的言论和意见,它与一定的社会规范相联系,并且也总是后者的一种表现形式。群体规范是群体成员间相互作用而约定俗成的行为准则,它往往是不成文的,由模仿、暗示、舆论和顺从等心理因素加以支持并对群体成员的行为具有约束力。舆论和规范对班级成员的心理和行为具有相当大的影响作用,合理的班级规范和舆论会促使学生积极向上并做出有益的行为,而不合理的班级规范和舆论则会阻碍学生的进步或诱迫学生产生有害的行为。班级管理要注意改变那些不良的规范和舆论,并在集体中形成良好的规范和舆论。

其三,群体凝聚力是一个集体具有使其成员愿意留在集体中的吸引力,使其成员以集体为自豪,形成共同的看法、统一的步调,表现出对集体的忠诚。凝聚力高的班级,其成员之间具有吸引力,交往频繁,努力去实现共同的目标,工作效率高;否则,集体就会显得松散无力,离心离德,直到分崩离析。班级凝聚力的高低与学生的心理发展水平、个性特征以及组织纪律和组织民主等因素有关,班级管理要注意提升班级群体的凝聚力。

其四,任何一个群体,不论是家庭、企业,还是学校、班级,都存在着某种气氛,是组织管理的一个重要因素。班级气氛是班级中占优势的某些态度和情感的综合表现。当团体成员去完成共同任务时，表现出积极的态度和高涨的情绪，由这种精神状态所构成的气氛，通常叫做“士气”。班级气氛具有独特性，不同班级具有不同的班级气氛，即使是同一个班级，由于不同的学科课堂教学和教师，也会产生不同的班级气氛。班级气氛可以分成积极的气氛、消极的气氛和对抗的气氛三种类型。积极的班级气氛是恬静与活跃、热烈与深沉、宽松与严谨的有机统一；消极的班级气氛通常以紧张拘谨、心不在焉、反应迟钝为基本特征；而对抗的班级气氛则是失控的气氛，学生过度兴奋、各行其是、故意捣乱、不听劝告。创造良好的班级气氛是班级管理的重要内容和目标。

4. 改善班级中的人际交往与人际关系

班级的人际交往是教师和学生在班级里传递信息、沟通思想和交流情感的过程。人际关系就是人与人之间的关系，它是通过交往形成的比较稳定的心理关系或心理距离。

班级中的人际交往和人际关系主要有师生关系、同学关系两种。师生关系一般来说由双方的社会角色与行政方式所确定，师生交往的方式主要有单向交往、双向交往、多向交往几种方式。师生关系与师生共同需要的满足、友好的意愿、个性特征等因素具有内在的关系，特别是教师的工作作风对师生关系具有重要的影响。同学关系既有正式的学习关系、同志关系、领导与被领导的关系，也存在着非正式的心理相容、情投意合的同伴关系或格格不入、相互排斥的对手关系。班级的人际交往和人际关系将直接影响班级气氛，教师在班级管理过程中应该成为善于处理人际关系的艺术家。班级中人际交往和人际关系最突出的表现是吸引和排斥、竞争与合作。人际吸引是指交往双方出现相互亲近的现象，它以认知协调、情感和谐、行动一致为特征。人际排斥则是交往双方出现相互疏远、敌视的现象，它以认知失调、情感冲突、行动对抗为特征。人际竞争是指个体或群体充分实现自身潜能，力争按优胜标准使自己的成绩超过对手的过程。人际合作是指人们为了共同的目的在一起学习或工作或完成某项任务的过程。

对于班级人际交往和人际关系的上述表现，班级管理过程中，一方面要教育学生学会团结合作，形成集体凝聚力；另一方面要设法帮助那些被孤立的学生，使他们认识到受排斥的原因，改变为人的态度和作风，使个体真正成为班级集体的一员。既要让学生学会合理的竞争，又要让学生学会寻求合作，营造一种积极向上的班级人际关系。

（三）班级纪律和问题行为的管理

为了持久地维持班级良好的内部环境，班级管理者必须卓有成效地管理班级纪律和问题行为，化解班级的矛盾和冲突。

1. 班级纪律和问题行为的性质

纪律和问题行为是班级组织的普遍现象。为了维持正常的班级教育和教学秩序，协调学生的行为，达成教育目标，就需要实施班级纪律措施，要求学生共同遵守班级行为规范。

问题行为是指不能遵守公认的正常儿童行为规范和道德标准，不能正常与人交往和参与学习的行为。问题行为不仅影响学生的身心健康，而且常常引起班级纪律问题，直接扰乱班级秩序。据研究，在典型的课堂里，25%至30%的学生有问题行为，主要表现为漫不经心、感情淡漠、逃避班级活动、与教师关系紧张、容易冲动、上课插嘴、坐立不安、活动过度等等。学生的问题行为主要有两类，一类是外向型的攻击性行为，包括活动过度、行为粗暴、上课不专心、与同学不能和睦相处以及逃学、欺骗和偷窃等；另一类是内向型的退缩性行为，包括过度的沉默寡言、胆怯退缩、孤僻离群、神经过敏、烦躁不安、过度焦虑等。①

纪律和问题行为是紧密相连的，班级的纪律状况如何会影响

---

① 皮连生主编：《学与教的心理学》（修订本），华东师范大学出版社1997年版，第336～337页。

问题行为产生的频率和强度,同样,问题行为的产生也直接影响到班级的纪律状况。

2. 班级纪律和问题行为的成因

班级纪律和问题行为是一个十分复杂的现象,根据教育心理学的观点,班级纪律和问题行为的成因主要有以下四个方面:①

(1) 自我促成的纪律和问题行为。纪律和问题行为与个体的自我心理特征有一定的关联。那些具有责任心和成熟的学生会积极促成班级纪律,避免问题行为,力图更加完美,并时刻为维持班级的良好纪律作出自己的贡献。而那些成熟度不高的学生则会时常违反班级的纪律要求,出现问题行为。班级管理过程中要注意改变学生的不良个性心理特征,发展学生的自我意识,调动学生自我教育、自我约束、自我管理的积极性,使学生逐步从他律走向自律,避免出现纪律问题和问题行为。

(2) 集体促成的纪律和问题行为。在班级集体中,纪律问题和问题行为与其说是个体的现象,倒不如说是集体的现象,班级同伴群体对班级纪律和问题行为的产生具有重要影响,对学生的社会化起着重要作用。学生遵守集体所促成的纪律主要有以下一些原因:一是同辈群体为学生提供了一种新的价值观念和行为准则;二是同辈群体为学生提供了作为独立自主的人行事的体验,使学生找到了保持自己安全感的新源泉;三是同辈群体的行为准则为学生提供了道德判断和道德行为的新参照点,结束了学生在思想、情感和行为方面的不确定性、内疚感和焦虑。班级纪律和问题行为的状况与班级集体的形成和发展水平有极大的关系。

(3) 教师促成的纪律和问题行为。教师促成的纪律和问题行为主要包括班级结构的创设和体贴。班级结构的创设涉及教师的

---

① 邵瑞珍主编:《学与教的心理学》,华东师范大学出版社 1990 年版,第 314 ~ 315 页。

指导、监督、惩罚、规定、限制、奖励、操纵、组织、安排日程和维护标准等方面;而体贴则涉及同情、理解、调解、协助、支持、征求和采纳学生的意见等方面。教师在班级结构的创设和体贴这两个方面做得如何,对于班级纪律和问题行为具有不可推卸的责任,对于班级管理具有重大的影响。教师应当根据班级的具体特点,确定班级的结构和体贴的适当关系,既要有硬性的规章制度的保障,又要有情感的维系。

(4) 任务促成的纪律和问题行为。学生是以学习为主要任务的人,在学习的过程中,有的学习任务会引起学生的高度兴趣和关注,而有的学习任务则导致学生的厌倦。由于任务的客观难度和个人完成任务的主观能力之间存在着距离,因此在班级组织中存在着许多因为学习任务而导致的纪律和问题行为,诸如逃避劳动、抄袭作业、考试舞弊等。任务促成的纪律是以个体对任务的充分理解为前提的,学生对任务的意义和价值理解越深入,就越能够自觉遵守纪律,即使遇到难题也不放弃。学生执行任务的过程与接受纪律约束的程度存在一定的关系,学生越是接受纪律的约束,也就越容易使自己的行为与任务的要求相一致。

3. 班级纪律和问题行为的管理技巧

在管理班级纪律和问题行为时,教师除了利用合理的权威外,还要善于采取一定的管理策略。

(1) 给予"注意"。班级纪律和问题行为有来自师生双方的原因。一部分班级冲突来自学生。有些学生在班级中有一种错误的追求,希望通过采取不良行为以引起注意。教师的主动做法是尽量在学生没有要求注意时给予适当的注意。如果学生出现了问题行为,教师可采取下列处理方法:削弱原则,教师不去注意它,使它得不到增强的机会而逐渐削弱;交互抑制,设置一种情境,使学生的良好行为与不良行为同时并存;排除刺激,把能引起问题行为的刺激予以排除;消极注意,教师使用语言、音调、姿势、面部表情向学生表示已经注意到某些不良行为;适度惩罚,予以适当的责备。

(2) 避免滥用权力。班级管理过程是教师权力和权威的行使过程,而学生在班级中也在积极寻求权力,班级纪律和问题行为的产生与班级管理中的滥用权力有关。学生在班级中常常会抗拒成人的要求和管理,造成师生之间的冲突和矛盾。学生为了表现自己对权力的追求,常常以争辩、反驳、发泄等方法来攻击教师,如果学生的行为能够激起教师的愤怒,他们在某种意义上就赢了,因为他们已经成功地挑战了教师的权威和权力。对于班级中的纪律和问题行为的管理,教师切忌滥用权力,要用冷静的态度去处理师生的权力冲突,以下几个建议可供参考:要对事不对人;不因一人犯错误而惩罚全班学生;不因处理纪律问题而影响教学;只解决问题而不追究过失;顾及犯错误学生的自尊心。

(3) 正确对待三种不同的课堂行为。班级组织中有三种不同的课堂行为,一是能够积极促进教学目的实现的行为,称为积极课堂行为;二是明显干扰课堂教学的行为,称为消极课堂行为,诸如喧闹、戏弄同学、做鬼脸、顶撞教师等;三是既不促进也不干扰课堂教学的行为,称为中性课堂行为,诸如不在听课但静坐在座位上,张开双眼出神地望着别处,既不吸引别人也不使他人分心的乱涂乱画,自己偷偷地看小说或连环画,伏在桌子上睡觉,等等。这三种不同的课堂行为都应当引起教师的注意,不能只把那些消极行为作为问题来处理,更应当注意到那些中性课堂行为,给中性行为以适当的信号,使其转变为积极的课堂行为。

(4) 行为矫正与心理辅导。行为矫正是用条件反射的原理来强化学生良好的行为以取代或消除其不良行为的一种方法。行为矫正的步骤是:确定需要矫正的问题行为,制定矫正问题行为的具体目标,选择适当的强化物与强化时间的安排,排除维持问题行为的刺激,以良好行为逐渐取代或消除问题行为。行为矫正必须以师生的密切配合为前提，让学生了解行为矫正的目标，逐步消除不良行为习惯。心理辅导是一种通过改变学生的认识、信念、价值观和道德感来改变学生外部行为的一种方法。心理辅导是一种合作式、民主式的协助学生解决自己的心理和行为问题的过程，其主要任务在于帮助学生正确认识和评价自我，确立良好的自我意识，确立合适的行为方向和目标，排除实现理想的心理阻碍，帮助学生充分发挥自己的潜能。

第三节　班主任工作

班主任是学校领导委派到一个教学班，对该班学生全面负责的专职教师。班主任是全班学生的组织者、教育者和指导者，是学校领导对学生进行教育工作和管理工作的重要助手与骨干力量，是联系各科任课教师集体和学生集体的纽带，也是沟通学校与家庭及社会力量的桥梁。

一、班主任工作的意义和任务

班主任是随着班级授课制的出现而产生的，一位优秀的班主任就是一位教育艺术家。

(一) 班主任工作的意义

1. 班主任工作是中学生健康成长的需要

中学生的生理、心理还不成熟，他们的成长和发展离不开班主任的帮助和指导，班主任是学生健康、和谐发展的直接责任者。班主任由于和班级学生朝夕相处，对他们的思想、品德、性格和成长情况最为了解，最便于根据他们的身心特点和年龄特征进行经常而系统的教育，促进学生身心健康发展。班主任在教育和培养学生的过程中，应该起到比一般任课教师更为重要的作用。班主任的言行，往往会使学生终身难忘。班主任对学生的影响途径主要有三个方面。一是通过教学活动影响学生；二是班主任具有榜样的作用；三是班主任的权威影响学生的发展。

2．班主任工作是学校提高教育教学质量的保证

班主任工作在学校教育工作中处于极其重要的地位，学校各项工作的落实，不论是教学工作、学生思想品德教育工作，还是学校的管理工作，都离不开班主任，学校的整体运转也是由班级活动推动的，班主任肩负着班级组织的全部责任。因此，班主任要善于协调学校各项教育因素，使之形成合力，提高学校教育的整体效益和效率。

3．班主任工作是沟通家庭、社会和学校的桥梁

学生的成长、学校教育质量的提高仅仅依赖学校的力量是不够的，还需要家庭的配合、社会的支持。

班主任通过协调学校教育与家庭教育的关系，沟通了家长与学校的联系，有利于形成家庭和学校一致的教育环境；沟通了家长与任课教师的联系，有利于协助教师提高学生的学习成绩；沟通了家长与学生的联系，有利于家长真正了解自己的孩子，使家庭教育更富有成效。

班主任通过协调学校教育与社会教育的关系，有利于培养学生理论联系实际的能力，为学生把所学的知识运用于实践提供了条件；有利于发展学生的兴趣、爱好和特长，使每个学生的个性和才能得到充分发挥；有利于丰富学生的课外和校外活动，将学生的旺盛精力引向正确的轨道；有利于学生深入了解社会，满足学生走向社会、参与社会、变革社会的需要。

班主任只有充分协调学校、家庭和社会教育的关系，才能为班级和学生的发展创造良好的教育环境，才有助于发挥学校教育的整体性效果以及班级管理的效率和效能。

（二）班主任工作的任务

班主任工作的基本任务是按照德、智、体、美、劳全面发展的要

求,开展班级管理工作,对学生进行全面的教育、管理和指导,使他们在班级组织中进一步社会化,成为班级社会的合格成员,为学生走向真正的社会打下基础。

1. 对学生进行思想政治教育,教育学生如何做人

班主任要通过学校全部的影响,教育学生坚持正确的政治方向,树立高尚的理想,养成良好的道德品质,遵守《中学生守则》和《中学生日常行为规范》,具有优良的心理品质,成为一个有道德的人并学会如何做人。

2. 教育学生努力学习,完成学习任务

教育学生努力学习是班主任的经常性工作。班主任应做好以下几项工作:使学生不断明确学习目的,提高学习的自觉性,养成良好的学习习惯;教育学生遵守学习纪律,建立合理的学习制度;经常了解学生的学习情况,指导学生的学习方法;具体帮助学生合理安排课余生活,保证他们有足够的时间用于学习;主动联系各科任课教师,共同做好学生的教学工作,争取家长的密切配合,为学生安排合理的家庭作息时间并创造良好的家庭学习条件。

3. 指导学生课余生活,关心学生身心健康

班主任要帮助学生组织和安排好课外生活,引导他们在课余开展有益的社会政治活动、科学技术活动、文学艺术活动、文娱体育活动以及公益劳动,关心学生的身体健康,培养学生的劳动观点,端正劳动态度,养成劳动习惯,增长社会知识,锻炼实际才干。在活动中,要充分发挥学生的主动性和独立性,而不是包办代替,或者将课外活动变成课堂教学的继续。

4. 进行班级日常管理,维系班级正常运转

班主任要建立班级的常规,指导班委会和本班的团队工作,培养班干部,提高学生的自治能力,把班级建设成为奋发向上、团结友爱的集体。班级常规管理的内容主要有:学习活动的管理,包括上课、课外作业、考试、学生的集体自修等;生活纪律的管理,包括

考勤、日常作息安排、维持各种活动的纪律、清洁卫生、执行守则、保持学校正常秩序等；班级组织的管理，包括组建班委会、选拔各种活动的负责人，指导学生干部工作等；班级计划的管理，包括制定班主任工作计划、班主任工作总结、学生临时活动计划、专项工作计划等；班级评价的管理，包括班级总体评价，各单项评价，对学生的表扬、批评、奖励、惩罚等；偶发事件的管理，包括学生中出现意外事故、学生离家出走、打架斗殴等。

二、班主任的基本素养

班主任首先是一名教师，必须具备做一名教师的基本素质。由于班主任工作的重要性，作为班级管理的主要负责人，班主任迫切需要提高素养，担负起班级教育和管理的重任。

（一）班主任的政治、思想和道德素养

1. 政治素养

政治素养反映在班主任的政治方向、政治态度、政治立场上。在以经济建设为中心的社会主义建设中，班主任承担着管理新一代社会主义接班人的重任，只有班主任具备了较高的政治素养，才能认真执行党和国家的政治路线、方针政策，把学生培养成为社会主义事业的合格接班人。

2. 思想素养

思想素养反映在班主任的人生观、世界观、价值观和方法论上。班主任要具备爱国主义精神和民族自豪感，要明确自己的社会责任，具有勇于坚持真理，为人民服务的献身精神。良好的思想素养能够激发班主任的工作热情，积极投身于教育事业。

3. 道德素养

道德素养反映在道德认识、道德情感、道德意志和道德行为上。班主任的道德素养集中体现在班主任的职业道德上。班主任只有对自己的本职工作的重要性、工作对象和工作内容有深刻的

理解和认识，才能产生强烈的责任感，才能在班级管理的实践中做到为人师表、以身作则、热爱学生、诲人不倦，才能像伟大的人民教育家陶行知所说的那样：“捧出一颗心来，不带半根草去。”

（二）班主任的文化知识素养

1. 要有扎实的专业知识

班主任一般都要从事学科教学工作，而学生总是喜欢业务知识丰富、教学能力强的教师来担任班主任。如果班主任能把自己所担任的课教得生动活泼、引人入胜，他就会得到学生的尊敬和信任。因此，班主任对专业知识要有深入的研究和领悟。

2. 要有多学科的、丰富的、广泛的一般文化知识

现时代的学生，思维开阔，求知欲强，涉猎广泛。班主任必须应对学生的知识水平和范围的挑战，不断丰富自己的一般文化知识，成为百科全书式的教师。这就要求班主任不断学习，正如马卡连柯所指出的：“学生可以原谅教师的严厉、刻板甚至吹毛求疵，但不能原谅他的不学无术。”

3. 要有现代教育学、心理学知识

教育学和心理学都是与学校教育工作密切相关的实用学科，班主任必须善于把教育学和心理学的理论知识应用到班级教育和班级管理中。班主任只有对教育学和心理学的有关理论知识进行深入的理解和掌握，才能在自己的教育、教学和管理实践中，自觉地遵循和运用教育规律、心理规律，也才能取得最佳的教育、教学和管理效果。

（三）班主任的能力素养

1. 具有组织和管理班级的能力

班级管理能力体现了班主任作为一个班级的组织者和领导者所应具备的能力素养。班级组织管理能力包括计划能力、组织实施能力、常规管理能力、开展活动能力、思想工作能力、判断能力、指导能力以及协调能力。班主任是班级管理的总导演，他必须有

能力组织和指导班级的各项活动。这就要求班主任认真学习管理科学的理论知识，特别是班级管理的基本原理，并把管理的理论知识转化为班级管理的能力。

2. 具备敏锐的观察力和准确了解学生的能力

班主任对自己的工作对象了解和研究的深入程度决定着管理工作的成效。班主任要善于从学生日常行为的偶然的细微的表现中，把握学生的个性特点和本质，善于洞察学生的思想，全面掌握学生的学习和生活情况。班主任如能及时了解学生的思想动向，及时发现学生的问题，也就等于掌握了教育和管理学生的契机。观察优秀的学生，在于进一步发掘他们的潜力，使其获得更大的发展；观察中等的学生，在于针对其优势和不足，促进其发展；观察后进学生，在于寻找他们身上的“闪光点”，促使其醒悟、转化。

3. 具备较强的创新能力和高超的语言表达能力

创新能力和语言表达能力是渗透于班主任各方面能力的核心内容，也是开展班主任工作的动力源泉，班主任工作的艺术性也就在于班主任工作是一项具有很强创造性的活动。班主任要针对班级实际情况，灵活地运用教育规律和管理规律，创造性地组织班级各项教育和管理活动，使班级具有自己的特色。班主任需要高超的语言表达能力，包括口头语言表达能力和书面语言表达能力，成为班级管理的语言大师。班主任的语言要言之有物，用语恰当，简洁明了，形象生动，引人入胜，以提高班级管理的效果。

（四）班主任的身心素养

1. 具有强健的身体素质

班主任作为一个班级的组织者和管理者，上要对学校领导负责，下要管理几十名学生，既要与学校各部门和人员联系、协调，又要与校外各种组织、机构和人员联系交往。因此，面对繁重的教育、教学工作和管理任务与压力，班主任必须具备良好的身体素质。

2. 具备良好的心理素质

班主任的心理健康对学生的心理健康具有积极的促进作用和榜样示范作用。班主任要有广泛的兴趣,一切有效的工作都必须以某种兴趣为先决条件;班主任要有顽强的意志品质,面对困难和挫折,要不畏艰辛,克服困难;班主任要有良好的性格,在与学生的交往中,运用人格的魅力潜移默化地影响学生;班主任要善于自我心理调节,在心理压力和心理失调的情况下,要善于控制自己的冲动,驾驭自己的情绪,掌握科学的心理调节方法,做到自我激励。

三、班主任工作的内容和方法

班主任工作是一项艰苦细致的工作,其内容十分广泛,涉及学生生活的所有方面。根据班主任工作的性质和任务,班主任工作的内容和方法主要体现在以下几个方面。

(一) 了解和研究学生

要教育好学生,就必须先了解和研究他们;只有掌握学生的思想状况和个性特点,摸清他们的学习和生活情况,才能从实际出发,因势利导、有的放矢地进行班级管理,才能有效地促进学生全面健康地成长。

1. 班主任了解和研究学生的内容

首先,班主任应从班级整体的角度去了解、分析班级学生的基本情况。如学生的来源情况,学生家长的职业和文化程度,学生的基本家庭结构,学生的家庭物质条件、生活状况以及社会经济地位;班级的基本结构和倾向,班级学生的性别比例,学生的成绩和能力状况,班级学生的发展水平,生理和心理健康状况;班级组织的建设情况,班风和班集体的情况。

其次,班主任要了解和研究每个学生个体的情况。如学生的个人经历、生活环境、家庭状况、伙伴关系、各种表现、思想意识、兴趣爱好、学习状况、发展水平、道德行为和生活习惯。

其三，班主任还要了解学生的特殊表现和当前的思想状况。学生是在不断发展变化的，班主任了解学生要随时注意学生的思想动向和日常表现，把问题解决在萌芽状态。

2. 班主任了解和研究学生的方法

了解和研究学生的具体方法多种多样，诸如观察法、谈话法、分析书面材料法、问卷法、调查访问法、实验法等，班主任应依据自身的素质特点和学生的实际情况，灵活地选择最适合的方法。

(1) 观察法。观察法是指班主任在班级管理活动和学生日常生活中，通过自己的感官去感知学生的行为表现和思想意识，以获取丰富的感性材料的一种方法。观察法是班主任了解和研究学生的最常用的方法。为了使观察更加有效，班主任应注意以下几点：

首先，观察前要有明确的目的和计划，要心中有数，避免"眉毛胡子一把抓"，从而提高观察的实效。

其次，要善于分析研究，去伪存真，透过现象抓住本质。班主任要深入到学生的学习、劳动和团队活动中去，与学生交朋友，把观察的触觉探伸到学生的内心深处，了解学生的内心世界，获得丰富翔实的材料。

其三，要善于长期不懈地对学生进行综合考察。学生处于身心发展变化的高速时期，具有较大的可塑性和发展潜力。班主任应随着学生的发展进行长期的、多方面的、多角度的观察，综合多方面的观察结果分析和研究学生，决不能主观臆断。

其四，要做观察记录，积累观察资料，并定期进行分析，为长期观察学生、研究学生积累素材，以便客观地了解学生的发展变化，发现学生成长和发展的一般规律。

(2) 谈话法。谈话法是指班主任在与学生的交谈中，通过学生的回答、表情、语气等反应来了解和研究学生的方法。谈话法是班主任了解和研究学生的主要方法，班主任通过有目的、有意识的交谈，既可主动、深入地了解学生的思想动态和个性特征，又能为全面研究学生提供依据、积累资料。要使谈话更加有效，班主任应注意以下几点：

首先，谈话前应有充分的准备。班主任不仅要明确谈话目的，而且要明确谈话的对象和内容，还要确定谈话的基本步骤、方式、时机和场合。

其次，谈话过程中，要熟练掌握和运用各种谈话的技巧。班主任要有与人为善的谈话态度，把言语交流和非言语交流的方式结合起来，根据谈话的实际需要，随机应变地调节谈话的内容和方式。

其三，为保证谈话的实际效果，要避免摆形式、走过场的谈话。班主任的谈话要做到公平、公正、公开，坚持长期性和广泛性。

(3) 分析书面材料法。分析书面材料法是指班主任通过阅读、分析与学生有关的各种书面材料，从中了解和掌握学生情况的一种间接方法。分析书面材料法是班主任了解学生的过去表现和现在情况的重要依据。反映学生各方面情况的书面材料很多，可以是现存的综合资料，如学生的档案、入学登记表、学籍卡片、成绩单、体检表、作业、试卷、图书借阅登记表、操行评语等，也可以是针对某一目的布置的诊断性材料，如命题作文、自我鉴定、个人总结、思想汇报、专题性作业等。分析书面材料是客观、全面了解学生的一种方法，班主任在运用这一方法时应注意以下几点：

首先，要注意材料的真实性、可信度。要多方搜集有关学生的书面材料，认真阅读、广泛比较、科学分析，透过现象看本质。

其次，要与平时的观察、谈话以及师生反映的普遍情况结合起来，把过去的资料与现在的资料结合起来进行综合分析，从而客观了解学生的发展、进步或退步情况。

其三，要长期积累材料，妥善加以保管，及时整理、分析。班主任可建立班级档案，带动学生建立班级日志，为研究学生提供客观的依据。

（4）调查访问法。调查访问法是指通过对与学生有关的人进行访问和调查，从侧面了解和研究学生的一种方法。调查访问法适用于对学生的情感、意志、知识经验、行为方式和个性的考察，对全面把握学生的思想动态，深入了解学生的某一问题具有重要作用。运用调查访问法要注意以下几点：

首先，调查访问前要做好充分准备，明确调查访问的目的、内容、对象，避免流于形式。

其次，要科学地使用调查访问的技巧和艺术。要围绕调查的目的设计问题，要掌握好调查的时间和场合，要做好调查记录，还要认真倾听，及时抓住对方的反馈信息。

其三，对调查结果要进行整理和分析。通过统计和分析，去伪存真，把握实质，得出正确、客观、公正的结论。

3. 做好个别教育工作

班主任要关心每一位学生，经常、深入、细致地做好个别教育工作。个别教育并非是只对“差生”进行的教育。培养先进，树立典型，扶持有特殊才能的学生，帮助有特殊困难的学生，处理班级偶发事件等都是个别教育的重要内容。当然，对那些思想品德和学习上比较落后的学生，班主任应特别加以重视。转变一个差生比培养一个优秀学生难度更大。班主任转化后进生，应从以下一些方面入手。

（1）摸清差生情况，分析原因。后进学生并不是生来就“后进”，他们有一个形成过程。一般来说，后进学生的形成是多种因素造成的，主要有社会上的不良现象的影响，家庭教育的失误，学校教育的不当，学生自身心理素质存在缺陷等。班主任要真正搞清楚后进学生的形成原因，有针对性地进行个别教育。

（2）掌握差生心理，把握转化契机。差生不是一朝一夕形成的，他们具有独特的心理矛盾。班主任要掌握差生的心理矛盾，诸如要求自尊和得不到自尊的矛盾、上进心与意志薄弱的矛盾等。

差生在行动上往往表现出我行我素、对他人漠不关心，而内心又极为敏感，渴望得到理解和信任。班主任必须掌握差生的矛盾心理，培养他们的自尊心、自信心和上进心，在关键时刻把握住转化后进生的契机。

(3) 动之以情，晓之以理。后进生由于经常受到歧视，情感较为冷漠，对教师和同学具有戒备心理，师生之间、同学之间容易形成一道无形的壁垒，阻碍师生之间、同学之间的情感和思想交流。因此，转化后进学生，首先要在感情上不嫌弃他们，少一些批评，多一些耐心；少一些责怪，多一些关心和体贴，以自己的真情打动他们。其次，要讲清道理，使他们认识到自己的问题，并提出合理的奋斗目标，及时鼓励和表扬他们取得的进步。

(4) 持之以恒，正确对待反复。转化后进生工作要持之以恒，常抓不懈。反复是后进学生思想转化过程中带有规律性的现象。后进学生的反复，并不是学生思想上的简单重复，而是转化过程中出现的思想矛盾和思想斗争的结果。因此，班主任不能一看到后进生转化中有反复，就认为“屡教不改”、“不可救药”，而是要耐心细致，正确对待学生的反复，一步一步地引导他们走上正道。

4. 班主任管理学生的心理误区

班主任在管理学生的时候往往会存在一些心理误区，如果班主任不能很好地处理这些心理误区，班级管理就难免会出现一些问题，并影响学生的健康成长和发展。

(1) 权威心理。有些班主任习惯于采用各种严格措施和自己的权威来控制学生的言行，要求学生绝对服从自己的意志和愿望，不能越雷池一步。在这种权威心理作用下的班级里，学生每天生活在班主任制订的条条框框中，没有半点自主发展的主体性，班级缺乏活力。这样的权威心理忽视了学生自身情感发展的特点和规律，容易使学生形成胆怯、懦弱、孤僻的性格，缺乏开拓精神、批判意识、创造潜力和自主能力，从而加重了学生的自卑心理和依赖心理。

(2) 惩戒心理。班级管理需要制度、规范和控制,但不能有惩戒心理。有的班主任作为班级的领导者、组织者和教育者,在管理班级的过程中始终具有惩戒心理,只看到学生的不足,看不到学生的进步和发展,总希望找到学生的毛病、发现学生的问题并给予惩罚,对于那些确实犯了错误的学生则严加斥责、讽刺和挖苦,这种惩戒心理严重违反了教育和管理的规律。犯错误是人的天性,人们正是通过不断地“试误”(try and error)而取得成功的,人们从错误中可以得到经验和教训。中学生更是难免会犯一些错误。因此,班主任要认真了解学生,以免误会学生;即使是学生犯了错误,班主任也要在和谐、融洽的气氛中动之以情、晓之以理,切忌用简单粗暴的方法处罚学生。惩罚只能加大学生与班主任的心理距离,使学生产生抵触情绪,伤害师生关系。

(3) 偏袒心理。合理、平等、公平、公正、公开是民主管理的基本原则。而有的班主任由于具有偏袒心理,在班级管理中则违反了这些原则。有的班主任由于平时十分喜爱成绩好的学生,成绩好的学生即使犯了错误,班主任也处处袒护这些学生;而那些平时成绩不好的学生,一旦犯了错误,班主任则采取严厉的处罚。班主任的这种偏袒心理严重挫伤了一部分学生的积极性,对学生的心灵造成了不良的影响。

(4) 急躁心理。班主任工作既是一项细致的沟通心灵的艺术,又是一个循序渐进的过程。而有的班主任由于对学生期望过高,在管理和教育学生的过程中,希望能够立竿见影,急切地期盼学生都能够如自己所想的那样快速进步。但由于忽视了学生的实际可能性,急躁心理并没有带来好的教育和管理效果,正所谓“欲速则不达”。

(二) 组织和培养班集体

组织和培养班集体是班主任工作的中心任务,班集体既是班主任教育和管理的对象，又是班主任工作的依靠的力量。班集体不是各个学生的简单集合，它不会自发形成，必须通过班主任长期艰苦的工作，通过有目的、有计划的精心培养才能逐步形成。班集体具有以下特征：有明确、具体、恰当的奋斗目标，有健全的组织机构和有威信的领导核心，有公认的价值观和良好的班风，有融洽、和谐的人际关系。

1. 班集体的形成过程

班集体的形成不是一蹴而就的，把一个松散的班级培养为一个强大的集体，要经历一个由低级向高级的发展过程。许多优秀的班主任能在尽可能短的时间里使班级走上轨道，形成班集体，他们的成功经验值得我们借鉴和学习。一般来说，班集体的形成要经历以下几个基本阶段：

（1）组建阶段。班主任面对一个新班级，要有班级建设的计划，考虑如何将一群学生组织起来。班级成员情况的了解、学生对学习环境变换的适应、师生之间的了解，都需要一定的时间。

班级组建阶段是班主任工作最繁忙的时期，这时的班级是一个松散的群体，缺乏共同的价值目标和行为规范，班级学生的自我管理机制尚未真正建立，班级管理需要班主任的指挥和决策。

在班级组建阶段，班主任一方面要深入学生中间，全面了解学生，选拔积极分子并加以培养，指导学生开展活动，增加学生交往的机会，促进相互了解，逐步提高班级的凝聚力；另一方面，班主任要抓紧建立健全各项规章制度，抓好班级常规管理，对学生提出明确的要求和期望，为班集体的形成积极创造条件。

（2）形成阶段。班级经过一定时间的活动、运营与磨合，师生之间、同学之间有了一定的了解，会产生一定的信任和友谊，积极分子会不断涌现，学生的管理能力和学习能力也得到比较充分的表现，通过民主评议，班级组织机构得到确立，并得到同学的普遍认可。

在班集体的形成阶段，班集体的核心初步形成，班级的凝聚力有较大增强，同学间的良好关系日益巩固，学生在集体活动中积累了经验，学会如何在班主任的指导下合作开展班级管理工作。

在班集体形成的过程中，班主任开始从直接领导和指挥班级活动逐步过渡到向学生提建议，由班干部来组织、开展班级活动。在这一阶段，班主任一方面要进一步培养、锻炼班干部，既放手让其大胆工作，又给予具体的指导；既严格要求，又关心和支持他们的工作，帮助他们树立威信。另一方面，班主任要继续深入了解学生，把积极分子团结到班委会的周围，扩大班级骨干的力量，使同学之间相互关心、相互帮助、主动合作，以形成良好的班风。

(3) 集体自主活动阶段。在一定的活动和交往过程中，学生由个体形成了群体，并逐步形成了班集体，学生开始具有集体自主活动的能力，班集体日益成熟。

在集体自主活动阶段，班级的积极分子队伍日益壮大，学生普遍关心和热爱班集体，能够积极主动地承担集体的工作，努力维持集体的荣誉，初步形成正确的班级舆论和班风，班委会已经成为班级的领导核心。

在集体自主活动阶段，班集体已经成为班级管理的主体，是班主任工作的依靠力量，成为班级管理的重要手段。班集体已经能够主动按照学校的要求和班级的实际情况组织和管理班级，自主开展集体活动。班主任要注意爱护学生的主动性和积极性，对学生进行自尊、自爱、自强、自立教育，逐步培养学生的自我管理、自我控制、自我设计和自我评价能力，引导班集体健康发展，为每个学生的健康发展创造最佳的集体环境。

2. 组织和培养班集体的内容和方法

组织和培养班集体是一项复杂的工作，需要班主任做大量细致和耐心的工作。

(1) 树立共同的奋斗目标。要使班级成为优良的集体，首先必须树立班级共同奋斗的目标。一个班级如果没有共同努力的目标,缺乏共同的愿望,就无法真正形成班集体,就不可能把学生凝聚在一起。

在一个具有共同目标的班级中,学生则能够体验到个人与集体的关系、集体的力量和协作精神,并认识到个人在集体的社会价值,感受到集体的荣誉感、自豪感和责任感,增强集体的向心力,使大家产生积极向上的强烈愿望,做到心往一处想,劲往一处使。

班主任应该为班级不断提出共同的奋斗目标,鼓励全班学生为实现共同目标而努力。从目标的时间上看,班级的共同目标一般包括近期目标、中期目标和远期目标;从目标的层次上看,有班级目标、小组目标和个人目标;从目标的实现情况看,有理想目标和现实目标。

班级集体目标的提出要具有导向性、针对性、群众性、层次性和可考核性。在确立了集体的奋斗目标后,班级的一切活动都要围绕目标进行,实行目标管理。

(2) 选拔和培养班干部,形成班集体的核心。班干部是班主任的得力助手,是联系教师与学生的纽带,是形成班集体的核心力量。因此,选拔和培养班干部是班主任的重要职责。

选拔和培养班干部对于班级建设具有重要的作用。首先,正确选拔、培养和使用班干部可以充分发挥榜样的作用,班干部成为同学的表率。其次,有利于团结同学,加强组织纪律性,把班级建设成为团结、紧张、严肃、活泼的班集体。其三,有利于发挥学生的主动精神,锻炼学生的管理能力。

班干部队伍的形成和发展要经历一个过程,这个过程一般要经过班主任指定班干部阶段、学生之间加深了解阶段、自由竞争和民主选举阶段、比较稳定的班级干部队伍形成阶段。

班干部能力的提高,一方面要靠班干部个人的实践锻炼,另一方面要靠班主任的精心培育和帮助。一般来说,班主任在培养班干部的过程中要注意以下几个方面：① 要协调班干部之间的关系，既分工合作，又互相配合；② 要注意培养班干部的威信；③ 要培养班干部的学习能力，提高他们的学习成绩；④ 对班干部要严格要求，奖罚分明；⑤ 加强班干部全面素质的提高，特别要加强班干部的领导和管理能力的培养。

(3) 形成正确的集体舆论和优良班风。集体舆论是指集体中占优势的，为大多数人所赞同的言行和意见。班集体的正确舆论是维护班级道德风貌、协调人际关系的有力手段。一旦班级的正确舆论形成了，就成为对不良行为起约束作用、对良好行为起鼓励作用的教育因素。形成正确舆论是形成班风的重要条件。

形成正确的集体舆论和良好的班风，需要班主任的引导和培育，这是一项需要耐心的工作，以下几方面值得注意：① 制定必要的规章制度，以制度促进正确舆论和良好班风的形成；② 加强常规训练和实际锻炼，培养学生的良好行为习惯；③ 加强舆论宣传，树立班级正气；④ 正确运用表扬和批评，树立典型。

(4) 组织丰富多彩的集体活动。班级集体活动的类型多种多样。按内容分有学习活动、文体活动、思想品德教育活动、社会活动、美育活动、科技活动、团队活动、班会活动等；按形式来分有主题性活动、模拟性活动、实践性活动、游戏性活动等；按时间来分有经常性活动、即时性活动、节日性活动、阶段性活动等。

组织班级集体活动，一要坚持主体性原则，充分发挥学生集体与个体的主动性和独立性；二要坚持多样性的原则，既要注意内容的丰富性和多样性，还要注意形式的灵活性和生动性；三要坚持整体性的原则，从总体上全面部署和设计班级活动，追求班级活动的整体效率和质量；四要坚持创新性原则，用新内容、新形式和新方法保持班级活动的吸引力。

(5) 建立和谐的班级人际关系，促进良好的交往。良好的交往和人际关系是巩固班集体的重要手段，是班集体的“粘合剂”。

班主任要建设良好的班级人际关系，促进学生良好的交往，必须注意以下几个方面：① 班主任要把集体建设成为学生良好交往的环境，只有在自己与学生建立了相互信任的情况下才能成功；② 班主任要学习和掌握科学的人际关系理论，用理论指导实践，把握班级人际关系的发展水平；③ 指导学生交往的方法，积累积极的交往经验；④ 根据学生性格的差异，进行个别指导，形成良好的班级情感氛围；⑤ 及时发现班级人际交往的不良倾向，对不正常和不健康的人际交往予以制止。

（三）协调各种教育力量

学生的成长受到多方面的影响。一个班级要有效地实现教育目标，完成教育任务，单靠班主任一个人的力量是不够的，有经验的班主任善于调动各方面的教育力量，发挥教育的整体作用，为学生的健康成长创造良好的内外环境，促进学生全面和谐地发展。班主任是协调各种教育力量的纽带。

1. 依靠教师在班级管理中的作用

要管理好一个班级，仅仅靠班主任是不够的，还要依靠教师集体的力量。班主任不仅要想方设法把班级任课教师的力量凝聚起来，使任课教师齐心协力做好所在班级的教学、教育和管理工作，而且要加强师生间的沟通，为任课教师的教学、教育和管理工作铺路搭桥、排忧解难。班主任要具体做好以下工作：

（1）帮助师生相互了解。一方面，班主任要经常向任课教师介绍学生的情况。开学上课前，班主任要向担任本班课程教学任务的教师全面介绍班级学生情况，使各任课教师对班级学生情况有个初步了解；开学后，再逐渐向教师介绍各个学生的特点和爱好，引起教师的注意，以便因材施教。另一方面，班主任要向学生介绍任课教师的大概情况，特别是教师的教学特点和为人风格，便于师生尽快相互适应，帮助教师树立威信。

（2）利用一切机会增进师生情感。师生之间不仅存在着工作关系，而且还存在着情感关系，班主任要利用一切机会增进师生情感。例如，节日可以邀请任课教师一起开联欢会，搞联欢活动；教师节、元旦可以让班委给任课教师送一张节日卡；嘱咐班委干部探望生病的教师；等等。师生情感的融洽，对调动师生教与学的积极性具有很大的作用。

(3) 及时传递教育教学信息。师生双方在教育教学过程中，总会存在一定的矛盾，班主任要尽可能地做一些沟通工作，特别是要及时地把学生的意见和建议传递给教师。学生的赞扬和肯定要及时让任课教师知道，这会进一步激发教师的工作积极性；而学生的意见和不满也应该及时地传达给教师，但在传达学生的意见时，班主任要注意时间、场合、方式和方法。只要态度诚恳、与人为善、尊重任课教师，学生的意见是会得到教师的认可的；如果不分时间、场合，则会损害教师的积极性，不利于团结教师。班主任也要及时了解教师的要求和建议，把教师的希望和要求告知学生，创造条件，保证教师工作的顺利进行。

2. 联系学生家长，调动家长参与班级管理

家庭与学生有着密切的血缘、感情和经济关系，家庭对学生的影响是终身的，它具有学校教育所不能替代的作用。因此，班主任要争取家长的配合，共同做好学生的教育和管理工作，以下几方面是班主任联系家长的主要方式。

(1) 家访与接待家长来访。班主任应该利用课余时间有计划、有目的地访问学生家长，了解学生的家庭情况，共同探讨教育学生的措施。班主任还要热情接待学生家长来学校访问，真诚地与家长交流学生的思想、学习和生活情况，同家长一起研究教育学生的方式和方法。家访是一门艺术，班主任在家访时要尊重家长，介绍学生在校情况时，要一分为二、实事求是，切忌把家访变成“告状”、“指责”，因为这样不但会造成学生的反感，影响学生的学习，而且易使家长失去教育子女的信心。

(2) 召开家长会。家长会是对家长集体进行指导的一种形式。家长会面向家长集体,研究和解决学生中带有普遍性的问题,交流家庭教育的经验。

家长会主要由班主任向家长报告班级工作计划,征求家长对班级工作的意见,向家长提出协助学校教育学生的要求和建议,向家长汇报某一时期学生在各方面的进步情况和存在的问题,表扬优秀学生,介绍班级的好人好事等。家长会也可以选择一两位善于引导和教育子女的家长,请他们有准备地在家长会上介绍自己的成功经验和感受,使家长听起来更容易理解和接受。家长会还可以请班内比较出色的学生和有特点的学生介绍自己的学生经验,或请教育专家举办"家庭教育讲座",向家长系统介绍家庭教育的知识和理论。

(3) 成立家长委员会。成立家长委员会也是加强学校与家庭联系的一种有效途径。家长委员会是由学校或班级组织家长代表参加的一种群众性组织。家长代表由家长推举有一定教育经验和方法的、关心学校教育的、在家长中有一定威信的家长担任。

家长代表可以参加学校或班级的一些重要会议,反映家长的意见和要求,帮助解决学校工作中出现的一些问题,向家长宣传学校的有关决议、章程和要求,督促并帮助家长配合学校对其子女进行教育和管理。

3. 积极争取社会力量的支持

学校是社会的一部分,学校无法脱离社会而存在,学生虽然在学校和班级环境中成长和发展,但也会时刻受到社会的强大影响,在某些方面甚至校外的因素比校内的因素对学生的影响更大。因此,采取适当的措施,协调学校与社会的影响,并利用社会影响的积极因素,抵制社会影响的消极因素,对于促进学生的全面健康发展具有重要价值。积极争取社会力量的支持,协调学校与社会的关系,是班主任工作的内容之一,以下几方面值得注意。

(1) 争取社区力量的支持。社区是一定地域内共同生活的人群的组合和社会关系结构。任何社会都是由一个个社区组合而成的。青少年学生正处于向社会学习、实现社会化的过程之中,社区环境对于促进青少年学生的社会化具有重要作用,包括掌握社区行为规范,学习各种社会角色,养成社会需要的各种生活能力。

班主任在社区教育中发挥着重要作用。首先,班主任是学生各种社区活动的组织者和领导者;其次,班主任是学校教育与社区教育有机结合的具体实施者;其三,班主任是对学生校内外行为进行综合评价的主要力量,要听取社区对学生的评价,把学生参加社区活动作为考核学生的一个重要因素。

(2) 控制社会风气对学生的影响。社会风气是社会环境的有机组成部分,是在一定社会历史条件下产生的行为规范,是一定价值观和生活方式的反映。社会风气具有社会的广泛性,从生成到传播蔓延需要一定的过程,需要广泛的社会成员的参与。

社会风气对成长中的青少年学生具有强大的影响,班主任要对学生接受社会风气的影响给予积极引导。首先,要加强指导,充分利用良好的社会风气,培养学生正确的价值观和行为习惯,提高学生辨别是非、善恶和美丑的能力;其次,要注重工作的预见性,保持对社会风气的敏感性,充分估计社会风气可能给学生带来的影响,把不良影响减少到最小范围和程度,防患于未然;其三,要加强班风和学风建设,发挥群体对社会风气的接受或排斥作用。

(3) 关注大众传播媒体对学生的影响。大众传播是指传播机构和人员通过传播媒介,从各方面影响传播对象的过程。主要的传播媒介有四大类,即报刊杂志、广播、电视和网络。

大众传播对青少年学生的影响具有势力猛、范围大、渠道多、速度快、影响深等特点,现在的学校教育正在面临信息时代大众传播的严峻挑战,班主任应积极进行探索,关注大众传播对学生的影响,具体要注意以下几方面: 首先,要给青少年学生接受大众传播以及时有效的引导，如指导学生科学地掌握看电视的时间，有选择地收看健康的节目内容，向学生推荐好的书籍，有组织地开展书评和影评等；其次，要开展丰富多彩的课外活动，帮助学生处理好电子游戏和学习的关系，加强对课外读物的指导，培养阅读习惯，提高阅读能力；其三，要增强学生对非法出版物的免疫力，抵制色情淫秽书刊和网站对学生的毒害，创造良好的大众传播环境。

（四）做好班主任工作计划和总结，评定学生操行

班主任工作计划和总结，以及学生操行评定是班级管理的常规工作。正确制订班主任工作计划和做好总结工作，是班主任有效开展班级管理的重要手段。学生操行评定对于班主任和学生及家长都具有重要意义，备受学生及其家长的关注。

1．班主任工作计划

班主任工作计划是指在未来学年或学期内，为达到一定的目标或完成一定的任务而事先制订的工作内容、方法、实施步骤和时间安排，它反映班级工作在未来一段时间内所要解决的主要问题，以及解决问题的原则和具体方法。

班主任工作计划具有增强工作的自觉性，提高班主任工作质量，促进班级工作有条不紊地进行，增强集体的凝聚力和检查班级目标的作用。班主任工作计划可以分为学年计划、学期计划和具体执行计划几种。通常情况下，班主任工作计划以学期为单位，具体执行计划可以按周或月为阶段，也可以根据某项重大活动的要求来制订。班主任工作计划制订后，要报送学校领导审阅，然后执行。

班主任工作计划要根据国家教育政策、学校的工作计划和班级的实际情况来制订。班主任工作计划一般包括序言、正文和结尾三部分。序言部分要对班级的基本情况作简要评述，提出工作任务和目标；正文部分阐述班级各方面工作的具体措施、目的要求、活动时间以及活动方法；结尾部分说明班级工作的中心和特

点，以及工作中需要注意的方面。

2. 班主任工作总结

班主任工作总结可以分为专题总结和全面总结两种。专题总结是指对某项重要工作或某一类工作情况的专门总结，以获得某一方面工作的经验。全面总结是对整个班级工作的总判断。

班主任工作总结一般包括前言、主要工作实施情况、经验和教训、认识和体会几部分。总结要力求客观、公正、准确，并提出未来的努力方向。

3. 学生操行评定

学生操行评定主要是指对学生在一定时期的思想品德、学习纪律和劳动态度等方面的总评价，其目的在于肯定学生的优点和进步，指出学生的缺点和问题，明确今后的努力方向。

学生操行评定一般在学期末或学年末进行，评定的一般过程可以有以下几个步骤：一是做好思想动员，指导学生实事求是地写好个人小结，全面评价自己；二是开展小组互评，引导学生端正评价态度，正确评价他人和正确对待别人给自己的评价，提高学生的道德评价和判断能力；三是正确写出评语，确定操行等级。

班主任在撰写操行评语时要注意以下几点：一要全面分析，择要而写，突出重点；二要一分为二，肯定进步，鼓励为主；三要态度诚恳，语气亲切，言简意赅。

[思考与作业]

一、名词解释

班级　班级管理　社会化　从众　班主任　班风

二、问答题

1. 班级组织的性质和特点是什么？
2. 如何改善班级群体和人际关系？
3. 如何管理班级纪律和问题行为？
4. 班主任如何培养班集体？

后　记

课程改革,教材是关键。随着教师专业化进程的大力推进,人们对教育学课程的期望也相应地提高了。教材是课程的重要载体,因此,编写一本好的教育学教材,一直是各师范院校的教师们孜孜以求的。

近年来,国内又编写了不少公共教育学教材。从总体上看,新编的教育学教材有了很大的改观: 根据当代教育理论的发展适时更新了内容,创新了体系,满足了学生们的需求,也提升了学生们学习的兴趣。但毋庸置疑的是,其中有不少教材存在着片面求"新"、求"全"、求"活"的倾向。教材越编越"全",恨不得囊括教育学科的所有内容;观点越来越"新",学术界刚刚讨论但有争议的话题马上就进入教材之中;体例越来越"活",不少教材淡化理论分析,热衷于教育叙事;等等。这些尝试对于打破教育学教材的"千人一面"状况是起到积极作用的,但对于公共课来说,一味的求新求全求活并不可取。大量事实表明,真正好的教材能通过问题透彻的分析而增强其普适性、实用性。有鉴于此,我们在这本新编的教材中试图处理好基础与前沿、继承与创新、理论与实践等关系,在力求反映教育研究的新成果的同时,着力使教材的结构更加合理、内容更加精炼、表述更加流畅、论述更条理等,旨在方便于公共教育学的教与学。这也是编写本教材的目的或特色之所在。

本教材是苏州大学教育学院教育学系教师们通力合作的产物。值得一提的是,苏州大学教育学院有一个好的传统,不论教师职称高低与年龄大小,都要承担公共教育学的教学。为此本教材编写的大多数人员都有过多年公共课的教学经历,积累了丰富的教学经验，从而也保证了教学用书的科学性、适用性、可读性。具体的分工为：第一章，由唐斌编写；第二章，由王明洲编写；第三章，由肖卫兵、宋志轶编写；第四章，由洪芳编写；第五章，由王平、许庆豫编写；第六章，由母小勇编写；第七章，由赵蒙成编写；第八章，由夏骏编写；第九章，由尹艳秋编写；第十章，由程晋宽编写。全书由主编拟订了编写提纲，并逐章进行了统稿、补充及修正。

本书从酝酿到出版，自始至终得到了苏州大学教育学院及有关部门领导、同仁的热情支持与配合。在教材编写的过程中，我们引用与借鉴了国内不少有代表性的教育学著作与教材的观点与材料。在此谨表谢忱。

唐　斌

2009 年 9 月